여러분의 합격을 응원하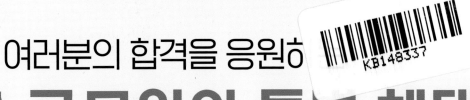
해커스공무원의 특별 혜택

FREE 공무원 영어 특강

해커스공무원(gosi.Hackers.com) 접속 후 로그인 ▶
상단의 [무료강좌] 클릭 ▶
좌측의 [교재 무료특강] 클릭

출제예상 핵심 어휘리스트[PDF]

해커스공무원(gosi.Hackers.com) 접속 후 로그인 ▶
상단의 [교재·서점 → 무료 학습 자료] 클릭 ▶
본 교재의 [자료받기] 클릭

A 공무원 보카 어플 이용권

GOSIVOCA245HALF

구글 플레이스토어/애플 앱스토어에서 '해커스공무원 기출보카' 검색 ▶
어플 설치 후 실행 ▶ '인증코드 입력하기' 클릭 ▶ 위 인증코드 입력

* 등록 후 30일간 사용 가능
* 해당 자료는 [해커스공무원 기출 보카 4000+] 교재 내용으로 제공되는 자료로, 공무원 시험 대비에 도움이 되는 유용한 자료입니다.

해커스공무원 온라인 단과강의 20% 할인쿠폰

AEEC6AD2863EAT94

해커스공무원(gosi.Hackers.com) 접속 후 로그인 ▶ 상단의 [나의 강의실] 클릭 ▶
좌측의 [쿠폰등록] 클릭 ▶ 위 쿠폰번호 입력 후 이용

* 등록 후 7일간 사용 가능(ID당 1회에 한해 등록 가능)

합격예측 온라인 모의고사 응시권 + 해설강의 수강권

4D98E659F7C49A3E

해커스공무원(gosi.Hackers.com) 접속 후 로그인 ▶ 상단의 [나의 강의실] 클릭 ▶
좌측의 [쿠폰등록] 클릭 ▶ 위 쿠폰번호 입력 후 이용

* ID당 1회에 한해 등록 가능

해커스 회독증강 콘텐츠 5만원 할인쿠폰

AEB9FF72BBCC5CJK

해커스공무원(gosi.Hackers.com) 접속 후 로그인 ▶ 상단의 [나의 강의실] 클릭 ▶
좌측의 [쿠폰등록] 클릭 ▶ 위 쿠폰번호 입력 후 이용

* 등록 후 7일간 사용 가능(ID당 1회에 한해 등록 가능)
* 특별 할인상품 적용 불가
* 월간 학습지 회독증강 행정학/행정법총론 개별상품은 할인대상에서 제외

쿠폰 이용 관련 문의 1588-4055

단기 합격을 위한
해커스 커리큘럼

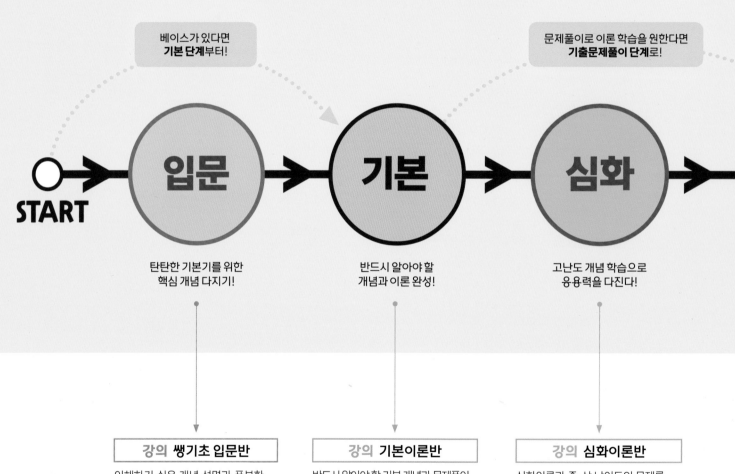

베이스가 있다면
기본 단계부터!

문제풀이로 이론 학습을 원한다면
기출문제풀이 단계로!

START

입문
탄탄한 기본기를 위한
핵심 개념 다지기!

기본
반드시 알아야 할
개념과 이론 완성!

심화
고난도 개념 학습으로
응용력을 다진다!

강의 쌩기초 입문반

이해하기 쉬운 개념 설명과 풍부한
연습문제 풀이로 부담 없이 기초를
다질 수 있는 강의

강의 기본이론반

반드시 알아야할 기본 개념과 문제풀이
전략을 학습하여 핵심 개념 정리를
완성하는 강의

강의 심화이론반

심화이론과 중·상 난이도의 문제를
함께 학습하여 고득점을 위한 발판을
마련하는 강의

2024 최신개정판

해커스공무원
**매일
하프모의고사
영어** 5

문제집

해커스공무원

해커스공무원

매일
하프모의고사
영어 5

문제집

해커스공무원

"매일 꾸준히 풀면서 실전 감각을 유지할 수 있는
교재가 없을까?"

"공무원 난이도에 딱 맞는 모의고사로
실전에 대비하고 싶어."

해커스가 공무원 출제경향을 완벽 반영하여 만들었습니다.

매일 모의고사를 풀며 영어 실전 감각을 유지하고 싶지만 마땅한 문제 풀이 교재가 부족해 갈증을 느끼는 공무원 수험생 여러분을 위해, 공무원 영어 시험 출제경향을 완벽 반영한 하프모의고사 교재를 만들었습니다.

『해커스공무원 매일 하프모의고사 영어 5』를 통해
매일 10문제씩, 4주 만에 공무원 영어 실력을 완성할 수 있습니다.

실전 감각은 하루아침에 완성할 수 있는 것이 아닙니다. 공무원 출제경향이 반영된 문제를 많이 풀어 보면서 문제가 요구하는 바를 정확하게 파악하는 연습을 지속적으로 해야 합니다. 학습 플랜에 맞춰 매일 10문제씩, 하루 15분 학습을 꾸준히 반복하고, 본 교재가 제공하는 해설과 총평을 꼼꼼히 확인한다면, 4주 뒤 눈에 띄게 향상된 영어 실력을 발견할 수 있을 것입니다.

『해커스공무원 매일 하프모의고사 영어 5』는
공무원 영어 시험에 최적화된 교재입니다.

해커스 공무원시험연구소에서 100% 자체 제작한 문제, 상세한 포인트 해설과 친절한 오답 분석, 해커스 공무원시험연구소가 제공하는 총평까지, 여러분을 위해 모두 담았습니다. 『해커스공무원 매일 하프모의고사 영어 5』는 오직 공무원 수험생 여러분의, 여러분에 의한, 여러분을 위한 교재입니다.

공무원 시험 합격을 위한 여정,
해커스 공무원시험연구소가 여러분과 함께합니다.

: 목차

■ 문제는 half, 실력은 double! 문제집

무료 <출제예상 핵심 어휘리스트> PDF 제공

해커스공무원(gosi.Hackers.com) 접속 후 로그인 ▶ 사이트 상단의 [교재·서점 ▶ 무료 학습 자료]
클릭 ▶ 본 교재 우측의 [자료받기] 클릭하여 <출제예상 핵심 어휘리스트> PDF 다운로드

언제 어디서든 공무원 출제예상 핵심 어휘를 암기하세요!

■ 포인트만 쏙쏙, 실력 최종 완성! **해설집**

:이 책만의 특별한 구성

■ 매일 15분으로 공무원 영어 실력을 완성하는 하프모의고사 24회분!

① 매일 15분 집중 학습으로 실전 감각 극대화
매일 15분, 하루 10문제씩 집중 학습을 총 4주간 꾸준히 반복하며 실전 대비와 문제 풀이 시간 관리를 동시에 할 수 있습니다.

② 공무원 출제경향 완벽 반영
실제 공무원 영어 시험과 가장 비슷한 난이도와 문제 유형으로 구성된 하프모의고사 24회분을 제공하여 탄탄한 공무원 영어 실력을 쌓을 수 있도록 하였습니다.

③ Self Check List를 통한 자기 점검
매회 하프모의고사가 끝나면 모의고사 진행 내용을 스스로 점검하여 개선점을 마련하고, 앞으로의 학습 계획을 세울 수 있도록 각 회차마다 Self Check List를 제공하였습니다.

■ 한 문제를 풀어도 진짜 실력이 되는 상세한 해설 제공!

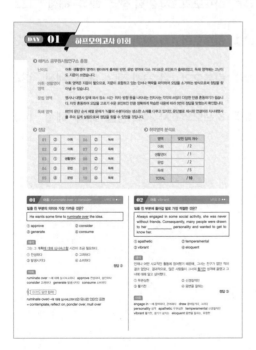

① 각 회차마다 총평 제공
해당 회차의 전반적인 난이도와 영역별 핵심 분석을 제공하는 해커스 공무원 시험연구소 총평을 통해 반드시 짚고 넘어가야 할 포인트와 앞으로의 학습 방향을 제시하였습니다.

② 취약영역 분석표
취약영역 분석표를 통해 자신의 취약영역을 스스로 확인할 수 있습니다.

③ 포인트 해설 & 오답 분석
문제에 대한 정확한 해석과 상세한 해설, 그리고 필수 학습 어휘를 제공하였습니다. 포인트 해설과 오답 분석을 통해 정답이 되는 이유와 오답이 되는 이유를 확실히 파악할 수 있습니다.

④ 이것도 알면 합격! & 구문 분석
해당 문제와 관련된 추가 어휘·표현과, 문법 이론, 구문 분석을 제공하여 심화 학습을 할 수 있도록 하였습니다.

■ 어휘 암기까지 확실하게 책임지는 학습 구성!

① 문제집 내 QR코드를 통해 핵심 어휘 확인

매회 문제 풀이를 끝낸 직후, 해당 하프모의고사에 나온 중요 어휘와 표현을 정리한 〈출제예상 핵심 어휘리스트〉를 바로 확인할 수 있도록 각 회차마다 QR코드를 삽입하였습니다.

② Quiz를 통한 학습 내용 확인

간단한 Quiz를 통해 〈출제예상 핵심 어휘리스트〉의 어휘와 표현을 확실히 암기했는지 확인할 수 있습니다.

■ 체계적 학습 계획으로 목표 점수 달성!

① 합격을 위한 학습 플랜 제공

총 24회분의 하프모의고사 풀이를 4주 안에 자율적으로 진행할 수 있도록 구성한 학습 플랜을 제공하였습니다.

② 학습 방법 제공

실력을 최종 점검하고 취약점을 보완해 목표 점수에 도달할 수 있도록 학습 플랜에 따라 적용할 수 있는 효과적인 학습 방법을 제공하였습니다.

■ 문법

문법 영역에서는 **동사구, 접속사와 절, 준동사구**를 묻는 문제가 자주 출제되며, 세부 빈출 포인트로는 **분사, 수 일치, 관계절, 능동태·수동태**가 있습니다. 최근에는 한 문장 안에서 여러 문법 요소를 묻거나 한 문제의 모든 보기가 하나의 문법 포인트로 구성되는 등, 다양한 형태의 문법 문제가 등장하고 있습니다.

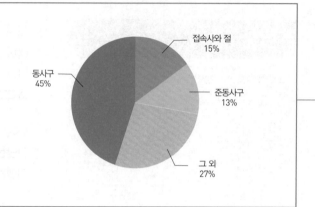

■ 독해

독해 영역에서는 **빈칸 완성(단어·구·절), 주제·제목·요지 파악, 내용 일치·불일치 파악** 유형의 출제 비중이 순서대로 높은 편이며, 특히 최근에는 **문단 순서 배열**을 비롯한 논리적 흐름 파악 유형의 출제 빈도가 증가하고 있습니다.

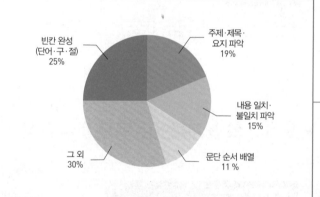

■ 어휘

어휘 영역에서는 유의어 찾기와 빈칸 완성 문제가 대부분 출제되지만, 이 가운데에서는 유의어 찾기 유형의 비중이 가장 높습니다. 이때 지문과 보기에 사용되는 어휘 및 표현의 난이도는 수능 영어 수준에서부터 고난도 수준까지, 매우 다양합니다.

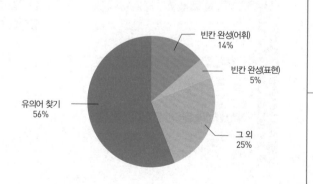

📁 합격 학습 전략

길고 복잡한 문장에서 문법 포인트를 정확하게 파악해야 합니다.

기본 개념을 탄탄히 한 후 세부적인 문법 요소까지 학습하여 실력을 쌓는 것이 중요합니다. 문법 문제는 이론을 알고 있더라도 실전에서 혼동하기 쉬우므로 빈출 포인트 관련 문제를 많이 풀고, 지엽적인 포인트까지 익혀 둡니다. 문장의 기본 원리와 주요 문법 개념을 체계적으로 정리한 다음, 부족한 부분을 집중적으로 보완해 나가며 학습하는 것이 좋습니다.

📁 합격 학습 전략

구문을 정확하게 해석하고 지문의 내용을 빠르게 파악해야 합니다.

시험에 자주 나오는 구문을 해석하는 법을 익히고, 문제를 풀 때 이를 응용해 보는 연습을 하는 것이 중요합니다. 독해 영역은 공무원 영어 시험에서 출제 비중이 가장 높아 문제 풀이 시간이 충분하지 않으므로, 문제마다 시간 제한을 두어 빠르고 정확하게 답을 찾는 훈련을 반복합니다.

📁 합격 학습 전략

어휘, 표현, 생활영어까지 모든 유형을 대비하기 위해 폭넓게 학습해야 합니다.

유의어와 파생어까지 폭넓게 학습해 어휘의 양을 늘리는 것이 중요하며, 다양한 전치사를 포함한 표현 또한 함께 외워 둡니다. 특히 예문을 통해 문맥 속 어휘의 뜻을 유추하는 연습을 하는 것도 도움될 수 있습니다. 생활영어 문제에 대비하기 위해서는 상황별·주제별 관용 표현이나 속담을 암기하는 것이 좋습니다.

합격을 위한 학습 플랜

	1일	2일	3일	4일	5일	6일
1주 차	**DAY 01** 하프모의고사 01회 풀이 및 해설 확인	**DAY 02** 하프모의고사 02회 풀이 및 해설 확인	**DAY 03** 하프모의고사 03회 풀이 및 해설 확인	**DAY 04** 하프모의고사 04회 풀이 및 해설 확인	**DAY 05** 하프모의고사 05회 풀이 및 해설 확인	**DAY 06** 하프모의고사 06회 풀이 및 해설 확인

	7일	8일	9일	10일	11일	12일
2주 차	**DAY 07** 하프모의고사 07회 풀이 및 해설 확인	**DAY 08** 하프모의고사 08회 풀이 및 해설 확인	**DAY 09** 하프모의고사 09회 풀이 및 해설 확인	**DAY 10** 하프모의고사 10회 풀이 및 해설 확인	**DAY 11** 하프모의고사 11회 풀이 및 해설 확인	**DAY 12** 하프모의고사 12회 풀이 및 해설 확인

	13일	14일	15일	16일	17일	18일
3주 차	**DAY 13** 하프모의고사 13회 풀이 및 해설 확인	**DAY 14** 하프모의고사 14회 풀이 및 해설 확인	**DAY 15** 하프모의고사 15회 풀이 및 해설 확인	**DAY 16** 하프모의고사 16회 풀이 및 해설 확인	**DAY 17** 하프모의고사 17회 풀이 및 해설 확인	**DAY 18** 하프모의고사 18회 풀이 및 해설 확인

	19일	20일	21일	22일	23일	24일
4주 차	**DAY 19** 하프모의고사 19회 풀이 및 해설 확인	**DAY 20** 하프모의고사 20회 풀이 및 해설 확인	**DAY 21** 하프모의고사 21회 풀이 및 해설 확인	**DAY 22** 하프모의고사 22회 풀이 및 해설 확인	**DAY 23** 하프모의고사 23회 풀이 및 해설 확인	**DAY 24** 하프모의고사 24회 풀이 및 해설 확인

하프모의고사 학습 방법

01. 각 회차 하프모의고사를 풀고 <출제예상 핵심 어휘리스트> 암기하기

(1) 실제 시험처럼 제한 시간(15분)을 지키며 하프모의고사를 풉니다.

(2) 매회 제공되는 <출제예상 핵심 어휘리스트>를 통해 부족한 어휘를 암기하고, 잘 외워지지 않는 어휘는 체크하여 반복 학습합니다.

02. 취약점 보완하기

채점 후 틀린 문제를 중심으로 해설을 꼼꼼히 확인합니다. 해설을 확인할 때에는 틀린 문제에 쓰인 포인트를 정리하면서 '포인트를 몰라서' 틀린 것인지, 아니면 '아는 것이지만 실수로' 틀린 것인지를 확실하게 파악합니다. 하프모의고사는 회차를 거듭하면서 반복되는 실수와 틀리는 문제 수를 줄여 나가며 취약점을 완벽하게 극복하는 것이 중요합니다. 또한, '이것도 알면 합격'과 '구문 분석'에서 제공되는 심화 개념까지 빠짐없이 익혀 둡니다.

03. 하프모의고사 총정리하기

(1) 틀린 문제를 다시 풀어 보고, 계속해서 틀리는 문제가 있다면 포인트 해설을 몇 차례 반복하여 읽어 모르는 부분이 없을 때까지 확실하게 학습합니다.

(2) <출제예상 핵심 어휘리스트>에서 체크해 둔 어휘가 완벽하게 암기되었는지 최종 점검합니다.

■ 하프모의고사 회독별 학습 Tip!

1회독 [실전 문제 풀이 단계]	2회독 [영역별 심화학습 단계]	3회독 [취약점 보완 단계]
■ <학습 플랜>에 따라 매일 모의고사 1회분 집중 문제 풀이 ■ 포인트 해설, 오답 분석을 정독하여 틀린 이유 파악 ■ Self Check List 작성 ■ <출제예상 어휘 리스트> 암기 ■ 학습 기간: 24일	■ 매일 2회분 모의고사 반복 풀이 ■ '이것도 알면 합격'의 유의어 및 표현, 문법 이론 심화 학습 ■ '구문 분석'을 통해 공무원 영어 시험 필수구문 정리 ■ 학습 기간: 12일	■ 매일 4회분씩 1~2차 회독 시 틀린 문제 위주로 점검 ■ 시험 직전 최종 점검을 위한 본인만의 오답노트 정리 ■ <출제예상 어휘 리스트>에 수록된 모든 어휘를 완벽하게 암기했는지 최종 확인 ■ 학습 기간: 6일

*3회독을 진행하며 반복해서 틀리는 문제들은 반드시 별도로 표시해 두었다가 [해커스공무원 7개년 기출문제집 영어], [해커스공무원 실전동형모의고사 영어] 교재를 통해 추가로 학습하여 실전에 대비할 수 있도록 합니다.

공무원 영어 직렬별 시험 출제 영역

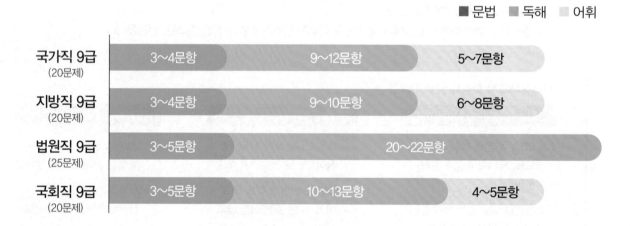

■ 문법 ■ 독해 ■ 어휘

	문법	독해	어휘
국가직 9급 (20문제)	3~4문항	9~12문항	5~7문항
지방직 9급 (20문제)	3~4문항	9~10문항	6~8문항
법원직 9급 (25문제)	3~5문항	20~22문항	
국회직 9급 (20문제)	3~5문항	10~13문항	4~5문항

공무원 영어 시험은 직렬에 따라 20문항 또는 25문항으로 구성되며, 크게 문법/독해/어휘 3개의 영역으로 나눌 수 있습니다.

국가직·지방직·국회직 9급 영어 시험은 총 20문항이며, 독해 영역이 약 50%를 차지하고 나머지 50%는 문법과 어휘 영역으로 구성됩니다. 이때 어휘 영역의 경우 세부적으로 어휘 및 표현, 생활영어로 구분됩니다. 한편, 법원직 9급 영어 시험은 총 25문항이며, 독해 영역이 약 80%를 차지하고 나머지 20%는 문법 영역으로 구성됩니다.

공무원 영어 시험의 영역별 출제 문항 수는 변동이 적은 편이므로, 영역별 문항 수에 따라 풀이 시간을 적정하게 배분하는 연습을 할 수 있습니다.

DAY 01~24

: 하프모의고사 01~24회

잠깐! 하프모의고사 전 확인사항

하프모의고사도 실전처럼 문제를 푸는 연습이 필요합니다.

✔ 휴대전화는 전원을 꺼 주세요.
✔ 연필과 지우개를 준비하세요.
✔ 제한 시간 15분 내 최대한 많은 문제를 정확하게 풀어 보세요.

매 회 하프모의고사 전, 위 상황을 점검하고 시험에 임하세요.

정답·해석·해설 _해설집 p.2

DAY 01 하프모의고사 01회

제한 시간 : 15분 **시작** 시 분 ~ **종료** 시 분 **점수 확인** 개/ 10개

01 밑줄 친 부분에 들어갈 말로 가장 적절한 것은?

The house was in bad condition because of all the _____ it had received over the years. The previous owner did not seem concerned about its appearance and therefore declined to take care of it.

① maintenance ② attention

③ insult ④ neglect

02 밑줄 친 부분에 들어갈 말로 가장 적절한 것은?

Despite making numerous diplomatic efforts in recent years, _____ remains between the two nations due to longstanding conflicts over territory in the region.

① hostility ② alliance

③ friendship ④ cooperation

03 밑줄 친 부분에 들어갈 말로 가장 적절한 것은?

A: Are you OK? That looked like it hurt.
B: It did. Give me a hand, will you?
A: Do you need to go to the hospital?
B: No, thank goodness. I landed on my back.
A: Well, _____. You could have hit your head.
B: Yeah, I guess I'm lucky. Hold on a second and let me catch my breath.

① it's up in the air

② not on your life

③ that was a close call

④ take it on the chin

04 어법상 옳은 것은?

① Under no circumstances you should operate a vehicle after drinking alcohol.

② Astronomers report what they have discovered a planet that is similar to Earth.

③ The author considers being nominate for the prestigious award an honor.

④ Knowing that he would be playing against last year's champion, he practiced tirelessly before the game.

05 밑줄 친 부분 중 어법상 옳지 않은 것은?

Watching the screen from a variety of ① position scattered across the diner, no one dared utter a word. They had known their team would ② be competing against the nation's best, but that didn't stop them from hoping. Then, with a little under five seconds ③ left, a rookie player managed to slip the ball past the stunned goalkeeper. Everyone but poor Willy the dog ④ was suddenly on their feet screaming and hugging one another.

06 다음 글의 내용과 일치하지 않는 것은?

In 1812, three-year-old Louis Braille was accidentally blinded in his father's workshop. Despite the disability, he excelled academically and was accepted to the prestigious Royal Institute for Blind Youth. It was there that the young French boy became frustrated with how reading was taught to students. The process involved diligently tracing raised Latin lettering individually, which was slow and cumbersome. So the precocious Braille decided to take a crack at devising a better technique. Based on a military code called "night writing" that allowed soldiers to read information in the dark, Braille's system used protruding dots to represent letters in a simplified way. He spent every second he had to spare on his idea and completed it at the tender age of fifteen. Today, the name Braille is synonymous with the tactile writing and reading method that is used by the blind all over the world.

① Louis Braille's setback did not prevent him from getting an education.

② Reading at school was frustrating for Braille because he learned slowly.

③ A language system used by soldiers was a source for Braille's technique.

④ Braille was a teenager when he finalized a method of writing for the blind.

07 주어진 글 다음에 이어질 글의 순서로 가장 적절한 것은?

Declaring bankruptcy, if successfully done, can be a huge relief. By following a series of steps, some of the debts that you have accumulated over time can be removed from your record.

(A) Once you've completed these preliminary steps, you must fill out paperwork that will be evaluated by the court. Then, after submitting the documents, you will be required to attend a meeting with your creditors who will review your file and ask questions about it.

(B) You can expect to hear about whether your debts have been discharged in the months following this concluding step. If they are, then it means all or nearly all of your debts will no longer be outstanding.

(C) It is important that you learn about your finances before filing for bankruptcy. This entails ordering a credit report through different agencies and demonstrating that you've undergone a counseling course to prevent further debt problems from occurring.

① (A) – (C) – (B)   ② (B) – (A) – (C)

③ (C) – (A) – (B)   ④ (C) – (B) – (A)

08 밑줄 친 부분에 들어갈 말로 가장 적절한 것은?

Reproductions are considered the bane of any industry, which is why there are myriad copyright and patent laws that afford security for one-of-a-kind products. Conventional wisdom holds that barring copycats is good for both innovation and economic success. Legally, the creator of a unique product should be free to capitalize on its originality and establish a place in the market, preventing others from encroaching on this territory. Interestingly, the real-life consequences of imitation do not bear this out. Industries where duplications are rampant, such as in fashion, not only survive but thrive despite the sea of countless replicas. In such industries, _____, spurring designers to continually generate new ideas.

① replicas can be the cause of higher prices

② the number of reproductions can be limited

③ copying can be determined to be illegal

④ imitation can be the catalyst for creativity

09 다음 글의 흐름상 어색한 문장은?

The purpose of the vision quest, the Native American rite of passage undertaken by young boys at the age of puberty, is to attain guidance or knowledge from supernatural forces or spirits. Although every tribe's version may be slightly different, there is a general universal procedure that is followed. ① The adolescent is prepared through a cleansing ceremony and smudging ritual that are both performed inside a sweat lodge. ② He is then led into the forest and left in the wilderness on his own for a period of three to four days. ③ While there, he undergoes a strict fast and spends his time communing with the natural world around him through a number of learned rituals. ④ Many people think that vision quests were a means of forcing young men to face their human fragility. The isolation and self-reliance are supposed to facilitate communication with his spirit guides, who will then continue to protect him throughout his life. When he returns from this venture, the boy is officially considered a man.

10 다음 글의 제목으로 가장 적절한 것은?

With the advent of people sharing diet results on social media, the popularity of "fad diets" has surged, with more and more people attempting methods such as ketone diets, low-carb diets, and intermittent fasting. In addition to the numerous health risks these short-term diets pose, users often find that these methods lead to an immediate weight decrease, but are ineffective at keeping the weight off. Most professionals agree that consistent lifestyle changes are far more effective than those diet cults. To plan these well, adjustments to one's daily caloric intake are needed, which require tracking and monitoring calorie consumption. Changing the number of calories consumed results in significantly slower but longer-lasting adjustments to one's weight.

※ fad diet: 유행 다이어트

① How to measure One's Daily Calorie Needs
② Calorie Counting: The Key to a Successful Diet
③ The Dangers of Consuming High-Carb Foods
④ Reasons "Fad Diets" Have Become Popular

정답·해석·해설 p. 2

하프모의고사 01회
출제예상 핵심 어휘리스트
바로 다운받기 (gosi.Hackers.com)

QR코드를 이용해 핵심 어휘리스트를 다운받아, 언제 어디서든 공무원 출제예상 어휘를 암기하세요!

DAY 02

하프모의고사 02회

정답 · 해석 · 해설 _해설집 p.8

제한 시간 : 15분 **시작** 시 분 ~ **종료** 시 분 **점수 확인** 개 / 10개

01 밑줄 친 부분의 의미와 가장 가까운 것은?

He is a <u>passionate</u> supporter of the city's forthcoming transition to clean energy, who has advocated for sustainable development.

① intense   ② weak

③ superior   ④ innocent

02 밑줄 친 부분에 들어갈 말로 가장 적절한 것은?

Ryan immediately agreed to buy John's classic convertible. He knew a car like this came along _____.

① through thick and thin

② once in a blue moon

③ with no strings attached

④ at every turn

03 밑줄 친 부분 중 어법상 옳은 것은?

Sales of electronic books and publications have been rising while sales of paperbacks and hardcovers are down. However, there has been some backlash among readers ① <u>dissatisfied</u> electronic publishing. Despite the high quality of e-book readers, the ease with which they can store material, and the lower cost, some readers long for the benefits of physical copies instead. One reason for this is that navigating through e-pages ② <u>present</u> somewhat of a nuisance. For instance, finding the page one wants is not as simple as quickly flipping through the pages of an actual book. Another reason some people continue to prefer physical books is that the arrangement of any e-novel one reads is likely ③ <u>to be</u> far more uniform and therefore less unique than the nuanced physical version may be. By reducing the books to mere text, the individual characteristics of a book's production ④ <u>will lose</u> and the experience may be less memorable.

04 우리말을 영어로 잘못 옮긴 것은?

① 이곳은 그 도시에서 가장 큰 식당이며 매일 수백 명의 사람들을 접대한다.
→ This is the largest restaurant in the city and serves hundreds of people each day.

② 그녀는 다가오는 기말고사를 위해 공부하느라 주말 내내 매우 바빴다.
→ She was so busy all weekend studying for the forthcoming final exam.

③ 범행되는 범죄에 상관없이, 특권을 가진 사람들과 소외된 사람들 모두 법의 지배를 받는다.
→ Regardless of the crime committed, both the privileged and the marginalized are subject to the law.

④ 대부분의 노동자들은 급료 인상을 받기보다는 더 많은 자유시간을 갖고 싶다고 말했다.
→ Most workers said that they would rather have more free time than getting a raise.

05 두 사람의 대화 중 자연스럽지 않은 것은?

① A: Can you prescribe some medication for me?
   B: Of course. Any recommendations?

② A: What kind of workout do you do?
   B: I do cardio to lose weight.

③ A: Do you think you can help me with something?
   B: Sure, I can spare a moment.

④ A: Where's the nearest post office located?
   B: It's just around the corner.

06 밑줄 친 부분에 들어갈 말로 가장 적절한 것은?

When I think back to the elders who greatly influenced my young life, the person who sticks out most is my grandmother. She was a loving, compassionate, and intelligent woman who always tried to model a life of integrity for her children and grandchildren. And of all the remarkable abilities she demonstrated through the way she lived, the one that was most distinctive for me was her _____. This became clearly evident when she battled lung cancer. She was constantly in pain, yet never did she lose her strength or courage. She faced everything head-on and never let herself succumb to the fears she was undoubtedly having. She was determined to continue living and she spent the last ten years of her beautiful life cancer-free. She'll always be my biggest inspiration.

① endurance
② impetuosity
③ insight
④ hilarity

07 밑줄 친 부분에 들어갈 말로 가장 적절한 것은?

Many working individuals eagerly anticipate the day when they can finally cease doing their jobs and bask in relaxation. In addition to the leisurely lifestyle of retirement, there are also health benefits, including less stress and better sleep quality. However, comprehensive studies conducted across Asia, Europe, and North America have revealed that early retirement may have an unexpected impact on cognitive function. _____, it is associated with memory impairment and an increased risk of dementia. Pointing to a possible cause, researchers suggest that early retirees experience reduced social interaction and a lack of the cognitive challenges that come with engaging work. These findings underscore the age-old adage that "If you rest, you rust."

① Notably
② Independently
③ Unexpectedly
④ Incidentally

08 다음 글의 내용과 일치하는 것은?

The picaresque novel is a genre of fiction in which the narrator, invariably a trouble-making character with low social standing, relates the details of his everyday life. Because stories are written like diary entries, picaresque novels have no particular plot and instead feature loosely connected chapters that recount situations the speaker has gotten into. These incidents almost always comprise the narrator having to right some injustice perpetuated by a society he feels is unfair. As he tends to resort to extremes in this regard rather than do what most law-abiding citizens would, the outcomes are often comedic. All in all, the picaresque hero is generally a sympathetic figure, admired for his wit as much as his flagrant disregard for the rules of society.

① Picaresque novels are written in the third person.

② Chapters in picaresque novels transition smoothly.

③ Picaresque heroes must fix the wrongs they cause.

④ Rules are willfully broken by picaresque heroes.

09 밑줄 친 부분에 들어갈 말로 가장 적절한 것은?

Speakers in phones, TVs, radios, and even at movie theaters all share a singular problem: sounds emitted from them _____. Each time this happens, the sound waves bounce off of other objects; they can potentially hit dozens of different surfaces before reaching our ears. The result is poorer sound quality that cannot be fixed by turning up the volume or even by using directional loudspeakers. To make our hearing experience better, HyperSound Clear has devised speakers that use ultrasonic waves. The advantage is that the acoustics coming from these speakers do not scatter. The audio waves stay clustered even after they leave the cone and can be directed straight to a listener, so that they are able to appreciate full, rich tones in high fidelity.

① disperse when they leave the device

② tend to cluster in lower quality

③ become muffled in sequence

④ collide into other audio waves

10 다음 글의 주제로 가장 적절한 것은?

Agriculture is the primary reason for the deforestation of South American rainforests, but in the last few years, a new threat has emerged. Between 2001 and 2013, more than 1,600 square kilometers of the Amazon have been destroyed by gold mining activities. While this may seem insignificant compared to the damage done by farming, gold mining is insidious in other ways. Particularly, mercury washes into rivers as the gold is separated from the soil. The element has been known to cause problems for the wildlife as well as the forest's human inhabitants. For instance, a recent survey showed that around 90 percent of fish caught by local tribesmen were contaminated with mercury. Furthermore, the excavation exposes heavy metals that are toxic. They make their way into the soil and spoil the little vegetation left that has not been cut down by miners.

① the major causes of deforestation in the Amazon

② effects of mercury on rainforest wildlife and people

③ gold mining's repercussions on the Amazon ecosystem

④ why gold mining is worse than farming for the rainforest

정답 · 해석 · 해설 p. 8

하프모의고사 02회
출제예상 핵심 어휘리스트
바로 다운받기 (gosi.Hackers.com)

QR코드를 이용해 핵심 어휘리스트를 다운받아, 언제 어디서든 공무원 출제예상 어휘를 암기하세요!

DAY 03 하프모의고사 03회

정답·해석·해설 _해설집 p.14

제한 시간 : 15분 **시작** 시 분 ~ **종료** 시 분 **점수 확인** 개/ 10개

01 밑줄 친 부분의 의미와 가장 가까운 것은?

As the international technology conference could boost the economy as well as the worldwide recognition of the host nation, the government took pains to ensure that everything went smoothly.

① spent too much money

② made a special effort

③ asked for additional help

④ changed priorities

02 밑줄 친 부분에 들어갈 말로 가장 적절한 것은?

A: Are you going to be downtown today?
B: Yes, I had plans to meet Ray later on. Why?
A: Oh, I was just wondering if you could take my watch to the jeweler's.
B: I guess I can. _____.
A: Thanks so much. I'd do it myself, but I'm going to be on the other side of town.
B: It's no trouble at all. I'm going to pass right by it.

① It's on the way

② It's broken again

③ It's about time

④ It's for the best

03 어법상 옳은 것은?

① Many a building fire has been caused by a neglectful tenant forgetting to turn off the stove.

② My mother asked me to write a thank-you card my grandmother for the gift she sent.

③ Nowhere we saw a convenience store where we could stop and ask for directions.

④ They are looking to hire a part-time worker who is fast, energetic, and responsibility.

04 우리말을 영어로 잘못 옮긴 것은?

① 당신이 더 크게 말할수록, 당신의 말에 미묘한 차이를 가미하는 것이 더 어려워진다.
→ The louder you talk, the more challenging it is to lace your words with subtle nuances.

② 운동하는 것에서 오는 고통은 이로움에 비하면 기껏해야 작은 괴로움일 뿐이다.
→ The pain that comes from exercising is at the least a small burden compared to the benefits.

③ 컴퓨터 개발자의 목표는 업계에 혁신을 일으키는 것이 아니라 그것을 더 나아지게 만드는 것이다.
→ The goal of computer developers is not to revolutionize the industry but to improve upon it.

④ 그 남자는 밸런타인데이에 그의 아내에게 빨간 장미 꽃다발과 초콜릿을 사주었다.
→ The man bought his wife a bouquet of red roses and some chocolates for Valentine's Day.

05 밑줄 친 부분의 의미와 가장 가까운 것은?

Everyone in the office was surprised when they heard that Joanna had accepted the difficult project of her own accord.

① graciously
② voluntarily
③ hesitantly
④ specifically

06 다음 글의 흐름상 어색한 문장은?

Some events have the misfortune of coinciding with major incidents, leaving them to be forgotten by history. Englishman John Fairfax's incredible feat was once such an episode. ① On January 20, 1969, the 32-year-old Brit set out to become the first person to row solo across an ocean. The journey was a dangerous and arduous one due to shark encounters and raging storms. ② But on July 19, six months after he had initially embarked on his trip, he reached the coast of Florida safe and sound. Unfortunately for the rower, his arrival was barely acknowledged. ③ That's because the world was too busy watching the first men walk on the moon. To make Fairfax's accomplishment even more bittersweet, the press was skeptical of some of his stories, such as his account of killing a shark. ④ The astronauts of Apollo 11 congratulated Fairfax on his astounding achievement in a letter.

07 밑줄 친 부분에 들어갈 말로 가장 적절한 것은?

Longshoremen—workers whose job is to load and unload shipping containers at ports—are often referred to as the most important laborers in the US owing to the vital impact their jobs have. Because an estimated 1 trillion dollars worth of merchandise is moved by these workers each year, if longshoremen were to suddenly stop working, they would have the power to _____. Such was the case when a nine-month-long labor dispute with the owners of shipping companies culminated in a strike. With merchandise left sitting at the docks, the flow of goods and services from coast to coast was severely hampered. Two billion dollars was lost each day, effectively crippling the US financially.

① cause shipping businesses to go bankrupt
② improve the conditions of their workplace
③ slow down the entire nation's economy
④ establish the costs of goods and services

08 밑줄 친 (A), (B)에 들어갈 말로 가장 적절한 것은?

If you are feeling overwhelmed with responsibilities, it may be time to embrace the power of saying no. According to psychologist Adam Grant, the ability to say no is among the most valuable skills a person can have.   (A)   , employees will face problems at the workplace if they do not say no in time. Your boss might complain that you complete tasks too slowly even though the real reason for the delays is that you spend too much time helping out coworkers with their problems. By agreeing to do others' favors too frequently, you make your life more difficult. The only way to fix this situation is to get comfortable rejecting requests. It might feel rude to leave coworkers you are friendly with in difficult situations, but it teaches them how to respect your time. Learning to say no, as Grant says, makes saying yes efficacious.   (B)   , people will start approaching you with only the most important requests.

	(A)	(B)
①	Overall	Instead
②	Otherwise	Meanwhile
③	Nevertheless	Similarly
④	For instance	Consequently

09 주어진 문장이 들어갈 위치로 가장 적절한 곳은?

By the latter half of the 18th century, though, *opera buffa* had discarded its initial garb of jocular interlude to come out of the shadows and into its own.

In Italy during the early 1700s, an antithesis to the serious opera began to emerge in the form of *opera buffa*, the comic opera. (①) Farcical fillers punctuated by musical numbers, the succinct pieces featured ridiculous characters and humbly started out as mere intermezzos between more proper arrangements. (②) In short, they were hardly regarded as a formal style and exhibited a decidedly casual composition, oftentimes being executed in whatever local dialect of the region the "real" opera happened to be performed in. (③) The newly independent genre was epitomized formally in Verdi's *La Cecchina*, wherein audiences were treated to a performance in standard Italian—like its more somber brethren—that boasted a fully fleshed story and strong melodies. (④) The production's success was what finally cemented the category as a legitimate one in operatic circles all across Europe.

※ brethren: 형제

10 다음 글의 내용과 일치하지 않는 것은?

Malala Yousafzai is an advocate for female education. Born in the Swat Valley of Pakistan in 1997, she had few educational options due to Taliban-imposed restrictions on educating girls. However, her father Ziauddin, who was himself an education activist, encouraged Malala to attend school, where she developed a passion for learning. Soon, Malala started a blog on which she spoke out about the importance of education regardless of gender. The international attention her writing received angered local Taliban officials, and in October 2012, she was shot in the head while riding the bus home from school. News of the assassination attempt caused international outrage and brought more attention to her advocacy for girls' education. In 2015, her work was recognized by the Nobel Committee, which awarded her the Nobel Peace Prize for "her struggle against the suppression of children and young people and for the right of all children to education," making her the youngest recipient ever at only 17 years of age.

① Malala Yousafzai는 아버지의 뜻에 따라 교육을 받게 되었다.

② Malala Yousafzai는 여성 교육의 중요성에 대한 글을 온라인에 게시했다.

③ Malala Yousafzai는 그녀의 주창 활동으로 인해 총에 맞았다.

④ Malala Yousafzai는 10대일 때 노벨상을 받게 되었다.

정답·해석·해설 p. 14

하프모의고사 03회
출제예상 핵심 어휘리스트
바로 다운받기 (gosi.Hackers.com)

QR코드를 이용해 핵심 어휘리스트를 다운받아, 언제 어디서든 공무원 출제예상 어휘를 암기하세요!

---

01 밑줄 친 부분에 들어갈 말로 가장 적절한 것은?

In order to cheat his client, the man delivered documents that seemed real, but were in fact _____.

① fake   ② genuine

③ beneficial   ④ valuable

02 밑줄 친 부분 중 어법상 옳지 않은 것은?

In recent times, when a nation has undergone incredible turmoil due to a natural disaster, the international community ① has come together to raise money for relief efforts. However, while many sympathetic individuals readily donate, there have been difficulties in getting those indifferent to the cause to participate. One solution is to set up a system ② allowing people to contribute money at different tiers or to choose the amount ③ that they see fit. This flexibility encourages donors to give perhaps only a little amount, where otherwise they would donate nothing. Additionally, sometimes gifts and rewards ④ offer as an incentive for generous donations of varying amounts.

03 밑줄 친 부분에 들어갈 말로 가장 적절한 것은?

A: When you were a kid, did you ever get in trouble at school?
B: What do you mean?
A: Did you ever misbehave and get sent to the principal's office?
B: Only once. I was let off easy, and was only given _____.
A: But it's still a shame. What were you doing anyway?
B: I purposely hid all of the teacher's chalks, so she had to leave class to get more.

① an ax to grind

② a slap on the wrist

③ the pick of the litter

④ the short end of the stick

04 밑줄 친 부분에 들어갈 말로 가장 적절한 것은?

The city went through a lot of effort organizing parades and festivities as the leadership wanted to ensure that the return of the country's Olympic champions was a _____ event.

① tolerable   ② precarious

③ rudimentary   ④ momentous

05 주어진 문장이 들어갈 위치로 가장 적절한 곳은?

There are cameras in every phone, more than 2,000 satellites orbiting our planet, and agencies that record and store each Internet search.

George Orwell's 1949 classic *Nineteen Eighty-Four* introduced us to Big Brother, the enigmatic and totalitarian leader that rules over a dystopian society in which citizens are constantly monitored. (①) The chilling line "Big Brother is watching you" is repeated throughout the novel and reminds the characters that nothing they do is outside the scrutiny of the government. (②) This notion of mass surveillance left an indelible mark on the cultural landscape. (③) As though eerily prophesying our own fate, Orwell's Big Brother has never been more of a presence than it is today in our tech-infused world. (④) Perhaps Big Brother is indeed watching.

06 우리말을 영어로 잘못 옮긴 것은?

① 그들은 마치 남매인 것처럼 정말 사이좋게 지낸다.
→ They get along really well, as if they were brother and sister.

② 도로가 폭풍으로 쓰러진 나무 때문에 차단되어야 하면 어쩌지?
→ What if the road should be blocked due to a fallen tree from the storm?

③ 만약 비서가 제 이름을 부르면, 금방 가겠다고 말해주세요.
→ If the secretary calls my name, please tell her I'll be there in a minute.

④ NASA가 아니었다면, 최초의 달 착륙은 일어나지 않았을 텐데.
→ Had it not been for NASA, the first moon landing would not take place.

07 밑줄 친 부분에 들어갈 말로 가장 적절한 것은?

Early childhood education has been touted by many as a simple way to provide cognitive and social benefits to young learners. From birth to three years of age, children absorb new material very quickly because the growth of the brain is most rapid at this time. Experts say that kids who begin attending preschool before starting kindergarten tend to be more accepting of novel situations, giving them a head start on their peers who do not. However, not all children are _____ the positive learning opportunities offered at preschool. Early education is ineffective if the class sizes are large or the teachers are inexperienced. In addition, separating young kids from their parents for a prolonged period may actually be detrimental to their emotional and social development. Therefore, whether or not early childhood education is right for a particular child should be decided on a case-by-case basis.

① quite defiant towards

② mostly oblivious to

③ highly receptive to

④ somewhat familiar with

08 다음 글의 주제로 가장 적절한 것은?

Being an honest person requires a lot more than simply knowing the difference between lies and truth. It entails reliability, credibility, and the ability to keep promises. The rewards for living honestly are likewise richer and more complex than you'd imagine. It helps the people around you feel comfortable to know that they can depend on you to be an upright, truthful person. By being genuine with your family and friends, they will feel compelled to do the same, which naturally helps to build strong, long-lasting relationships. Greater career success also follows, since employers tend to promote and give more responsibility to employees who demonstrate their trustworthiness. If your position involves dealing with customers, the knowledge that you are someone who can be trusted will persuade them to keep coming back. Overall, adopting this core ethical value leads to an improved quality of life in many respects.

① values that honest people pursue

② side-effects of being dishonest

③ benefits of living an honest life

④ ways to communicate that you are honest

09 다음 글의 내용과 일치하는 것은?

Toward the end of his life, the writer Nikolai Gogol became more religious as the confidence he had in his own abilities declined. Literary commentators debate whether his increased spiritual devotion was a result of his dissatisfaction with his own writing or vice versa. In any case, he began to consult a spiritual guru who convinced the eminent Russian writer that his previous work was sinful. In order to atone for his actions, Gogol adopted a strict fasting regime that greatly damaged his already fragile constitution. He abandoned the novel that he had been working on for almost a decade, the first part of which he had already published. One night, convinced that the devil was going to punish him, he burned the remaining pages in a fireplace.

① Gogol's novel flourished after he discovered religion.

② A spiritual adviser blessed all of Gogol's fictional creations.

③ Gogol gave up eating and ceased working on his book for his atonement.

④ It was reputed that Gogol was confident about his writing abilities.

10 주어진 문장 다음에 이어질 글의 순서로 가장 적절한 것은?

In the 1970s, climate change, nuclear proliferation, habitat loss, and other issues came to a head, and activists banded together to research and advocate for ways to solve the problems facing Earth and its inhabitants.

(A) While these activists took peaceful, measured approaches to their causes, some grew disillusioned with the slow progress that was being made and thought that more aggressive and confrontational action was warranted, which is why Canadian Captain Paul Watson founded The Sea Shepherd Conservation Society.

(B) In order to disrupt this illegal activity, the Sea Shepherd group directly confronts other boats, putting their ships between the whalers and their quarry, which sometimes leads to collisions, and throwing devices containing foul-smelling substances onto other boats in order to ruin their catch and prevent it from being sold.

(C) This conservation group is dedicated to protecting marine life and enforcing the international laws meant to protect it, such as the International Whaling Commission's 1982 ban on commercial whaling that is often violated by whaling ships that purport to be research vessels, exploiting a loophole that allows researchers to harvest whale meat if the animals are caught while conducting scientific studies.

① (A) – (B) – (C)　　② (A) – (C) – (B)
③ (B) – (A) – (C)　　④ (C) – (B) – (A)

정답·해석·해설 p. 20

하프모의고사 04회
출제예상 핵심 어휘리스트
바로 다운받기 (gosi.Hackers.com)

QR코드를 이용해 핵심 어휘리스트를 다운받아, 언제 어디서든 공무원 출제예상 어휘를 암기하세요!

정답·해석·해설 _해설집 p.26

DAY 05 하프모의고사 05회

제한 시간 : 15분 시작 시 분 ~ 종료 시 분 점수 확인 개/ 10개

01 밑줄 친 부분에 들어갈 말로 적절한 것은?

During the meeting, he focused on providing _____ information that directly addressed the key concerns raised by the team.

① appropriate
② redundant
③ misleading
④ irrelevant

02 밑줄 친 부분 중 어법상 옳지 않은 것은?

① Although there are many health warnings about the dangers of drugs, cigarettes, and alcohol, there isn't enough information being spread about the addictive nature of sugar. As obesity rates worldwide ② climb to their highest levels, more people are now aware of the types of foods they should avoid yet do not exert the willpower to stay away from them. Much of this can be attributed to an addiction to sugar and the way the body relies on its regular consumption. If one intends to ③ wean oneself off of a sugary diet, then refusing the temptation to consume food merely for the satisfaction it may provide ④ requires.

03 어법상 옳지 않은 것은?

① A city council member suggested that the old building be restored and converted into a museum.

② He asked her how well she knew the student with whom she was paired for the sociology assignment.

③ Seeing a psychiatrist is no longer stigmatized because people recognize that the need sharing one's feelings is essential for good health.

④ Only after achieving a healthy work-life balance can individuals truly enjoy their careers.

04 밑줄 친 부분의 의미와 가장 가까운 것은?

The veteran spent years trying to forget the war and became perturbed whenever anyone broached the subject. If it was mentioned in any way, it always reminded him of painful memories.

① brought forth
② brought down
③ brought off
④ brought up

05 밑줄 친 부분에 들어갈 말로 가장 적절한 것은?

A: I heard that Gina and Jackie have had yet another falling-out.
B: Oh no. They're both coming to my dinner party tonight.
A: Yeah, I thought I should give you a heads-up.
B: OK. _____. Is there anything else I should know?
A: I'm not really sure, to be honest. But they're not talking anymore, so keep them separate.
B: Thanks for telling me.

① I'll keep it in mind
② I'll take it out on them
③ I'll sort it out for them
④ I'll believe it when I see it

06 다음 글의 흐름상 어색한 문장은?

The deleterious effect that counterfeit money has had on the economy cannot be understated. ① The gravest impact comes in the form of inflation. ② The disruption in the economy begins when the forged money hits the market and suddenly there is more currency circulating than there should rightfully be, the domino effect being the subsequent outcome. ③ After all, the economy is predicated upon a free market that provides consumers with a choice of goods and services. ④ Following the increase in available money, people's purchasing power likewise swells, which then leads to a rise in demand for goods. As a consequence of the spike in demand, the supply of goods runs short and prices go up.

07 다음 글의 주제로 가장 적절한 것은?

For species that form monogamous male-female pairs, such as swans and penguins, living as a duo can provide benefits for both survival and the rearing of offspring. However, their monogamy requires that these species should maintain a fairly stable sex ratio to guarantee their long-term survival. Unfortunately, the ratio of males to females can occasionally go too high and become unbalanced. Interestingly, Japanese termites have evolved a unique behavioral strategy to deal with this situation when it arises: males will pair up and live with another male if there happens to be a female shortage. Because these insects do not do well individually, being part of a pair boosts the survival chances of both individuals and increases their odds of overcoming the female drought.

① factors that may contribute to an unbalanced sex ratio

② an insect's tactic for dealing with a dearth of females

③ disadvantages of same-sex pairings in Japanese termite species

④ the termite's survival strategy for withstanding droughts

08 밑줄 친 (A), (B)에 들어갈 말로 가장 적절한 것은?

The concept of bad faith is notoriously difficult to identify within a traditional legal framework even though it is sometimes used by judges to explain the reasoning behind certain rulings. Typically, when someone acts in bad faith, it means they have acted unfairly in their dealings with others without being outright deceptive.   (A)   , if an insurer denies coverage to someone without an explanation, he will have acted in bad faith. While this is obviously not a praiseworthy way to behave, those deemed guilty of acting in bad faith will not necessarily be charged.   (B)   , conviction is reserved for those who, acting in bad faith, also commit fraud. This is what happens when one party is found to have purposely misled another under the auspices of ill will by making fictitious statements.

(A)	(B)
① Moreover	Therefore
② Nevertheless	Indeed
③ In contrast	Furthermore
④ For instance	Rather

09 밑줄 친 부분에 들어갈 말로 가장 적절한 것은?

An important step in coping with your grief after the loss of someone is to find a reliable form of emotional support. You can turn to a family member or friend who will listen to you in your time of hardship. Or, you can lean on your faith to guide you through the difficult time of mourning. Having faith may allow you to gain strength if you believe that person has found peace in the afterlife. Another coping strategy is to find other people who have also _____.
In a grief-counseling group, you can learn that you are not alone in your pain and begin the healing process. Sometimes, relating to other people's suffering is the most effective way of expressing your grief.

① forgotten important life lessons
② suffered the death of a loved one
③ had a religious experience
④ learned to heal through therapy

10 주어진 문장이 들어갈 위치로 가장 적절한 곳은?

Many experts recommend beginning with mild physical activity and progressing to a more strenuous regimen over time.

When developing an exercise routine, it is important to first set a concrete time every day. (①) Once you decide when to do your workout, you should not deviate from it. (②) Maintaining a strict routine should be easy if you immerse yourself in it gradually. (③) This may involve doing stretches and lifting light weights in the initial weeks and then building up to running and more complex exercises. (④) Staying realistic about what you are able to handle at various stages of your fitness will ultimately help you to establish consistency over a longer period of time.

정답·해석·해설 p. 26

하프모의고사 05회
출제예상 핵심 어휘리스트
바로 다운받기 (gosi.Hackers.com)

QR코드를 이용해 핵심 어휘리스트를 다운받아, 언제 어디서든 공무원 출제예상 어휘를 암기하세요!

DAY 06 하프모의고사 06회

제한 시간 : 15분 **시작**   시   분 ~ **종료**   시   분 **점수 확인**   개/ 10개

01 밑줄 친 부분에 들어갈 말로 가장 적절한 것은?

> As a critical thinker, he never hesitates to _____ authority when he sees inconsistencies.

① accept   ② incite

③ challenge   ④ uphold

02 밑줄 친 부분에 들어갈 말로 가장 적절한 것은?

> Centuries ago, _____ people were considered as the most accomplished. Scholars were also great athletes, and scientists were artists as well as researchers.

① gentle   ② pleasant

③ versatile   ④ incompetent

03 밑줄 친 부분에 들어갈 말로 가장 적절한 것은?

> A: How's that secondhand car you bought working out?
> B: Hmm, it's not bad, but not so good. It has a critical problem.
> A: What is it?
> B: The car seems to go through a lot of gas really quickly. _____?
> A: Well, it might be low tire pressure. Gas mileage decreases when tires are underinflated, you know.
> B: Really? I had no idea.

① Do you have any idea what could be wrong

② Can you tell me where I can go to fix it

③ Have you ever had your tires checked

④ How much gas should it use per kilometer

04 어법상 옳은 것은?

① Tony did not expect to spot with his high school friend on the bus.

② After taking a quick shower, he was ready and dress for work.

③ The student assembly is held in the auditorium once a month on a Friday.

④ The household duties are shared among husband and wife.

05 우리말을 영어로 잘못 옮긴 것은?

① 안정적인 경력을 쌓고자 하는 욕구가 그녀가 다른 기회들을 찾아보는 것을 막았다.
→ The need to build a stable career prevented her from find other opportunities.

② 어린 학생들은 그들의 운전에 대해 아무리 조심스러워도 지나치지 않고 추가 연습 후에 운전해야 한다.
→ Young students cannot be too cautious about their driving and must drive after extra practice.

③ 그녀는 예상치 못하게 실직했고, 엎친 데 덮친 격으로 그녀의 차도 같은 날 고장 났다.
→ She lost her job unexpectedly, and what was worse, her car broke down the same day.

④ 그는 크리스마스 아침까지 도착하기로 약속했었기 때문에, 아무리 피곤하더라도 계속해서 티켓을 검색했다.
→ Because he had promised to arrive by Christmas morning, he continued looking for a ticket no matter how tired he was.

06 주어진 문장이 들어갈 위치로 가장 적절한 곳은?

It offered European economies billions of dollars in exchange for the lifting of trade barriers.

Following the victory of the Allied Forces in 1945, the U.S. was the only nation that had not sustained significant economic damage. (①) Meanwhile, production and trade were at a complete standstill in Europe because industrial infrastructure had been especially hard-hit. (②) The U.S. viewed this situation as an opportunity to prosper. (③) Most European countries agreed as they were in desperate need of capital. (④) However, so much had been destroyed in the war that they had no choice but to spend most of the aid money on materials they imported from the U.S.

07 밑줄 친 부분에 들어갈 말로 가장 적절한 것은?

Many people enjoy shopping at big-box stores because they offer a wide array of bulk items at lower-than-average prices. In light of such convenience and value, it can easily be _____ that many of these so-called supercenters have a seriously negative impact on local economies. Because nearly everything sold in these establishments is produced cheaply overseas, thousands of domestic manufacturing jobs become unnecessary when they open. In addition, local specialty shops are usually unable to compete and go out of business because cheaper versions of the products they sell can be found at megastores. But the appeal of one-stop shopping has become so great among the masses that they rarely stop to think about the long-term consequences of their actions.

① authorized
② overlooked
③ emphasized
④ overrated

08 다음 글에 나타난 화자의 심경으로 가장 적절한 것은?

I saw the mail carrier coming by, and I hurried outside to see if he had left anything in my mailbox. I'd gone out like that thousands of times before and little did I know how momentous this everyday act would be on this particular occasion. I pulled out a few advertisements and a letter addressed to me from the National Bar Association. My heart pounding, I opened it and read the results of my exam. It was official: I was a lawyer. I'd been poring over law books for five years, and finally, I had achieved my dream. In that instant, I could see my future spread out before me. At long last, I would be able to establish my own practice and defend people's inalienable rights. In just seconds, my new life had begun.

① frustrated and disappointed

② detached and indifferent

③ assured and confident

④ overjoyed and ecstatic

09 밑줄 친 부분에 들어갈 말로 가장 적절한 것은?

Oceans are filled with perpetually moving streams of water known as currents. These oceanic currents are influenced by a wide array of factors, including the gravitational pull of the moon, the layout of the ocean floor, wind, and shoreline geography. One effect that ocean currents have is that they can alter the weather in coastal regions. This is due to the fact that oceans absorb upwards of 50 percent of the sun's heat. When currents push this warm water around, the air temperature in those regions _____ as the water passes through. As a result, many regions along the seaside have a balmier climate than their inland counterparts.

① climbs

② dissipates

③ settles

④ plummets

10 다음 글의 내용과 일치하지 않는 것은?

Historians previously thought that ancient Roman gladiators must have consumed a special diet of mainly meat dishes, as the combatants required enormous amounts of energy. But an analysis of bone samples found in a Roman city has revealed some surprising details about what the gladiators ate. The mineral content of their bones was in fact more indicative of an almost completely vegetarian lifestyle. It appears they consumed mostly barley, beans, and wheat—the standard Roman diet. However, the archaeologists did find one big difference between the mineral composition of the skeletal remains of gladiators and that of typical Roman citizens: the former had significantly higher levels of strontium. Like calcium, this chemical element promotes strong bone growth and aids in speeding up the healing process when bones break. Now, researchers believe that the fighters must have consumed the fabled beverage of ash and vinegar alluded to in ancient writings. Ash is particularly high in strontium, and it is likely that the gladiators drank it after their workouts.

① Gladiators of ancient Rome ate meals that lacked meat for the most part.

② Barley and beans were the staple food of nearly all citizens in Roman times.

③ Strontium helps the body repair the damage done to bones more quickly.

④ A diet of vegetables explains the immense amount of strontium in gladiator bones.

정답·해석·해설 p. 32

하프모의고사 06회
출제예상 핵심 어휘리스트
바로 다운받기 (gosi.Hackers.com)

QR코드를 이용해 핵심 어휘리스트를 다운받아, 언제 어디서든 공무원 출제예상 어휘를 암기하세요!

Self Check List

이번 테스트는 어땠나요?
다음 체크리스트로 자신의 테스트 진행 내용을 점검해 볼까요?

01 나는 15분 동안 완전히 테스트에 집중하였다.
☐ YES   ☐ NO

02 나는 주어진 15분 동안 10문제를 모두 풀었다.
☐ YES   ☐ NO

03 유난히 어렵게 느껴지는 지문이 있었다.
☐ YES   ☐ NO

04 유난히 어렵게 느껴지는 문제가 있었다.
☐ YES   ☐ NO

05 모르는 어휘가 있었다.
☐ YES   ☐ NO

06 개선해야 할 점과 이를 위한 구체적인 학습 계획

_____

_____

DAY 07 하프모의고사 07회

제한 시간 : 15분 **시작** 시 분 ~ **종료** 시 분 **점수 확인** 개/ 10개

01 밑줄 친 부분에 들어갈 말로 가장 적절한 것은?

The _____ coworker was willing to offer support, recognizing the challenges faced by colleagues.

① friendly
② inconsiderate
③ irresponsible
④ selfish

02 밑줄 친 부분에 들어갈 말로 가장 적절한 것은?

A: We can't go to Tom and Jill's wedding this weekend after all.
B: Why not? We already told them weeks ago we would be there.
A: Yeah, but I just realized that we also booked our vacation tickets for the same day.
B: Oh no! Is there any way we can fly out the day after?
A: I'll check with the airline to see if it's possible to switch our flight.
B: I hope so. _____.

① There's still plenty of time left
② They won't care if we miss it
③ We should have bought the tickets earlier
④ I don't mind postponing for a day

03 우리말을 영어로 잘못 옮긴 것은?

① 내 아버지는 항상 가족을 위해 집을 짓거나 디자인하기를 원하셨다.
  → My father always wanted to build or to design a house for the family.

② 그 경기장은 도시의 어느 경기장보다 더 깨끗했다.
  → The stadium was cleaner than any other arenas in the city.

③ 어제 내가 일을 끝마쳤더라면 나는 지금쯤 크리스마스 파티에 가 있을 것이다.
  → If I had finished my work yesterday, I would be at the Christmas party by now.

④ 나는 그가 내게 연락을 취하고 싶을 경우에 대비하여 내 이메일 주소를 주었다.
  → I gave him my e-mail address just in case he would like to keep in touch with me.

04 우리말을 영어로 잘못 옮긴 것은?

① 당신은 그 시설이 할인을 제공할 때 회원 등록을 했어야 했다.
  → You should have signed up for membership when the facility was offering a discount.

② 남은 인생 동안 당신이 소중히 여길 것은 재산이 아닌 경험이다.
  → It is not possessions but experiences that you will cherish for the rest of your life.

③ 경청하는 것은 당신이 발표자가 말하고 있는 것에 관심이 있다는 것을 보여주는 방법이다.
  → Being attentive is a way to show a speaker that you are interested in what he or she is saying.

④ 스스로에 대한 확신이 없어서, 그는 선생님의 질문에 답변하기 전에 머뭇거렸다.
  → Unsure of himself, he hesitated before he answered to the teacher's question.

05 밑줄 친 부분의 의미와 가장 가까운 것은?

> The investors found that the value of the stock they purchased had soared, providing an <u>enormous</u> amount of cash.

① minor
② additional
③ exclusive
④ huge

06 다음 글의 제목으로 가장 적절한 것은?

> One of the most famous animals wiped out in modern times is the dodo, a small, flightless bird native to the island of Mauritius. Records indicate the feathered creature disappeared completely by the late 1600s, but what instigated it is open to question. The popular theory is that Dutch explorers who arrived on the island hunted the dodo relentlessly, as the birds proved to be an easy meal. This is believed to be mostly true, although likely not the only explanation. Another factor that historians think played a part was the animals that the sailors brought with them on their ships. It appears that the dogs, pigs, and even rats all developed a taste for the dodo's eggs. With the young disappearing alongside the adults, the dodo had little chance of enduring.

① Presumed Reasons for the Dodo's Demise
② What Could Have Saved the Dodo Bird?
③ Bird Hunting: A Way of Life in the 1600s
④ Animal Extinctions Caused by Exploration

07 다음 글의 요지로 가장 적절한 것은?

> In the United States, corporate lawyers often have to respond to lawsuits initiated by plaintiffs in multiple jurisdictions around the country. In fact, as much as 62 percent of all major corporate lawsuits were handled in multiple courts in 2013. Settling complaints this way is both time-consuming and expensive, which is why hundreds of businesses have adopted bylaws in the last two years stating that all legal matters will be handled exclusively by a specified court. As a result, plaintiffs must travel to whichever court the company chooses to use rather than the other way around. The number of complaints being filed in more than one court has since dropped below 40 percent.

① Plaintiffs are more liable for their complaints thanks to the new bylaws.
② The costs of settling multi-jurisdictional cases are no longer manageable.
③ New bylaws have reduced the quantity of multi-jurisdictional lawsuits.
④ Businesses have adopted bylaws to establish a national standard.

08 다음 글의 내용과 일치하지 않는 것은?

The life of a peasant in Medieval England was difficult for many reasons. Not only were they poorly compensated and undervalued, but Church officials used their fear of God to exploit them. Clergymen insisted that providing the Church with free labor several days a week would save their souls from eternal damnation. The extra work made it difficult for many to find the time to cultivate their own land and feed their families. To make matters worse, these laborers had to pay taxes that were continually being raised to fund a war with France that had been ongoing for forty years. When people could not afford to do so, tax collectors seized their tools, seeds, and food instead. In 1381, a group of about 60,000 farmers from Kent decided enough was enough. They marched to London to see the king and demand an end to centuries of unjust treatment.

① Peasants struggled because they had to work for the Church without pay.

② A long war was being financed by the peasants' hard-earned money.

③ Medieval peasants were heavily influenced by their belief and fear of God.

④ Taxes were generally paid in the form of agricultural equipment and food.

09 주어진 문장이 들어갈 위치로 가장 적절한 곳은?

Such embracing of anarchy has resulted in many postmodern texts being paradoxical or hard to follow for the average reader.

The postmodern movement in literature began to emerge in the 20th century on the heels of the modernist period. Both deviated from past literary dogma in which writers adhered strictly to logic and reason in their stories. (①) Unlike its predecessor though, postmodernism not only threw away old conventions but wholeheartedly celebrated chaos in stories. (②) A classic example of this can be found in the 1939 novel written by James Joyce called *Finnegans Wake*. (③) The narrative is often referred to as the hardest piece of fiction ever published thanks to its "stream of consciousness" style writing and nonlinear plot. (④)

10 밑줄 친 부분에 들어갈 말로 가장 적절한 것은?

Scientists have long had difficulty proving when hippopotamus ancestors initially arrived in Africa. Unlike other archetypal African animals, which first appeared on the continent 18 million years ago, the origins of the hippopotamus have been elusive due to missing links in the fossil record. Now, the discovery of a 28-million-year-old skeleton about the size of a sheep but with hippopotamus-like bone structure could provide some answers. DNA and dental analyses of the remains have established that the creature and the hippopotamus are related. It has also been found that the ancient mammal evolved from the first semi-aquatic species known to have swum from Asia to Africa 35 million years ago. This means that these hippo ancestors _____.
They were able to grow much larger and into animals that resembled modern hippos more because they had no natural enemies or competition for resources.

① can now be tracked over time through the fossil record

② are undeniably indigenous to the continent of Africa

③ were not well adapted to live in their new environment

④ were likely the first mammals to walk on African soil

정답·해석·해설 p.38

하프모의고사 07회
출제예상 핵심 어휘리스트
바로 다운받기 (gosi.Hackers.com)

QR코드를 이용해 핵심 어휘리스트를 다운받아, 언제 어디서든 공무원 출제예상 어휘를 암기하세요!

DAY 08 하프모의고사 08회

제한 시간 : 15분 **시작** 시 분 ~ **종료** 시 분 **점수 확인** 개/ 10개

01 밑줄 친 부분에 들어갈 말로 가장 적절한 것은?

> If you decide to accept this position, you will have to _____ more responsibilities once you start.

① take on
② take out
③ take off
④ take in

02 어법상 옳은 것은?

① The venue is not enough large to hold the expected number of participants.
② Your daughter's gestures are exactly the same as yours.
③ Parking in front of the house was a delivery van.
④ We were near done with the meeting when the chairperson received an urgent call.

03 우리말을 영어로 잘못 옮긴 것은?

① 많은 회사들이 널리 퍼진 전 세계적 유행병의 영향을 받았다.
→ Many businesses have affected by the widespread pandemic.

② 당신의 선택지들을 주의 깊게 평가하는 것은 당신이 세우는 모든 계획의 성공에 있어 필수적이다.
→ Evaluating your options carefully is vital to the success of any plans you set up.

③ 내가 그 영화를 보지 않았더라면 너와 함께 영화관에 갔을 텐데.
→ If I hadn't seen that movie, I would have gone to the movies with you.

④ 모두가 차별로부터 진정 자유로울 수 없다면 한 사회의 사람들은 그들 스스로를 자유롭다고 여길 수 없다.
→ People in a society cannot consider themselves free unless everyone is truly free from discrimination.

04 밑줄 친 부분의 의미와 가장 가까운 것은?

> When Liam had to give up his dream car to move into a bigger apartment, he learned that he could not have his cake and eat it too.

① possess both
② expect otherwise
③ choose either
④ continue forever

05 두 사람의 대화 중 자연스럽지 않은 것은?

① A: Thanks for helping me move.
   B: No problem. I didn't have any plans today.

② A: I have great respect for her.
   B: Same here. She did help us a lot.

③ A: When did you change your hairdo?
   B: I'm training at a beautician school.

④ A: Can I keep this picture of you?
   B: Sure. I've got plenty of copies.

06 다음 글의 요지로 가장 적절한 것은?

Imagine a picture with twenty faces. The one in the very middle is smiling, but the rest of the faces around it are all frowning. If you ask people whether the one in the middle seems happy or sad, they will naturally reply happy. But there are some who, when asked the same question, curiously say the opposite. While it may appear like an illogical answer, linguists note that a large reason for this appears to lie in language. Some nations tend to utter "we" and "our" versus "I" and "my" much more commonly in everyday statements. The unconscious influence of using those words is reflected in their cultural attitude, which places a greater emphasis on the whole. The language they use unconsciously nurtures a sense of being a collective rather than an individual. People from these places are more prone to thinking "I" can be happy only when "we"—family, friends, and acquaintances—all are. For them, a smiling face does not equate to happiness unless the rest of the faces are smiling too.

① The language that is spoken by a person can affect how they think.

② Cultural differences play an important part in how languages develop.

③ Speaking as a group rather than as individuals benefits society.

④ Linguistic preferences depend on what people think about themselves.

07 다음 글의 주제로 가장 적절한 것은?

The new Sustainable Development Goals (SDGs) proposed by the United Nations are regarded as a substantial improvement over previous universal education policies. This initiative will attempt to provide both primary and secondary schooling to millions of schoolchildren throughout the world. Unlike previous campaigns, it seeks to reach kids who live in the most fragile and conflict-prone countries, regardless of geographical isolation. The SDGs also aims to provide knowledge to those who have disabilities or are otherwise disadvantaged due to gender, religion, or ethnicity. The preceding program, despite its efforts, left over 100 million young people without basic literacy or numerical skills. The next global outreach will strive to close the gap so that no one is left without quality learning opportunities.

① failure to provide quality education in developing nations

② challenges of teaching children who have disabilities

③ advantages of a proposed education program over earlier schemes

④ importance of instilling basic literary and numeracy skills

08 다음 글의 흐름상 어색한 문장은?

Although scientists once believed that brain development stops after early childhood, modern research suggests otherwise. ① Neurologists now believe that varying environmental, physiological, chemical, and behavioral conditions continue to modify our brains throughout our lives. ② For instance, dietary and exercise changes in adulthood can have a significant impact on the way we process information. ③ Cardiovascular exercise and low-fat diets are both very common practices in the modern world. This is partially because such changes result in new connections between brain cells, which are essential for neural development. ④ As a consequence, our brains are subtly restructured and become capable of carrying out alternative functions.

09 주어진 문장 다음에 이어질 글의 순서로 가장 적절한 것은?

The symptoms associated with the condition known as employee burnout vary from person to person, but it can generally be described as mental or physical exhaustion due to long hours or chronic stress in the workplace.

(A) But the situation is much graver in China, where an estimated one million people die from overwork every year. Though the government has appropriate labor-protection laws in place, companies are, unfortunately, not enforcing them.

(B) Though it may be hard to recognize the signs in the early stages, burnout can affect anyone, regardless of age, gender, or occupation. In fact, it is on the rise in many industrialized nations across the globe, affecting economies and citizens' overall quality of life.

(C) In Germany, burnout costs the economy the equivalent of 9.5 billion US dollars each year. Roughly 10 percent of sick days taken by workers annually are linked to work-related psychological illness, and some employees are even retiring early.

① (A) – (B) – (C)　　② (A) – (C) – (B)
③ (B) – (C) – (A)　　④ (C) – (A) – (B)

10 다음 글의 내용과 일치하지 않는 것은?

During the time of the Transatlantic Slave Trade that began in the mid-1600s, British traders would arrive in West Africa carrying shipments of manufactured goods. They would exchange these items for healthy young villagers who had been captured by African brokers and then cross the Atlantic to the Americas or the Caribbean. It is estimated that 10 to 12 million enslaved Africans were transported overseas. Many died during the voyage due to the cramped and appalling conditions. Upon reaching their destination, British traders would relinquish the survivors and receive sugar, tobacco, and rum in return. Though this inhumane practice was abolished in 1833, slavery continued throughout the British colonies until 1888. It was done in secret by smuggling newly enslaved persons into Brazil.

① Brokers in West Africa traded goods for young people that they had seized.

② There were between 10 and 12 million slaves in British territories.

③ British merchants got supplies in payment for the enslaved people they delivered.

④ The trafficking of slaves proceeded even after the act was officially revoked.

정답·해석·해설 p. 44

하프모의고사 08회
출제예상 핵심 어휘리스트
바로 다운받기 (gosi.Hackers.com)

QR코드를 이용해 핵심 어휘리스트를 다운받아, 언제 어디서든 공무원 출제예상 어휘를 암기하세요!

Self Check List

이번 테스트는 어땠나요?
다음 체크리스트로 자신의 테스트 진행 내용을 점검해 볼까요?

01 나는 15분 동안 완전히 테스트에 집중하였다.
☐ YES　　　　☐ NO

02 나는 주어진 15분 동안 10문제를 모두 풀었다.
☐ YES　　　　☐ NO

03 유난히 어렵게 느껴지는 지문이 있었다.
☐ YES　　　　☐ NO

04 유난히 어렵게 느껴지는 문제가 있었다.
☐ YES　　　　☐ NO

05 모르는 어휘가 있었다.
☐ YES　　　　☐ NO

06 개선해야 할 점과 이를 위한 구체적인 학습 계획

_____

_____

DAY 09 하프모의고사 09회

정답·해석·해설 _해설집 p.50

제한 시간 : 15분 시작 시   분 ~ 종료 시   분 점수 확인   개/ 10개

01 밑줄 친 부분의 의미와 가장 가까운 것은?

Environmentalists attempted to bring about policy changes in front of a government committee this week, but they encountered resistance.

① dissuade   ② repulse

③ provoke   ④ entice

02 밑줄 친 부분에 들어갈 말로 가장 적절한 것은?

Her _____ behavior at the party, showing off expensive possessions, made others uncomfortable.

① generous   ② showy

③ passive   ④ polite

03 밑줄 친 부분에 들어갈 말로 가장 적절한 것은?

A: I was wondering if you've reached a decision about my proposal to merge.

B: Not yet. There are still a few issues that I have to talk over with my partners.

A: Can you let me know what the issues are?

B: I'm sorry, but until we decide, I can't discuss about it.

A: OK, I see. When do you expect to make a decision?

B: Well, it could take about a week, but I'm not certain.

A: OK. I've done everything I can, and you have my offer. _____.

① The tables are turned

② The sky is the limit

③ The ball is in your court

④ The shoe is on the other foot

04 우리말을 영어로 잘못 옮긴 것은?

① 그 공연가가 그녀의 무대 화장을 한 후에, 그녀는 거의 알아볼 수 없었다.

→ After the performer applied her stage makeup, she was barely recognizable.

② 귀중품은 무엇이든 호텔 객실 금고에 보관되어야 한다.

→ Anything valuable should be stored in the hotel room safe.

③ 그 법률 조수는 현재 상황을 인지하고 있다.

→ The legal assistant is aware for the current situation.

④ 그 주민들은 멀리서 경찰 사이렌을 들었을 때 안도했다.

→ The residents were relieved when they heard the police sirens in the distance.

05 밑줄 친 부분 중 어법상 옳지 않은 것은?

An intervention is a time ① when friends and family members come together to show support for a loved one by ② help this individual overcome a problem that can affect them all. The purpose is not necessarily to persuade these treasured people to stop harming ③ themselves, but just to demonstrate that a group of people love them and want ④ the best for them.

06 다음 글의 제목으로 가장 적절한 것은?

In the latter part of the nineteenth century, a handful of psychiatrists began noticing that some of their patients were independently generating artwork. The pieces were produced in total isolation from the modern art scene and were remarkably powerful. The psychiatrists published these creations in books, attracting the attention of established artists and sparking a fascination with the innovative paintings, drawings, and sculptures. The works were considered creativity in its purest form, since they were made with no expectation of fame or money. This raw form of expression came to be known as outsider art and soon picked up a devoted following of artists and art lovers.

① The Origins of Outsider Art

② Why Artists Are Social Outsiders

③ Art as a Mental Therapy

④ How Innovation Influences Art

07 다음 글에 나타난 화자의 심경으로 가장 적절한 것은?

Renovating the house was no easy task, but after months of hard work, I was finally done. My wife doubted I could do it myself, but she was impressed by my handiwork. That is, until she saw a tiny hole in the corner of the roof. She told me to fix it right away, but I wasn't too worried about it. I kept putting it off until summer rolled around, when we had our first big thunderstorm. It poured all night and we woke up to a flooded home. The hole had gotten exponentially bigger over the months. In the end, my house had to get renovated twice because of the trifle that I should have taken care of earlier.

① determined   ② regretful

③ jealous   ④ frightened

08 다음 글의 흐름상 어색한 문장은?

Anarchism is a political ideology that asserts that the most ideal government is none at all. ① This is based on the belief that governments are restrictive by nature and therefore should be eliminated. Anarchists also claim that social problems such as crime will naturally disappear in the absence of an oppressive regime. ② In other words, crime is permitted to run rampant since there is no threat of punishment for immoral behavior. ③ Critics of anarchism take issue with this, arguing that it is unrealistic for a society to have no official form of governance. ④ One opponent in particular, a history professor named Carl Landauer, labels anarchism as absurd. He states that although governments are repressive, they are still better than a society that has no clear authority.

09 밑줄 친 부분에 들어갈 말로 가장 적절한 것은?

Do any languages spoken today contain remnants of the very first one spoken by humans? Some linguists claim that speech evolves too rapidly for this to be possible, but a new study asserts that there is a special group of dialects that potentially has elements in common with the original mother tongue: the click languages of southern Africa. Researchers surmise that the clicks endured despite the unlikelihood of that happening because they _____. The clicks would have been essential to the species' survival as they allowed humans to stalk their prey while blending into the surrounding environment. Since the sound of the language is similar to branches snapping, early humans were able to communicate and coordinate their strategy for capturing prey without scaring the animals off.

① are based on natural sounds anyone can make

② had minimal influence from other languages

③ offer an advantage with regard to hunting

④ allowed people to communicate noiselessly

10 주어진 문장이 들어갈 위치로 가장 적절한 곳은?

Despite these encouraging statistics, opponents argue that the program's benefits don't outweigh its drawbacks.

In Australia, the Suspect Target Management Plan (STMP) is in effect. (①) The program is designed to deter crime by granting law enforcement authorities the ability to intensively surveil individuals considered at risk of criminal behavior. (②) Since its implementation, a national crime study estimates that the STMP has contributed to a 16 percent reduction in both violent and property crimes. (③) This apprehension stems from the fact that the STMP operates on an algorithm, the details of which are undisclosed to the public. (④) Critics assert that the criteria used for identifying those deemed likely to engage in criminal activity are biased and disproportionately target young Indigenous Australians.

정답·해석·해설 p.50

하프모의고사 09회
출제예상 핵심 어휘리스트
바로 다운받기 (gosi.Hackers.com)

QR코드를 이용해 핵심 어휘리스트를 다운받아, 언제 어디서든 공무원 출제예상 어휘를 암기하세요!

이번 테스트는 어땠나요?
다음 체크리스트로 자신의 테스트 진행 내용을 점검해 볼까요?

01 나는 15분 동안 완전히 테스트에 집중하였다.
　□ YES　　　　　□ NO

02 나는 주어진 15분 동안 10문제를 모두 풀었다.
　□ YES　　　　　□ NO

03 유난히 어렵게 느껴지는 지문이 있었다.
　□ YES　　　　　□ NO

04 유난히 어렵게 느껴지는 문제가 있었다.
　□ YES　　　　　□ NO

05 모르는 어휘가 있었다.
　□ YES　　　　　□ NO

06 개선해야 할 점과 이를 위한 구체적인 학습 계획

---

01 밑줄 친 부분의 의미와 가장 가까운 것은?

The <u>integrity</u> of the witness was ruined when it was revealed she had lied during her testimony.

① fluency   ② credibility

③ relevancy   ④ unification

02 밑줄 친 부분의 의미와 가장 가까운 것은?

People who spend more time in the company of pets than of people are considered <u>peculiar</u>, but they say that pets tend to give their owners more love and affection.

① patriotic   ② scornful

③ tangible   ④ distinctive

03 밑줄 친 부분에 들어갈 말로 가장 적절한 것은?

A: Do you still need me to assist you?
B: Actually, _____.
A: But you do need a hand at the conference.
B: One of the interns offered to come instead.
A: Oh, good. And it'll count as training.
B: Yes, that's what I intended.

① it's on the blink

② I'm at a loss

③ we're in a tight spot

④ you're off the hook

04 우리말을 영어로 잘못 옮긴 것은?

① 불이 꺼진 후, 아이들은 어둠 속에서 울기 시작했다.
  → After the lights had gone out, the children started to cry in the dark.

② 나는 그녀에게 Mark와 그의 친구들이 오늘 밤에 올 수 없다고 말해야 하는 것을 잊었다.
  → I forgot telling her that Mark and his friends can't come over tonight.

③ 그가 연약한 것처럼 보일 수 있지만, 그는 보이는 것만큼 약하지 않다.
  → He may look frail, but he is not as weak as he appears.

④ 웃음은 기쁨과 슬픔같이 완전히 다른 감정들을 전달한다.
  → Laughter communicates completely different feelings like joy or sadness.

05 밑줄 친 부분 중 어법상 옳지 않은 것은?

A story ① <u>that</u> is known to many in Western cultures is that of the judgment of King Solomon. The tale is that of two women who both claim custody of the same child and want the king to settle their dispute. The king suggests ② <u>cutting</u> the baby in half so that each woman gets half, at which point the true mother concedes to let the other have full ownership rather than have the baby harmed. Seeing her compassion, Solomon grants her custody. There are two major criticisms to this tale, one of which is the illogical nature of the king's suggestion, and ③ <u>the second</u> of which is that the story itself may be plagiarized from a Buddhist story. In what is thought to be the original version, the Buddha himself insists that two mothers ④ <u>to resolve</u> the ownership dispute by taking hold of each side of the baby and pulling. Realizing the harm this would do to the baby, the real mother refuses and is granted full ownership.

06 다음 글의 제목으로 가장 적절한 것은?

Space tourism has been talked about for decades and is potentially within our reach using today's technology. But the logistics, costs, and dangers of sending civilians out of Earth's atmosphere in rockets have thus far kept it from becoming a reality, much to the dismay of space fanatics worldwide. Thus, savvy entrepreneurs are trying to develop a more feasible way for consumers to glimpse the stars up close. High-altitude balloons could be capable of carrying pressurized pods over 100,000 feet into the air. Using them would eliminate myriad problems; it'd be much less expensive, no special training would be required for passengers, and the ride would be slow and gentle. Perhaps best of all, ballooning is a tried-and-true method that has been around since the 1930s, making the practice far safer for everyone involved. While such balloons wouldn't technically be leaving the stratosphere, they should rise high enough for people to get a spectacular view of the planet.

① Ballooning: A New Way of Space Travel

② Reasons That Space Tourism Is Impractical

③ Risk Factors of Space Exploration as an Entertainment

④ The Superiority of Balloons When Traveling the Universe

07 밑줄 친 부분에 들어갈 말로 가장 적절한 것은?

Freedom of expression lies at the core of the First Amendment to the U.S. Constitution. Implicit in this is the right to free speech, which permits one to express oneself _____. The right to freedom of speech applies to all forms of expression that convey a message of any kind. The U.S. Congress is prohibited from enacting laws that violate this freedom, and the incorporation doctrine also prevents state governments from making legislature that infringes on this right. In the event that the government does wish to regulate any content, it is required to provide significant supporting evidence as justification to the Supreme Court.

① in spite of the knowledge that it will likely be censored

② without government-imposed meddling or restrictions

③ as long as he or she does not possess a political bias

④ within the boundaries of stringent guidelines

08 밑줄 친 (A), (B)에 들어갈 말로 가장 적절한 것은?

Wood is classified as either hardwood or softwood. This system of categorization causes many people to assume that all hardwood must be more resilient than its softer counterpart. ___(A)___, this is not the case because one of the softest varieties of wood comes from balsa trees, which are designated as hardwoods. Likewise, the dense wood of yew trees is considered softwood. Rather than having to do with the physical qualities of the wood itself, the distinction between hardwoods and softwoods is entirely based on the type of seeds that trees produce. If a tree yields seeds that are covered either by a shell or a fruit, then the tree is understood as a hardwood. Examples include walnuts, maples, and oaks. ___(B)___, trees whose seeds fall to the ground without any protection—as in the case of pines, junipers, and redwoods—are considered softwoods.

	(A)	(B)
①	Nevertheless	Essentially
②	However	Conversely
③	For example	Specifically
④	Moreover	In other words

09 다음 글의 내용과 일치하지 않는 것은?

Longtime Plainview resident Gary James Cutter has passed away at the age of 86 after a difficult struggle with cancer. Cutter settled down in Plainview 53 years ago with his wife Linda, a nurse. In addition to his career as a middle school science teacher, he was a passionate advocate for the public education system and donated much of his time and energy toward expanding extracurricular programs throughout the community school system. Although Cutter retired nearly three decades ago, he remained active in the community. He acted as a judge for several high school science fairs and organized fundraisers for charitable causes. Five years ago, he was diagnosed with pancreatic cancer, but he did not publicly disclose his condition. Against all odds, the treatment Cutter received managed to fight off the cancer for longer than the doctors had originally estimated. He died in his sleep at 5:35 a.m. on June 11 with his loving wife, two children, and three grandchildren by his side.

※ pancreatic: 췌장의

① Cutter는 공교육을 지지하는 중학교 교사였다.

② Cutter는 Plainview에서 50년 이상 거주했다.

③ Cutter는 암의 진행 상태를 공개하지 않았다.

④ Cutter의 병은 의사의 예상보다 빨리 악화되었다.

10 다음 글의 흐름상 어색한 문장은?

Decentralized digital currencies that meet a number of other conditions are referred to as cryptocurrency. The first of these, Bitcoin, emerged in 2009 as an 'open-source' means of conducting transactions, and the first transaction was completed in 2010 when a consumer purchased two pizzas for 10,000 Bitcoins. ① It was surprising that a legitimate business at the time would accept the currency, as it is not vested in any government or bank. ② Rather than these central institutions, information about Bitcoin ownership is based on voluntary usernames and stored on a blockchain, a publicly available ledger of records that is resistant to alterations. ③ This pseudonymity provided value, and its popularity exploded, leading to increased demand and monetary worth. ④ However, pseudonymity is often seen as less appealing than complete anonymity. As a result, small and large investors were constantly getting involved, and the situation rapidly escalated.

정답·해석·해설 p. 56

하프모의고사 10회
출제예상 핵심 어휘리스트
바로 다운받기 (gosi.Hackers.com)

QR코드를 이용해 핵심 어휘리스트를 다운받아, 언제 어디서든 공무원 출제예상 어휘를 암기하세요!

제한 시간 : 15분 시작   시   분 ~ 종료   시   분 점수 확인   개/ 10개

01 밑줄 친 부분의 의미와 가장 가까운 것은?

Police reported that two men were caught red-handed trying to steal several paintings from the museum.

① punished severely for

② discovered in the act of

③ questioned awhile about

④ followed closely while

02 밑줄 친 부분에 들어갈 말로 가장 적절한 것은?

A: I talked to Martin yesterday. He's quitting his job.
B: At the gaming company? Did he say why?
A: He told me he was getting tired of programming.
B: What? _____.
A: Really? How come?
B: He absolutely loves to make computer games. I'm sure there must be another reason.

① Tell me about it

② That's too bad

③ I don't buy that

④ Not that I know of

03 어법상 옳지 않은 것은?

① Alana has not called in sick once this year, and neither has Peter.

② The city government mandated that health officials solve the city's pollution problem.

③ If we had gone to the campaign rally earlier today, we can shake the mayor's hand.

④ They were whispering, but I could hear my name mentioned over and over.

04 밑줄 친 부분 중 어법상 옳지 않은 것은?

Virtual reality has come a long way in recent years, and researchers are now investigating the ways ① in which it may be advantageous to society. In one experiment, for example, light-skinned participants were able to pretend ② though they had dark skin. Researchers found that they became less biased about race following the experience, which is not surprising, because ③ unless people can vividly experience what it is like to be someone else, it is difficult to imagine being in his or her shoes. The technology may also be beneficial for victims of stroke, ④ in that it can help them discover how to use their bodies again.

05 밑줄 친 부분의 의미와 가장 가까운 것은?

In his latest book, the author set out to explore how people moved on with their lives after the war.

① commenced   ② continued

③ hesitated   ④ promised

06 밑줄 친 부분에 들어갈 말로 가장 적절한 것은?

One of the most adept animals at navigation is the homing pigeon. Pigeons have been used since ancient times to carry messages to far-off places. But after decades of study, scientists are _____. Some of the ways pigeons likely navigate are clearly understood. They use visual markers as well as their sense of smell to determine where they are. However, the most fascinating cue they use to plot their course is the magnetic field of the Earth. Pigeons can literally see the Earth's magnetic field, though no one knows how they see it or the way they process this information to help them plan routes. Although scientists now know the means by which pigeons navigate, it remains to be seen whether they will ever discover how these remarkable animals are able to make use of the Earth's magnetic field.

① somewhat doubtful of pigeons' navigation ability

② now confident that they have the answers

③ still unsure as to how pigeons utilize the magnetic field

④ rather sure of the results of their research

07 주어진 문장이 들어갈 위치로 가장 적절한 곳은?

Some biologists claim it more closely resembles a cat while others insist it should be in the mongoose family.

The fossa is a small carnivorous mammal endemic to the island of Madagascar. (①) It has retractable claws that allow it to climb up and down trees, which in turn enable it to prey on lemurs, birds, and rodents. (②) This particular characteristic has caused its classification to be somewhat of a controversial topic. (③) Most of its physical attributes are more feline in appearance, but it does have a smaller, more pointed head that resembles the latter species. (④) Regardless of what animal group it ultimately belongs to, it is the most feared predator in its own ecosystem, and even provokes fear among human inhabitants who regard it as a dangerous and skillful hunter.

08 밑줄 친 부분에 들어갈 말로 가장 적절한 것은?

Education technology is a booming industry concerned with utilizing technology for academic purposes. One of the most anticipated trends in the field is _____. Companies are examining a number of ways to accomplish this. For example, teaching instruments are being refined so that they can adjust the pace of lessons to match each child's learning speed. Children who catch on slower no longer have to struggle to keep up. Another area being explored is developing programs that allow students to choose their academic path. They can pick a curriculum that best fits their particular study style and environment. Tools like these that are tailored toward the individual have already begun to flood the market, and even better learning enhancements are expected in the future.

① making study apps that are speedier

② introducing digital devices to all classes

③ allowing students to teach themselves

④ creating technology that is personalized

09 다음 글의 내용과 일치하지 않는 것은?

It can be difficult for some people to discard their personal belongings without a second thought. But what if this applies to every single thing one owns? That is a classic characteristic of the hoarder. Compulsive hoarding is a psychiatric disorder that is distinguished by an individual's inability to part with their possessions, no matter how seemingly insignificant. Those with the illness also make an active effort to accumulate items— even to the point that they may be unable to live comfortably in their homes. For example, they often have to sleep on the floor because there is too much stuff piled on the bed. Hoarders collect inanimate objects, but an estimated 40 percent of them also hoard pets. They are usually unaware of the fact that they probably lack the time and means to provide proper care for each animal. Since the causes of hoarding behavior are complex and deep-rooted, long-term therapy sessions and the ongoing support of loved ones are required to recover from this mental illness.

① Hoarders lack the capacity to throw away anything in their possession.

② It may be difficult for hoarders to make full use of their living spaces.

③ Almost half of all compulsive hoarders are animal hoarders as well.

④ Hoarding stems from our materialistic society and consumer culture.

10 다음 글의 제목으로 가장 적절한 것은?

Institutionalizing age was no doubt useful at one point in time, both legally and socially. It has had a hand in designating things like driving ages or helping to determine when to start schooling, among other societal norms of today. Mostly though, it has served to cultivate barriers between age groups. The result has been that age-based divisions perpetuate stereotypes, hinder intergenerational understanding, and stifle the potential for a more inclusive society. Regulating the stages of life is no longer a practical tool but an ingrained mindset that should be uprooted. Only by doing so can we begin to dismantle such notions and bridge the gap between generations.

① How Different Generations View Each Other
② Why Age Institutionalization Is Helpful
③ Benefits of Removing the Generational Gap
④ The Need to Dismantle Age Standards

정답·해석·해설 p. 62

하프모의고사 11회
출제예상 핵심 어휘리스트
바로 다운받기 (gosi.Hackers.com)

QR코드를 이용해 핵심 어휘리스트를 다운받아, 언제 어디서든 공무원 출제예상 어휘를 암기하세요!

Self Check List

이번 테스트는 어땠나요?
다음 체크리스트로 자신의 테스트 진행 내용을 점검해 볼까요?

01 나는 15분 동안 완전히 테스트에 집중하였다.
□ YES   □ NO

02 나는 주어진 15분 동안 10문제를 모두 풀었다.
□ YES   □ NO

03 유난히 어렵게 느껴지는 지문이 있었다.
□ YES   □ NO

04 유난히 어렵게 느껴지는 문제가 있었다.
□ YES   □ NO

05 모르는 어휘가 있었다.
□ YES   □ NO

06 개선해야 할 점과 이를 위한 구체적인 학습 계획

DAY 12

하프모의고사 12회

제한 시간 : 15분 시작 　시 　분~ 종료 　시 　분 점수 확인 　　개/ 10개

---

01 밑줄 친 부분의 의미와 가장 가까운 것은?

It goes without saying that the sluggish economy has made it hard to find work, especially for those who don't have good credentials.

① appears unusual　　② should be obvious

③ must be arbitrary　　④ seems inaccurate

---

02 어법상 옳지 않은 것은?

① This three-week project will be a great chance for newly employed workers.

② We may as well start moving stuffs before they come back.

③ A number of people visits the national park each season.

④ Under no circumstances should you lend her any money.

---

03 우리말을 영어로 잘못 옮긴 것은?

① 나는 아침에 가장 먼저 커피 한 잔을 마시는 것에 익숙하다.
　→ I am used to drinking a cup of coffee first thing in the morning.

② 새로운 친환경 교통 시스템 덕분에 탄소 배출이 감축되었다.
　→ Carbon emissions were reduced thanks to the new eco-friendly transportation system.

③ 나는 그의 깜짝 생일 파티를 위해 그 식당에 자리를 예약했어야 했다.
　→ I ought to have booked a table at the restaurant for his birthday surprise.

④ 우리는 배달 음식을 주문하는 것보다 스스로 요리하는 것을 선호한다.
　→ We prefer to cooking for ourselves than to ordering delivery food.

---

04 밑줄 친 부분에 들어갈 말로 가장 적절한 것은?

It is generally easier for _____ students to speak in front of the class than it is for shy or timid ones.

① withdrawn　　② recalcitrant

③ repressive　　④ outgoing

---

05 밑줄 친 부분에 들어갈 말로 가장 적절한 것은?

A: Where are you heading for your honeymoon?
B: I'm not sure yet. We were thinking of going to Guam.
A: Haven't you been there already?
B: Yes, but my fiancé hasn't.
A: Why don't you go to Hawaii instead? Lots of newlyweds are going there these days.
B: _____. Why didn't I think of that? Thanks!

① It's all Greek to me

② That's an idea

③ It's a shot in the dark

④ That's out of the question

06 다음 글의 내용과 일치하지 않는 것은?

When it comes to matters of the environment, most of the news is bad, but once in a while, we see the occasional success story. Chlorofluorocarbons, or CFCs, were common in household products after World War II. In the 1970s, however, it was discovered that CFCs were contributing to the depletion of the earth's ozone layer, which is the barrier that protects us from harmful solar rays. In 1987, two dozen countries agreed to phase out the use of CFCs by signing the Montreal Protocol. Nowadays, we rarely hear about the ozone layer, because it is actually on a trajectory towards recovery. Not only has damage to it been halted, but it is expected to fully repair itself by the mid-century.

① CFCs were commonly used in household products until the 1970s.

② CFCs are to blame for the past destruction of the ozone layer.

③ The Montreal Protocol was signed unanimously by the countries in the UN.

④ It is predicted that the hole in the ozone layer will eventually be recovered.

07 다음 글의 제목으로 가장 적절한 것은?

Is our perception of colors universally shared? According to *The World Color Survey*, the answer is yes. It posits that there are universal patterns in color naming across languages and that there is consistency in how basic color terms are categorized. This study, while influential, has also sparked contention among those who argue that it carries inherent Western biases that fail to take into account the nuances of diverse cultural perspectives. Supporting this relativist view is a 2014 study by anthropologist Alexandre Surrallés. In a remote village in Peru on the upper banks of the Amazon River, Surrallés, who had spent three years living among the Candoshi tribe, put a small yellowish-orange chip on a table and asked members of the tribe to identify the color. Instead of using color-specific terms, however, the Candoshi debated whether the chip looked more like ginger or fish spawn. His findings ultimately suggest that there are cultures that lack distinct words for colors and that having such terms is not universal in human perception after all.

① Cultural Differences in the Meaning Ascribed to Colors

② Questioning the Universality of Color Perception

③ The Impact of Western Influences on the Candoshi

④ *The World Color Survey*: Exemplifying Western Bias

08 주어진 글 다음에 이어질 글의 순서로 가장 적절한 것은?

Since the mid-1870s, citrus fruits have been a viable agricultural business in the state of Florida. However, with the industry struggling due to increased commercial development, a small band of Florida farmers has begun looking to a new crop for lucrative opportunities.

(A) What's more, the scale needed for bulk production is still sorely lacking. The first grove of 11,000 trees produced a meager 60 gallons of olive oil. To come close to being competitive, Florida would need to produce at least 3 to 4 million gallons more.

(B) Taking a leaf out of California's book, Floridian growers are turning to olive trees and the production of olive oil as an alternative to grapefruits and oranges. If successful, it could generate an economic boom in the state. But there are some stumbling blocks along the way.

(C) The largest potential hurdle is the environment. Because of olive tree growth cycles, it will take about seven years to determine if the state has feasible land and a temperate enough climate to sustain the exotic trees on a long-term basis.

① (A) – (C) – (B)　　② (B) – (A) – (C)
③ (B) – (C) – (A)　　④ (C) – (A) – (B)

09 밑줄 친 부분에 들어갈 말로 가장 적절한 것은?

Scientists predict that in the time it takes for a preschooler today to finish high school, Arctic ice will be virtually nonexistent. This conclusion was based on a study that compared the present-day Arctic to a similar Arctic thousands of years in the past. With warming in the Arctic being twice as fast as the rest of the world, researchers focused on a time about 130,000 years ago when Earth was entering an interglacial period. At the time, the Northern Hemisphere was tilted more directly toward the sun, which permitted more solar heat to reach the Northern Hemisphere. Sediment cores from the ocean that correspond to that period indicated no ice cover. Today, there is less ice and more dark water, which does not reflect the sun's rays like ice does, causing solar heat to be absorbed more readily and _____ ice melt. Based on that early model, researchers suggested that Arctic sea ice today will disappear by 2035.

① concealing　　② preventing
③ diversifying　　④ facilitating

10 다음 글의 주제로 가장 적절한 것은?

Many cultures have traditional coming-of-age ceremonies to mark the transition into adulthood. But for boys of one particular indigenous tribe in Brazil, the occasion is also one of the most painful challenges they will face. To begin the initiation, tribal elders collect venomous bullet ants from the Amazon jungle and immerse them in an herbal sedative solution. They then weave the ants into gloves made of leaves, stinger-side in. Once the ants awaken, the boys must don the gloves and endure the excruciating stings of the angry insects for ten minutes. They will repeat this ritual several times over the coming months or even years, without shedding a tear, until they are finally considered men.

① recent changes in tradition among Brazilian families

② a coming-of-age ritual of an indigenous tribe

③ the most venomous insect of the Amazon jungle

④ the medicinal properties of Amazonian bullet ants

정답·해석·해설 p. 68

하프모의고사 12회
출제예상 핵심 어휘리스트
바로 다운받기 (gosi.Hackers.com)

QR코드를 이용해 핵심 어휘리스트를 다운받아, 언제 어디서든 공무원 출제예상 어휘를 암기하세요!

Self Check List

이번 테스트는 어땠나요?
다음 체크리스트로 자신의 테스트 진행 내용을 점검해 볼까요?

01 나는 15분 동안 완전히 테스트에 집중하였다.
☐ YES   ☐ NO

02 나는 주어진 15분 동안 10문제를 모두 풀었다.
☐ YES   ☐ NO

03 유난히 어렵게 느껴지는 지문이 있었다.
☐ YES   ☐ NO

04 유난히 어렵게 느껴지는 문제가 있었다.
☐ YES   ☐ NO

05 모르는 어휘가 있었다.
☐ YES   ☐ NO

06 개선해야 할 점과 이를 위한 구체적인 학습 계획

_____

_____

01 어법상 옳지 않은 것은?

① The daily forecast is determined by a number of contributing factors.
② The director demanded that actors memorize the script by tomorrow.
③ Citizens who go outside are encouraged to wear a mask that filter fine dust particles.
④ The old lady wanted her husband to cook some lasagna for her grandchildren.

02 우리말을 영어로 잘못 옮긴 것은?

① 약속을 보장하기 위해서는, 최소한 한 달 전에 예약을 하십시오.
→ To guarantee an appointment, make a reservation at least one month in advance.

② 그는 그의 상사가 일본에 있는 신규 고객과 전화로 이야기하는 것을 들었다.
→ He heard his boss to talk on the phone with their new client in Japan.

③ 몇 분 동안, 그녀는 현관 밖에서 말다툼하는 사람들에 의해 주의가 산만해졌다.
→ For several minutes, she was distracted by the people arguing outside in the hallway.

④ 그들은 아들이 대학에 진학하기 전에 그의 은행 계좌로 돈을 이체했다.
→ They transferred funds into their son's bank account before he went to university.

03 밑줄 친 부분의 의미와 가장 가까운 것은?

Social activist and writer Helen Keller will forever be remembered for campaigning underlined diligently on behalf of the less fortunate throughout her life, despite being both deaf and blind herself.

① idly
② loosely
③ enthusiastically
④ hysterically

04 밑줄 친 부분에 들어갈 말로 가장 적절한 것은?

Although he spent all of his spare time studying, he found it difficult to _____ the high expectations his parents had for him.

① narrow down to
② live up to
③ stay away from
④ come up with

05 밑줄 친 부분에 들어갈 말로 가장 적절한 것은?

A: The cake is ruined! And our guests will be here soon.
B: I thought I smelled something burning. I didn't realize you were baking something. Why didn't you keep a closer eye on it?
A: Because _____.
B: I see. Still, you should've checked on it at some point. Then you would have realized that you misread the instructions.
A: I will next time. I'll have to go buy one this time around.

① I have made this type of cake before
② I was too busy preparing the main course
③ I got a phone call and completely forgot about it
④ I thought the recipe stated 60 minutes and not 30

06 다음 글의 제목으로 가장 적절한 것은?

For people with autism spectrum disorder, the general name for a group of developmental disabilities, opportunities for steady employment are very difficult to find. Many employers don't want to take the risk of hiring them for fear of the negative repercussions that could arise. This situation is particularly unfortunate because some people who are diagnosed with certain forms of autism possess attributes that are highly sought after by some employers. They have above-average visual learning skills and can remain extremely focused for long periods of time. Furthermore, many have heightened logical reasoning and pay greater attention to detail. These qualities make them particularly suited for certain kinds of employment, such as software testing, proofreading, and data analysis.

① The Negative Stigma People Have Towards Disabilities

② Useful Work Traits That Autistic Persons Can Learn

③ Why Companies Should Hire People With Autism

④ Training Autistic People to Adjust to the Workplace

07 다음 글의 내용과 일치하지 않는 것은?

The state impinges on many aspects of its citizens' private lives, but their spiritual beliefs and practices are both generally off-limits in a secular society. If politicians were to designate one religion as the official one, those who did not follow its practices would probably resent their leaders and be unwilling to vote for them. If their resentment became stronger, they could potentially feel so alienated from the state that they would be more prone to revolt. For this reason, many governments separate the powers of church and state by explicitly making the distinction in their constitutions so that church powers are regarded as distinct entities. Another way to accomplish this is to legally uphold the freedom of religious belief. This may be one of the reasons why internal wars over religious beliefs have largely been avoided in such nations over the last hundred years.

① The separation of church and state is a common form of political organization.

② Some governments officially respect religious beliefs in order to avoid political strife.

③ The division of church and state is clearly outlined in the laws of most secular nations.

④ Civil wars are prevalent where there is no official religion.

08 다음 글의 밑줄 친 부분 중 문맥상 낱말의 쓰임이 가장 적절하지 않은 것은?

"Conscience is a combination of head, heart, and hand," says professor of character development Marvin Berkowitz. "It is knowing the good, loving the good, and doing the good. And that requires both cognitive and emotional components." There is reason to believe that the emotional components of conscience are ① inherent. For instance, infants cry in response to the cries of other infants, and toddlers offer up the things that comfort them to others in distress. Even with empathy seemingly baked in, cognitive processes are essential for moral ② maturation. The development of conscience starts with simple cause and effect reasoning—like fearing punishment or seeking rewards—but grows more ③ basic. Over time, children begin to make moral judgments based on ④ intention rather than on the basis of damage done. They know that smashing a glass in a fit of anger is different from accidentally dropping it. Eventually, if they develop at a normal pace in a healthy, nurturing home, they acquire the capacity to understand abstract principles and values and recognize that their actions may have far-reaching implications.

09 다음 글의 내용을 한 문장으로 요약하고자 한다. 빈칸 (A), (B)에 들어갈 말로 가장 적절한 것은?

Most of us have strong memories of painful or sad events. These types of recollections are often much more vividly remembered and are that much harder to forget. While we all have them, they usually don't affect our day-to-day lives. However, severely traumatic ones, such as childhood trauma or harrowing experiences in combat, do affect many individuals in a debilitating way. Medication has traditionally been used to help sufferers get through the day, but recently, scientists in Sweden have conducted research suggesting another solution. It may be possible to completely eradicate fearful memories using only behavioral correction. This particular treatment process is thought to be much more beneficial to patients as it would do more than simply manage the psychological symptoms of harmful past events. If successful, behavioral correction would actually be an end-all cure.

Researchers may have found a ____(A)____ for traumatic memories through the implementation of an alternative ____(B)____.

	(A)	(B)
①	laboratory	medication
②	source	examination
③	substitute	perspective
④	cure	solution

10 밑줄 친 부분에 들어갈 말로 가장 적절한 것은?

Proponents of democracy argue that one of the reasons this system of governance is superior is because nations that uphold democratic principles are less likely to go to war. In their minds, this belief is supported by the _____. Namely, supporters believe that political leaders are unwilling to declare war against another country out of fear that doing so would cost them votes at home if the conflict proves unpopular with the public. A notable exception to this would be if they were acting out of self-defense, which is generally seen as a legitimate reason for war under international law and would not significantly erode their domestic support but, in fact, may increase it.

① political correctness

② polling organizations

③ electoral process

④ historical data

정답·해석·해설 p. 74

하프모의고사 13회
출제예상 핵심 어휘리스트
바로 다운받기 (gosi.Hackers.com)

QR코드를 이용해 핵심 어휘리스트를 다운받아, 언제 어디서든 공무원 출제예상 어휘를 암기하세요!

DAY 14

하프모의고사 14회

제한 시간 : 15분 **시작**   시   분 ~ **종료**   시   분 **점수 확인**   개/ 10개

01 밑줄 친 부분의 의미와 가장 가까운 것은?

Having worked late into the evening perfecting his manuscript, the writer decided to call it a day since he had no more energy to put into the project.

① take a break
② pay close attention
③ review his work
④ finish working

02 밑줄 친 부분 중 어법상 옳지 않은 것은?

① Unlike tennis, as it is commonly known, there is a variation of the game still played in some circles known as court tennis or real tennis. The ball used in court tennis is slightly heavier than a regular tennis ball and bounces less. And the wooden rackets, ② which are smaller, have tighter strings to compensate for the heavier balls. The court the game is played on is asymmetric in shape and typically located indoors, so that its edges ③ surround by walls. Points are counted in a similar way to ④ those in regular tennis, but there are additional rules for scoring.

03 우리말을 영어로 가장 잘 옮긴 것은?

① 교장이나 교사 둘 중 한 명이 학교 내 규율을 관리할 것이다.
  → Either the principal or the teacher will administer discipline in the school.

② 담배를 피우는 것은 천식의 가능성을 높이는 것과 관련되어 있다.
  → Smoking cigarettes is tied to increase the likelihood of asthma.

③ 관광객들은 그들의 음식을 빠르게 가지고 온 웨이터에게 많은 팁을 주었다.
  → The tourists gave a large tip to the waiter who will bring out their food quickly.

④ 그녀는 바리스타 자격증을 얻기 위해 2개월 동안 야간 수업에 참석했다.
  → She attended night classes during two months to get a barista certificate.

04 밑줄 친 부분에 들어갈 말로 가장 적절한 것은?

It is unnecessary to _____ our present strategy, as the policy has improved the employment situation and provided people in the city with much-needed jobs.

① complete
② exercise
③ postpone
④ revise

05 밑줄 친 부분에 들어갈 말로 가장 적절한 것은?

A: I think I'm finally going to quit my job and open my own business.

B: It's about time! You've been talking about it for years now.

A: I'm nervous, though. What if it doesn't do well?

B: _____.

A: Do you really believe that?

B: I don't know anyone who became successful by playing it safe. You should go for it.

① Easy come, easy go

② Better safe than sorry

③ All that glitters is not gold

④ Fortune favors the brave

06 다음 글의 제목으로 가장 적절한 것은?

The prevalence of cosmetic procedures around the world is higher than it has ever been. There are several factors that have contributed to this trend. First of all, when the economic conditions in countries improve, it boosts the likelihood that people will spend money on nonessential things. It also helps that both non-surgical and surgical procedures have become more affordable and accessible. In addition, social media has cultivated a demand for cosmetic enhancements. Now that everyone carries a smartphone with camera functions around with them, the chances of having one's picture taken and shared online are high, so people naturally want to look their best in photos. Finally, the practice is more socially acceptable too, as celebrities and other personalities proudly admit to getting procedures. And this trend is expected to keep rising in the future.

① The Downsides of Sharing Photos on Social Media

② Factors Contributing to the Rise in Cosmetic Surgery

③ The De-stigmatization of Plastic Surgery by Celebrities

④ Recent Advances in the Field of Cosmetic Procedures

07 주어진 문장이 들어갈 위치로 가장 적절한 곳은?

Formal spreads take it a step further by supplementing those dishes with a starter, three to four additional entrees, desserts, and an aperitif.

Eating in Italy is more about the experience—a relaxing, sit-down affair with loved ones—than it is about simply meeting one's nutritional requirements. (①) Meals are divided into multiple, structured courses and are built up carefully from the simplest and most subtle of flavors and textures to the stronger ones, so that one can fully savor every bite. (②) Such careful attention to the palate can be seen in even everyday fare, which is composed of the bare minimum of a primary and secondary course followed by fruit and coffee. (③) To accommodate the seemingly endless array of cuisine in this case, diners are given the opportunity to socialize with others and take breaks during well-timed pauses that are included in between each culinary delight. (④)

※ aperitif: 식전주

08 주어진 문장 다음에 이어질 글의 순서로 가장 적절한 것은?

One of the greatest mysteries of our time is the disappearance of Amelia Earhart, the first female pilot to fly solo across the Atlantic Ocean.

(A) Amy and Grace Earhart, Amelia's mother and sister, said she often longed to get out of the spotlight, and believe she lived out her life in peace and quiet under another identity.

(B) During an attempt to fly around the world in 1937, Earhart's plane went down somewhere in the Pacific Ocean. Neither her body nor her plane was ever found, which has led to some interesting theories.

(C) Some on the other hand assert that she was an American spy, as photos with Eleanor Roosevelt revealed she was closely connected to the White House. Unfortunately, none of these theories have yet to be proven.

① (A) – (C) – (B)   ② (B) – (A) – (C)
③ (B) – (C) – (A)   ④ (C) – (B) – (A)

09 밑줄 친 부분에 들어갈 말로 가장 적절한 것은?

Forest fires tend to elicit fearful responses from the general public and government officials alike. They do all they can to prevent and respond to what they view as a threat to human security and the natural environment. However, it's also important to remember the integral role that fires play. They are nature's way of getting rid of dead or dying plant matter, and by doing so enrich the soil with minerals to help new plants sprout. They remove disease-ridden plants and harmful insects from a forest's ecosystem, acting as a disinfectant. And in some cases, certain wooded regions actually need wildfires as a means of survival; several pine species regenerate only after a major fire has occurred. In short, forest fires are _____.

① a phenomenon that can benefit the earth

② the only way that forests can survive

③ a natural method for killing diseased insects

④ a good way to stop new plants from growing

10 다음 글의 내용과 일치하는 것은?

When a person suspected of committing a crime is brought to a police station for questioning, the officers use every tactic available to draw a confession from him. Indeed, the interrogation gets underway before anyone utters a single word. The setup of the room is deliberately engineered to heighten the accused person's anxiety. Bare walls, uncomfortable chairs, and a one-way mirror make the suspect feel powerless and dependent. These emotions make him more likely to confess since they create a mounting uneasiness and desire to escape the situation. Once discussion begins, the interrogator tries to establish a connection with the accused by making small talk. Benign topics get him chatting and make it harder for him to stop talking later when the conversation centers on the crime.

① A police interrogation mostly begins with a conversation.

② An interrogation room's design makes the accused more nervous.

③ Interrogators avoid bonding with criminals to remain impartial.

④ Harmless topics are distracting and not included in interrogations.

정답·해석·해설 p. 80

하프모의고사 14회
출제예상 핵심 어휘리스트
바로 다운받기 (gosi.Hackers.com)

QR코드를 이용해 핵심 어휘리스트를 다운받아, 언제 어디서든 공무원 출제예상 어휘를 암기하세요!

DAY 15

하프모의고사 15회

정답·해석·해설 _해설집 p.86

제한 시간 : 15분 **시작**   시   분 ~ **종료**   시   분 **점수 확인**   개/ 10개

---

01 밑줄 친 부분에 들어갈 말로 가장 적절한 것은?

> The fame of *Alice in Wonderland* gave Lewis Carroll unwelcome attention, with people recognizing him on the streets and asking for his autograph, and he began to _____ his own book.

① idolize   ② detest

③ peruse   ④ endorse

02 밑줄 친 부분에 들어갈 말로 가장 적절한 것은?

> After the wrongfully convicted prisoner was freed, he was _____ with requests for interviews from the media.

① underestimated   ② flooded

③ avoided   ④ alleviated

03 밑줄 친 부분에 들어갈 말로 가장 적절한 것은?

> A: I can't go to the movies with you guys tonight.
> B: Do you have a lot of work to do?
> A: No, but Thomas asked me to finish his report for him.
> B: Couldn't you just tell him no?
> A: He _____ a couple months ago. I owe him.
> B: I see. Well, I suppose you should return the favor.

① blew his own horn

② did me a good turn

③ had a secret design

④ stepped out of line

04 어법상 옳은 것은?

① Once the country issued passports, its citizens dispersed across the globe.

② He rushed to the oven to take out the steak, which was black and burn.

③ The chorus are singing a classical piece in three-part harmony.

④ Beside commercials, the radio program also takes breaks for special announcements.

05 우리말을 영어로 잘못 옮긴 것은?

① 그 고기는 덜 익었고, 이것은 고객을 메스껍게 했다.
   → The meat was undercooked, which caused the patron feel sick.

② 요트 경주는 몹시 세찬 바람으로 인해 취소되었다.
   → The sailing race was called off due to unusually high winds.

③ 나는 그가 마지막 순간에서 나를 저버려서 실망했다.
   → I was disappointed that he bailed out on me at the last minute.

④ 누군가 거리로 달려 나왔고 다가오던 차를 간신히 피했다.
   → Someone ran out into the street and narrowly missed an oncoming vehicle.

06 다음 글의 요지로 가장 적절한 것은?

When individuals immigrate to other countries seeking a better life, it can take them years to establish themselves in their new country. Unable to support themselves, let alone dependents, those with very young children are often forced to leave them behind to temporarily live under the care of relatives. Though the plight of these so-called "satellite babies" goes largely unrecognized, it is emerging as a serious issue. Childhood is a critical time for mental and physical development, as well as the stage when children need their parents most. When they are suddenly sent abroad to live with the parents they barely know, many go through culture shock and emotional distress and begin to exhibit behavioral problems. As a result, their parents typically end up regretting their decision, yet realize that they did not have a choice at the time.

① Many parents move to other countries although they cannot afford it.

② Satellite babies face problems that have no straightforward solution.

③ Those considering immigration should bring their children with them.

④ Children of immigrants fare better with relatives in their home country.

07 Carl Rogers에 관한 다음 글의 내용과 일치하지 않는 것은?

Carl Rogers was a prominent figure in the field of psychology during the 20th century. He believed in a client-centered approach to therapy, which was quite different from traditional psychoanalysis. In his therapeutic practice, Rogers emphasized the importance of empathy, unconditional positive regard, and active listening to help clients explore their feelings and thoughts. He argued that providing a supportive and non-judgmental environment allowed individuals to develop self-awareness and personal growth. In 1961, he wrote a book called *On Becoming a Person*, where he expounded upon his humanistic psychology theories.

① 20세기 심리학 분야에서 잘 알려진 인물이었다.

② 치료 과정에서 내담자 중심의 접근법을 사용했다.

③ 내담자에 대한 무조건적인 긍정을 회의적으로 보았다.

④ 1961년 집필한 저서에서 자신의 심리학 이론들을 다뤘다.

08 다음 글의 주제로 가장 적절한 것은?

A frequent criticism of human cloning is that it is a supremely selfish and arrogant act and that there is the possibility of it being unduly exploited. Additionally, critics maintain that it opens up ethical dilemmas concerning the rights of cloned humans. These issues become more pronounced due to the technology currently being nascent and not fully developed. In contrast with these opinions, the minority in favor of human cloning claim that the benefits would far outweigh any potential harm or danger. A common pro-cloning perspective is that it would help solve some pressing medical issues. For example, thousands of people in need of transplants are currently on waiting lists for available hearts, kidneys, and other organs. Given that wait times can span several years, many suffer or even die as they wait for a perfect match.

① the benefits of cloning human organs

② the stages of research in human cloning

③ dangers of cloning for therapeutic purposes

④ a division of opinions on human cloning

09 밑줄 친 부분에 들어갈 말로 가장 적절한 것은?

The economist Adam Smith used the phrase "the invisible hand" to describe the process by which markets regulate themselves by simply acting in their own interests. His theory was that the invisible hand brings about successful outcomes that are ultimately beneficial to society. This process functioned in contrast to government intervention and regulation, which he found to be wholly _____ for the purpose of stabilizing and growing an economy. The concept of the invisible hand went on to serve as the guiding principle behind laissez-faire economics, a model in which the market autonomically regulates itself with minimal interference by the government.

※ laissez-faire: 자유방임주의

① respectable　　　② impossible

③ unnecessary　　　④ ambiguous

10 다음 글의 내용을 한 문장으로 요약하고자 한다. 빈칸 (A), (B)에 들어갈 말로 가장 적절한 것은?

School dress codes are often hailed as the end-all solution to keep bias out of the classroom. They are credited with the ability to remove the obvious cultural and class differences between students that can cause them to be unfairly treated by their peers. If only they could actually do all of this. The fact is, markers of one's financial situation abound and clothing is just one of them. Socioeconomic status can be gleaned from cell phones, home addresses, and even the contents of lunch bags. Dress codes purport to free kids from social pressure by putting them on a level playing field. But this is predicated upon the misguided supposition that what you wear is the only thing that marks disparity among individuals.

Dress codes in schools have _____(A)_____ in trying to suppress _____(B)_____ among students.

	(A)	(B)
①	high potential	bullying
②	limited effectiveness	inequitable conditions
③	extensive experience	social tension
④	little opportunity	disagreements

정답·해석·해설 p. 86

하프모의고사 15회
출제예상 핵심 어휘리스트
바로 다운받기 (gosi.Hackers.com)

QR코드를 이용해 핵심 어휘리스트를 다운받아, 언제 어디서든 공무원 출제예상 어휘를 암기하세요!

01 밑줄 친 부분에 들어갈 말로 가장 적절한 것은?

> The museum features a diverse collection of _____ art, showcasing the creativity of modern artists.

① sentimental   ② early

③ infamous   ④ contemporary

02 밑줄 친 부분에 들어갈 말로 가장 적절한 것은?

> Every Halloween, our neighbors _____ candy to all the children in costumes.

① give in   ② give up

③ give out   ④ give off

03 밑줄 친 부분에 들어갈 말로 가장 적절한 것은?

> A: What's on your mind? You seem distracted.
> B: Well, I want to start a new hobby, but I can't decide which one I want to do.
> A: Have you considered tennis? It seems like a lot of fun.
> B: I'm sure it is. But I'd prefer something more relaxing. I'm actually thinking of taking up golf.
> A: Oh, I love to play golf! You should definitely go for it! _____.
> B: OK, you've convinced me!

① I can't wait to get my feet wet

② That was the last straw

③ Let's bury the hatchet

④ I'm sure that it'll be a blast

04 어법상 옳은 것은?

① Were it not for the bicycle's reflective tape, I would not be able to notice it.

② He took his two-years-old cat to the vet to get a checkup.

③ Hardly did she start singing when the microphone stopped working.

④ The price of the dish, having left off the menu, was more expensive than I had expected.

05 다음 글의 요지로 가장 적절한 것은?

There was once a successful business owner who worked hard to support his wife and daughter. He worked round-the-clock and was always stressed, but felt it was worth it to fulfill his responsibility as the family provider. Thus, when his child's 7th birthday came around, he was excited and proud to shower her with lavish presents. He asked her, "Would you like a new dollhouse?" "No, I'm happy with the one I have," she responded. "Well, how about I arrange for you and your friends to have an afternoon of pony rides?" She looked off into the distance, uninterested. Unable to think of what she could possibly want, the father asked the young girl, "Then what is it that you wish for most in this world?" She thought for a moment, and then looked up to him and said, "For you to stay home and play with me today." His eyes welled up with tears as his heart shattered into a million pieces.

① Money is not a substitute for quality time with loved ones.

② Get to know someone if you want to learn what makes them happy.

③ True joy cannot be had if one focuses on acquiring material things.

④ Being satisfied with what you have is the key to a fulfilling life.

06 어법상 옳은 것은?

① The tiring players began to make mistakes during the soccer match.

② Graduating students must go out and look for work despite a weak job market.

③ One quarter of the loan I took out to pay for university still have to be paid.

④ It's regrettable that disputes between neighbors are often resolved through actions what cause animosities to persist.

07 밑줄 친 부분에 들어갈 말로 가장 적절한 것은?

The English language is traditionally "rhotic," which means that the letter "r" is pronounced in words like "warm" and "water." This is how North Americans typically speak. Yet a person visiting England today would hear native speakers using "non-rhotic" English. That is, they exclude the "r" sound such that "warm water" sounds like "wahm watuh." Just two centuries ago, a difference was barely discernible in the way that the British and early American settlers from England spoke. The divergence in British and North American accents occurred after the Industrial Revolution. British people who had amassed great wealth wanted to differentiate themselves from commoners, so they did that by _____. This new way of speaking ended up spreading across the country. In comparison, the American accent has changed only slightly since the pioneers first set foot in the New World.

① adopting what has now become the standard British accent

② trying to retain the rhotic way of pronouncing English words

③ spending their newly acquired funds on foreign language classes

④ creating new words that most Americans would not understand

08 다음 글의 제목으로 가장 적절한 것은?

It is rare for science fiction and fantasy books to be considered great literature. Britain's most prestigious literary award, the Booker Prize, has only ever had one book from those genres nominated. The same number has won the Pulitzer Prize. Why does the merit of these genres consistently go unrecognized? Perhaps it's hard for the literary world to fully recognize that these genres have evolved. Granted, science fiction and fantasy novels were at one time churned out by hack writers looking to make quick money. But the genres have come a long way since then. One need only look at works by George Orwell or H.G. Wells to see how weighty novels about imagined futures and time travel can be. It's a shame that literary prize committees haven't caught on to this fact by now.

① The Long History of Science Fiction Writing
② A Genre Overlooked by Literary Awards
③ Why Science Fiction and Fantasy Lack Merit
④ Acclaimed Authors of an Unrecognized Genre

09 다음 글의 흐름상 어색한 문장은?

All minerals are visible under natural light because they reflect it, but approximately 15 percent have the added ability to fluoresce. This means that they can temporarily absorb a minute quantity of light and then give off light of a different wavelength. ① To the human eye, the material seems to be glowing a bright color that is different from its usual one. ② The change is more pronounced under ultraviolet light, which has the ability to excite certain electrons in fluorescent minerals. ③ For example, a blue-purple glow is emitted by fluorite when it is stimulated by ultraviolet light. ④ Fluorite can be found in a wide variety of colors due to the presence of elemental impurities. Although most fluorescent minerals fluoresce a single color under shortwave or longwave UV light, some like calcite exhibit multiple colors.

※ fluorite: 형석
※ calcite: 방해석

10 다음 글의 내용과 일치하는 것은?

In the early 1900s, Pablo Picasso and George Braque cofounded Cubism. Prior to this revolutionary art movement, traditional painters typically showed their subject matter from just a single angle. But at a time when novel forms of media such as moving pictures were beginning to emerge, art needed an update. Cubism was thus the result of a concerted effort to more realistically express the way people actually see. This may seem ironic, as works by Cubist artists appear to be decidedly abstract in style. The Cubists noted that the human eye observes a three-dimensional subject by constantly scanning it and pausing only momentarily to focus on a feature of interest. Therefore, classic Cubist paintings depicted many different sides of their subjects simultaneously and completely reinvented the concept of space.

① The ideas of Cubism were inspired by traditional styles of painting.

② The objective of Cubist artists was to convey how people see.

③ Cubist painters misrepresented their subjects in order to confuse the human eye.

④ Classical painters redefined the notion of how space is used.

정답·해석·해설 p. 92

하프모의고사 16회
출제예상 핵심 어휘리스트
바로 다운받기 (gosi.Hackers.com)

QR코드를 이용해 핵심 어휘리스트를 다운받아, 언제 어디서든 공무원 출제예상 어휘를 암기하세요!

Self Check List

이번 테스트는 어땠나요?
다음 체크리스트로 자신의 테스트 진행 내용을 점검해 볼까요?

01 나는 15분 동안 완전히 테스트에 집중하였다.
☐ YES   ☐ NO

02 나는 주어진 15분 동안 10문제를 모두 풀었다.
☐ YES   ☐ NO

03 유난히 어렵게 느껴지는 지문이 있었다.
☐ YES   ☐ NO

04 유난히 어렵게 느껴지는 문제가 있었다.
☐ YES   ☐ NO

05 모르는 어휘가 있었다.
☐ YES   ☐ NO

06 개선해야 할 점과 이를 위한 구체적인 학습 계획

_____

_____

DAY 17 하프모의고사 17회

제한 시간 : 15분 **시작** 시 분 ~ **종료** 시 분 **점수 확인** 개/ 10개

01 밑줄 친 부분에 들어갈 말로 가장 적절한 것은?

When something is described as _____, it is commendable to the point that it deserves to be copied or imitated by others.

① extraneous
② exorbitant
③ extensive
④ exemplary

02 밑줄 친 부분에 들어갈 말로 가장 적절한 것은?

A: It must be nice, now that you live close to work.
B: The short commute is great. But I still wake up at 5 a.m. every day.
A: What for? You can sleep in a bit.
B: _____.
A: I guess. You've been getting up that early for 7 years?
B: Almost 8. I'm just too used to it.

① It's hard to get to sleep at night
② There's nothing much to do in the morning
③ The trip takes more than 2 hours
④ I guess so, but it has become my habit

03 어법상 옳은 것은?

① I need to set a few alarms each morning lest I overslept.
② There was nothing he could do to make the traffic to move a little faster.
③ By far the greatest composer in history was Wolfgang Amadeus Mozart.
④ Nearly one third of all employees has been working here for less than one year.

04 우리말을 영어로 잘못 옮긴 것은?

① 그들의 모든 불만에도 불구하고, 시민들은 그녀를 시의원으로 선출했다.
→ Despite all their complaints, the townspeople elected her was Councilwoman.

② 대사의 요구를 처리하기 위해 두 개 언어를 할 줄 아는 사람이 참석해야 한다.
→ Someone who is bilingual should be present to attend to the ambassador's needs.

③ 정부는 온라인 보안 체계에 대한 위협을 알고 있다.
→ The administration is aware of the threats to the online security system.

④ 내가 욕실을 지나가다가 물방울이 똑똑 떨어지는 소리를 들었을 때 나는 수도꼭지를 잠갔다.
→ I turned off the faucet when I heard it dripping as I walked past the bathroom.

05 밑줄 친 부분의 의미와 가장 가까운 것은?

I honestly thought that Terry was making a big deal out of nothing, but I cut her some slack and did not argue back.

① listened to her reasoning
② gave her my opinion
③ was less strict with her
④ was very firm with her

06 주어진 문장이 들어갈 위치로 가장 적절한 곳은?

Over time, the latter group became sick and mentally impaired, and their fur turned gray as it began to fall out.

Though exercising has a long list of health benefits, it is rarely touted as a way to slow down the process of aging—but perhaps it should be. Researchers from McMaster University in Canada conducted a study on two groups of mice that were genetically programmed to age quickly. (①) One group completed regular sessions on a running wheel while the other stayed sedentary. (②) Meanwhile, the active mice retained their youthful appearance and did not exhibit the physical changes seen in their inactive counterparts. (③) A closer inspection revealed that the mice that had exercised had far healthier brains, muscles, hearts, and reproductive organs. (④) However, the tissues of the inactive group showed signs of damage.

07 다음 글의 주제로 가장 적절한 것은?

Many a critic has singled out a particular motif that suffuses T.S. Eliot's entire body of poetic work. Its most obvious manifestation is in the title of his magnum opus, *The Waste Land*. Referencing the desert, *The Waste Land* is a potent metaphor for a life characterized by opportunities that did not get seized and passions that were not pursued. But his lesser known poems also contain a variety of symbols and images that testify to Eliot's obsession with the idea of an existence that is wanting because of conducting oneself with an overabundance of caution and the inaction and lack of fulfillment that inevitably results. *The Love Song of J. Alfred Prufrock*, for example, presents the titular character as a man who is paralyzed by his timid nature and ultimately surrenders to his repression, shunning an essential aspect of life that would have led to its richer actualization: risk.

① critical reactions to Eliot's literary masterpieces
② the preponderance of desert imagery in Eliot's poetry
③ Eliot's thematic emphasis on the unlived life
④ Eliot's overly cautious use of poetic language

08 다음 글의 내용과 일치하지 않는 것은?

The basic law of demand states that as the price of a product rises, consumer demand falls. Yet, a rare exception to this is a Giffen good. It is a cheap, essential product for which the demand actually increases when prices go up and decreases when they go down. An example is rice in the Chinese province of Hunan. The staple diet of the Hunanese people includes mostly rice, vegetables, and some meat. When the cost of rice goes up, the Hunanese tend to forgo the meat since it is a comparatively expensive indulgence. Of course, that leaves somewhat of a dearth in their daily meals. So they then proceed to fill up that deficiency with more rice, which is pricier than usual but still less costly than other foodstuffs. In this manner, the inexpensive item's rise in cost ironically generates more need for it.

① The Hunanese are less likely to buy meat if the value of rice increases.

② The demand for Giffen goods increases when they become cheaper to buy.

③ Giffen goods do not abide by the general rule of demand in economics.

④ A Giffen good is not a very common occurrence in most regular markets.

09 주어진 문장 다음에 이어질 글의 순서로 가장 적절한 것은?

The Fibonacci sequence, a series of numbers where each subsequent number is the sum of the two preceding ones, manifests in various ways in nature but perhaps most notably in patterns found in flowers.

(A) The pattern isn't limited to petals, though. If you count the number of spirals in each direction of a sunflower head, you'll typically find two consecutive Fibonacci numbers there, too. The positioning of leaves on flowers and other plants follows the Fibonacci sequence as well.

(B) That's because the leaves on many plants are separated by an angle of approximately 137.5 degrees. This angle, closely related to the golden ratio derived from the Fibonacci sequence, ensures that each leaf gets the best exposure to sunlight and rain without overshadowing those below.

(C) Consider the number of petals various types of flowers have. Lilies have three, buttercups have five, delphiniums have eight, and ragwort has thirteen. These petal counts correspond to Fibonacci numbers—the sequence begins with 1, 1, 2, 3, 5, 8, 13 and continues in this manner indefinitely.

① (A) – (B) – (C) ② (A) – (C) – (B)

③ (C) – (A) – (B) ④ (C) – (B) – (A)

10 밑줄 친 (A), (B)에 들어갈 말로 가장 적절한 것은?

Traditionally, Inuit communities have followed a particular custom for naming newborns. It is based on the belief that when an infant enters the world, he or she acquires ____(A)____ over the soul of a relative or family member who has recently passed away. The child is named after the deceased and subsequently takes on the social roles that the person had in life. For example, a baby named after a late uncle would be referred to by others as "uncle" and afforded the same respect his namesake would have received. In light of this belief, it would thus be regarded as ____(B)____ to dictate a child's behavior since it is akin to ordering a fellow adult around. Today, the naming custom is rapidly disappearing, but many Inuit elders argue that it should be preserved. They say it helps with the grieving process and fosters closer connections between family members.

	(A)	(B)
①	dominion	reprehensible
②	dominion	comprehensible
③	relinquishment	reprehensible
④	relinquishment	comprehensible

정답·해석·해설 p. 98

하프모의고사 17회
출제예상 핵심 어휘리스트
바로 다운받기 (gosi.Hackers.com)

QR코드를 이용해 핵심 어휘리스트를 다운받아, 언제 어디서든 공무원 출제예상 어휘를 암기하세요!

DAY 18

하프모의고사 18회

제한 시간 : 15분 시작   시   분 ~ 종료   시   분 점수 확인 　 개/ 10개

---

01 밑줄 친 부분의 의미와 가장 가까운 것은?

> Although most of the region's precipitation is concentrated in the summer, it also rains <u>intermittently</u> throughout the year.

① roughly　　　　② silently

③ frequently　　　④ irregularly

---

02 밑줄 친 부분에 들어갈 말로 가장 적절한 것은?

> A: What's it like being a chef?
> B: It involves hard work and long hours, but it's rewarding. In fact, I created my very first dish recently, and I think I _____.
> A: How can you tell?
> B: The wait staff told me that the customers are raving about it.
> A: I want to try it, too.

① covered my tracks very well

② bit off more than I can chew

③ had an ace up my sleeve

④ hit it out of the park

---

03 우리말을 영어로 잘못 옮긴 것은?

① 오래된 온수기가 마침내 지난 겨울 작동을 멈춰서, 나는 새로운 것을 사기로 결정했다.
　→ My old water heater finally gave out last winter, so I decided to purchase a brand new one.

② 우리는 한국에서 오랫동안 살 계획이 없었지만 결국 5년을 더 머무르게 되었다.
　→ We hadn't planned to live in Korea for long but we ended up to stay another five years.

③ 친구가 어려운 시기를 이겨내도록 돕는 가장 좋은 방법은 지지와 위로를 전하는 것이다.
　→ The best way to help a friend get through a difficult time is to offer support and comfort.

④ 그 박물관은 토착 부족들의 유물들을 특징으로 하는 특별 전시회의 개막을 발표했다.
　→ The museum announced the opening of a special exhibit, featuring artifacts from native tribes.

---

04 밑줄 친 부분 중 어법상 옳지 않은 것은?

> The United Kingdom ① <u>is experiencing</u> a democratic crisis as it continues to see participation in politics steadily ② <u>decline</u> among the youth. In fact, the number of young adults voting in elections, both local and national, ③ <u>have been dropping</u> over the past 3 decades. Officials are ④ <u>currently</u> mulling over ways to reverse that statistic.

05 밑줄 친 부분의 의미와 가장 가까운 것은?

When the company changed its computer system to a completely different one, the workers were slow to catch on. They could not make heads or tails of it.

① grasp
② simplify
③ visualize
④ modify

06 주어진 글 다음에 이어질 글의 순서로 가장 적절한 것은?

The Heinz dilemma is a thought experiment used in many philosophical debates. It explores the various ways people react when confronted with a problem that challenges established ethical norms.

(A) That night, Mr. Heinz breaks into the pharmacy and steals the expensive pills. The experiment then asks if he was justified in doing that or not.

(B) The worried husband does not have enough money to pay for the drug, so he offers to pay for it in installments. The pharmacist, however, tells him that he must pay the full price before he can receive the life-saving medicine.

(C) It is named after the protagonist Mr. Heinz, a hypothetical man who discovers that his wife is seriously ill and that there is only one drug that can save her life. The medicine is manufactured nearby by a pharmacist who is charging much more for it than it is worth.

① (A) – (C) – (B)
② (B) – (A) – (C)
③ (C) – (A) – (B)
④ (C) – (B) – (A)

07 다음 글의 내용을 한 문장으로 요약하고자 한다. 빈칸 (A), (B)에 들어갈 말로 가장 적절한 것은?

The current rules regarding asylum applications in the European Union dictate that the responsibility to protect refugees falls on the country where the asylum seeker first enters. Unsurprisingly, emigrants usually gain entry to the European state closest to where they are fleeing from. They may try to leave for another nation at some point following this, only to be transferred back to where their request was first processed. Evacuees expect to be provided with food, first aid, and the right to seek a living in their adoptive country. But with so many displaced people to help following recent wars in Afghanistan, Syria, and Africa, ensuring support is putting disproportionate pressure on border nations. As a result, the EU's outermost countries are shouldering most of the burden and demanding that the rest of Europe pitch in to lighten the load.

The member countries along the EU's borders ___(A)___ most of the responsibility for ___(B)___ asylum seekers due to present laws.

	(A)	(B)
①	assume	accommodating
②	bear	expelling
③	undertake	dispersing
④	lessen	supporting

08 밑줄 친 부분에 들어갈 말로 가장 적절한 것은?

Ludwig Wittgenstein was a 20th-century Austrian thinker who had a profound effect on the philosophy of language. In particular, Wittgenstein claimed that when we discuss language we tend to think of the meaning of words as being fixed. Yet the usefulness of language does not suffer at all from a more fluid and vague parameter. Wittgenstein gives as an example the word "game." He points out that there is no rigid interpretation of the word that rules in everything we consider a game while precluding everything that is not one. Nonetheless, people have no trouble applying the word correctly or grasping it in its everyday use. _____, Wittgenstein argues, is therefore not only wholly unwarranted but also completely unnecessary.

① The practical application

② The theoretical purpose

③ A superficial understanding

④ An established definition

09 다음 글의 요지로 가장 적절한 것은?

We hear about courageous deeds as much as we do about acts of cowardice. When faced with imminent danger, what is it inside ourselves that causes us to choose one path over another? Why will some risk their own lives for a stranger, while others do not hesitate to save only themselves, leaving loved ones behind? Within Aristotelian ethics, it is simply a matter of practicality. Traits of virtue—kindness, goodness, bravery—are not mere theory but practiced responses. To become good, one must cultivate good habits. Doing so over and over will lead to living an ethical life automatically. Since we rarely think things over carefully before we act, only a concentrated effort to be moral day after day will build a character of excellence. Aristotle remarked that unexpected and uncontrollable events happen in life all the time. However, how we react to them is entirely up to us.

① Reactions to dangerous situations often reveal the good habits of people.

② Only the individual can decide if they are living an ethical life.

③ The ability to respond virtuously to life events becomes automatic through consistent practice.

④ Aristotle believed that committing cowardly acts precedes a character of excellence.

10 다음 글의 제목으로 가장 적절한 것은?

Getting an adequate amount of sleep on a regular basis can help with everything from relieving stress to losing weight and living longer. Therefore, it's imperative to create the perfect environment for a good night's rest. Lights, temperature, and sound all play a part, but of course what you lie on is the most crucial factor of all. That's why it's essential to invest time and money in buying a mattress that suits your particular needs. Do your research and test out different styles before you decide to bring one home. Otherwise, you are only asking to be uncomfortable or to wake up every morning with a stiff neck and a sore back. You spend a third of your day on it, so why leave it to chance?

① Why You Should Rotate Your Mattress Yearly

② Ways to Sleep Longer Every Night

③ Mattresses: Maximizing the Benefits of Sleep

④ The Proper Price to Pay for a New Mattress

정답·해석·해설 p. 104

하프모의고사 18회
출제예상 핵심 어휘리스트
바로 다운받기 (gosi.Hackers.com)

QR코드를 이용해 핵심 어휘리스트를 다운받아, 언제 어디서든 공무원 출제예상 어휘를 암기하세요!

📋 Self Check List

이번 테스트는 어땠나요?
다음 체크리스트로 자신의 테스트 진행 내용을 점검해 볼까요?

01 나는 15분 동안 완전히 테스트에 집중하였다.
☐ YES   ☐ NO

02 나는 주어진 15분 동안 10문제를 모두 풀었다.
☐ YES   ☐ NO

03 유난히 어렵게 느껴지는 지문이 있었다.
☐ YES   ☐ NO

04 유난히 어렵게 느껴지는 문제가 있었다.
☐ YES   ☐ NO

05 모르는 어휘가 있었다.
☐ YES   ☐ NO

06 개선해야 할 점과 이를 위한 구체적인 학습 계획

_____

_____

DAY 19

하프모의고사 19회

정답·해석·해설 _해설집 p.110

제한 시간 : 15분 **시작**   시   분 ~ **종료**   시   분 **점수 확인**   개/ 10개

01 밑줄 친 부분의 의미와 가장 가까운 것은?

Despite all attempts to create a sense of clarity and organization, the office seemed to be in a state of <u>perpetual</u> chaos, with projects always being cancelled and reassigned at the last minute.

① permanent　　　　② immeasurable

③ discernible　　　　④ insignificant

02 밑줄 친 부분에 들어갈 말로 가장 적절한 것은?

The main character of the novel was seen as a representation of the _____ hero, a form that has been portrayed similarly for countless generations.

① rare　　　　　　② innovative

③ outstanding　　　④ typical

03 밑줄 친 부분에 들어갈 말로 가장 적절한 것은?

A: Did you enjoy your trip last weekend?
B: No. I just stayed home.
A: I thought you were going camping with your friends.
B: I was supposed to, but _____.
A: That's disappointing. Are you feeling any better?
B: Yes, I am. Thank you for asking. I took some medicine that helped.
A: Good to hear.

① I came down with something

② I was a fish out of water

③ I've had all I can take

④ I added insult to injury

04 어법상 옳은 것은?

① If you had advised me to wait, I could get a much better bargain now.

② The doctor assured the patient that the process would be quickly.

③ Audiences for classical music are expected wait for silence before applauding.

④ Machinery is being used to fill in the pit, which a public park will be built.

05 우리말을 영어로 잘못 옮긴 것은?

① 이것은 범죄 과학 수사팀에 의해 발견된 마지막 증거였다.
→ This was the last piece of evidence to be discovered by the forensics team.

② 그는 일과 성과 모두를 혼자 독차지하기보다 차라리 그것들을 나누고 싶어 한다.
→ He would much rather split the work and the profits than have them all to himself.

③ 그의 외모는 그 배우의 외모와 매우 닮아서 그를 그 인기 배우로 오해하기 쉽다.
→ His looks so closely resemble the actor's that he is easy to mistake them for the star.

④ 비록 주변은 바뀌어 왔지만, 그곳은 여전히 살기에 안전한 곳이다.
→ Even though the neighborhood has changed, it is still a safe place to live in.

06 밑줄 친 (A), (B)에 들어갈 말로 가장 적절한 것은?

Energy consumption is higher than ever, and with fossil fuels being finite, it is imperative to make alternative energy a viable reality. Solar power seems to be our best bet thus far, but the problem associated with it is scale. ___(A)___, it would take an area of nearly 300,000 square kilometers covered in solar panels to provide sufficient power for the planet. So one high school senior came up with an innovative compromise. Justin Lewis-Weber suggested sending a self-replicating robot to the moon. It would first mine the raw materials there to build a solar panel. ___(B)___, it would generate a copy of itself that could in turn make another panel. The next generation would also create a solar panel and then self-replicate, and so on and so forth. All of the panels would then be launched from the lunar surface to orbit Earth, where they can take in 24 hours of sunshine continuously and beam it back to us.

(A)	(B)
① By all means	In effect
② In contrast	Thus
③ Specifically	Afterward
④ Nonetheless	Consequently

07 다음 글의 제목으로 가장 적절한 것은?

The Unified Communist Party of Nepal led a violent rebellion against the nation's monarchy during the 1990s, which did not officially end until 2005 when the king agreed to gradually transition to a democracy. Although a House of Representatives was established in 2007 and an interim constitution was adopted, little else could be done to secure more permanent legislation. This is because there were many parties vying for leadership, and no one representative had been able to win a majority until Sushil Koirala, who was head of the Nepali Congress and then served as prime minister from 2014 to 2015. He wasted no time in outlining a constitution, which set the foundation for a more stable government structure in Nepal.

① Koirala's Actions Amidst Hostility from Opposition Parties

② Reformations Implemented by Prime Minister Koirala

③ Stability Through the Drafting of Overdue Constitution

④ Nepal's Past Turmoil due to Arguments over Constitution

08 밑줄 친 부분에 들어갈 말로 가장 적절한 것은?

The concept of superiority is a multifaceted and nuanced one, often contingent on the context in which it is examined. Superiority can manifest in various degrees, ranging from subtle distinctions to profound disparities. In intellectual pursuits, individuals may exhibit varying degrees of superiority, with some showcasing exceptional talent and expertise, while others possess more modest advantages. Similarly, in the realm of competitive sports, athletes may display degrees of superiority, with some achieving unparalleled dominance in their disciplines, while others maintain a narrower edge over their rivals. Even in matters of moral character, individuals can demonstrate degrees of superiority as some consistently exemplify unwavering integrity and compassion, while others may exhibit occasional acts of kindness. The assessment of superiority, therefore, necessitates a ＿＿＿＿＿＿＿＿＿ evaluation of the specific attributes or qualities under consideration.

① documented   ② preliminary

③ comprehensive   ④ philosophical

09 주어진 문장이 들어갈 위치로 가장 적절한 곳은?

Meanwhile, the flattest and least complex languages occurred most often in dry, sparse areas, like deserts.

Linguists have embarked on a study to ascertain whether climate can influence language. (①) Of the 3,700 dialects examined, 629 were deemed to be the most complex, with three or more tones typically used when speaking. (②) These languages were spoken in tropical regions, like some parts of Africa, Southeast Asia, the Amazon, and Papua New Guinea—all more humid areas of the world. (③) One explanation for why this might be is that consistently inhaling dry air can dehydrate the larynx and decrease the elasticity of the vocal cords. (④) This would make it more difficult to produce varied tones. Although the findings are not conclusive, the evidence certainly suggests that climate does play a role.

※ larynx: 후두

10 다음 글의 내용과 일치하지 않는 것은?

Nearly 150 years ago, Easter was the most important holiday for Russian Orthodox Christians. So in 1885, Tsar Alexander III commissioned something special for his wife in order to commemorate the occasion. It was a jeweled ornament in the shape of an egg, crafted by the master jeweler Peter Carl Fabergé. Fashioned from gold, the trinket opened up to reveal a small hen inside, which in turn contained within it a miniature diamond replica of the royal crown. The extravagant decoration, named the Hen Egg, became the first in a series of the critically renowned Fabergé eggs. From then until the Russian Revolution in 1917, an egg was constructed annually for the Imperial family. Each took up to a year or more to make, and every one contained an elegant and charming "surprise" inside, like their predecessor.

① The Easter of 1885 was the most important one for Russian Orthodox Christians.

② The ornament requested by Tsar Alexander was meant to be a gift for his spouse.

③ The first egg that Fabergé created included two small ornaments in its interior.

④ Russia's royal family received a Fabergé egg yearly for more than three decades.

정답·해석·해설 p. 110

하프모의고사 19회
출제예상 핵심 어휘리스트
바로 다운받기 (gosi.Hackers.com)

QR코드를 이용해 핵심 어휘리스트를 다운받아, 언제 어디서든 공무원 출제예상 어휘를 암기하세요!

Self Check List

이번 테스트는 어땠나요?
다음 체크리스트로 자신의 테스트 진행 내용을 점검해 볼까요?

01 나는 15분 동안 완전히 테스트에 집중하였다.
□ YES   □ NO

02 나는 주어진 15분 동안 10문제를 모두 풀었다.
□ YES   □ NO

03 유난히 어렵게 느껴지는 지문이 있었다.
□ YES   □ NO

04 유난히 어렵게 느껴지는 문제가 있었다.
□ YES   □ NO

05 모르는 어휘가 있었다.
□ YES   □ NO

06 개선해야 할 점과 이를 위한 구체적인 학습 계획

_____

_____

01 밑줄 친 부분에 들어갈 말로 가장 적절한 것은?

A seasoned financier who has been in the game for decades gets more opportunities than someone who might be creative but is still _____.

① learning the ropes　　② worth his salt

③ turning up trumps　　④ down to earth

02 밑줄 친 부분의 의미와 가장 가까운 것은?

The argument between the neighbors over the property line dispute got out of hand, requiring the intervention of an intermediary to handle the situation.

① failed to grab attention

② became difficult to control

③ helped to make a difference

④ was simple to solve

03 밑줄 친 부분에 들어갈 말로 가장 적절한 것은?

A: What stop should I get off at to get to the art museum?

B: That'll be Browning Street.

A: Thank you. Does this bus go to City Hall from the museum as well?

B: Yes. But, _____.

A: Oh, I didn't know that. How long does it take?

B: About 10 minutes on foot.

① that is the last stop on the route

② it's faster to take the subway

③ you can also walk from there

④ the bus comes every 15 minutes

04 우리말을 영어로 잘못 옮긴 것은?

① 은퇴 계획이 나에게 편안한 미래를 제공할 것이다.

→ My retirement plan will provide me with a comfortable future.

② 그는 도착하고 나서야 축구 연습이 취소되었던 것을 기억했다.

→ He remembered that the football practice was canceled only after he arrived.

③ 도서부는 다음에 읽을 책을 누가 골라야 할지에 대해 토론했다.

→ The book club has discussed who should choose the next book to read.

④ 만약 회사가 그에게 승진을 제의한다면 그는 매우 행복할 것이다.

→ He will be very happy if the company offers him a promotion.

05 밑줄 친 부분 중 어법상 옳지 않은 것은?

The shot clock in professional basketball is a timer that counts down as soon as one side or ① the other takes the ball. A team ② is allowed 24 seconds to try and make a basket. ③ If they hold onto the ball too long without making a move, they automatically forfeit ④ them to the opposing team.

06 주어진 문장이 들어갈 위치로 가장 적절한 곳은?

Once the flaws have been pinpointed, think about the sort of person you'd rather be.

If you're unhappy and wish you could act like a different person, know that it's possible as long as you make a conscious effort. (①) The first step in reinventing your personality is to identify all of the aspects that you think could be improved. (②) This involves imagining yourself having the qualities, tendencies, and habits you want for your ideal self. (③) Having that image in your mind will give you a more concrete goal to work toward. (④) Then, when you find yourself acting in a way that you'd rather not, consider what the ideal version of you would do and try to adapt your behavior accordingly. With a little practice, you'll one day find that it comes to you naturally.

07 다음 글의 내용과 일치하지 않는 것은?

For centuries, scholars have disagreed about the identity of the poet Homer. Some claim that he was a real historical figure who travelled around Ancient Greece sometime in the 8th century BC, performing his epic tales to live audiences with musical accompaniment. At some point, the poems that he regularly recited were transcribed into written form, which resulted in both *The Iliad* and *The Odyssey*. Other scholars, however, assert that no such writer really existed, and that Homer was a mythical figure created from a composite of various travelling poets. Since very little historical evidence attests to the existence of Homer, it seems that those who believe he was an imaginary persona have a stronger argument in this longstanding debate. Many readers of the two classic poems nonetheless still prefer to believe in the image of the poet, who wanders the Greek countryside.

① The debate over Homer's existence has never been settled despite numerous opinions.

② Two epic poems, *The Iliad* and *The Odyssey*, are ascribed to a poet named Homer.

③ Some people assert that the identity of Homer is made up of more than one person.

④ Those who believe Homer is a historical figure have more supporting evidence.

08 밑줄 친 (A), (B)에 들어갈 말로 가장 적절한 것은?

Many people may have heard the advice not to leave the house with wet hair when it is cold outside. This suggestion is based on the belief that the moisture raises the likelihood of catching an illness. But medical doctors argue that this long-standing assumption is false. Colds and flus are actually the result of viruses.   (A)   , even if you were to venture into wintry weather with soaking wet hair, you would not contract an airborne infection. Several studies have failed to find a direct connection between exposing wet hair to cold weather and an increased risk of catching viruses.   (B)   , subjecting the body to extremely low temperatures can still be detrimental. Severe cold stress can weaken the immune system and even lead to conditions like hypothermia.

	(A)	(B)
①	Eventually	As a result
②	Nevertheless	Similarly
③	Likewise	Indeed
④	Therefore	However

09 밑줄 친 부분에 들어갈 말로 가장 적절한 것은?

It is largely assumed that people often act selfishly when it comes to spending and saving their money, and that their financial decisions are always made with regard to their own security and well-being. But thankfully, our behavior contradicts this model on a consistent basis. In fact, people behave altruistically whenever they donate money anonymously or advocate redistributive taxation. In these instances, it is clear that _____.
Such individuals likely believe that what serves the interest of others will also benefit them in the end.

① they make decisions which seem irrational in the larger scheme of things

② their actions do not derive solely from a position of self-interest

③ they sometimes gain recognition for their good deeds in the process

④ society considers them to be generous individuals and rewards them accordingly

10 다음 글의 요지로 가장 적절한 것은?

Incarceration typically involves severing contact not only with loved ones and personal comforts but also with the natural environment. Prisoners are typically kept inside concrete cells for the majority of their day. While it can be argued that this is one of the many freedoms that convicts surrender, a number of penitentiaries are starting to rethink the situation. One prison in Ohio found compelling results after a trial test. They let some of their inmates watch nature videos that included views of mountains, oceans, and even space. Compared to the control group, these subjects were less irritable and stressed, and displayed fewer instances of aggression towards each other and the guards. The relatively small concession made prisoners more manageable for staff and kept them better balanced mentally.

① Hostility is controllable if prisoners are allowed to live in a natural environment.

② Access to natural scenery can be beneficial for those in the penal system.

③ Penitentiaries need to take into account human nature to be successful.

④ Having a connection to nature could have an impact on lowering crime levels.

정답 · 해석 · 해설 p. 116

하프모의고사 20회
출제예상 핵심 어휘리스트
바로 다운받기 (gosi.Hackers.com)

QR코드를 이용해 핵심 어휘리스트를 다운받아, 언제 어디서든 공무원 출제예상 어휘를 암기하세요!

Self Check List

이번 테스트는 어땠나요?
다음 체크리스트로 자신의 테스트 진행 내용을 점검해 볼까요?

01 나는 15분 동안 완전히 테스트에 집중하였다.
☐ YES   ☐ NO

02 나는 주어진 15분 동안 10문제를 모두 풀었다.
☐ YES   ☐ NO

03 유난히 어렵게 느껴지는 지문이 있었다.
☐ YES   ☐ NO

04 유난히 어렵게 느껴지는 문제가 있었다.
☐ YES   ☐ NO

05 모르는 어휘가 있었다.
☐ YES   ☐ NO

06 개선해야 할 점과 이를 위한 구체적인 학습 계획

_____

_____

01 밑줄 친 부분에 들어갈 말로 가장 적절한 것은?

Any athlete on this team who does not show up on time for practice will have to _____ their lack of commitment.

① answer for
② rule out
③ swear by
④ mess with

02 밑줄 친 부분의 의미와 가장 가까운 것은?

The mayor's office shows the antagonistic relationship with the media by refusing to answer questions and accusing reporters of spreading lies.

① vulnerable
② hostile
③ liable
④ streamlined

03 우리말을 영어로 잘못 옮긴 것은?

① 의사들에게 알려진 약 200가지의 여러 유형의 두통이 있다.
→ There are approximately 200 different types of headaches known to doctors.

② 그녀가 행복한 표정을 지었음에도 불구하고 모든 사람들이 그녀가 심란하다는 것을 알 수 있었다.
→ Everyone could see she was upset even though she put on a happy face.

③ 공항에 도착하는 데 내가 생각했던 것보다 더 오래 걸렸다.
→ It took much longer than I expected to get to the airport.

④ 카메라의 플래시는 사진 속에서 눈동자를 붉게 보이게 할 수 있다.
→ A camera's flash can make the pupils of the eyes appearing red in photos.

04 밑줄 친 부분 중 어법상 옳지 않은 것은?

With the beginning of the spring semester ① come the university's annual job fair. Students will have the opportunity ② to make connections with potential employers and ask questions about how to better their chances in the job market. ③ Those who wish to be in attendance at the job fair must register in advance to guarantee a place at the event, as the number of attendees will ④ be limited.

05 밑줄 친 부분에 들어갈 말로 가장 적절한 것은?

A: Welcome home! How was your flight?
B: I don't want to talk about it. I'm just glad to finally be here.
A: Yeah, you look so tired. How long were you traveling?
B: It was nearly 20 hours including transit and layover.
A: _____.
B: The time was not a problem. I had a good book with me.

① I'm sick and tired of it
② You read my mind
③ You must have been bored to death
④ Don't give me a hard time

06 다음 글의 요지로 가장 적절한 것은?

Let's say you are approached by a magical genie who promises you whatever car you desire. The only condition is that you will own this car and no other until you die. How would you react? You would likely read the car's manual thoroughly, maintain it carefully, and keep it in the best shape possible because it needs to last. Now consider how this applies to your physical body. In your entire lifetime, you get only one. Look after it and make it the best it can be since it will be impossible to reverse serious damage or negligence later.

① People should try to extend their cars' usefulness.

② Drivers should be limited to possessing one automobile at a time.

③ Some car maintenance methods can be applied to human health.

④ Preventative healthcare is the key to staying healthy longer.

07 밑줄 친 부분에 들어갈 말로 가장 적절한 것은?

Anchoring is a much-studied phenomenon in the field of finance. It is a cognitive bias whereby people use information that is not applicable to a situation to assess another event. A simple example is a friend asking how much you pay in rent. He then asks you how much the rent is for a slightly larger apartment unit in the same building. You add a little more to what you pay to give him an estimated cost, even though your rent has no bearing on the price. In this case, you would be anchoring your answer on knowledge that is _____.

① mundane

② versatile

③ classified

④ unrelated

08 다음 글의 내용과 일치하지 않는 것은?

What if you woke up every morning and didn't recognize your own family? As odd as it sounds, this is a very real condition called prosopagnosia. Prosopagnosia, more commonly known as face blindness, is a disorder which causes an individual to be unable to distinguish one person from another. While sufferers of prosopagnosia can see the features of a person—that is, they can perceive the eyes, ears, and mouth—the particular differences that make each face unique are lost on someone with this disorder. Bizarrely, this means that some of those with a severe case of prosopagnosia cannot even recognize their own faces. Most people with prosopagnosia are able to cope with their disability, but many find it hard to do things that we take for granted. For example, being unable to recognize faces makes it difficult to understand the plot of a movie. Sufferers may also have difficulties in career advancement, especially if the job consists of meeting clients or dealing with the public.

① Some people with prosopagnosia don't recognize themselves.

② Sufferers of prosopagnosia cannot see features on a face.

③ Following a movie can be challenging for someone with prosopagnosia.

④ Those with prosopagnosia are unable to identify family.

09 밑줄 친 부분에 들어갈 말로 가장 적절한 것은?

As of October 2015, it became illegal for citizens of England to smoke in private vehicles when they are in the company of anyone under the age of 18, with offenders receiving a £50 fine. The legislation was enacted in recognition of the fact that some parents smoke in the car in the presence of their children who are often unable to defend their own best interests. Furthermore, given that their immune systems are comparatively weaker and their lungs smaller, they _____.
Research has revealed that 80 percent of secondhand smoke contains cancer-causing chemicals, which can become highly concentrated within the enclosed space of a private vehicle.

① will likely take up the habit when they become adults

② are usually unaware that smoking in cars is prohibited

③ may be concerned about the health of their parents

④ are more vulnerable to the ill effects of cigarette smoke

10 주어진 글 다음에 이어질 글의 순서로 가장 적절한 것은?

Depending on the severity of the crime, juvenile offenders may be tried as adults by the U.S. criminal justice system and sentenced to life imprisonment. The idea of treating delinquents between the ages of 14 and 16 like grown-ups is generally supported by the lay public.

(A) They believe that these individuals, being physically similar to full-grown adults, are a menace and must be appropriately locked up and punished. But this practice has been hotly contested as of late.

(B) This makes them distinct from adults. Hence, those who spend their critical teenage years in a regular prison, where they are often mistreated, may have a slimmer chance of developing normally and becoming useful members of society.

(C) According to opponents, all younger perpetrators should instead have their own unique set of legal rights, regardless of their crimes. They support this with the basic argument that adolescents are not yet mature psychologically.

① (A) – (B) – (C)
② (A) – (C) – (B)
③ (B) – (C) – (A)
④ (C) – (A) – (B)

정답·해석·해설 p. 122

하프모의고사 21회
출제예상 핵심 어휘리스트
바로 다운받기 (gosi.Hackers.com)

QR코드를 이용해 핵심 어휘리스트를 다운받아, 언제 어디서든 공무원 출제예상 어휘를 암기하세요!

DAY 22

정답·해석·해설 _해설집 p.128

하프모의고사 22회

제한 시간 : 15분 시작 시 분 ~ 종료 시 분 점수 확인 ☐☐☐☐ 개/ 10개

01 밑줄 친 부분에 들어갈 말로 가장 적절한 것은?

A(n) _____ approach is essential when dealing with delicate situations to ensure every aspect of them is fully considered.

① cautious   ② shameless

③ personal   ④ instant

02 밑줄 친 부분의 의미와 가장 가까운 것은?

The lecturer pointed out that a paradoxical relationship exists between being tough on crime and protecting human rights.

① steadfast   ② contradictory

③ reciprocal   ④ definitive

03 어법상 옳은 것은?

① It is harder to lead a group as to follow a leader.

② The center invited John as speaker though they admitted knowing little of he.

③ My doctor had me take some pills to help lower my blood pressure.

④ Having been seen the movie before, I knew how it ended.

04 밑줄 친 부분 중 어법상 옳지 않은 것은?

Shorthand writing ① is different from standard writing in ② several ways. It includes removing grammatical parts of sentences that can ③ be inferred from the context, such as verbs, adjectives, and articles. Sometimes words themselves are shortened by either ④ is keeping only the first few letters or removing vowels in between consonants.

05 밑줄 친 부분에 들어갈 말로 가장 적절한 것은?

A: If the budget cut passes, we won't be able to continue the after-school program.
B: Oh no! The kids are going to be so disappointed.
A: I know, however, I'm afraid there's not much we can do.
B: Is there any way to keep it going?
A: Like I said, we'll just have to wait and see how the council votes.
B: That's awful. But, _____.

① they're doing us a good turn

② they're going to make a killing

③ I guess it's out of our hands

④ I think we're really on a roll now

06 다음 글의 제목으로 가장 적절한 것은?

There has been a rise in the number of bogus academic sites appearing online. Unfortunately, there is little to distinguish them from genuine websites; for all intents and purposes, they look exactly like their counterparts. They claim to provide peer-reviewed articles from experts in every field. The reality, however, is far from the assertion. A pair of scientists even tested this. They submitted a 10-page "article" that consisted of the same seven words repeated over and over. They added diagrams and graphs and made the layout look like a real scientific study. After sending it in, they received an automated response from the journal praising their work and informing them they could get it published for only 150 dollars. Curious to see if it would actually be printed, the scientists sent in the money and, sure enough, their false article appeared the following month.

① The Difference Between Real and False Articles

② Academic Internet Sites: Beware of Imposters

③ Uncovering the Truth behind Scientific Studies

④ Fake Academic Websites Fool Real Scientists

07 밑줄 친 (A), (B)에 들어갈 말로 가장 적절한 것은?

Ancient philosophers often emphasized the importance of balancing contrasting elements in life. ___(A)___, existentialist philosophers explored the concept of embracing both the absurdity and meaninglessness of existence alongside the pursuit of personal significance and purpose. They encouraged individuals to confront the inherent absurdity of life, acknowledging that existence lacks inherent meaning, which ironically empowers one to create their own meaning and take charge of their life. ___(B)___, Eastern philosophical traditions, such as Taoism and Zen Buddhism, emphasized the harmonious balance between opposing forces. They encouraged individuals to find equilibrium between the dualities of life, such as yin and yang, and to embrace the flow of existence without excessive attachment or resistance.

	(A)	(B)
①	However	Furthermore
②	For example	Therefore
③	Subsequently	On the other hand
④	For instance	Meanwhile

08 주어진 글 다음에 이어질 글의 순서로 가장 적절한 것은?

Fracking is a procedure in which a mixture of water, sand, and chemicals is injected into the ground to fracture underground rocks so that natural gas is released. The process is controversial because it is environmentally harmful in several ways.

(A) Fracking fluid, which comprises water and hundreds of poisonous chemicals such as lead and mercury, seeps into the ground surrounding the site and cannot be retrieved, ultimately making its way into the supply of drinking water.

(B) One is in the sheer amount of natural resources that fracking requires. Up to eight million gallons of water are needed for a single fracking job. Such a huge demand for this resource is wasteful and diverts water from other potential uses.

(C) This demand for water also leaves an environmental footprint in terms of gasoline consumption as it takes several hundred tanker trucks to transport it to the fracking sites. Then there is the matter of its toxicity.

① (A) – (B) – (C)   ② (B) – (A) – (C)
③ (B) – (C) – (A)   ④ (C) – (A) – (B)

09 다음 글의 내용과 일치하지 않는 것은?

Sergei Prokofiev was a composer, pianist, and conductor who was born in 1891 in Sontsivka, a village that was then a part of the Russian Empire. When he was 13 years old, he was admitted to the prestigious St. Petersburg Conservatory, where he was several years younger than most of his classmates. After graduating in 1914, Prokofiev began traveling across Europe and the United States, establishing himself as a leading composer and pianist whose ballets and operas featured a blend of modernist and traditional elements. During the 1930s, he returned to his homeland, which was, at this point, the Soviet Union. Despite the challenges he faced, it was here that he composed the ballet *Romeo and Juliet* and the iconic symphonic fairy tale *Peter and the Wolf*. Prokofiev died of a brain hemorrhage at the age of 61 after being chronically ill for eight years. Today, he is considered one of the most prominent composers of the 20th century.

※ brain hemorrhage: 뇌출혈

① Most students at the St. Petersburg Conservatory were older than Prokofiev.

② Prokofiev's style of composing incorporated both old and new aspects.

③ The ballet *Romeo and Juliet* was written in the Soviet Union.

④ Prokofiev was chronically ill for eight years after having a brain hemorrhage.

10 주어진 문장이 들어갈 위치로 가장 적절한 곳은?

> The most significant of these consumer goods was the personal car.

The 1920s ushered in a new and unprecedented era of consumer spending in the United States. (①) A lot of Americans had greater amounts of cash at their disposal, and they tended to put their money into consumer goods such as clothing and home furnishings. (②) Reasonable prices and easy access to credit made the once prohibitively expensive vehicles highly accessible. (③) To illustrate, the Ford Model T sold for less than three hundred dollars in 1924, putting it well within the financial reach of a large portion of the American public. (④) This affordability transformed automobiles from luxuries to necessities and by the end of the decade one in five Americans owned one.

정답·해석·해설 p. 128

하프모의고사 22회
출제예상 핵심 어휘리스트
바로 다운받기 (gosi.Hackers.com)

QR코드를 이용해 핵심 어휘리스트를 다운받아, 언제 어디서든 공무원 출제예상 어휘를 암기하세요!

---

01 밑줄 친 부분의 의미와 가장 가까운 것은?

> Medical professionals tend to distrust the vague claims made by the manufacturers of health supplements sold on the Internet.

① decisive ② imprecise

③ definite ④ practical

02 밑줄 친 부분에 들어갈 말로 가장 적절한 것은?

> A: Have you seen Andrew this afternoon?
> B: No, I haven't. I think he may have gone home early.
> A: Early? What for? He still has a ton of things to get done before the weekend.
> B: I'm not sure. Maybe he's feeling ill.
> A: I doubt he's sick. Andrew is always looking for an excuse to skip out on work.
> B: Well, _____. Let's just focus on our own work.

① that's the icing on the cake

② just count your blessings

③ read between the lines

④ don't let it drive you up the wall

03 우리말을 영어로 잘못 옮긴 것은?

① 다리 건너의 고층 건물은 이 나라에서 가장 부유한 사람들 중 한 명의 소유이다.
   → The skyscraper across the bridge is owned by one of the richest people in this country.

② 그 상을 수상한 후 그녀가 받았던 주목은 그녀의 경쟁자를 당황스럽게 만들었다.
   → The attention she received after winning the award made her rival embarrassed.

③ 나의 할아버지께서는 뒷마당을 가꾸는 것, 책을 읽는 것, 그리고 강아지와 함께 노는 것을 즐기신다.
   → My grandfather enjoys gardening the backyard, reading books, and playing with his dog.

④ 건설 인부들은 예정된 완공일까지 프로젝트를 완료해야 한다.
   → The construction crew needs to finish the project until the scheduled completion date.

04 밑줄 친 부분 중 어법상 옳지 않은 것은?

> There are many things a college student can do before graduating ① to make himself or herself more appealing to potential employers. First and foremost, it is expected that students perform well in their fields of study, mind the managing of their time responsibly, and ② receive exemplary grades. Having employment experience is a notable asset, particularly that from the same field in which the student intends to work. Internships are even more favorable, as they are a form of employment designed to help young people ③ learn skills they will need to work in that field. Also, proof of volunteer work and other types of pro bono activities are looked at positively, as they show that students are willing to invest themselves in labor for no benefit other than the satisfaction that ④ come from doing the work.

05 밑줄 친 부분에 들어갈 말로 가장 적절한 것은?

The investors' worries were understandable, considering the seemingly endless setbacks the fledgling social media company faced before its launch. Fortunately, there was no need for their _____, as the opening was a huge hit.

① appraisal

② solicitude

③ indignity

④ competence

06 다음 글의 흐름상 어색한 문장은?

After an exhaustive study, researchers have determined that many of the world's languages tend to contain more positive than negative words in their lexicons. ① To reach this conclusion, they pored through thousands of books, song lyrics, and social media webpages across a spectrum of ten major world languages, isolating which words were used most frequently. ② They then asked native speakers of those languages to rate on a numbered scale how they reacted upon hearing these words. ③ This more recent survey could further reinforce a hypothesis first proposed in the 1960's by a group of psychologists who used word association tests. ④ Speakers of Spanish responded the most cheerfully to what they heard, followed by those who spoke Portuguese and English, while Chinese speakers reacted the least positively.

07 다음 글의 내용과 일치하지 않는 것은?

Sleep apnea is a medical condition in which a person stops breathing for small periods of time while they are asleep. The brief pauses can last anywhere from a few seconds to several minutes in severe cases. The phenomenon is most often caused by throat muscles relaxing, allowing soft tissue to block the airway. When sleep apnea occurs, the body automatically responds by waking very briefly in order to correct the problem—for instance, by changing position— though sleepers fail to recall rising most of the time. Therefore, secondary signs are sometimes more useful to watch out for to diagnose the condition. Sleep apnea often causes sufferers to experience excessive sleepiness during the day and impaired alertness. Patients report feeling fatigue, vision problems, and trouble paying attention. A shift in mood may also be noticeable. Many tend to become moody and irritable due to a lack of sufficient rest. If left untreated, the symptoms can become severe, leading to anxiety and depression.

① Relaxing the muscles in the neck is a good way of preventing sleep apnea.

② Those who wake up during an occurrence of sleep apnea usually forget it.

③ It is possible to identify sleep apnea by keeping an eye on indirect symptoms.

④ Emotional issues may progress in sleep apnea patients who are not treated.

08 주어진 글 다음에 이어질 글의 순서로 가장 적절한 것은?

Lasagna can be a complicated Italian dish to make. However, it can prove to be a very satisfying meal if the recipe is followed properly.

(A) Now that your basic ingredients are ready, here comes the delicate part. For traditional lasagna, you need to layer the pasta, meat, and cheese on top of each other. Once you top it off with the last noodle layer, sprinkle some more Parmesan over it.

(B) The Bolognese sauce is the ingredient that takes the longest to cook, so it should be prepared in the beginning stages. It is made with beef, tomato, onion, and garlic. For more flavor, throw in some spices and let everything simmer for an hour.

(C) While the sauce is being heated, you want to put the lasagna noodles in boiling water. After these pasta sheets have cooked, put them aside and prepare your cheese mixture. You can use a combination of cheeses like Parmesan and mozzarella.

① (A) – (C) – (B)　　② (B) – (A) – (C)

③ (B) – (C) – (A)　　④ (C) – (A) – (B)

09 주어진 문장이 들어갈 위치로 가장 적절한 곳은?

Besides the positive economic changes it brings, it also improves the overall quality of life.

Proponents of immigration argue that it has many beneficial effects on society. (①) Not only does it help strengthen the labor force, but it also increases consumer demand. (②) As an example of this, rural areas have shown a reduction in poverty levels. (③) In cities, some communities in which immigrants have comfortably settled now experience less crime because the newcomers brought with them strong family dynamics and a desire for stability. Again and again, once-neglected neighborhoods are becoming thriving spaces to live and work. (④) All of these positive changes cannot be solely attributed to the arrival of immigrants, but these points should nonetheless give pause to those who call for stricter borders.

10 다음 글의 제목으로 가장 적절한 것은?

Now that the internet has become an integral part of modern communication and social interaction, the occurrence of abusive behavior over the Internet is becoming more noticeable. Unfortunately, cyberbullying is difficult to monitor for it often occurs within very insulated online communities, rather than in public spaces where adults are on hand to supervise the proceedings. In addition, cyberbullying incidents are hard to control because they can happen at any time and have the potential to spread rapidly to a large audience. Since many schools often lack the capacity, not to mention the authority, to discipline cyberbullies, it is important for parents and guardians to clearly explain the consequences of bullying to children. If such behavior is suspected, adults should speak with their kids—whether they are the aggressor or the victim—and also make a more concerted effort to monitor their computer habits.

① The Prevalence of Bullying in Public Schools
② Influences of Adults Monitoring Children's Online Activity
③ The Growing Menace of Online Bullying
④ Adverse Effects of Cyberbullying on Youth

정답 · 해석 · 해설 p. 134

하프모의고사 23회
출제예상 핵심 어휘리스트
바로 다운받기 (gosi.Hackers.com)

QR코드를 이용해 핵심 어휘리스트를 다운받아, 언제 어디서든 공무원 출제예상 어휘를 암기하세요!

01 밑줄 친 부분의 의미와 가장 가까운 것은?

> The psychiatrist met with the perpetrator to gauge his state of mind during the crime.

① fill in   ② size up
③ spur on   ④ hold down

02 밑줄 친 부분의 의미와 가장 가까운 것은?

> Our company's negotiators have tried unsuccessfully for months to negotiate the deal. It would be better to pull the plug at this point and look for other opportunities.

① have a rest   ② give it more time
③ put in the effort   ④ bring it to an end

03 우리말을 영어로 잘못 옮긴 것은?

① 나는 프로젝트의 마감 기한이 다가올수록 많은 압박감을 느꼈다.
　→ I was under a lot of pressure as the deadline for the project drew nearer.

② 경찰관들은 무슨 일이 있든지 계속 침착하도록 훈련받는다.
　→ Police officers are trained to remain calm no matter what happens.

③ 학급 반장으로 당선된 학생은 연설을 해야 한다.
　→ The student who wins the election for class president must give a speech.

④ 노래가 끝나자마자 관중들은 박수를 치기 시작했다.
　→ No later did the song end than the audience began to clap.

04 어법상 옳지 않은 것은?

① The doctor ordered several tests to determine what was causing the dreadful pain.

② Neither my uncle nor his wife know that their children are planning to surprise them with a vacation.

③ The firefighter told everyone to escape the building in a calm and orderly manner.

④ The scientist is credited with identifying the source from which the deadly virus originates.

05 밑줄 친 부분에 들어갈 말로 가장 적절한 것은?

> A: When are you going to finish painting the room?
> B: I'm not sure. Whenever I have the time, I suppose.
> A: You've been saying that for over six weeks now.
> B: Yeah, what's your point?
> A: Well, _____. Just finish it today.
> B: Alright, I'll make it a priority.

① haste makes waste

② that's a hard act to follow

③ stop dragging your feet

④ get it off your chest

06 주어진 문장 다음에 이어질 글의 순서로 가장 적절한 것은?

More than three decades ago, Michael Jackson impressed the music industry with the debut of the music video for his song, "Thriller."

(A) Jackson begged to be granted two more weeks to fine-tune it. The executives relented, and in those two weeks, the whole album was re-recorded and re-edited. The final product wowed the record label and convinced them that the project was worth supporting.

(B) Upon hearing the first playback of the song Jackson and his team had been working on for eight weeks, executives at the record label reacted very definitively. They felt it was anything but a success and had no intention of financing a video to promote it.

(C) Yet it might never have had the chance to amaze anyone at all because the project came very close to not happening. This was because the album failed to make an initial impact with Jackson's record label.

① (B) – (A) – (C)　　② (B) – (C) – (A)

③ (C) – (A) – (B)　　④ (C) – (B) – (A)

07 주어진 문장이 들어갈 위치로 가장 적절한 곳은?

Additionally, these vehicles have the capacity to make transportation more efficient and eco-friendly by optimizing routes and minimizing fuel consumption.

Driverless cars, also known as autonomous vehicles, represent a transformative technological advancement in the automotive industry. (①) These vehicles have the potential to revolutionize transportation by relying on a combination of cutting-edge technologies, including artificial intelligence, sensors, and connectivity, to navigate and operate without human intervention. (②) Proponents of driverless cars highlight their potential to improve road safety, reduce traffic congestion, and provide increased mobility options for individuals with physical limitations. (③) However, as driverless cars continue to evolve, important questions remain about their legal and ethical implications, cybersecurity concerns, and the impact on traditional driving-related industries. (④)

08 밑줄 친 부분에 들어갈 말로 가장 적절한 것은?

Probably no other ballet piece had more of a momentous premiere than Igor Stravinsky's *The Rite of Spring*. Before its debut in Paris in 1913, audiences were used to peaceful music and elegant dance movements, but on that night they _____. Instead of a typically benign performance, they heard inharmonic sounds and watched as dancers violently tossed their bodies onstage. The audience began rioting, and the police had to be called in to restore order to the unruly crowd. The orchestra members and performers had to be escorted to safety. From that point onward, however, a new age of ballet began in which both composers and choreographers were more willing to experiment.

① set fire to the theatre and stormed the streets

② refused to leave their seats until Stravinsky returned

③ witnessed a radically different creation

④ demanded a more civilized performance

09 밑줄 친 (A), (B)에 들어갈 말로 가장 적절한 것은?

According to the definition set by the International Astronomical Union, a "planet" is a celestial body in the Solar System that satisfies a number of criteria. It is required to be in orbit around our sun and must possess adequate mass to allow it to take on an almost round shape. ____(A)____, it must have "cleared the neighborhood" of its orbital zone. This means that there can be no other objects of similar size nearby, besides its satellites and those that are drawn in by its gravitational pull. Bodies that do not fulfill the last condition are classified as "dwarf planets." From 1930 to 2006, there were a total of nine planets in our Solar System. ____(B)____, Pluto was eventually demoted to "dwarf" status after astronomers realized that it is part of a group of similarly sized objects.

	(A)	(B)
①	Furthermore	However
②	On the other hand	Moreover
③	Consequently	For example
④	In contrast	Nevertheless

10 다음 글의 내용과 일치하지 않는 것은?

So many of the words that our ancestors used to describe our natural surroundings are in the process of being forgotten. As more people retreat from rural areas and take up residence in cities, a vast repository of words for specific features of the environment has fallen out of usage. When place-specific terms become more generic and bland, we may risk losing our ability to appreciate the uniqueness of the natural spaces around us and thereby be less concerned if more endangered regions are threatened by increased urbanization. In an effort to curb this disturbing trend, many linguists and activists across the world are making a concerted effort to preserve these site-specific words by compiling lexicons and founding organizations that promote them.

① Many of the words employed to describe natural features are in danger of being forgotten.

② Increased urbanization is one cause of this tendency to forget site-specific words.

③ Forgetting site-specific words also poses a risk to our urban regions.

④ People are attempting to counteract this widespread forgetfulness by recording endangered words.

정답 · 해석 · 해설 p. 140

하프모의고사 24회
출제예상 핵심 어휘리스트
바로 다운받기 (gosi.Hackers.com)

QR코드를 이용해 핵심 어휘리스트를 다운받아, 언제 어디서든 공무원 출제예상 어휘를 암기하세요!

MEMO

MEMO

MEMO

* 커리큘럼은 과목별·선생님별로 상이할 수 있으며, 자세한 내용은 해커스공무원 사이트에서 확인하세요.

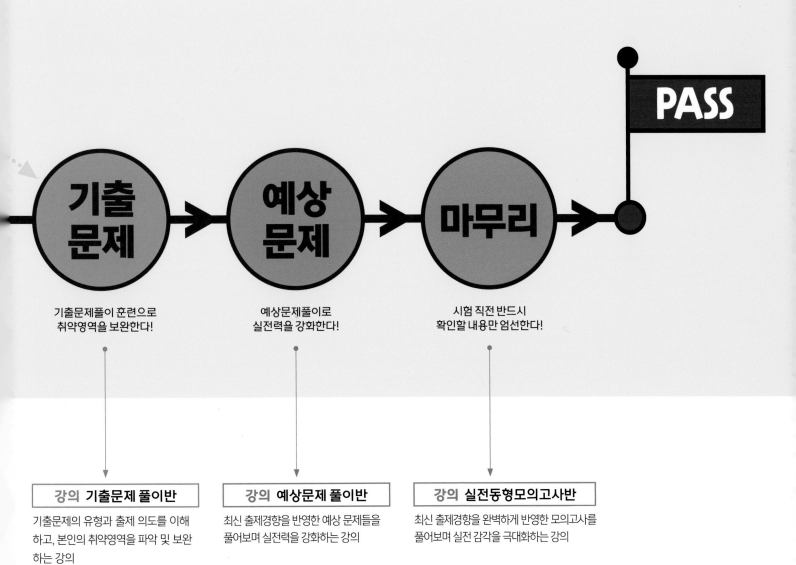

기출 문제

기출문제풀이 훈련으로
취약영역을 보완한다!

예상 문제

예상문제풀이로
실전력을 강화한다!

마무리

시험 직전 반드시
확인할 내용만 엄선한다!

PASS

강의 기출문제 풀이반

기출문제의 유형과 출제 의도를 이해
하고, 본인의 취약영역을 파악 및 보완
하는 강의

강의 예상문제 풀이반

최신 출제경향을 반영한 예상 문제들을
풀어보며 실전력을 강화하는 강의

강의 실전동형모의고사반

최신 출제경향을 완벽하게 반영한 모의고사를
풀어보며 실전 감각을 극대화하는 강의

강의 봉투모의고사반

시험 직전에 실제 시험과 동일한 형태의
모의고사를 풀어보며 실전력을 완성하는 강의

5천 개가 넘는
해커스토익 무료 자료!

대한민국에서 공짜로 토익 공부하고 싶으면 | 해커스영어 Hackers.co.kr ▾ | 검색

강의도 무료

베스트셀러 1위 토익 강의 150강 무료 서비스,
누적 시청 1,900만 돌파!

RC 정수진　　RC 이상길

문제도 무료

토익 RC/LC 풀기, 모의토익 등
실전토익 대비 문제 3,730제 무료!

최신 특강도 무료

2,400만뷰 스타강사의
압도적 적중예상특강 매달 업데이트!

LC 한승태　　RC 김동영

공부법도 무료

토익고득점 달성팁, 비법노트,
점수대별 공부법 무료 확인

가장 빠른 정답까지!

615만이 선택한 해커스 토익 정답!
시험 직후 가장 빠른 정답 확인

*미션 달성 시

더 많은 토익무료자료
보기 ▶

해커스공무원

매일
하프모의고사
영어 5

해커스 공무원시험연구소 총평

난이도	대체로 평이한 공무원 9급 시험의 난이도였습니다.
어휘·생활영어 영역	2번 문제의 경우 지문의 문맥을 먼저 파악한 후 오답 보기를 소거해 감으로써 정답에 다가갈 수 있었습니다.
문법 영역	동사의 종류·분사·수 일치와 같은 공무원 영어 단골 문법 포인트들이 함께 출제되는 경우, 빠르고 정확하게 풀이하여 시간을 단축할 수 있어야 합니다.
독해 영역	9번 문제와 같은 무관한 문장 삭제 유형에서는 키워드에만 의존하는 경우 각 문장마다 지문의 키워드가 포함되어 있다면 헷갈릴 수 있으므로, 문맥을 정확히 파악한 후 정답을 고르도록 합니다.

정답

01	④	어휘	06	②	독해
02	①	어휘	07	③	독해
03	③	생활영어	08	④	독해
04	④	문법	09	④	독해
05	①	문법	10	②	독해

취약영역 분석표

영역	맞힌 답의 개수
어휘	/ 2
생활영어	/ 1
문법	/ 2
독해	/ 5
TOTAL	/ 10

---

01 어휘 neglect 난이도 하 ●○○

밑줄 친 부분에 들어갈 말로 가장 적절한 것은?

The house was in bad condition because of all the _____ it had received over the years. The previous owner did not seem concerned about its appearance and therefore declined to take care of it.

① maintenance
② attention
③ insult
④ neglect

해석

그 집은 수년 동안 겪어 왔던 모든 소홀함 때문에 좋지 않은 상태였다. 이전의 주인은 그것의 겉모습에 관심이 있는 것 같지 않았고 그러므로 그것에 신경 쓰는 것을 거절했다.

① 유지
② 관심
③ 모욕
④ 소홀함

정답 ④

어휘

decline 거절하다, 줄어들다 maintenance 유지, 지속 attention 관심, 주목 insult 모욕 neglect 소홀함, 방치; 소홀히 하다, 무시하다

이것도 알면 합격!

neglect(소홀함)의 유의어
= carelessness, negligence, remissness

---

02 어휘 hostility 난이도 하 ●○○

밑줄 친 부분에 들어갈 말로 가장 적절한 것은?

Despite making numerous diplomatic efforts in recent years, _____ remains between the two nations due to longstanding conflicts over territory in the region.

① hostility
② alliance
③ friendship
④ cooperation

해석

최근 몇 년 동안 수많은 외교적 노력을 해 왔음에도 불구하고, 그 지역에서의 오래된 영토 분쟁으로 인해 두 국가 사이에 적대감이 남아 있다.

① 적대감
② 동맹
③ 우정
④ 협력

정답 ①

어휘

diplomatic 외교적인, 외교의 territory 영토 hostility 적대감 alliance 동맹 friendship 우정 cooperation 협력, 협조

이것도 알면 합격!

hostility(적대감)의 유의어
= enmity, animosity, antipathy, antagonism

03 생활영어 that was a close call 난이도 중 ●●○

밑줄 친 부분에 들어갈 말로 가장 적절한 것은?

A: Are you OK? That looked like it hurt.
B: It did. Give me a hand, will you?
A: Do you need to go to the hospital?
B: No, thank goodness. I landed on my back.
A: Well, _____. You could have hit your head.
B: Yeah, I guess I'm lucky. Hold on a second and let me catch my breath.

① it's up in the air
② not on your life
③ that was a close call
④ take it on the chin

해석

A: 괜찮아? 아플 것 같던데.
B: 아팠어. 나 좀 도와줄래?
A: 병원에 가야 해?
B: 다행히도 아니야. 등으로 떨어졌어.
A: 이런, <u>아슬아슬한 상황이었어.</u> 머리를 부딪칠 수도 있었어.
B: 맞아, 나는 운이 좋은 것 같아. 나 숨 좀 돌리게 잠시만 기다려 줘.

① 아직 미정이야
② 어림도 없는 소리야
③ 아슬아슬한 상황이었어
④ 꼭 참고 견뎌

포인트 해설

병원에 가지 않아도 된다는 B의 말에 대해 A가 대답한 후, 빈칸 뒤에서 다시 B가 I guess I'm lucky(나는 운이 좋은 것 같아)라고 말하고 있으므로, '아슬아슬한 상황이었어'라는 의미의 ③ 'that was a close call'이 정답이다.

정답 ③

어휘

catch breath 숨을 돌리다   up in the air 아직 미정인
not on your life 어림도 없는 소리   a close call 아슬아슬한 상황
take on the chin 참고 견디다, 패배를 맛보다

이것도 알면 **합격!**

아슬아슬한 상황을 나타낼 때 쓸 수 있는 다양한 표현들을 알아 두자.
• by a close shave 아슬아슬하게
• in the nick of time 아슬아슬하게 때를 맞추어
• have a narrow escape 가까스로 모면하다
• win by a narrow margin 아슬아슬하게 이기다

04 문법 분사 | 도치 구문 | 명사절 | 동명사 난이도 중 ●●○

어법상 옳은 것은?

① Under no circumstances you should operate a vehicle after drinking alcohol.
② Astronomers report what they have discovered a planet that is similar to Earth.
③ The author considers being nominate for the prestigious award an honor.
④ Knowing that he would be playing against last year's champion, he practiced tirelessly before the game.

해석

① 어떠한 상황에서도 술을 마신 후 차량을 운전해서는 안 된다.
② 천문학자들은 그들이 지구와 비슷한 행성을 발견했다고 발표한다.
③ 그 작가는 권위 있는 상의 후보자로 지명되는 것을 명예로 여긴다.
④ 전년도 우승자와 시합하게 되리라는 것을 알게 되어서, 그는 경기 전에 쉬지 않고 연습했다.

포인트 해설

④ **분사구문의 형태** 주절의 주어 he와 분사구문이 '그가 알다'라는 의미의 능동 관계이므로 현재분사 Knowing이 올바르게 쓰였다.

[오답 분석]

① **도치 구문** 부정을 나타내는 부사구(Under no circumstances)가 강조되어 절의 맨 앞으로 나오면 주어와 조동사가 도치되어 '조동사 + 주어 + 동사'의 어순이 되어야 하므로, you should operate를 should you operate로 고쳐야 한다.

② **what vs. that** 명사절 접속사 what은 완전한 절(they have ~ to Earth)을 이끌 수 없으므로, what을 완전한 절을 이끌면서 report의 목적어 자리에 올 수 있는 명사절 접속사 that으로 고쳐야 한다.

③ **동명사의 형태** 문맥상 '후보자로 지명되다'라는 수동의 의미가 되어야 하므로, being nominate를 동명사 수동형(being + p.p.)의 올바른 형태인 being nominated로 고쳐야 한다.

정답 ④

어휘

under no circumstance 어떠한 상황에서도   operate 운전하다, 조작하다
vehicle 차량, 운송 수단   astronomer 천문학자
nominate 후보자로 지명하다   prestigious 권위 있는
tirelessly 쉬지 않고, 끊임없이

이것도 알면 **합격!**

that이 이끄는 명사절은 전치사의 목적어로는 쓰일 수 없다는 것을 알아 두자.
• She was unaware (**that**, ~~of that~~) the car had a malfunction.
  그녀는 그 차에 기능 불량이 있다는 것을 알지 못했다.

05 문법 형용사 | 동사의 종류 | 분사 | 수 일치　　난이도 중 ●●○

밑줄 친 부분 중 어법상 옳지 않은 것은?

Watching the screen from a variety of ① position scattered across the diner, no one dared utter a word. They had known their team would ② be competing against the nation's best, but that didn't stop them from hoping. Then, with a little under five seconds ③ left, a rookie player managed to slip the ball past the stunned goalkeeper. Everyone but poor Willy the dog ④ was suddenly on their feet screaming and hugging one another.

해석

작은 식당 전체에 흩어진 많은 자리들에서 화면을 보면서 아무도 감히 말을 입 밖에 내지 못했다. 그들은 그들의 팀이 그 나라 최고 팀과 겨룰 것임을 알고 있었으나, 그것이 그들을 기대하는 것으로부터 막지는 못했다. 그때, 5초 가까이 남겨진 채로, 신인 선수가 공이 간신히 놀란 골키퍼를 지나쳐 미끄러져 들어가게 했다. 가엾은 강아지 Willy만 빼고 모두가 갑자기 일어서서 소리 지르며 서로를 끌어안았다.

포인트 해설

① **수량 표현** 복수 취급하는 수량 표현 a variety of(많은)는 복수 명사와 함께 쓰이므로 단수 명사 position을 복수 명사 positions로 고쳐야 한다.

[오답 분석]

② **자동사** 동사 compete는 전치사(against) 없이 목적어(the nation's best)를 취할 수 없는 자동사이므로 be competing against가 올바르게 쓰였다.

③ **분사구문의 역할** '5초 가까이 남겨진 채로'는 동시에 일어나는 상황을 나타내는 'with + 목적어 + 분사'의 형태로 나타낼 수 있는데, 목적어 a little under five seconds와 분사가 '5초 가까이 남겨지다'라는 의미의 수동 관계이므로 과거분사 left가 올바르게 쓰였다.

④ **주어와 동사의 수 일치** 주어 자리에 단수 취급하는 수량 표현 Everyone이 왔으므로 단수 동사 was가 올바르게 쓰였다. 참고로, 주어와 동사 사이의 수식어 거품(but poor Willy the dog)은 동사의 수 결정에 영향을 주지 않는다.

정답 ①

어휘

scatter 흩어지게 하다, 분산시키다　dare 감히 ~하다　utter 입 밖에 내다　compete 겨루다　rookie 신인　stun 놀라게 하다　on one's feet 일어서서

🖋 이것도 알면 **합격!**

형태가 비슷해서 혼동하기 쉬운 자동사와 타동사를 구분하여 알아 두자.

자동사	타동사
lie - lay - lain 놓여 있다, 눕다 lie - lied - lied 거짓말하다	lay - laid - laid ~을 놓다, ~을 두다, (알을) 낳다
sit - sat - sat 앉다	seat - seated - seated ~을 앉히다
rise - rose - risen 떠오르다	raise - raised - raised ~을 모으다, 올리다

06 독해 내용 불일치 파악　　난이도 중 ●●○

다음 글의 내용과 일치하지 않는 것은?

In 1812, three-year-old Louis Braille was accidentally blinded in his father's workshop. Despite the disability, he excelled academically and was accepted to the prestigious Royal Institute for Blind Youth. It was there that the young French boy became frustrated with how reading was taught to students. The process involved diligently tracing raised Latin lettering individually, which was slow and cumbersome. So the precocious Braille decided to take a crack at devising a better technique. Based on a military code called "night writing" that allowed soldiers to read information in the dark, Braille's system used protruding dots to represent letters in a simplified way. He spent every second he had to spare on his idea and completed it at the tender age of fifteen. Today, the name Braille is synonymous with the tactile writing and reading method that is used by the blind all over the world.

① Louis Braille's setback did not prevent him from getting an education.

② Reading at school was frustrating for Braille because he learned slowly.

③ A language system used by soldiers was a source for Braille's technique.

④ Braille was a teenager when he finalized a method of writing for the blind.

해석

1812년, 세 살 이었던 Louis Braille는 그의 아버지의 일터에서 사고로 시력을 잃었다. 장애에도 불구하고, 그는 학문적으로 뛰어났고 시각 장애가 있는 젊은이들을 위한 일류 왕립 대학에 입학했다. 그 어린 프랑스 소년이 학생들에게 독서가 가르쳐지는 방식으로 인해 좌절감을 느끼게 된 것은 바로 그곳에서였다. 그 과정은 라틴어 점자를 하나하나 부지런히 더듬는 것을 수반했는데, 이는 느리고 번거로웠다. 그래서 발달이 빠른 Braille는 더 나은 방식을 고안하는 것을 시도해 보기로 결정했다. 군인들이 어둠 속에서 정보를 읽을 수 있게 해 주는 'night writing'이라는 군사 기호체계에 기반하여, Braille의 시스템은 간소화된 방식으로 글자를 나타내기 위하여 돌출된 점들을 사용했다. 그는 그가 가진 할애할 수 있는 모든 시간을 그의 아이디어에 썼고 15세라는 어린 나이에 그것을 완성했다. 오늘날, Braille라는 이름은 전 세계의 시각 장애인들에 의해 사용되는 촉각을 이용한 글쓰기 및 읽기 방식과 같은 것을 나타낸다.

① Louis Braille의 좌절은 그가 교육받는 것을 막아서지 않았다.

② Braille는 더디게 학습했기 때문에 학교에서 독서하는 것은 Braille에게 좌절감을 주었다.

③ 군인들이 사용한 언어 체계는 Braille 기법의 근원이었다.

④ Braille가 시각 장애인들을 위한 글쓰기 방식을 완성했을 때 그는 십 대였다.

포인트 해설

②번의 키워드인 was frustrating for Braille(Braille에게 좌절감을 주었다)를 바꾸어 표현한 지문의 the young French boy became frustrated (그 어린 프랑스 소년은 좌절감을 느꼈다) 주변의 내용에서 입학한 일류 왕립 대학에서 학생들에게 독서가 가르쳐지는 방식으로 인해 Braille가 좌절감을 느꼈다고 했지만, ② 'Braille가 더디게 학습했기 때문에 학교에서 독서하는 것이 Braille에게 좌절감을 주었'는지는 알 수 없다.

정답 ②

어휘

disability 장애 prestigious 일류의, 명망 높은 diligently 부지런히
trace 더듬다 cumbersome 번거로운 precocious 발달이 빠른, 조숙한
protrude 돌출되다, 튀어나오다 tender 어린, 부드러운, 상냥한
synonymous 같은 것을 나타내는, 동의어의 tactile 촉각을 이용한
setback 좌절, 실패 finalize 완성하다

구문 분석

It was there / that the young French boy became frustrated / with how reading was taught to students.
: 이처럼 'It … that ~' 구문이 It과 that 사이에 있는 내용을 강조하는 경우, '~한 것은 바로 …이다'라고 해석한다.

---

07 독해 문단 순서 배열　　　　난이도 중 ●●○

주어진 글 다음에 이어질 글의 순서로 가장 적절한 것은?

> Declaring bankruptcy, if successfully done, can be a huge relief. By following a series of steps, some of the debts that you have accumulated over time can be removed from your record.

> (A) Once you've completed these preliminary steps, you must fill out paperwork that will be evaluated by the court. Then, after submitting the documents, you will be required to attend a meeting with your creditors who will review your file and ask questions about it.
> (B) You can expect to hear about whether your debts have been discharged in the months following this concluding step. If they are, then it means all or nearly all of your debts will no longer be outstanding.
> (C) It is important that you learn about your finances before filing for bankruptcy. This entails ordering a credit report through different agencies and demonstrating that you've undergone a counseling course to prevent further debt problems from occurring.

① (A) – (C) – (B)　　② (B) – (A) – (C)
③ (C) – (A) – (B)　　④ (C) – (B) – (A)

해석

> 성공적으로 완료된다면, 파산을 선언하는 것은 엄청난 구제가 될 수 있다. 일련의 과정을 따름으로써, 그동안 당신이 축적해 온 부채의 일부가 당신의 기록에서 삭제될 수 있다.

(A) 일단 당신이 이러한 준비 단계를 마쳤으면, 당신은 법원에 의해 평가될 문서를 작성해야 한다. 그러고 나서, 서류를 제출한 후에 당신은 당신의 서류를 검토하고 그에 대해 질문할 채권자와의 면담에 참석하도록 요구될 것이다.

(B) 이 마무리 단계 이후 몇 달 내로 당신은 부채가 면제되었는지에 대해 듣게 되기를 기대할 수 있다. 면제되었다면, 이는 당신 부채의 전부 또는 대부분이 더 이상 미불 상태가 아닐 것임을 의미한다.

(C) 파산을 신청하기 전에 당신의 재정에 대해 아는 것이 중요하다. 이것은 여러 기관을 통해 신용 평가 보고서를 요구하는 것과 더 이상의 부채 문제가 발생하는 것을 막기 위해 상담 교육을 받았음을 입증하는 것을 수반한다.

포인트 해설

주어진 글에서 파산 신청을 통해 부채가 기록에서 삭제될 수 있다고 한 후, (C)에서 파산 신청 전 자신의 재정 상태를 알기 위해 신용 평가 보고서 요구와 상담 교육 이수 입증이 수반되어야 한다고 말하고 있다. 이어서 (A)에서 이러한 준비 단계(these preliminary steps)를 마치고 나서 작성한 문서를 제출하면 채권자와의 면담 참석이 요구될 것이라고 하고, (B)에서 이 마무리 단계(this concluding step)를 거쳐 파산 신청이 받아들여지면 부채의 전부 또는 대부분이 미불 상태가 아니게 될 것임을 설명하고 있다. 따라서 ③ (C) – (A) – (B)가 정답이다.

정답 ③

어휘

declare 선언하다, 공표하다 bankruptcy 파산 relief 구제, 안도
accumulate 축적하다, 쌓다 preliminary 준비의, 예비의
evaluate 평가하다 creditor 채권자
discharge 면제하다, 짐을 내리다, 방출하다 outstanding 미불의, 미결제의
entail 수반하다 credit report 신용 평가 보고서 agency 기관, 대리점
demonstrate 입증하다, 증명하다

08 독해 빈칸 완성 - 절 · 난이도 중 ●●○

밑줄 친 부분에 들어갈 말로 가장 적절한 것은?

Reproductions are considered the bane of any industry, which is why there are myriad copyright and patent laws that afford security for one-of-a-kind products. Conventional wisdom holds that barring copycats is good for both innovation and economic success. Legally, the creator of a unique product should be free to capitalize on its originality and establish a place in the market, preventing others from encroaching on this territory. Interestingly, the real-life consequences of imitation do not bear this out. Industries where duplications are rampant, such as in fashion, not only survive but thrive despite the sea of countless replicas. In such industries, _____, spurring designers to continually generate new ideas.

① replicas can be the cause of higher prices
② the number of reproductions can be limited
③ copying can be determined to be illegal
④ imitation can be the catalyst for creativity

해석

복제품은 어떠한 산업에서든 골칫거리로 여겨지는데, 이것이 바로 특별한 제품들을 보호하는 무수한 저작권법과 특허법이 있는 이유이다. 일반적 통념은 모방자를 차단하는 것이 혁신과 경제적 성공 모두에 좋다고 여긴다. 법률적으로, 독특한 제품의 창작자는 다른 사람들이 이 영역을 침입하지 못하게 하면서, 자유롭게 그것의 독창성을 이용하여 시장에서 자리를 확립해야 한다. 흥미롭게도, 모방의 실제 결과들은 이를 뒷받침하지 않는다. 패션과 같이 복제품들이 만연하는 산업은 셀 수 없이 많은 복제품들의 방대함에도 불구하고 생존할 뿐만 아니라 번창하기도 한다. 그러한 산업들에서 모조품은 창조성의 촉진제일 수 있으며, 디자이너들이 계속해서 새로운 아이디어를 짜내도록 자극한다.

① 복제품들은 더 높은 가격의 원인일 수 있다
② 복제품들의 수는 한정될 수 있다
③ 복제는 불법으로 단정될 수 있다
④ 모조품은 창조성의 촉진제일 수 있다

포인트 해설

빈칸 앞 문장에 복제품들이 만연하는 산업들은 셀 수 없이 많은 복제품들에도 불구하고 번창하기도 한다는 내용이 있고, 빈칸이 있는 문장에서 디자이너들은 계속해서 새로운 아이디어를 짜내도록 자극받는다고 했으므로, '모조품은 창조성의 촉진제일 수 있'다고 한 ④번이 정답이다.

정답 ④

어휘

reproduction 복제품, 모조   bane 골칫거리, 파멸의 원인   myriad 무수한
afford 제공하다   one-of-a-kind 특별한, 독특한
conventional wisdom 일반적 통념   bar 차단하다, 막다   copycat 모방자
capitalize 이용하다, 대문자로 쓰다   encroach 침입하다, 침해하다
bear out ~을 뒷받침하다, 증명하다   duplication 복제품, 복사품
rampant 만연하는   replica 복제품   spur 자극하다   catalyst 촉진제

09 독해 무관한 문장 삭제 · 난이도 상 ●●●

다음 글의 흐름상 어색한 문장은?

The purpose of the vision quest, the Native American rite of passage undertaken by young boys at the age of puberty, is to attain guidance or knowledge from supernatural forces or spirits. Although every tribe's version may be slightly different, there is a general universal procedure that is followed. ① The adolescent is prepared through a cleansing ceremony and smudging ritual that are both performed inside a sweat lodge. ② He is then led into the forest and left in the wilderness on his own for a period of three to four days. ③ While there, he undergoes a strict fast and spends his time communing with the natural world around him through a number of learned rituals. ④ Many people think that vision quests were a means of forcing young men to face their human fragility. The isolation and self-reliance are supposed to facilitate communication with his spirit guides, who will then continue to protect him throughout his life. When he returns from this venture, the boy is officially considered a man.

해석

사춘기 연령의 어린 소년들에 의해 행해지는 미국 원주민의 통과 의례인 환각 탐색의 목적은 초자연적인 힘이나 영혼들로부터 지침이나 지식을 얻는 것이다. 비록 부족마다 (환각 탐색의) 형태가 약간 다를지 몰라도, 추구되는 일반적이고 보편적인 절차가 있다. ① 청소년은 한증막 안에서 행해지는, 정화 의식과 모닥불을 피우는 의식을 통해 준비된다. ② 그러고 나서 그는 숲속으로 인도되고 사나흘의 기간 동안 황야에 홀로 남겨진다. ③ 그곳에 있는 동안, 그는 엄격한 단식을 하며 학습한 많은 의식들을 통하여 그 주변의 자연 세계와 교감하는 시간을 보낸다. ④ 많은 사람들은 환각 탐색이 어린 남성들로 하여금 그들의 인간적 연약함을 마주하게 하는 수단이라고 생각한다. 고독과 자립은 그의 영혼 안내자와의 의사소통을 가능하게 할 것인데, 이 영혼 안내자는 그의 생애 내내 계속해서 그를 보호할 것이다. 그가 이 모험에서 돌아올 때, 소년은 공식적으로 남자로 여겨진다.

포인트 해설

지문 앞부분에서 '초자연적인 힘이나 영혼들로부터 지침이나 지식을 얻기 위한 미국 원주민들의 통과 의례인 환각 탐색의 목적'에 대해 언급한 후, ①, ②, ③번에서 환각 탐색의 구체적인 절차에 대해 설명하고 있다. 그러나 ④번은 '대중이 여기는 환각 탐색의 의미'에 대한 내용으로, 지문 앞부분의 내용과 관련이 없다.

정답 ④

어휘

rite of passage 통과 의례   puberty 사춘기   attain 얻다
guidance 지침   supernatural 초자연적인   adolescent 청소년; 청년기의
smudge 모닥불을 피우다   sweat lodge 한증막   wilderness 황야, 황무지
fast 단식   commune with ~와 교감하다   fragility 연약함
isolation 고독, 고립   self-reliance 자립   venture 모험, 투기; 감행하다

10 독해 제목 파악   난이도 중 ●●○

다음 글의 제목으로 가장 적절한 것은?

With the advent of people sharing diet results on social media, the popularity of "fad diets" has surged, with more and more people attempting methods such as ketone diets, low-carb diets, and intermittent fasting. In addition to the numerous health risks these short-term diets pose, users often find that these methods lead to an immediate weight decrease, but are ineffective at keeping the weight off. Most professionals agree that consistent lifestyle changes are far more effective than those diet cults. To plan these well, adjustments to one's daily caloric intake are needed, which require tracking and monitoring calorie consumption. Changing the number of calories consumed results in significantly slower but longer-lasting adjustments to one's weight.

※ fad diet: 유행 다이어트

① How to measure One's Daily Calorie Needs
② Calorie Counting: The Key to a Successful Diet
③ The Dangers of Consuming High-Carb Foods
④ Reasons "Fad Diets" Have Become Popular

해석

소셜 미디어에 다이어트 결과를 공유하는 사람들의 등장과 함께, '유행 다이어트'의 인기가 급증했고, 더 많은 사람들이 현재 이른바 케톤 다이어트, 저탄수화물 다이어트, 그리고 간헐적 단식과 같은 방법들을 시도하고 있다. 이러한 단기간 다이어트들이 야기하는 수많은 건강 위험에 더해, 이용자들은 이 방법들이 즉각적인 체중 감소로 이어지기는 하지만 감량된 체중을 유지하는 데에는 효과가 없다는 것을 보통 깨닫는다. 대부분의 전문가들은 지속적인 생활방식의 변화가 그러한 다이어트 유행들보다 훨씬 더 효과적이라는 것에 동의한다. 이것들(생활방식의 변화)을 성공적으로 계획하기 위해서는, 개인의 일일 칼로리 섭취량에 대한 조절이 요구되는데, 이는 칼로리 섭취에 대한 추적과 관찰을 요한다. 섭취 칼로리 수치를 변화시키는 것은 비교적 상당히 느리지만 더욱 오래 유지되는 개인의 체중 조절로 이어진다.

① 개인의 일일 칼로리 필요량을 측정하는 방법
② 칼로리 계산: 성공적인 다이어트의 비결
③ 고탄수화물 음식을 먹는 것의 위험성
④ '유행 다이어트'가 인기 있어진 이유

포인트 해설

지문 전반에 걸쳐 인기가 급증한 단기간 다이어트들보다 지속적인 생활방식 면에서의 변화가 훨씬 더 효과적인데, 이러한 생활방식의 변화를 성공적으로 계획하기 위해서는 칼로리 섭취에 대한 추적과 관찰이 요구되며, 이는 느리긴 하나 더욱 오래 유지되는 개인의 체중 조절로 이어진다고 설명하고 있다. 따라서 ② '칼로리 계산: 성공적인 다이어트의 비결'이 이 글의 제목이다.

정답 ②

어휘

advent 등장, 도래, 출현   popularity 인기   surge 급증하다, 쇄도하다
intermittent 간헐적인   fasting 단식   pose 야기하다, 주장하다
consistent 지속적인   cult 유행, 숭배   adjustment 조절, 적응
intake 섭취(량)   track 추적하다, 찾아내다, 발자국을 남기다
consumption 섭취(량), 소비(량)   significantly 상당히, 두드러지게
measure 측정하다; 조치

해커스 공무원시험연구소 총평

난이도	어휘 영역에 고난도 문제가 출제된 회차 중 하나입니다. 2번 문제를 푸는 데 어려움이 없었다면, 다른 영역에 좀 더 비중을 두어 학습해도 좋습니다.
어휘·생활영어 영역	2번 문제와 같이 빈칸에 들어갈 '표현'을 묻는 문제는 국가직·지방직 9급 시험의 최근 출제경향이므로, 다양한 난이도의 표현들을 꾸준히 암기해 둡니다.
문법 영역	3번 문제의 능동태·수동태 구별 포인트는 거의 매 시험마다 출제될 뿐만 아니라 다양한 형태로 제시되기 때문에, 빠르게 올바른 형태를 파악하여 풀되 결코 틀려서는 안 됩니다.
독해 영역	최근 지방직 9급 시험에서는 빈칸에 들어갈 적절한 단어를 고르는 유형에서, 연결어의 성격을 가지고 있는 단어들이 보기로 출제되었습니다. 그러한 유형에서는 빈칸에 들어갈 적절한 연결어를 고르는 유형의 문제 풀이 전략을 어느 정도 적용시킬 필요가 있으므로, 밑줄 앞뒤의 맥락에 무엇보다 초점을 맞추어야 합니다.

정답

01	①	어휘	06	①	독해
02	②	어휘	07	①	독해
03	③	문법	08	④	독해
04	④	문법	09	①	독해
05	①	생활영어	10	③	독해

취약영역 분석표

영역	맞힌 답의 개수
어휘	/ 2
생활영어	/ 1
문법	/ 2
독해	/ 5
TOTAL	**/ 10**

---

01 어휘 passionate = intense 난이도 하 ●○○

밑줄 친 부분의 의미와 가장 가까운 것은?

He is a <u>passionate</u> supporter of the city's forthcoming transition to clean energy, who has advocated for sustainable development.

① intense   ② weak
③ superior   ④ innocent

해석

그는 그 도시의 곧 있을 청정에너지로의 전환에 대한 <u>열렬한</u> 지지자이며, 지속 가능한 발전을 옹호해 왔다.

① 열정적인   ② 약한
③ 우수한   ④ 무고한

정답 ①

어휘

passionate 열렬한, 격정적인 forthcoming 곧 있을, 다가오는
transition 전환, 이행, 변화 advocate for ~을 옹호하다
sustainable 지속 가능한 intense 열정적인, 강렬한 superior 우수한
innocent 무고한, 순결한

📢 **이것도 알면 합격!**

passionate(열렬한)의 유의어
= enthusiastic, avid, ardent, fervent, keen

---

02 어휘 once in a blue moon 난이도 상 ●●●

밑줄 친 부분에 들어갈 말로 가장 적절한 것은?

Ryan immediately agreed to buy John's classic convertible. He knew a car like this came along _____.

① through thick and thin
② once in a blue moon
③ with no strings attached
④ at every turn

해석

Ryan은 John의 클래식 컨버터블을 사는 것에 바로 동의했다. 그는 이런 차가 <u>극히 드물게</u> 나온다는 것을 알고 있었다.

① 좋을 때나 안 좋을 때나
② 극히 드물게

③ 아무 조건 없이

④ 어디에서나

정답 ②

어휘

come along 나오다, 생기다
through thick and thin 좋을 때나 안 좋을 때나
once in a blue moon 극히 드물게
with no strings attached 아무 조건 없이
at every turn 어디에서나, 도처에

이것도 알면 합격!

once in a blue moon(극히 드물게)과 유사한 의미의 표현
= infrequently, every so often, from time to time

---

03 문법 to 부정사 | 전치사 | 수 일치 | 수동태   난이도 중 ●●○

밑줄 친 부분 중 어법상 옳은 것은?

Sales of electronic books and publications have been rising while sales of paperbacks and hardcovers are down. However, there has been some backlash among readers ① dissatisfied electronic publishing. Despite the high quality of e-book readers, the ease with which they can store material, and the lower cost, some readers long for the benefits of physical copies instead. One reason for this is that navigating through e-pages ② present somewhat of a nuisance. For instance, finding the page one wants is not as simple as quickly flipping through the pages of an actual book. Another reason some people continue to prefer physical books is that the arrangement of any e-novel one reads is likely ③ to be far more uniform and therefore less unique than the nuanced physical version may be. By reducing the books to mere text, the individual characteristics of a book's production ④ will lose and the experience may be less memorable.

해석

문고본과 양장본의 매출은 떨어진 반면 전자책과 전자 출판물의 매출은 증가해 왔다. 하지만, 전자 출판에 불만스러워하는 독자들 사이에 약간의 반발이 있었다. 전자책 단말기의 높은 질과 자료를 저장할 수 있는 용이함, 그리고 더 낮은 가격에도 불구하고, 일부 독자들은 그보다는 실물의 책이 갖는 이점을 갈망한다. 이것의 한 가지 이유는 전자 페이지를 여기저기 찾는 것이 다소 성가심을 겪게 한다는 것이다. 예를 들어, 원하는 페이지를 찾는 것은 실제 책의 페이지를 빠르게 넘기는 것만큼 간단하지 않다. 일부 사람들이 계속해서 실물의 책을 선호하는 또 다른 이유는 그들이 읽는 모든 전자 소설의 지면 배열은 훨씬 더 획일적일 가능성이 있어서 미묘한 차이가 있는 실물 형태보다 덜 독특하다는 것이다. 책을 단순한 문서로 격하시킴으로써 책 저작물이 갖는 개별적 특징은 상실될 것이고 그 경험은 덜 인상적이게 될지도 모른다.

포인트 해설

③ **to 부정사 관련 표현** 형용사 likely는 뒤에 to 부정사를 취해 be likely to(~할 가능성이 있다)의 형태로 쓰일 수 있으므로 likely 뒤에 to 부정사 to be가 올바르게 쓰였다.

[오답 분석]

① **기타 전치사** 문맥상 '전자 출판에 불만스러워하는 독자들'이라는 의미가 되어야 자연스러운데, '~에 불만스러워하는'은 전치사 숙어 표현 dissatisfied with를 사용하여 나타낼 수 있으므로 dissatisfied를 dissatisfied with로 고쳐야 한다.

② **주어와 동사의 수 일치** 동명사구 주어(navigating through e-pages)는 단수 취급하므로 복수 동사 present를 단수 동사 presents로 고쳐야 한다.

④ **능동태·수동태 구별** 주어(the individual characteristics)와 동사가 '개별적 특징이 상실될 것이다'라는 의미의 수동 관계이므로 능동태 will lose를 수동태 will be lost로 고쳐야 한다.

정답 ③

어휘

publication 출판물 backlash 반발 long for ~을 갈망하다
navigate 여기저기 찾다, 길을 찾다 present 보이다, 나타내다, 제시하다
nuisance 성가심, 귀찮음 flip through ~을 빠르게 넘기다, ~을 훑어보다
arrangement 배열, 배치 uniform 획일적인; 제복
nuance 미묘한 차이를 주다; 미묘한 차이 reduce 격하시키다, 줄이다
individual 개별적인, 특유의 memorable 인상적인

이것도 알면 합격!

be likely to(~할 가능성이 있다)와 같이, to 부정사를 취하는 다른 형용사들도 함께 알아 두자.

- be able to ~할 수 있다
- be willing to 기꺼이 ~하다
- be about to 막 ~하려 하다

---

04 문법 조동사 | 비교 구문 | 동명사 | 관사 | 상관접속사
난이도 중 ●●○

우리말을 영어로 잘못 옮긴 것은?

① 이곳은 그 도시에서 가장 큰 식당이며 매일 수백 명의 사람들을 접대한다.
→ This is the largest restaurant in the city and serves hundreds of people each day.

② 그녀는 다가오는 기말고사를 위해 공부하느라 주말 내내 매우 바빴다.
→ She was so busy all weekend studying for the forthcoming final exam.

③ 범행되는 범죄에 상관없이, 특권을 가진 사람들과 소외된 사람들 모두 법의 지배를 받는다.
→ Regardless of the crime committed, both the privileged and the marginalized are subject to the law.

④ 대부분의 노동자들은 급료 인상을 받기보다는 더 많은 자유시간을 갖고 싶다고 말했다.
→ Most workers said that they would rather have more free time than getting a raise.

포인트 해설

④ **조동사 관련 표현** 비교 구문 would rather A than B에서 비교 대상은 같은 품사끼리 연결되어야 하는데, 조동사 관련 숙어 would rather 뒤에는 동사원형(have)이 와야 하므로 than 뒤에도 동사원형이 와야 한다. 따라서 getting을 동사원형 get으로 고쳐야 한다.

[오답 분석]

① **최상급** '그 도시에서 가장 큰 식당'은 최상급 표현 'the + 형용사/부사의 최상급 + in ~'(~ 중에 가장 –한)을 사용하여 나타낼 수 있으므로 the largest restaurant in the city가 올바르게 쓰였다.

② **동명사 관련 표현** '그녀는 공부하느라 주말 내내 매우 바빴다'는 동명사구 관용 표현 be busy -ing(–하느라 바쁘다)를 사용하여 나타낼 수 있으므로 was so busy all weekend studying이 올바르게 쓰였다.

③ **정관사 the | 상관접속사** '특권을 가진 사람들'과 '소외된 사람들'은 'the + 형용사'(~한 사람들)를 사용하여 나타낼 수 있으므로 the privileged와 the marginalized가 올바르게 쓰였다. 또한, '특권을 가진 사람들과 소외된 사람들 모두'는 상관접속사 'both A and B'(A와 B 둘 다)의 형태로 나타낼 수 있으므로 both the privileged and the marginalized가 올바르게 쓰였다.

정답 ④

어휘

forthcoming 다가오는, 곧 있을　commit (범죄를) 범하다, 저지르다
privileged 특권을 가진　marginalized 소외된

이것도 알면 합격!

아래의 표현들은 조동사 관련 숙어로, 뒤에 동사원형이 온다는 것을 알아 두자.

- would rather 차라리 ~하는 게 낫다
- may[might] as well ~하는 편이 더 낫겠다
- may well ~하는 게 당연하다
- would like to ~하고 싶다
- cannot ~ too 아무리 ~해도 지나치지 않다
- cannot (help) but ~할 수밖에 없다

05　생활영어 Of course. Any recommendations?
난이도 하 ●○○

두 사람의 대화 중 자연스럽지 않은 것은?

① A: Can you prescribe some medication for me?
　 B: Of course. Any recommendations?

② A: What kind of workout do you do?
　 B: I do cardio to lose weight.

③ A: Do you think you can help me with something?
　 B: Sure, I can spare a moment.

④ A: Where's the nearest post office located?
　 B: It's just around the corner.

해석

① A: 저에게 약을 좀 처방해 주실 수 있나요?
　 B: 물론이죠. 추천해 주실 것이 있나요?

② A: 어떤 종류의 운동을 하시나요?
　 B: 저는 체중 감량을 위해 유산소 운동을 해요.

③ A: 저를 도와주실 수 있나요?
　 B: 물론이죠, 잠시 시간을 낼 수 있습니다.

④ A: 가장 가까운 우체국은 어디에 있나요?
　 B: 모퉁이를 돌면 바로 있어요.

포인트 해설

①번에서 A는 약을 처방해 줄 수 있는지 묻고 있으므로, 추천해 줄 것이 있는지 되묻는 B의 대답 ① 'Of course. Any recommendations?'(물론이죠. 추천해 주실 것이 있나요?)는 어울리지 않는다.

정답 ①

어휘

prescribe 처방하다, 규정하다, 명령하다　medication 약
cardio 유산소 운동, 심장 강화 운동　spare (시간을) 내다, 할애하다

이것도 알면 합격!

진료를 받을 때 쓸 수 있는 다양한 표현들을 알아 두자.

- I'd like to run some tests. 몇 가지 검사를 해 보는 게 좋겠어요.
- You should try another medication. 다른 약을 복용해 봐야겠군요.
- That's bad for your health. 그것은 당신의 건강에 나빠요.
- I recommend you get an X-ray. 엑스레이 찍는 것을 권해 드려요.

06　독해 빈칸 완성 – 단어
난이도 하 ●○○

밑줄 친 부분에 들어갈 말로 가장 적절한 것은?

When I think back to the elders who greatly influenced my young life, the person who sticks out most is my grandmother. She was a loving, compassionate, and intelligent woman who always tried to model a life of integrity for her children and grandchildren. And of all the remarkable abilities she demonstrated through the way she lived, the one that was most distinctive for me was her _____. This became clearly evident when she battled lung cancer. She was constantly in pain, yet never did she lose her strength or courage. She faced everything head-on and never let herself succumb to the fears she was undoubtedly having. She was determined to continue living and she spent the last ten years of her beautiful life cancer-free. She'll always be my biggest inspiration.

① endurance　　　　　② impetuosity
③ insight　　　　　　④ hilarity

해석

나의 젊은 시절에 크게 영향을 준 어른들을 돌이켜 생각해 보자면, 가장 두드러지는 사람은 나의 할머니다. 그녀는 항상 그녀의 자식들과 손주들에게 정직한 삶의 모범을 보이려고 노력한 다정하고, 동정심 있고, 지적인 여성이었다. 그리고 그녀가 살았던 방식을 통해 그녀가 보여 준 모든 놀라운 능력 중에서 나에게 가장 독특했던 것은 그녀의 참을성이었다. 이는 그녀가 폐암과 싸울 때 분명하게 드러났다. 그녀는 끊임없이 아팠지만, 그녀의 의지나 용기를 결코 잃지 않았다. 그녀는 모든 것을 정면으로 마주했고 그녀가 분명히 가졌을 두려움에 스스로가 굴복하도록 절대 허용하지 않았다. 그녀는 계속 살아가기로 결심했고 그녀의 아름다운 삶의 마지막 10년을 암에서 해방된 채로 보냈다. 그녀는 언제나 나에게 가장 큰 영감을 준 사람일 것이다.

① 참을성 ② 성급함
③ 통찰력 ④ 유쾌함

포인트 해설

빈칸 뒷부분에서 그녀가 폐암과 싸우면서 끊임없이 아팠지만 의지나 용기를 결코 잃지 않았다고 했으므로, 화자 할머니의 능력 중 가장 독특했던 것은 그녀의 '참을성'이었다고 한 ①번이 정답이다.

정답 ①

어휘

think back to ~을 돌이켜 생각해 보다, ~을 회상하다 stick out 두드러지다
compassionate 동정심 있는 integrity 정직, 고결 remarkable 놀라운
demonstrate 보여 주다, 입증하다 distinctive 독특한, 특이한
evident 분명하게 드러나는, 분명한 constantly 끊임없이 courage 용기
head-on 정면으로 succumb to ~에 굴복하다
undoubtedly 분명히, 의심할 여지 없이 inspiration 영감을 주는 사람, 영감
impetuosity 성급함 insight 통찰력, 식견 hilarity 유쾌함, 환희

해석

많은 근로자들은 그들이 마침내 일을 그만두고 휴식을 누릴 수 있는 날을 간절히 고대한다. 여유로운 은퇴 생활 이외에도, 또 다른 건강상의 이점들이 있는데, 이는 적은 스트레스와 더 나은 수면의 질을 포함한다. 하지만, 아시아, 유럽, 그리고 북미 전역에서 수행된 종합적인 연구들은 조기 은퇴가 인지 기능에 예기치 못한 영향을 미칠 수 있다고 밝혔다. 특히, 그것은 기억력 손상과 늘어난 치매 위험과 관련 있다. 가능한 원인을 들면서, 연구원들은 조기 은퇴자들이 줄어든 사회적 교류와 흥미로운 일에 수반되는 인지상의 어려움 부재를 겪게 된다고 말한다. 이러한 결과들은 '쉬면 녹슬 것이다'라는 오래된 격언을 강조한다.

① 특히 ② 독립적으로
③ 예기치 못하게 ④ 우연히

포인트 해설

빈칸 앞 문장에 전 세계에서 시행된 연구들이 조기 은퇴가 인지 기능에 예기치 못한 영향을 미칠 수 있음을 밝혔다는 내용이 있고, 빈칸이 있는 문장에서 조기 은퇴는 기억력 손상과 늘어난 치매 위험과 관련 있다고 말하며 조기 은퇴가 인지 기능에 미치는 구체적인 영향을 언급하고 있으므로, '특히' 그것은 기억력 손상과 늘어난 치매 위험과 관련 있다고 한 ①번이 정답이다.

정답 ①

어휘

anticipate 고대하다, 예상하다 cease 그만두다 bask in ~을 누리다
leisurely 여유로운 retirement 은퇴 comprehensive 종합적인, 포괄적인
conduct 수행하다, 행동하다; 행동 cognitive 인지의, 인지적인
function 기능; 기능하다 impairment 손상, 장애 dementia 치매
interaction 교류, 상호 작용 engaging 흥미로운, 매력적인
underscore 강조하다 adage 격언 rust 녹슬다
incidentally 우연히, 부수적으로

07 독해 빈칸 완성 - 단어   난이도 하 ●○○

밑줄 친 부분에 들어갈 말로 가장 적절한 것은?

Many working individuals eagerly anticipate the day when they can finally cease doing their jobs and bask in relaxation. In addition to the leisurely lifestyle of retirement, there are also health benefits, including less stress and better sleep quality. However, comprehensive studies conducted across Asia, Europe, and North America have revealed that early retirement may have an unexpected impact on cognitive function. _____, it is associated with memory impairment and an increased risk of dementia. Pointing to a possible cause, researchers suggest that early retirees experience reduced social interaction and a lack of the cognitive challenges that come with engaging work. These findings underscore the age-old adage that "If you rest, you rust."

① Notably ② Independently
③ Unexpectedly ④ Incidentally

08 독해 내용 일치 파악   난이도 상 ●●●

다음 글의 내용과 일치하는 것은?

The picaresque novel is a genre of fiction in which the narrator, invariably a trouble-making character with low social standing, relates the details of his everyday life. Because stories are written like diary entries, picaresque novels have no particular plot and instead feature loosely connected chapters that recount situations the speaker has gotten into. These incidents almost always comprise the narrator having to right some injustice perpetuated by a society he feels is unfair. As he tends to resort to extremes in this regard rather than do what most law-abiding citizens would, the outcomes are often comedic. All in all, the picaresque hero is generally a sympathetic figure, admired for his wit as much as his flagrant disregard for the rules of society.

① Picaresque novels are written in the third person.
② Chapters in picaresque novels transition smoothly.
③ Picaresque heroes must fix the wrongs they cause.
④ Rules are willfully broken by picaresque heroes.

해석

피카레스크 소설은 언제나 문제를 일으키는, 사회적 지위가 낮은 인물인 서술자가 자신의 일상의 세세한 일에 대해 이야기하는 소설의 한 장르이다. 이야기들이 일기처럼 쓰여지기 때문에, 피카레스크 소설은 특정한 줄거리가 없고 대신 화자가 처한 상황을 상술하는 짜임새 없이 연결된 장들을 특징으로 한다. 이러한 사건은 그가 불공평하다고 생각하는 사회에 의해 끊이지 않게 된 어떠한 부정을 바로잡아야 하는 그 서술자를 거의 항상 포함한다. 그가 이것과 관련하여 법을 준수하는 대부분의 시민들처럼 하기보다는 극단적인 수단에 의지하는 경향이 있기 때문에, 그 결과는 종종 우스꽝스럽다. 대체로, 피카레스크 소설의 주인공은 일반적으로 사회의 규칙에 대한 그의 노골적인 무시만큼이나 그의 재치로도 감탄을 받는, 공감을 일으키는 인물이다.

① 피카레스크 소설은 3인칭 시점으로 쓰여진다.
② 피카레스크 소설 속 장들은 매끄럽게 이행한다.
③ 피카레스크 주인공들은 그들이 야기하는 잘못을 바로잡아야 한다.
④ 규칙은 피카레스크 주인공들에 의해 고의적으로 어겨진다.

포인트 해설

④번의 키워드인 Rules(규칙)가 그대로 언급된 지문 주변의 내용에서 피카레스크 주인공은 일반적으로 사회의 규칙에 대해 노골적으로 무시한다고 했으므로, ④ '규칙은 피카레스크 주인공들에 의해 고의적으로 어겨진다'가 지문의 내용과 일치한다.

[오답 분석]
① 피카레스크 소설은 사회적 지위가 낮은 인물인 서술자가 자신의 일상에 대해 이야기하는 소설의 한 장르라고 했으므로, 피카레스크 소설이 3인칭 시점으로 쓰여진다는 것은 지문의 내용과 다르다.
② 피카레스크 소설은 상황을 상술하는 짜임새 없이 연결된 장을 특징으로 한다고 했으므로, 피카레스크 소설 속 장들이 매끄럽게 이행한다는 것은 지문의 내용과 다르다.
③ 피카레스크 주인공은 그가 불공평하다고 생각하는 사회에 의해 끊이지 않게 된 부정을 바로잡아야 한다고 했지만, 피카레스크 주인공들이 그들이 야기한 잘못을 바로잡아야 하는지는 알 수 없다.

정답 ④

어휘

picaresque 피카레스크의(악한을 소재로 한) invariably 언제나, 반드시
relate 이야기하다, 관련시키다 loosely 느슨하게, 짜임새 없이
recount 상술하다 perpetuate 끊이지 않게 하다, 영구화하다
resort to ~에 의지하다 sympathetic 공감을 일으키는, 동정적인
flagrant 노골적인, 극악한 disregard 무시 the third person 3인칭 시점
transition 이행하다; 이행, 과도기 willfully 고의적으로

---

09 독해 빈칸 완성 – 구 난이도 중 ●●○

밑줄 친 부분에 들어갈 말로 가장 적절한 것은?

Speakers in phones, TVs, radios, and even at movie theaters all share a singular problem: sounds emitted from them _____.
Each time this happens, the sound waves bounce off of other objects; they can potentially hit dozens of different surfaces before reaching our ears. The result is poorer sound quality that cannot be fixed by turning up the volume or even by using directional loudspeakers. To make our hearing experience better, HyperSound Clear has devised speakers that use ultrasonic waves. The advantage is that the acoustics coming from these speakers do not scatter. The audio waves stay clustered even after they leave the cone and can be directed straight to a listener, so that they are able to appreciate full, rich tones in high fidelity.

① disperse when they leave the device
② tend to cluster in lower quality
③ become muffled in sequence
④ collide into other audio waves

해석

전화, TV, 라디오 그리고 심지어 극장의 스피커는 모두 하나의 문제를 공통으로 갖는데, 그것들에서 나오는 소리는 그것들이 그 장치를 통과하면 흩어진다는 것이다. 이것이 발생할 때마다, 음파는 다른 물체를 맞고 튕겨 나가는데, 우리의 귀에 도달하기 전에 그들은 수십 개의 다른 표면들에 부딪힐 가능성이 있다. 그 결과는 볼륨을 올리거나 심지어 지향성 확성기를 이용해도 해결될 수 없는 나빠진 음질이다. 우리의 청취 경험을 더 나아지게 하기 위해, HyperSound Clear는 초음파를 사용하는 스피커를 발명했다. 장점은 이러한 스피커에서 나오는 음향 효과는 흩어지지 않는다는 것이다. 음성 파장은 그 원뿔형 물체를 떠난 후에도 모여 있고 청자에게 곧장 향하게 될 수 있어서, 그들은 높은 정확도의 온전하고 풍부한 음질을 감상할 수 있다.

① 그것들이 그 장치를 통과하면 흩어진다
② 더 낮은 질로 모이기 쉽다
③ 차례차례로 소리가 약해진다
④ 다른 음성 파장에 충돌한다

포인트 해설

빈칸 뒤 문장에 이 현상이 발생할 때마다 음파는 다른 물체를 맞고 튕겨 나간다는 내용이 있고, 지문 뒷부분에서 더 나은 청취 경험을 위해 HyperSound Clear가 발명한 스피커는 음향 효과가 흩어지지 않는다고 설명하고 있으므로, 스피커에서 나오는 소리는 '그것들이 그 장치를 통과하면 흩어진다'고 한 ①번이 정답이다.

정답 ①

어휘

emit (소리·빛·열·가스 등을) 내다, 내뿜다 bounce off ~을 맞고 튕겨 나가다
directional 지향성의 loudspeaker 확성기 devise 발명하다, 고안하다
ultrasonic wave 초음파 acoustics 음향 효과, 음향 시설 scatter 흩어지다
cluster 모이다, 밀집하다 appreciate 감상하다, 인정하다, 감사하다
fidelity 정확도, 충실도 disperse 흩어지다, 분산시키다
muffle 소리를 약하게 하다, 덮어씌우다 collide 충돌하다

10 독해 주제 파악   난이도 하 ●○○

다음 글의 주제로 가장 적절한 것은?

Agriculture is the primary reason for the deforestation of South American rainforests, but in the last few years, a new threat has emerged. Between 2001 and 2013, more than 1,600 square kilometers of the Amazon have been destroyed by gold mining activities. While this may seem insignificant compared to the damage done by farming, gold mining is insidious in other ways. Particularly, mercury washes into rivers as the gold is separated from the soil. The element has been known to cause problems for the wildlife as well as the forest's human inhabitants. For instance, a recent survey showed that around 90 percent of fish caught by local tribesmen were contaminated with mercury. Furthermore, the excavation exposes heavy metals that are toxic. They make their way into the soil and spoil the little vegetation left that has not been cut down by miners.

① the major causes of deforestation in the Amazon
② effects of mercury on rainforest wildlife and people
③ gold mining's repercussions on the Amazon ecosystem
④ why gold mining is worse than farming for the rainforest

어휘

agriculture 농업, 농사   deforestation 삼림 파괴   mine 채굴하다
insignificant 대수롭지 않은, 사소한   insidious 방심할 수 없는, 교활한
mercury 수은   separate 추출하다, 분리하다   soil 토양, 흙
wildlife 야생동물   inhabitant 거주자, 주민   tribesman 부족민
contaminate 오염시키다   excavation 굴착, 땅 파기   expose 노출시키다
heavy metal 중금속   spoil 손상시키다, 망치다   vegetation 식물, 초목
repercussion 영향

구문 분석

The element has been known / to cause problems for the wildlife / as well as the forest's human inhabitants.

이처럼 동사가 have + been + p.p.(has been known)의 형태로 쓰여 현재완료 수동의 의미를 가지는 경우, '(과거부터 현재까지) ~해졌다' 또는 '(과거부터 현재까지) ~되었다'라고 해석한다.

해석

농업이 남아메리카 열대 우림의 삼림 파괴의 주된 이유이지만, 지난 몇 년간 새로운 위협이 나타났다. 2001년부터 2013년 사이에, 아마존의 1,600제곱킬로미터 이상이 금 채굴 행위에 의해 파괴되었다. 이것은 농업으로 인한 피해와 비교하면 대수롭지 않게 보일 수도 있지만, 금 채굴은 다른 여러 방면에서 방심할 수 없다. 특히, 금이 토양에서 추출될 때 수은은 강 속으로 씻겨 들어간다. 이 원소는 숲에 사는 인간 거주자들은 물론이고 야생동물들에게도 문제를 일으키는 것으로 알려져 있다. 예를 들어, 최근 연구는 지역 부족민에게 잡힌 물고기의 약 90퍼센트가 수은으로 오염되었다는 것을 보여 주었다. 게다가, 굴착은 유독성 중금속을 노출시킨다. 그것들은 토양으로 들어가 광부들에게 베어지지 않고 남아 있던 조금밖에 없는 식물들을 손상시킨다.

① 아마존에서의 삼림 벌채의 주요 원인들
② 열대 우림에 사는 야생동물과 사람들에게 미치는 수은의 영향
③ 금 채굴이 아마존 생태계에 미치는 영향
④ 금 채굴이 농업보다 열대 우림에 더 해로운 이유

포인트 해설

지문 앞부분에 금 채굴 활동이 열대 우림의 새로운 위협으로 나타났다는 내용이 있고, 지문 뒷부분에서 금을 추출할 때 강 속으로 씻겨 들어가는 수은이 숲에 사는 사람들과 야생동물들에게 문제를 일으키며, 굴착으로 인한 유독성 중금속의 노출이 식물을 손상시킨다고 설명하고 있다. 따라서 ③ '금 채굴이 아마존 생태계에 미치는 영향'이 이 글의 주제이다.

정답 ③

해커스 공무원시험연구소 총평

난이도	눈에 띄는 고난도 문제가 포함되지 않아 수월하게 풀 수 있는 평이한 난이도입니다.
어휘·생활영어 영역	1번의 take pains와 같이 특정 동사(take)를 포함하는 동사구 표현들은 출제 가능성이 높으므로, 헷갈리는 표현들은 잘 정리하여 뜻을 명확하게 구분할 수 있어야 합니다.
문법 영역	3번과 4번 문제 모두에 4형식 동사 포인트가 포함되어 있었습니다. 동사의 종류가 올바르게 쓰였는지 확인하기 위해서는 동사들의 쓰임을 확실하게 알아 두어야 하므로, 3번 문제의 '이것도 알면 합격'에 정리된 내용을 통해 4형식 동사의 종류를 한번 더 학습해 둡니다.
독해 영역	문장 삽입 유형에서는 주어진 문장에 쓰인 연결어 및 대명사가 정답의 단서가 될 수 있습니다. 또한 정관사(the)가 쓰인 경우, 해당 명사가 가리키는 대상이 언급된 부분 뒤쪽에 주어진 문장이 들어갈 가능성이 높습니다.

정답

01	②	어휘	06	④	독해
02	①	생활영어	07	③	독해
03	①	문법	08	④	독해
04	②	문법	09	③	독해
05	②	어휘	10	②	독해

취약영역 분석표

영역	맞힌 답의 개수
어휘	/ 2
생활영어	/ 1
문법	/ 2
독해	/ 5
TOTAL	/ 10

---

01 어휘 take pains = make a special effort 난이도 중 ●●○

밑줄 친 부분의 의미와 가장 가까운 것은?

As the international technology conference could boost the economy as well as the worldwide recognition of the host nation, the government <u>took pains</u> to ensure that everything went smoothly.

① spent too much money
② made a special effort
③ asked for additional help
④ changed priorities

해석

국제 기술 회의가 주최국에 대한 세계적인 인식뿐만 아니라 경제도 북돋울 수 있기 때문에, 정부는 모든 것이 순탄하게 진행되는지 확실하게 하려고 애를 썼다.

① 너무 많은 돈을 썼다
② 각별한 노력을 했다
③ 추가적인 도움을 요청했다
④ 우선순위를 바꿨다

정답 ②

어휘

boost 북돋우다 host nation 주최국 ensure 확실하게 하다, 보증하다

🖋 **이것도 알면 합격!**

take pains(애를 쓰다)와 유사한 의미의 표현
= bend over backward, spare no effort, exert oneself

---

02 생활영어 It's on the way. 난이도 하 ●○○

밑줄 친 부분에 들어갈 말로 가장 적절한 것은?

A: Are you going to be downtown today?
B: Yes, I had plans to meet Ray later on. Why?
A: Oh, I was just wondering if you could take my watch to the jeweler's.
B: I guess I can. _____.
A: Thanks so much. I'd do it myself, but I'm going to be on the other side of town.
B: It's no trouble at all. I'm going to pass right by it.

① It's on the way
② It's broken again
③ It's about time
④ It's for the best

해석

A: 오늘 시내에 갈 거니?
B: 응, 이따가 Ray를 만나기로 했어. 왜?
A: 아, 네가 내 시계를 보석 세공인에게 가져다줄 수 있을지 궁금해서.
B: 그럴 수 있을 것 같아. <u>그건 가는 길이잖아.</u>
A: 정말 고마워. 내가 가려고 했는데, 나는 도시 반대편에 있을 예정이거든.
B: 전혀 문제없어. 나는 그곳 바로 옆을 지나갈 거야.

① 그건 가는 길이잖아
② 그건 또 고장 났어
③ 곧 해야 할 것 같아
④ 그게 최선이야

포인트 해설

시내에 갈 예정이라면 자신의 시계를 보석 세공인에게 가져다줄 수 있는지 묻는 A의 말에 대해 B가 그럴 수 있을 것 같다고 대답한 후, 빈칸 뒷부분에서 다시 B가 I'm going to pass right by it(나는 그곳 바로 옆을 지나갈 거야)이라고 말하고 있으므로, '그건 가는 길이잖아'라는 의미의 ① 'It's on the way'가 정답이다.

정답 ①

어휘

jeweler 보석 세공인, 보석 상인   on the way 가는 길에, ~하는 중에
broken 고장 난

🖊 이것도 알면 **합격!**

'way'를 포함하는 다양한 표현들을 알아 두자.
• come a long way 크게 발전하다
• in a big way 엄청나게, 아주 많이
• one way or another 어떻게 해서든
• under way 진행 중인

---

03   문법 수 일치 | to 부정사 | 동사의 종류 | 도치 구문 | 병치 구문   난이도 중 ●●○

어법상 옳은 것은?

① Many a building fire has been caused by a neglectful tenant forgetting to turn off the stove.
② My mother asked me to write a thank-you card my grandmother for the gift she sent.
③ Nowhere we saw a convenience store where we could stop and ask for directions.
④ They are looking to hire a part-time worker who is fast, energetic, and responsibility.

해석

① 많은 건물 화재는 난로 끄는 것을 잊은 부주의한 거주자에 의해 일어났다.
② 어머니는 나에게 할머니께서 보내신 선물에 대한 감사 카드를 쓸 것을 요청하셨다.

③ 우리는 잠시 들러 길을 물어볼 수 있는 편의점을 어디에서도 보지 못했다.
④ 그들은 민첩하고, 활동적이며, 책임감 있는 시간제 근로자를 고용할 것을 고려하고 있다.

포인트 해설

① **수량 표현의 수 일치 | 동명사와 to 부정사 둘 다 목적어로 취하는 동사**   주어 자리에 단수 취급하는 수량 표현 'Many a + 단수 명사'(Many a building fire)가 왔으므로 단수 동사 has가 올바르게 쓰였다. 또한 forget은 동명사와 to 부정사 둘 다 목적어로 취할 수 있는데, '~할 것을 잊다'라는 미래의 의미를 나타내는 경우 to 부정사를 취하므로 '난로 끄는 것을 잊은'이라는 의미를 나타내기 위해 forgetting to turn off가 올바르게 쓰였다.

[오답 분석]
② **to 부정사의 성질 | 4형식 동사**   to 부정사는 동사 역할을 할 수 없지만 동사의 성질을 유지하는데, 동사 write는 두 개의 목적어를 'write + 간접 목적어(~에게) + 직접 목적어(~을)'의 순서로 취하는 4형식 동사이므로 to write a thank-you card my grandmother를 to write my grandmother a thank-you card로 고쳐야 한다.
③ **도치 구문**   부정을 나타내는 부사(Nowhere)가 강조되어 문장의 맨 앞에 오면 주어와 조동사가 도치되어 '조동사(did) + 주어(we) + 동사(see)'의 어순이 되므로 Nowhere we saw를 Nowhere did we see로 고쳐야 한다.
④ **병치 구문**   접속사 and로 연결된 병치 구문에서는 같은 품사끼리 연결되어야 하는데, and 앞에 형용사(fast, energetic)가 나열되고 있으므로 and 뒤에도 형용사가 와야 한다. 따라서 명사 responsibility를 형용사 responsible로 고쳐야 한다.

정답 ①

어휘

neglectful 부주의한, 태만한   tenant 거주자, 세입자   stove 난로
convenience store 편의점   energetic 활동적인

🖊 이것도 알면 **합격!**

다양한 4형식 동사들을 알아 두자.

• send ~을 보내 주다	• make ~을 만들어 주다
• lend ~을 빌려주다	• offer ~을 제공하다
• ask ~을 질문하다, 요청하다	• buy ~을 사 주다
• owe ~을 빚지다	

04 문법 비교 구문 | 상관접속사 | 동사의 종류 난이도 중 ●●○

우리말을 영어로 잘못 옮긴 것은?

① 당신이 더 크게 말할수록, 당신의 말에 미묘한 차이를 가미하는 것이 더 어려워진다.

→ The louder you talk, the more challenging it is to lace your words with subtle nuances.

② 운동하는 것에서 오는 고통은 이로움에 비하면 기껏해야 작은 괴로움일 뿐이다.

→ The pain that comes from exercising is at the least a small burden compared to the benefits.

③ 컴퓨터 개발자의 목표는 업계에 혁신을 일으키는 것이 아니라 그것을 더 나아지게 만드는 것이다.

→ The goal of computer developers is not to revolutionize the industry but to improve upon it.

④ 그 남자는 밸런타인데이에 그의 아내에게 빨간 장미 꽃다발과 초콜릿을 사주었다.

→ The man bought his wife a bouquet of red roses and some chocolates for Valentine's Day.

포인트 해설

② **최상급 관련 표현** '기껏해야'는 최상급 관련 표현 at (the) most를 사용하여 나타낼 수 있으므로, at the least(적어도)를 at (the) most로 고쳐야 한다.

[오답 분석]

① **비교급** '당신이 더 크게 말할수록, ~ 더 어려워진다'는 '더 ~할수록 더 -하다'라는 의미의 비교급 표현 'The + 비교급 + 주어 + 동사 ~, the + 비교급 + 주어 + 동사 -'의 형태로 나타낼 수 있으므로 The louder you talk, the more challenging it is ~가 올바르게 쓰였다.

③ **상관접속사** '업계에 혁신을 일으키는 것이 아니라 그것을 더 나아지게 만드는 것'은 상관접속사 not A but B(A가 아니라 B)로 나타낼 수 있으므로 not to revolutionize the industry but to improve ~가 올바르게 쓰였다.

④ **4형식 동사** 동사 buy는 두 개의 목적어를 '간접 목적어(~에게) + 직접 목적어(~을)'의 순서로 취하는 4형식 동사이므로 bought his wife a bouquet of red roses and some chocolates가 올바르게 쓰였다.

정답 ②

어휘

lace 가미하다, 끈으로 묶다 nuance 미묘한 차이 burden 괴로움, 고통, 부담 revolutionize 혁신을 일으키다 bouquet 꽃다발

이것도 알면 합격!

주어가 아래 상관접속사로 연결되는 경우, B에 동사를 수 일치시킨다는 것도 함께 알아 두자.

- either A or B A 또는 B 중 하나
- neither A nor B A도 B도 아닌
- not A but B A가 아니라 B
- not only A but (also) B A뿐만 아니라 B도

05 어휘 of one's own accord = voluntarily 난이도 중 ●●○

밑줄 친 부분의 의미와 가장 가까운 것은?

Everyone in the office was surprised when they heard that Joanna had accepted the difficult project of her own accord.

① graciously
② voluntarily
③ hesitantly
④ specifically

해석

사무실에 있던 모든 사람들은 Joanna가 그 어려운 프로젝트를 자진해서 수락했다는 것을 들었을 때 놀랐다.

① 상냥하게
② 자진해서
③ 머뭇거리며
④ 분명히

정답 ②

어휘

of one's own accord 자진해서, 스스로 graciously 상냥하게, 정중하게 voluntarily 자진해서, 무료로 hesitantly 머뭇거리며 specifically 분명히, 특히, 구체적으로

이것도 알면 합격!

of one's own accord(자진해서)와 유사한 의미의 표현
= spontaneously, of one's own free will

06 독해 무관한 문장 삭제 난이도 중 ●●○

다음 글의 흐름상 어색한 문장은?

Some events have the misfortune of coinciding with major incidents, leaving them to be forgotten by history. Englishman John Fairfax's incredible feat was once such an episode. ① On January 20, 1969, the 32-year-old Brit set out to become the first person to row solo across an ocean. The journey was a dangerous and arduous one due to shark encounters and raging storms. ② But on July 19, six months after he had initially embarked on his trip, he reached the coast of Florida safe and sound. Unfortunately for the rower, his arrival was barely acknowledged. ③ That's because the world was too busy watching the first men walk on the moon. To make Fairfax's accomplishment even more bittersweet, the press was skeptical of some of his stories, such as his account of killing a shark. ④ The astronauts of Apollo 11 congratulated Fairfax on his astounding achievement in a letter.

해석

몇몇 사건들은 중요한 사건과 동시에 일어나는 불운이 있어서 역사에 의해 잊혀지게 된다. 영국인 John Fairfax의 굉장한 위업이 한때 그러한 사건이었다. ① 1969년 1월 20일에, 32살의 그 영국인은 혼자서 노를 저어 대양을 가로지르는 최초의 사람이 되기 위해 출발했다. 여정은 상어와의 마주침과 거센 폭풍우 때문에 위험하고 몹시 힘들었다. ② 하지만 그가 처음 여행에 나서고 6개월 뒤인 7월 19일에 그는 플로리다 해안에 무사히 도착했다. 그 뱃사공에게는 유감스럽게도, 그의 도착은 거의 인정을 받지 못했다. ③ 전 세계가 달 위를 걷는 최초의 인간을 보느라 매우 떠들썩했기 때문이었다. 언론은 상어를 죽인 이야기와 같은 그의 몇몇 말들에 대해 회의적이어서, Fairfax의 업적을 좀 더 희비가 엇갈리도록 만들었다. ④ 아폴로 11호의 우주 비행사들은 편지로 Fairfax의 놀라운 업적을 축하했다.

포인트 해설

지문 앞부분에서 '중요한 사건과 동시에 일어나는 불운이 있어서 역사에 의해 잊혀지게 되는 사건들'에 대해 언급한 후, ①번과 ②번에서는 '노를 저어 대양을 횡단하는 최초의 사람이 되기 위한 John Fairfax의 출발과 도착'을, ③번에서는 'John Fairfax의 업적을 잊히게 만든 인류 최초의 달 착륙 사건'에 대해 설명하고 있다. 그러나 ④번은 'Fairfax의 업적을 축하한 아폴로 11호의 우주 비행사들'에 대한 내용으로, 지문 앞부분의 내용과 관련이 없다.

정답 ④

어휘

coincide 동시에 일어나다 incredible 굉장한, 놀라운 feat 위업
set out 출발하다, 착수하다 row 노를 젓다 arduous 몹시 힘든
encounter 마주침, 조우; 마주치다 embark on ~에 나서다, 착수하다
safe and sound 무사히 acknowledge 인정하다, 승인하다, 감사하다
bittersweet 희비가 엇갈리는, 달콤씁쓸한 skeptical 회의적인, 의심하는
account 이야기, 설명, 계좌 astounding 놀라운

---

07 독해 빈칸 완성 – 구   난이도 중 ●●○

밑줄 친 부분에 들어갈 말로 가장 적절한 것은?

Longshoremen—workers whose job is to load and unload shipping containers at ports—are often referred to as the most important laborers in the US owing to the vital impact their jobs have. Because an estimated 1 trillion dollars worth of merchandise is moved by these workers each year, if longshoremen were to suddenly stop working, they would have the power to _____.
Such was the case when a nine-month-long labor dispute with the owners of shipping companies culminated in a strike. With merchandise left sitting at the docks, the flow of goods and services from coast to coast was severely hampered. Two billion dollars was lost each day, effectively crippling the US financially.

① cause shipping businesses to go bankrupt
② improve the conditions of their workplace
③ slow down the entire nation's economy
④ establish the costs of goods and services

해석

항구에서 선적 컨테이너를 싣고 내리는 것을 직업으로 하는 노동자인 부두 노동자들은 그들의 직업이 갖는 중대한 영향 때문에 종종 미국에서 가장 중요한 노동자로 불린다. 매년 어림잡아 1조 달러 가치의 물품이 이러한 노동자들에 의해 옮겨지기 때문에, 만약 부두 노동자들이 갑자기 일을 중단한다면, 그들은 국가 전체의 경제를 둔화시킬 영향력을 가질 것이다. 운송 회사 소유주들과의 9개월간의 노동 분쟁이 파업으로 끝났을 때가 이러한 경우였다. 물품이 부두에 방치되면서, 전국적으로 재화와 서비스의 이동이 심각하게 제한되었다. 매일 20억 달러가 손실되어, 사실상 미국을 경제적으로 마비시켰다.

① 운송 사업이 파산하게 하다
② 그들의 업무 현장 조건을 개선하다
③ 국가 전체의 경제를 둔화시키다
④ 재화와 서비스의 가격을 설정하다

포인트 해설

지문 처음에서 부두 노동자들은 그들의 직업이 갖는 중대한 영향 때문에 미국에서 가장 중요한 노동자로 불린다고 하고, 빈칸 뒷부분에서 운송 회사 소유주들과 부두 노동자들의 분쟁이 파업으로 끝났을 때 전국적으로 재화와 서비스의 이동이 심각하게 제한되었고, 그 결과 미국을 경제적으로 마비시켰다고 했으므로, 만약 부두 노동자들이 갑자기 일을 중단한다면 그들은 '국가 전체의 경제를 둔화시킬' 영향력을 가질 것이라고 한 ③번이 정답이다.

정답 ③

어휘

longshoreman 부두 노동자 laborer 노동자, 인부 merchandise 물품
dispute 분쟁 culminate 끝나다, 최고조에 달하다 strike 파업; 치다
dock 부두 hamper 제한하다, 방해하다 cripple 마비시키다, 무력하게 하다
financially 경제적으로 bankrupt 파산하다 establish 설정하다

구문 분석

With merchandise left sitting at the docks, / the flow of goods and services from coast to coast / was severely hampered.
: 이처럼 동시 상황을 강조하는 구문 'with + 명사 + 분사'가 쓰인 경우, '~하면서'로 해석한다.

08 독해 빈칸 완성 – 연결어 난이도 중 ●●○

밑줄 친 (A), (B)에 들어갈 말로 가장 적절한 것은?

If you are feeling overwhelmed with responsibilities, it may be time to embrace the power of saying no. According to psychologist Adam Grant, the ability to say no is among the most valuable skills a person can have. _____(A)_____, employees will face problems at the workplace if they do not say no in time. Your boss might complain that you complete tasks too slowly even though the real reason for the delays is that you spend too much time helping out coworkers with their problems. By agreeing to do others' favors too frequently, you make your life more difficult. The only way to fix this situation is to get comfortable rejecting requests. It might feel rude to leave coworkers you are friendly with in difficult situations, but it teaches them how to respect your time. Learning to say no, as Grant says, makes saying yes efficacious. _____(B)_____, people will start approaching you with only the most important requests.

	(A)	(B)
①	Overall	Instead
②	Otherwise	Meanwhile
③	Nevertheless	Similarly
④	For instance	Consequently

해석

만약 당신이 책임감들로 인해 벅참을 느낀다면, 거절하는 능력을 수용할 때일지도 모른다. 심리학자 Adam Grant에 의하면, 거절하는 능력은 개인이 가질 수 있는 가장 가치 있는 능력에 속한다. (A) 예를 들어, 근로자들은 제때 싫다고 말하지 않으면 일터에서 많은 문제들을 마주할 것이다. 당신의 상사는 업무 지연의 진짜 이유가 당신이 동료들의 문제를 돕는 데 너무 많은 시간을 사용하는 것임에도 불구하고 당신이 업무를 너무 늦게 끝낸다고 불평할 수도 있다. 타인의 부탁을 너무 빈번히 들어주기로 승낙함으로써, 당신은 당신의 인생을 더욱 힘들게 만든다. 이 상황을 고칠 수 있는 유일한 방법은 요청들을 거절하는 것에 편안해지는 것이다. 당신과 친한 동료들을 힘겨운 상황에 남겨 두는 것이 무례하다고 느껴질 수도 있지만, 그것은 그들에게 당신의 시간을 존중하는 방법을 가르쳐 준다. Grant가 말했듯이, 거절하는 법을 배우는 것은 승낙하는 것을 효과적으로 만든다. (B) 결과적으로, 사람들은 가장 중요한 요청만을 가지고 당신에게 다가오기 시작할 것이다.

	(A)	(B)
①	전반적으로	대신에
②	그렇지 않으면	한편
③	그럼에도 불구하고	마찬가지로
④	예를 들어	결과적으로

포인트 해설

(A) 빈칸 앞 문장은 거절하는 능력이 개인이 가질 수 있는 가장 가치 있는 능력 중 하나라는 내용이고, 빈칸 뒷부분은 일터에서 제때 거절하지 못해 마주할 수 있는 문제 상황에 대해 예시를 드는 내용이다. 따라서 빈칸에는 예시를 나타내는 연결어인 For instance(예를 들어)가 들어가야 한다.

(B) 빈칸 앞 문장은 거절하는 법을 배우는 것은 승낙하는 것을 효과적으로 만든다는 내용이고, 빈칸 뒤 문장은 사람들이 가장 중요한 요청만을 가지고 당신에게 다가오기 시작할 것이라는 결과적인 내용이다. 따라서 빈칸에는 결과를 나타내는 연결어인 Consequently(결과적으로)가 들어가야 한다.

정답 ④

어휘

overwhelmed 벅찬, 압도된 responsibility 책임감
embrace 수용하다, 포용하다 psychologist 심리학자
complain 불평하다 frequently 빈번히 comfortable 편안한
rude 무례한, 미개한, 미숙한 efficacious 효과적인, 효험 있는

09 독해 문장 삽입 난이도 중 ●●○

주어진 문장이 들어갈 위치로 가장 적절한 곳은?

By the latter half of the 18th century, though, *opera buffa* had discarded its initial garb of jocular interlude to come out of the shadows and into its own.

In Italy during the early 1700s, an antithesis to the serious opera began to emerge in the form of *opera buffa*, the comic opera. (①) Farcical fillers punctuated by musical numbers, the succinct pieces featured ridiculous characters and humbly started out as mere intermezzos between more proper arrangements. (②) In short, they were hardly regarded as a formal style and exhibited a decidedly casual composition, oftentimes being executed in whatever local dialect of the region the "real" opera happened to be performed in. (③) The newly independent genre was epitomized formally in Verdi's *La Cecchina*, wherein audiences were treated to a performance in standard Italian—like its more somber brethren—that boasted a fully fleshed story and strong melodies. (④) The production's success was what finally cemented the category as a legitimate one in operatic circles all across Europe.

※ brethren: 형제

해석

하지만 18세기 후반 무렵, '오페라 부파'는 그늘에서 벗어나 인정받기 위해 익살스러운 간주곡이라는 그것의 초기 양식을 버렸다.

1700년대 초기 이탈리아에서 진지한 오페라와 반대되는 것이 '오페라 부파', 즉 코믹 오페라의 형태로 나타나기 시작했다. ① 곡목들 사이에 간간이 삽입된 익살맞은 소곡이었던, 그 간결한 작품은 우스꽝스러운 등장인물들을 출연시켰고 보다 정규적인 노래들 사이에서 단순한 간주곡으로 초라하게 시작했다. ② 즉, 그것들은 거의 정식 양식으로 여겨지지 않았으며, 확실히 약식 구조를 나타냈는데, 이것들은 종종 '진짜' 오페라가 공연되는 지역의 방언이 어떻든 그 방언으로 수행되곤 했다. ③ 그 신생의 독자적 장르는 살이 붙어 충실해진 이야기와 강렬한 선율을 가지고 있는 Verdi의 'La Cecchina'에서 정식으로 전형이 되었는데, 그 점에서 관중들은

그것의 엄숙한 형제작처럼 표준 이탈리아어로 된 공연을 접했다. ④ 그 작품의 성공이 바로 그 분야를 유럽 전역의 오페라 사회에서 정당한 것으로 공고히 했던 것이었다.

포인트 해설

③번 앞 문장에 '오페라 부파'는 약식 구조를 나타냈고 '진짜' 오페라가 공연되는 지역의 방언으로 수행되었다는 내용이 있고, ③번 뒤 문장에 그 신생의 독자적 장르(The newly independent genre)는 표준 이탈리아어로 된 Verdi의 'La Cecchina'에서 정식으로 전형이 되었다는 내용이 있으므로, ③번 자리에 '오페라 부파'가 인정받기 위해 익살스러운 초기 양식을 버렸다는 내용, 즉 정식 양식으로 여겨지지 않던 '오페라 부파' 정식 형태로 인정받는 배경을 설명하는 주어진 문장이 들어가야 지문이 자연스럽게 연결된다.

정답 ③

어휘

discard 버리다 garb 양식, 외형, 겉모양 jocular 익살스러운
interlude 간주곡 come into one's own 인정을 받다, 진기를 발휘하다
antithesis 반대되는 것 farcical 익살맞은, 웃기는
punctuate 간간이 삽입하다, 중단시키다 succinct 간결한
feature 출연시키다, 특별히 포함하다 ridiculous 우스꽝스러운
humbly 초라하게, 겸손하게 proper 정규적인, 품격 있는 decidedly 확실히
composition 구조, 작품 execute 수행하다, 처형하다 dialect 방언
epitomize ~의 전형이 되다, 요약하다 somber 엄숙한, 우울한
boast 가지고 있다, 자랑하다 flesh 살을 붙여 충실하게 하다; 살
cement 공고히 하다, 접합시키다; 시멘트 legitimate 정당한, 합법적인

---

10 독해 내용 불일치 파악 난이도 중 ●●○

다음 글의 내용과 일치하지 않는 것은?

Malala Yousafzai is an advocate for female education. Born in the Swat Valley of Pakistan in 1997, she had few educational options due to Taliban-imposed restrictions on educating girls. However, her father Ziauddin, who was himself an education activist, encouraged Malala to attend school, where she developed a passion for learning. Soon, Malala started a blog on which she spoke out about the importance of education regardless of gender. The international attention her writing received angered local Taliban officials, and in October 2012, she was shot in the head while riding the bus home from school. News of the assassination attempt caused international outrage and brought more attention to her advocacy for girls' education. In 2015, her work was recognized by the Nobel Committee, which awarded her the Nobel Peace Prize for "her struggle against the suppression of children and young people and for the right of all children to education," making her the youngest recipient ever at only 17 years of age.

① Malala Yousafzai는 아버지의 뜻에 따라 교육을 받게 되었다.
② Malala Yousafzai는 여성 교육의 중요성에 대한 글을 온라인에 게시했다.
③ Malala Yousafzai는 그녀의 주창 활동으로 인해 총에 맞았다.
④ Malala Yousafzai는 10대일 때 노벨상을 받게 되었다.

해석

Malala Yousafzai는 여성 교육의 지지자이다. 1997년 파키스탄의 스와트 계곡에서 태어난 그녀는 소녀들을 교육하는 것에 탈레반이 둔 제약으로 인해 교육 선택권이 거의 없었다. 하지만, 그 자신이 교육 활동가였던 그녀의 아버지 Ziauddin은 Malala에게 학교에 다닐 것을 권했고, 그곳에서 그녀는 배움에 대한 열정을 키웠다. 곧, Malala는 성별을 막론한 교육의 중요성에 대해 공개적으로 말하는 블로그를 시작했다. 그녀의 글이 받은 국제적인 관심은 현지 탈레반 임원들을 화나게 했고 2012년 10월, 그녀는 학교에서 집으로 가는 버스를 타고 가는 동안 머리에 총을 맞았다. 암살 시도 소식은 국제적인 분노를 일으켰고 소녀들의 교육에 대한 그녀의 지지에 더 많은 관심을 가져왔다. 2015년, 그녀의 노력은 노벨 위원회에 의해 인정받았고, 그 위원회는 '아동과 젊은이들에 대한 억압에 맞선, 그리고 모든 아이들이 교육을 받을 권리에 대한 그녀의 투쟁'을 이유로 그녀에게 노벨 평화상을 수여했다.

포인트 해설

②번의 키워드인 '글을 온라인에 게시했다'를 바꾸어 표현한 지문의 started a blog(블로그를 시작했다) 주변의 내용에서 Malala는 성별을 막론한 교육의 중요성에 대해 공개적으로 말하는 블로그를 시작했다고 했으므로, ② 'Malala Yousafzai는 여성 교육의 중요성에 대한 글을 온라인에 게시했다'는 지문의 내용과 다르다.

정답 ②

어휘

advocate 지지자, 옹호자 impose 지우다, 도입하다, 강요하다
passion 열정 regardless of ~을 막론하고, ~에 관계없이
assassination 암살 outrage 분노, 모욕, 유린 award 수여하다; 상
struggle 투쟁; 투쟁하다 suppression 억압, 진압 recipient 수여자

해커스 공무원시험연구소 총평

난이도	생활영어 영역과 문법 영역에 고난도 문제가 출제되어 문제 풀이가 다소 까다로울 수 있었던 회차였습니다.
어휘·생활영어 영역	생활영어 영역에 익숙지 않은 관용 표현들이 출제되어 정답을 고르기 쉽지 않았을 것입니다. 관용 표현은 표면적인 의미를 통해 추론이 가능한 경우도 있지만 3번 문제처럼 파악이 어려운 경우도 있으므로, 틈틈이 암기해 두어야 합니다.
문법 영역	6번 문제처럼 보기 대부분이 모두 같은 문법 포인트를 다루는 문제에 대비하여 빈출 문법 포인트의 심화 이론까지 알아 두는 것이 좋습니다. 6번 문제의 '이것도 알면 합격!'에 정리된 가정법 관련 표현들 또한 반드시 짚어 보고 넘어갑니다.
독해 영역	내용 일치/불일치 파악 유형의 경우, 보기를 하나하나 지문과 대조해야 하므로 다른 유형에 비해 풀이 시간이 길어 질 수 있습니다. 그러므로 지문에서 각 보기의 키워드와 관련된 부분들을 빠르게 찾아 비교하는 훈련이 필요합니다.

정답

01	①	어휘	06	④	문법
02	④	문법	07	③	독해
03	②	생활영어	08	③	독해
04	④	어휘	09	③	독해
05	④	독해	10	②	독해

취약영역 분석표

영역	맞힌 답의 개수
어휘	/ 2
생활영어	/ 1
문법	/ 2
독해	/ 5
TOTAL	/ 10

---

01 어휘 fake 난이도 하 ●○○

밑줄 친 부분에 들어갈 말로 가장 적절한 것은?

> In order to cheat his client, the man delivered documents that seemed real, but were in fact _____.

① fake
② genuine
③ beneficial
④ valuable

해석

의뢰인을 속이기 위해, 그 남자는 진짜처럼 보이지만 사실은 가짜 문서를 전달했다.

① 가짜의
② 진짜의
③ 유익한
④ 소중한

정답 ①

어휘

cheat 속이다 client 의뢰인 fake 가짜의, 위조의 genuine 진짜의
beneficial 유익한 valuable 소중한, 가치가 큰

이것도 알면 합격!

fake(가짜의)의 유의어
= spurious, forged, phony, false, bogus, counterfeit

---

02 문법 수동태 | 시제 | 분사 | 관계절 난이도 중 ●●○

밑줄 친 부분 중 어법상 옳지 않은 것은?

> In recent times, when a nation has undergone incredible turmoil due to a natural disaster, the international community ① has come together to raise money for relief efforts. However, while many sympathetic individuals readily donate, there have been difficulties in getting those indifferent to the cause to participate. One solution is to set up a system ② allowing people to contribute money at different tiers or to choose the amount ③ that they see fit. This flexibility encourages donors to give perhaps only a little amount, where otherwise they would donate nothing. Additionally, sometimes gifts and rewards ④ offer as an incentive for generous donations of varying amounts.

해석

최근에, 한 국가가 자연재해로 엄청난 혼란을 겪으면, 국제 사회는 구호 활동을 위한 돈을 모금하기 위해 힘을 합쳐 왔다. 하지만, 동정심 있는 많은 개인들은 선뜻 기부하는 반면, 대의에 무관심한 사람들이 참여하도록 만드는 데 어려움이 있어 왔다. 한 가지 해결책은 사람들이 각기 다른 수준으로 돈을 기부할 수 있게 하거나 그들이 적당하다고 보는 액수를 고르게 하는 시스템을 마련하는 것이다. 이러한 융통성은 기부자들이 어쩌면 아주 적은 액수를 기부하도록 장려하지만, 그렇지 않으면 그들은 아무것도 기부하지 않을 것이다. 게다가, 때때로 선물과 보상이 다양한 액수의 후한 기부를 위한 장려책으로 제공된다.

포인트 해설

④ **능동태·수동태 구별** 문맥상 주어(gifts and rewards)와 동사가 '선물과 보상이 제공된다'라는 의미의 수동 관계이므로 능동태 offer를 수동태 are offered로 고쳐야 한다.

[오답 분석]

① **현재완료 시제** 문맥상 '힘을 합쳐 왔다'라는 의미가 되어야 자연스럽고, 과거에 시작된 일이 현재까지 이어져 온 것을 나타내고 있으므로 현재완료 시제 has come이 올바르게 쓰였다.

② **현재분사 vs. 과거분사** 수식받는 명사(a system)와 분사가 '시스템이 할 수 있게 하다'라는 의미의 능동 관계이므로 현재분사 allowing이 올바르게 쓰였다.

③ **관계대명사** 선행사 the amount(액수)가 사물이고, 관계절 내에서 동사 see의 목적어 역할을 하므로 사물을 나타내는 목적격 관계대명사 that이 올바르게 쓰였다.

정답 ④

어휘

turmoil 혼란, 소란 relief effort 구호 활동 sympathetic 동정심 있는
readily 선뜻, 기꺼이 indifferent 무관심한 cause 대의, 원인
set up ~을 마련하다, 설치하다 contribute 기부하다, 공헌하다
tier 수준, 단계, 계층 flexibility 융통성, 유연성 otherwise 그렇지 않으면
incentive 장려책, 동기, 유인

이것도 알면 합격!

한편, 아래의 타동사들은 수동태로 쓸 수 없다는 것을 알아 두자.

• resemble 닮다	• suit 잘 맞다, 어울리다
• cost (비용이) ~들다	• become ~에 어울리다
• lack ~이 부족하다	• let ~하게 하다
• fit ~에 맞다	• equal ~과 같다

---

03 생활영어 a slap on the wrist 난이도 상 ●●●

밑줄 친 부분에 들어갈 말로 가장 적절한 것은?

A: When you were a kid, did you ever get in trouble at school?
B: What do you mean?
A: Did you ever misbehave and get sent to the principal's office?
B: Only once. I was let off easy, and was only given _____.
A: But it's still a shame. What were you doing anyway?
B: I purposely hid all of the teacher's chalks, so she had to leave class to get more.

① an ax to grind
② a slap on the wrist
③ the pick of the litter
④ the short end of the stick

해석

A: 어렸을 때 학교에서 곤란에 처해 본 적 있어?
B: 무슨 말이야?
A: 못된 짓을 해서 교장실로 보내졌던 적은?
B: 딱 한 번. 나는 쉽게 풀려났고, 가벼운 꾸지람만 들었어.
A: 그래도 부끄러운 일이네. 그나저나 무슨 일을 했던 거야?
B: 내가 고의로 선생님의 분필을 모두 숨겨서, 그녀는 더 가지러 교실을 나서야 했어.

① 다른 속셈
② 가벼운 꾸지람
③ 가장 좋은 것
④ 불리한 입장

포인트 해설

못된 짓을 해서 교장실로 보내졌던 적이 있는지 묻는 A의 질문에 대해 B가 딱 한 번 있었다고 대답하고, 빈칸 뒤에서 다시 A가 But it's still a shame(그래도 부끄러운 일이네)이라고 말하고 있으므로, '가벼운 꾸지람'만 들었다는 의미의 ② 'a slap on the wrist'가 정답이다.

정답 ②

어휘

misbehave 못된 짓을 하다, 비행을 저지르다 principal 교장; 중요한
an ax to grind 다른 속셈 a slap on the wrist 가벼운 꾸지람, 경고
pick of the litter 가장 좋은 것 short end of the stick 불리한 입장

이것도 알면 합격!

학교생활과 관련된 다양한 표현들을 알아 두자.
• I aced my exam. 나는 시험에서 만점 받았어.
• I'm falling behind in math. 나는 수학에서 뒤처지고 있어.
• I was cramming all night. 나는 밤새 벼락치기로 공부했어.
• What's going to be on the exam tomorrow? 내일 시험에 뭐가 나올까?

---

04 어휘 momentous 난이도 중 ●●○

밑줄 친 부분에 들어갈 말로 가장 적절한 것은?

The city went through a lot of effort organizing parades and festivities as the leadership wanted to ensure that the return of the country's Olympic champions was a _____ event.

① tolerable
② precarious
③ rudimentary
④ momentous

해석

그 도시는 그 나라 올림픽 챔피언들의 귀국이 중대한 행사라는 것을 지도부가 확실히 하고 싶어 했기에 행진과 축제 준비에 많은 노력을 기울였다.

① 견딜 만한
② 위태로운
③ 기본적인
④ 중대한

정답 ④

정답 ④

어휘

go through ~을 거치다　tolerable 견딜 만한　precarious 위태로운
rudimentary 기본적인　momentous 중대한, 중요한

🖋️ 이것도 알면 합격!

momentous(중대한)의 유의어
= chief, crucial, decisive, vital, grave

어휘

satellite 인공위성　orbit 궤도를 돌다; 궤도　enigmatic 불가사의한
totalitarian 전체주의적인　dystopian 반이상향의　constantly 끊임없이
chilling 무서운, 오싹오싹한　scrutiny 감시, 감독　surveillance 감시
indelible 지울 수 없는　eerily 등골이 오싹하게, 무시무시하게
prophesy 예언하다　infuse 가득 채우다, 영향을 미치다, 주입하다

---

05 독해 문장 삽입　난이도 중 ●●○

주어진 문장이 들어갈 위치로 가장 적절한 곳은?

There are cameras in every phone, more than 2,000 satellites orbiting our planet, and agencies that record and store each Internet search.

George Orwell's 1949 classic *Nineteen Eighty-Four* introduced us to Big Brother, the enigmatic and totalitarian leader that rules over a dystopian society in which citizens are constantly monitored. (①) The chilling line "Big Brother is watching you" is repeated throughout the novel and reminds the characters that nothing they do is outside the scrutiny of the government. (②) This notion of mass surveillance left an indelible mark on the cultural landscape. (③) As though eerily prophesying our own fate, Orwell's Big Brother has never been more of a presence than it is today in our tech-infused world. (④) Perhaps Big Brother is indeed watching.

해석

모든 휴대 전화에는 카메라가 있고, 2천 개 이상의 인공위성이 지구의 궤도를 돌고 있으며, 각각의 인터넷 검색을 기록하고 저장하는 기관들이 있다.

George Orwell의 1949년 문학 고전 『1984』는 시민들이 끊임없이 감시당하는 반이상향적 사회를 통치하는 불가사의하고 전체주의적인 지도자 Big Brother를 우리에게 소개했다. ① 무서운 대사인 "Big Brother가 당신을 지켜보고 있다"는 소설 내내 반복되며 등장인물들에게 그들이 행하는 어떤 것도 정부의 감시를 벗어나지 못한다는 것을 상기시킨다. ② 이러한 대중 감시의 개념은 문화계에 지울 수 없는 흔적을 남겼다. ③ 마치 등골이 오싹하게 우리의 운명을 예언하는 것처럼, Orwell의 Big Brother는 기술로 가득 찬 우리의 세계에서 오늘날보다 더 큰 존재감을 나타냈던 적은 없다. ④ 어쩌면 Big Brother는 정말로 지켜보고 있을지도 모른다.

포인트 해설

④번 앞 문장에 Big Brother는 기술로 가득 찬 우리의 세계에서 오늘날보다 더 큰 존재감을 나타냈던 적이 없다는 내용이 있고, ④번 뒤 문장에 어쩌면 Big Brother가 정말로 지켜보고 있을지도 모른다는 내용이 있으므로, ④번 자리에 휴대 전화의 카메라, 수많은 인공위성, 각각의 인터넷 검색을 기록하고 저장하는 기관들을 언급하는 내용, 즉 오늘날 세계를 가득 채운 감시 요소들을 소개하는 주어진 문장이 나와야 지문이 자연스럽게 연결된다.

---

06 문법 가정법 | 시제　난이도 상 ●●●

우리말을 영어로 잘못 옮긴 것은?

① 그들은 마치 남매인 것처럼 정말 사이좋게 지낸다.
　→ They get along really well, as if they were brother and sister.

② 도로가 폭풍으로 쓰러진 나무 때문에 차단되어야 하면 어쩌지?
　→ What if the road should be blocked due to a fallen tree from the storm?

③ 만약 비서가 제 이름을 부르면, 금방 가겠다고 말해주세요.
　→ If the secretary calls my name, please tell her I'll be there in a minute.

④ NASA가 아니었다면, 최초의 달 착륙은 일어나지 않았을 텐데.
　→ Had it not been for NASA, the first moon landing would not take place.

포인트 해설

④ **가정법 도치** if절에 if가 생략된 가정법 과거완료 구문 Had it not been for가 왔으므로 주절에도 가정법 과거완료 '주어 + would/should/could/might + have p.p.' 형태가 되어야 한다. 따라서 would not take place를 would not have taken place로 고쳐야 한다.

[오답 분석]

① **기타 가정법** '마치 남매인 것처럼 정말 사이좋게 지낸다'는 as if 가정법을 사용하여 '주어 + 동사 + as if + 주어 + 과거 동사'로 나타낼 수 있으므로 They get along really well, as if they were ~가 올바르게 쓰였다.

② **기타 가정법** '도로가 폭풍으로 쓰러진 나무 때문에 차단되어야 하면 어쩌지?'는 가정법 관련 표현 What if(~하면 어쩌지)를 사용하여 나타낼 수 있으므로 What if ~가 올바르게 쓰였다.

③ **조건절 문장 | 현재 시제** '만약 비서가 제 이름을 부르면'은 비서가 이름을 부르는 일을 실제 사실로 받아들이고 말하는 직설법이므로 조건절을 이끄는 부사절 접속사 if가 올바르게 쓰였다. 이때 조건을 나타내는 부사절에서는 미래를 나타내기 위해 현재 시제가 사용되므로 현재 시제 calls가 올바르게 쓰였다.

정답 ④

어휘

get along 사이좋게 지내다　landing 착륙　take place 일어나다

④ 다소 익숙한

빈칸 뒷부분에서 학급의 크기나 교사들의 경험에 따라 조기 교육은 효과적이지 못할 수 있고, 아이들을 부모로부터 장시간 떼어 놓는 것이 그들의 감정적 발달과 사회적 발달에 해로울 수 있다고 했으므로, 모든 아이들이 유아원에서 제공되는 긍정적인 교육 기회를 '매우 잘 받아들이는' 것은 아니라고 한 ③번이 정답이다.

정답 ③

tout 거론하다, 권장하다, 과대 선전하다 cognitive 인지의
absorb 받아들이다, 흡수하다 preschool 유아원, 보육원
kindergarten 유치원 head start 유리한 시작 peer 또래, 동료
separate 떼어 놓다, 분리되다 prolonged 장기의
detrimental 해로운, 불리한 defiant 반항적인, 거만한
oblivious 의식하지 못하는, 잘 잊는 receptive 잘 받아들이는, 수용적인

---

07 독해 빈칸 완성 - 구   난이도 중 ●●○

밑줄 친 부분에 들어갈 말로 가장 적절한 것은?

Early childhood education has been touted by many as a simple way to provide cognitive and social benefits to young learners. From birth to three years of age, children absorb new material very quickly because the growth of the brain is most rapid at this time. Experts say that kids who begin attending preschool before starting kindergarten tend to be more accepting of novel situations, giving them a head start on their peers who do not. However, not all children are _____ the positive learning opportunities offered at preschool. Early education is ineffective if the class sizes are large or the teachers are inexperienced. In addition, separating young kids from their parents for a prolonged period may actually be detrimental to their emotional and social development. Therefore, whether or not early childhood education is right for a particular child should be decided on a case-by-case basis.

① quite defiant towards
② mostly oblivious to
③ highly receptive to
④ somewhat familiar with

유아기 교육은 많은 사람들에 의해 어린 학습자들에게 인지적 이점과 사회적 이점을 제공하는 간단한 방법으로 거론되어 왔다. 태어났을 때부터 3세까지는, 그 시기에 뇌 성장이 가장 빠르기 때문에 어린이들은 새로운 자료를 매우 빠르게 받아들인다. 전문가들은 유치원을 시작하기 전에 유아원을 다니기 시작하는 아이들은 새로운 상황을 더 흔쾌히 받아들이는 경향이 있으며, 이는 그렇지 않은 또래보다 유리한 시작을 하게 한다고 말한다. 하지만 모든 아이들이 유아원에서 제공되는 긍정적인 교육 기회를 매우 잘 받아들이는 것은 아니다. 조기 교육은 학급의 크기가 크거나 교사들의 경험이 부족하다면 효과적이지 못하다. 게다가, 어린아이들을 부모로부터 장시간 떼어 놓는 것은 사실상 그들의 감정적 발달과 사회적 발달에 해로울 수 있다. 그러므로, 유아기 교육이 특정 아이에게 알맞은지 아닌지는 사정에 따라 결정되어야 한다.

① 상당히 반항적인
② 대부분 의식하지 못하는
③ 매우 잘 받아들이는

자주 쓰이는 가정법 관련 표현들을 함께 알아 두자.

- if at all 기왕에 ~할 거면
- if not all 전부는 아니지만
- if anything 사실은
- if any 만약에 있다면, 만일 있다 해도
- as it were (= so to speak) 말하자면

---

08 독해 주제 파악   난이도 중 ●●○

다음 글의 주제로 가장 적절한 것은?

Being an honest person requires a lot more than simply knowing the difference between lies and truth. It entails reliability, credibility, and the ability to keep promises. The rewards for living honestly are likewise richer and more complex than you'd imagine. It helps the people around you feel comfortable to know that they can depend on you to be an upright, truthful person. By being genuine with your family and friends, they will feel compelled to do the same, which naturally helps to build strong, long-lasting relationships. Greater career success also follows, since employers tend to promote and give more responsibility to employees who demonstrate their trustworthiness. If your position involves dealing with customers, the knowledge that you are someone who can be trusted will persuade them to keep coming back. Overall, adopting this core ethical value leads to an improved quality of life in many respects.

① values that honest people pursue
② side-effects of being dishonest
③ benefits of living an honest life
④ ways to communicate that you are honest

정직한 사람이 되는 것은 단순히 거짓과 진실의 차이를 아는 것 이상의 많은 것을 요구한다. 이것은 신뢰성, 진실성, 그리고 약속을 지키는 능력을 필요로 한다. 정직하게 사는 것의 보상 역시 당신이 생각하는 것보다 더 값지고 더 복합적이다. 그것은 당신 주위에 있는 사람들로 하여금 올바르고 진실한 사람인 당신에게 의지할 수 있음을 알게 되어 마음 편하게 느끼도록 돕는다. 당신의 가족과 친구들에게 진실함으로써, 그들은 똑같이 하지 않을 수 없다고 느낄 것이고 이는 자연스럽게 굳건하고 오래가는 관계

를 맺도록 돕는다. 고용주들은 신용을 보여 주는 직원들을 승진시키고 더 많은 책임을 맡기는 경향이 있기 때문에 더 큰 직업적인 성공 또한 따라온다. 만일 당신의 직장이 고객을 대하는 것과 관련이 있다면, 당신이 믿을 수 있는 사람이라는 인식은 그들이 계속 되돌아오도록 설득할 것이다. 전반적으로, 이러한 핵심 도덕 가치를 받아들이는 것은 많은 면에서 향상된 삶의 질로 이어진다.

① 정직한 사람들이 추구하는 가치
② 정직하지 못한 것의 부작용
③ 정직한 삶을 사는 것의 이점
④ 당신이 정직하다는 것을 알리는 방법

포인트 해설

지문 전반에 걸쳐 정직하게 사는 것의 보상은 생각하는 것보다 더 값지고 복합적인데, 이것은 사람들과 굳건한 관계를 맺도록 돕고 더 큰 직업적인 성공을 가져오는 등, 많은 면에서 삶의 질을 향상시킨다고 주장하고 있다. 따라서 ③ '정직한 삶을 사는 것의 이점'이 이 글의 주제이다.

정답 ③

어휘

entail 필요로 하다, 수반하다   reliability 신뢰성   credibility 진실성
comfortable 마음 편한, 편안한   upright 올바른, 똑바로 선
genuine 진실한, 진심 어린   compel 하지 않을 수 없다, 강요하다
promote 승진시키다, 홍보하다   responsibility 책임(감)
demonstrate 보여 주다, 입증하다   trustworthiness 신용, 신뢰성
core 핵심적인; 중심부   ethical 도덕적인

구문 분석

It entails reliability, credibility, and the ability / to keep promises.
: 이처럼 to 부정사(to keep ~)가 명사(the ability)를 꾸며 주는 경우, '~하는 명사' 또는 '~할 명사'라고 해석한다.

---

09 독해 내용 일치 파악   난이도 중 ●●○

다음 글의 내용과 일치하는 것은?

Toward the end of his life, the writer Nikolai Gogol became more religious as the confidence he had in his own abilities declined. Literary commentators debate whether his increased spiritual devotion was a result of his dissatisfaction with his own writing or vice versa. In any case, he began to consult a spiritual guru who convinced the eminent Russian writer that his previous work was sinful. In order to atone for his actions, Gogol adopted a strict fasting regime that greatly damaged his already fragile constitution. He abandoned the novel that he had been working on for almost a decade, the first part of which he had already published. One night, convinced that the devil was going to punish him, he burned the remaining pages in a fireplace.

① Gogol's novel flourished after he discovered religion.
② A spiritual adviser blessed all of Gogol's fictional creations.
③ Gogol gave up eating and ceased working on his book for his atonement.
④ It was reputed that Gogol was confident about his writing abilities.

해석

그의 삶이 끝나갈 무렵, 작가인 Nikolai Gogol은 자신의 재능에 대한 자신감이 줄어듦에 따라 신앙심이 더욱 깊어졌다. 문학 평론가들은 그의 고취된 종교적 신앙심이 본인 작품에 대한 불만족의 결과였는지 아니면 그 반대였는지에 대해 논쟁한다. 어떤 경우이든, 그는 그 저명한 러시아 작가에게 그의 이전 작품이 죄스럽다는 것을 확신시킨 종교 지도자에게 조언을 구하기 시작했다. 그의 행동들을 속죄하기 위해, Gogol은 이미 허약했던 그의 체질을 크게 해치는 엄격한 금식 요법을 받아들였다. 그는 거의 십 년간 써 왔고 그가 이미 전반부를 발행했던 소설을 그만두었다. 어느 날 밤, 그는 악령이 자신을 벌할 것이라고 확신하며 남아 있는 원고를 벽난로에 태웠다.

① Gogol의 소설은 그가 종교를 알게 되고 나서 성공했다.
② 종교 조언자는 Gogol의 모든 소설 창작물을 축복했다.
③ Gogol은 자신에 대한 속죄로 식사를 그만두고 그의 책을 작업하는 것을 중단했다.
④ Gogol이 자신의 글쓰기 재능에 대해 자신만만 했다고 여겨진다.

포인트 해설

③번의 키워드인 gave up eating(식사를 그만두었다)을 바꾸어 표현한 지문의 fasting regime(금식 요법) 주변의 내용에서 자신의 행동들을 속죄하기 위해 Gogol은 엄격한 금식 요법을 받아들였고 전반부를 이미 발행했던 소설을 그만두었다고 했으므로, ③ 'Gogol은 자신에 대한 속죄로 식사를 그만두고 그의 책을 작업하는 것을 중단했다'가 지문의 내용과 일치한다.

[오답 분석]
① Nikolai Gogol은 삶이 끝나갈 무렵 신앙심이 더욱 깊어졌다고는 했지만, 그의 소설이 그가 종교를 알게 되고 나서 성공했는지는 알 수 없다.
② 종교 지도자가 Gogol에게 그의 이전 작품이 죄스럽다는 것을 확신시켰다고 했으므로, 종교 조언자가 Gogol의 모든 소설 창작물을 축복했다는 것은 지문의 내용과 반대이다.
④ Gogol은 그의 삶이 끝나갈 무렵 자신의 재능에 대한 자신감이 줄어들었다고 했지만, Gogol이 자신의 글쓰기 재능에 대해 자신만만했는지는 알 수 없다.

정답 ③

어휘

commentator 평론가, 논평자   spiritual 종교적인, 영적인, 정신적인
devotion 신앙심, 몰두, 헌신   guru 지도자, 권위자, 전문가
eminent 저명한, 탁월한   sinful 죄스러운, 사악한   atone 속죄하다
fasting 금식   regime 요법, 제도, 정권   fragile 허약한, 연약한
constitution 체질, 구성   flourish 성공하다, 번창하다
give up ~을 그만두다, 포기하다   cease 중단하다   repute 여기다, 생각하다
confident 자신만만한, 확신하는

10 | 독해 문단 순서 배열 | 난이도 중 ●●○

주어진 문장 다음에 이어질 글의 순서로 가장 적절한 것은?

> In the 1970s, climate change, nuclear proliferation, habitat loss, and other issues came to a head, and activists banded together to research and advocate for ways to solve the problems facing Earth and its inhabitants.

(A) While these activists took peaceful, measured approaches to their causes, some grew disillusioned with the slow progress that was being made and thought that more aggressive and confrontational action was warranted, which is why Canadian Captain Paul Watson founded The Sea Shepherd Conservation Society.

(B) In order to disrupt this illegal activity, the Sea Shepherd group directly confronts other boats, putting their ships between the whalers and their quarry, which sometimes leads to collisions, and throwing devices containing foul-smelling substances onto other boats in order to ruin their catch and prevent it from being sold.

(C) This conservation group is dedicated to protecting marine life and enforcing the international laws meant to protect it, such as the International Whaling Commission's 1982 ban on commercial whaling that is often violated by whaling ships that purport to be research vessels, exploiting a loophole that allows researchers to harvest whale meat if the animals are caught while conducting scientific studies.

① (A) – (B) – (C) 　② (A) – (C) – (B)
③ (B) – (A) – (C) 　④ (C) – (B) – (A)

해석

> 1970년대, 기후 변화, 핵 확산, 서식지 감소, 그리고 여타 문제들이 대두되었고, 운동가들은 지구와 그것의 주민들이 직면하고 있는 문제들을 해결할 방안을 연구하고 주장하기 위해 뭉쳤다.

(A) 그러한 운동가들이 평화롭고, 자신들의 주장에 대해 신중한 접근을 취하는 동안, 일부는 진행 중인 더딘 과정에 환멸을 느끼고, 더 공격적이고 대립적인 행동이 정당하다고 생각하게 되었는데, 이것이 캐나다의 Paul Watson 선장이 바다의 파수꾼 보전 협회를 설립한 이유이다.

(B) 이러한 불법 행위를 중단시키기 위해, 바다의 파수꾼 단체는 다른 배들과 직접적으로 대치하는데, 포경선과 그것의 사냥감 사이에 그들의 배를 놓아 때때로 충돌로 이어지기도 하며, 그들의 포획을 망치고 그것이 팔리는 것을 막기 위해 악취가 나는 물질이 든 폭탄을 다른 배들에 던지기도 한다.

(C) 이 보전 단체는 연구선이라고 주장하는 포경선들에 의해 종종 위반되는 상업적 포경을 1982년 국제포경위원회가 금지한 것과 같이, 해양 생물 보호와 그것을 보호하기 위한 국제법 집행에 전념하는데, 그것들(연구선이라고 주장하는 포경선들)은 과학 연구를 수행하는 동안 고래가 잡히는 경우 연구자들이 그 동물의 살점을 채취하는 것을 허가하는 허점을 이용한다.

포인트 해설

주어진 문장에서 운동가들은 지구가 직면하고 있는 문제들을 해결하기 위해 뭉쳤다고 언급한 뒤, (A)에서 그러한 운동가들(these activists) 가운데 더 공격적이고 대립적인 행동이 정당하다고 생각한 캐나다의 Paul Watson 선장이 바다의 파수꾼 보전 협회를 설립했다고 말하고 있다. 이어서 (C)에서 이 보전 단체(This conservation group)는 연구선이 과학 연구를 수행하는 동안 고래를 포획하게 되면 고래의 살점을 채취하도록 허가해 주는 허점을 이용하는 포경선들에 맞서 해양 생물을 보호하기 위해 전념한다고 하고, (B)에서 이러한 불법 행위(this illegal activity)를 중단시키기 위해 바다의 파수꾼 단체는 포경선들과 직접적으로 대치하여 충돌이나 악취 물질이 든 폭탄 투척까지도 불사한다고 설명하고 있다. 따라서 ② (A) – (C) – (B)가 정답이다.

정답 ②

어휘

proliferation 확산, 급증　habitat 서식지　band together 뭉치다
advocate 주장하다, 옹호하다　measured 신중한, 침착한
disillusion 환멸감을 느끼게 하다　aggressive 공격적인, 적극적인
confrontational 대립적인　conservation 보전, 보존
disrupt 중단시키다, 방해하다　quarry 사냥감, 채석장　collision 충돌
foul-smelling 악취 나는　substance 물질, 요지　ruin 망치다
dedicate 전념하다, 헌신하다　marine 해양의　enforce 집행하다, 강요하다
ban 금지; 금지하다　violate 위반하다　purport 주장하다
exploit 이용하다, 착취하다　loophole 허점, 빠져나갈 구멍
harvest 채취하다, 수확하다

해커스 공무원시험연구소 총평

난이도
비록 문법 영역에 까다로운 포인트들이 포함되어 있기는 했지만, 독해 영역이 비교적 쉽게 출제되어 전반적으로 무난하게 풀어낼 수 있었을 것입니다.

어휘·생활영어 영역
1번 문제의 오답 보기로 특정 동사(mislead)의 분사 형태(misleading)가 등장했습니다. 어휘 영역을 학습할 때 특정 단어가 파생된 동사까지 함께 외워 둔다면, 다양한 난이도의 어휘 문제에 효과적으로 대비할 수 있을 것입니다.

문법 영역
3번 문제의 보기 ①번에 쓰인 '조동사 should의 생략' 포인트는 최신 출제경향이므로, 기본 이론은 물론 관련 예문들까지 꼼꼼히 익혀 둡니다.

독해 영역
9번과 10번 문제처럼 일상적이고 쉬운 소재의 지문이 출제되는 경우 빠르고 정확하게 정답을 찾아낼 수 있습니다. 이때 단축한 풀이 시간을 다른 고난도 문제를 풀어내는 데 사용함으로써 고득점을 노려 볼 수 있습니다.

정답

01	①	어휘	06	③	독해
02	④	문법	07	②	독해
03	③	문법	08	④	독해
04	④	어휘	09	②	독해
05	①	생활영어	10	③	독해

취약영역 분석표

영역	맞힌 답의 개수
어휘	/ 2
생활영어	/ 1
문법	/ 2
독해	/ 5
TOTAL	/ 10

---

01 어휘 appropriate　　　　난이도 하 ●○○

밑줄 친 부분에 들어갈 말로 적절한 것은?

> During the meeting, he focused on providing _____ information that directly addressed the key concerns raised by the team.

① appropriate
② redundant
③ misleading
④ irrelevant

해석

회의 도중, 그는 팀에 의해 제기된 주요 우려 사항들을 직접적으로 다루는 적절한 정보를 제공하는 데 중점을 두었다.

① 적절한
② 불필요한
③ 호도하는
④ 무관한

정답 ①

어휘

address 다루다, 해결하다; 주소　concern 우려 사항; 영향을 미치다
raise 제기하다, 들어 올리다　appropriate 적절한, 고유한
redundant 불필요한, 정리 해고당한　misleading 호도하는
irrelevant 무관한, 부적절한

이것도 알면 합격!

appropriate(적절한)의 유의어
= relevant, applicable, opportune, pertinent

---

02 문법 수동태 | 부사절 | 수 일치 | 어순　　난이도 중 ●●○

밑줄 친 부분 중 어법상 옳지 않은 것은?

> ① Although there are many health warnings about the dangers of drugs, cigarettes, and alcohol, there isn't enough information being spread about the addictive nature of sugar. As obesity rates worldwide ② climb to their highest levels, more people are now aware of the types of foods they should avoid yet do not exert the willpower to stay away from them. Much of this can be attributed to an addiction to sugar and the way the body relies on its regular consumption. If one intends to ③ wean oneself off of a sugary diet, then refusing the temptation to consume food merely for the satisfaction it may provide ④ requires.

해석

비록 약물, 담배, 그리고 알코올의 위험성에 관한 많은 건강 경고가 있지만, 설탕의 중독성에 대해서는 충분한 정보가 퍼져 있지 않다. 전 세계의 비만율이 최고치로 상승함에 따라, 더 많은 사람들이 이제 자신이 피해야 하는 음식의 종류에 대해서 알고 있지만, 아직 그것들을 멀리하려는 의지력을 발휘하지 않고 있다. 이것의 대부분은 설탕에 대한 중독과 신체가 이것의 규칙적인 섭취에 의존하는 방식에 기인한 것일 수도 있다. 스스로가 설탕이 든 음식을 끊을 의향이 있다면, 단순히 음식이 줄 수 있는 만족감을 위해 음식을 섭취하고자 하는 유혹을 거부하는 것이 요구된다.

포인트 해설

④ **능동태·수동태 구별** 주어(refusing the temptation ~ provide)와 동사가 '거부하는 것이 요구된다'라는 의미의 수동 관계이므로 능동태 requires를 수동태 is required로 고쳐야 한다.

[오답 분석]

① **부사절 접속사** 절(there are ~ alcohol)과 절(there ~ sugar)을 연결하면서 '비록 ~ 많은 건강 경고가 있지만'이라는 의미를 나타내기 위해 양보를 나타내는 부사절 접속사 Although(비록 ~이지만)가 올바르게 쓰였다.

② **주어와 동사의 수 일치** 주어 자리에 복수 명사(obesity rates)가 왔으므로 복수 동사 climb이 올바르게 쓰였다.

③ **혼동하기 쉬운 어순** '동사(wean) + 부사(off)'로 이루어진 구동사는, 목적어가 대명사(oneself)이면 '동사(wean) + 대명사(oneself) + 부사(off)'의 어순으로 쓰이므로 wean oneself off가 올바르게 쓰였다.

정답 ④

어휘

addictive 중독성이 있는 obesity 비만 exert 발휘하다, (힘을) 행사하다
willpower 의지력 be attributed to ~에 기인하다
wean off ~가 –을 끊게 하다 temptation 유혹 satisfaction 만족(감)

이것도 알면 합격!

구동사의 목적어가 명사인 경우 '동사 + 부사 + 명사' 또는 '동사 + 명사 + 부사' 순으로 모두 쓸 수 있다는 것도 알아 두자.
· The flight attendant showed me how to (put on a life jacket, put a life jacket on).
승무원은 내게 구명조끼를 착용하는 방법을 보여 주었다.

---

03 문법 to 부정사 | 조동사 | 어순 | 관계절 | 도치 구문
난이도 중 ●●○

어법상 옳지 않은 것은?

① A city council member suggested that the old building be restored and converted into a museum.

② He asked her how well she knew the student with whom she was paired for the sociology assignment.

③ Seeing a psychiatrist is no longer stigmatized because people recognize that the need sharing one's feelings is essential for good health.

④ Only after achieving a healthy work-life balance can individuals truly enjoy their careers.

해석

① 시 의회 의원은 그 낡은 건물이 복구되고 박물관으로 개조될 것을 제안했다.

② 그는 그녀가 사회학 과제를 위해 짝이 된 그 학생을 얼마나 잘 아는지 물어보았다.

③ 사람들이 개인의 감정을 공유할 필요성이 건강에 필수적임을 인정하기 때문에 정신과 의사를 만나는 것은 더 이상 오명을 쓰지 않는다.

④ 건강한 일과 삶의 균형을 이루고 나서야 개개인은 진정으로 자신의 직업을 즐길 수 있다.

포인트 해설

③ **to 부정사 관련 표현** 명사 need는 to 부정사를 취하므로 sharing을 to 부정사 to share로 고쳐야 한다.

[오답 분석]

① **조동사 should의 생략** 주절에 제안을 나타내는 동사 suggest가 오면 종속절에는 '(should +) 동사원형'이 와야 하므로, 종속절에 (should) be restored and converted가 올바르게 쓰였다.

② **어순 | 전치사 + 관계대명사** 간접 의문문은 '의문사 + 주어 + 동사'의 어순이 되어야 하므로 how well she knew the student가 올바르게 쓰였다. 또한, 완전한 절(she was paired for the sociology assignment) 앞에는 '전치사 + 관계대명사' 형태가 올 수 있고, 문맥상 '그 학생과 짝이 되다'라는 의미가 되어야 자연스러우므로 전치사 with(~와)가 관계대명사 whom 앞에 와서 with whom이 올바르게 쓰였다.

④ **도치 구문** 제한을 나타내는 부사구(Only after achieving a healthy work-life balance)가 강조되어 문장의 맨 앞에 오면 주어와 조동사가 도치되어 '조동사(can) + 주어(individuals) + 동사(enjoy)'의 어순이 되므로 can individuals truly enjoy가 올바르게 쓰였다.

정답 ③

어휘

city council 시 의회 convert 개조하다 pair 짝으로 만들다; 한 쌍
sociology 사회학 psychiatrist 정신과 의사
stigmatize 오명을 쓰다, 낙인을 찍다

이것도 알면 합격!

③번의 명사 need처럼, to 부정사를 취하는 다른 명사들도 함께 알아 두자.

· chance to ~할 기회	· opportunity to ~할 기회
· time to ~할 시간	· way to ~할 방법
· right to ~할 권리	

---

04 어휘 broach = bring up
난이도 중 ●●○

밑줄 친 부분의 의미와 가장 가까운 것은?

The veteran spent years trying to forget the war and became perturbed whenever anyone broached the subject. If it was mentioned in any way, it always reminded him of painful memories.

① brought forth
② brought down
③ brought off
④ brought up

해석

그 참전 용사는 전쟁을 잊으려고 노력하면서 수년을 보냈고 누군가 그 화제를 꺼낼 때마다 불안해졌다. 그것이 어떤 식으로든 언급되면, 그것은 항상 그에게 고통스러운 기억들을 상기시켰다.

① ~을 낳았다
② ~를 실망시켰다
③ ~을 해냈다
④ ~을 꺼냈다

정답 ④

veteran 참전 용사, 전문가　perturbed 불안한, 혼란된
broach (화제를) 꺼내다　bring forth ~을 낳다
bring down ~를 실망시키다, ~를 쓰러뜨리다　bring off ~을 해내다
bring up ~을 꺼내다, 제기하다

이것도 알면 **합격!**

broach(꺼내다)의 유의어
= raise, mention, cite

---

05 생활영어 I'll keep it in mind.　난이도 중 ●●○

밑줄 친 부분에 들어갈 말로 가장 적절한 것은?

A: I heard that Gina and Jackie have had yet another falling-out.
B: Oh no. They're both coming to my dinner party tonight.
A: Yeah, I thought I should give you a heads-up.
B: OK. _____. Is there anything else I should know?
A: I'm not really sure, to be honest. But they're not talking anymore, so keep them separate.
B: Thanks for telling me.

① I'll keep it in mind
② I'll take it out on them
③ I'll sort it out for them
④ I'll believe it when I see it

해석

A: Gina와 Jackie는 또 다시 사이가 틀어졌다고 들었어.
B: 이런. 둘 다 오늘 밤 나의 저녁 파티에 올 거야.
A: 맞아, 네게 주의를 주는 것이 좋겠다는 생각이 들었어.
B: 알았어. 명심할게. 내가 알아야 할 또 다른 것이 있을까?
A: 솔직히 말하자면, 나도 잘 몰라. 그렇지만 그들은 더 이상 서로 이야기하지 않으니까, 떨어뜨려 놔.
B: 말해줘서 고마워.

① 명심할게
② 내가 그들에게 화풀이를 할게
③ 그들을 위해 내가 해결할게
④ 직접 보면 믿을게

포인트 해설

Gina와 Jackie의 사이가 틀어졌다고 들었다는 A의 말에 대해 B가 그들이 자신의 저녁 파티에 올 것이라고 대답한 후, 빈칸 앞에서 A가 I thought I should give you a heads-up(네게 주의를 주는 것이 좋겠다는 생각이 들었어)이라고 말하고 있으므로, '명심할게'라는 의미의 ① 'I'll keep it in mind'가 정답이다.

정답 ①

---

have falling-out 사이가 틀어지다　heads-up 주의, 경고
take out on ~에게 화풀이를 하다　sort out ~을 해결하다, 선별하다

이것도 알면 **합격!**

주의를 줄 때 쓸 수 있는 다양한 표현들을 알아 두자.
· Don't pass the buck to someone else. 남에게 책임을 전가하지 마.
· You're straying from the point. 너는 논점에서 벗어나고 있어.
· Don't make a hasty judgment. 성급하게 판단하지 마.
· You can't please the whole world. 모든 것을 다 만족시킬 순 없어요.

---

06 독해 무관한 문장 삭제　난이도 중 ●●○

다음 글의 흐름상 어색한 문장은?

The deleterious effect that counterfeit money has had on the economy cannot be understated. ① The gravest impact comes in the form of inflation. ② The disruption in the economy begins when the forged money hits the market and suddenly there is more currency circulating than there should rightfully be, the domino effect being the subsequent outcome. ③ After all, the economy is predicated upon a free market that provides consumers with a choice of goods and services. ④ Following the increase in available money, people's purchasing power likewise swells, which then leads to a rise in demand for goods. As a consequence of the spike in demand, the supply of goods runs short and prices go up.

해석

위조지폐가 경제에 미쳐 온 해로운 영향은 축소해서 말해질 수 없다. ① 가장 심각한 영향은 인플레이션의 형태로 나타난다. ② 경제의 붕괴는 위조된 돈이 시장에 유입되어 마땅히 그래야 하는 것보다 더 많은 통화가 급작스럽게 유통될 때 시작되고, 도미노 효과가 뒤따르는 결과이다. ③ 결국, 경제는 소비자들에게 상품과 서비스에 대한 선택권을 제공하는 자유 시장에 입각한다. ④ 사용 가능한 돈의 증가 이후에, 사람들의 구매력도 마찬가지로 증가하고, 이는 후에 상품에 대한 수요의 증가로 이어진다. 수요 급증의 결과로, 상품의 공급이 부족해지고 가격이 올라간다.

포인트 해설

첫 문장에서 위조지폐가 경제에 미쳐 온 해로운 영향은 축소해서 말해질 수 없다고 언급하고, ①, ②, ④번에서 '위조지폐의 가장 해로운 영향 형태와 그것이 나타나는 과정'에 대해 설명하고 있다. 그러나 ③번은 '자유 시장에 입각하게 되는 경제'에 대한 내용으로, 위조지폐가 경제에 미치는 악영향에 대해 말하는 첫 문장의 내용과 관련이 없다.

정답 ③

deleterious 해로운　counterfeit 위조의　understate 축소해서 말하다
grave 심각한; 무덤　disruption 붕괴　forge 위조하다　currency 통화
circulate 유통하다　rightfully 마땅히　predicate 입각시키다, 근거를 두다
likewise 마찬가지로　swell 증가하다, 부풀다　spike 급증; 찌르다

07 독해 주제 파악   난이도 중 ●●○

다음 글의 주제로 가장 적절한 것은?

For species that form monogamous male-female pairs, such as swans and penguins, living as a duo can provide benefits for both survival and the rearing of offspring. However, their monogamy requires that these species should maintain a fairly stable sex ratio to guarantee their long-term survival. Unfortunately, the ratio of males to females can occasionally go too high and become unbalanced. Interestingly, Japanese termites have evolved a unique behavioral strategy to deal with this situation when it arises: males will pair up and live with another male if there happens to be a female shortage. Because these insects do not do well individually, being part of a pair boosts the survival chances of both individuals and increases their odds of overcoming the female drought.

① factors that may contribute to an unbalanced sex ratio
② an insect's tactic for dealing with a dearth of females
③ disadvantages of same-sex pairings in Japanese termite species
④ the termite's survival strategy for withstanding droughts

해석

백조와 펭귄 같이 일웅일자의 수컷–암컷 한 쌍을 이루는 종들에게, 한 쌍으로 살아가는 것은 생존과 새끼를 기르는 것 모두에 이점을 제공할 수 있다. 하지만, 그들의 일웅일자는 그러한 종들이 장기 생존을 보장하려면 상당히 안정적인 성비를 유지해야 한다는 것을 요구한다. 유감스럽게도, 암컷 대비 수컷의 비율은 종종 너무 높아져 불균형하게 될 수 있다. 흥미롭게도, 일본 흰개미들은 이 상황이 발생했을 때 대처하기 위해 독특한 행동 전략을 발전시켜 왔는데, 암컷이 부족하게 되면 수컷들이 다른 수컷과 짝을 지어 함께 사는 것이다. 이 곤충들은 개별적으로는 잘 살지 못하기 때문에 한 쌍의 일부분이 되는 것은 양측 개체의 생존 가능성을 높이고 그것들이 암컷 부족을 극복할 가능성을 높인다.

① 불균형한 성비의 원인이 될 수 있는 요인들
② 암컷의 부족을 해결하기 위한 한 곤충의 전략
③ 일본 흰개미 종의 동성 짝짓기의 약점
④ 부족을 견디기 위한 흰개미의 생존 전략

포인트 해설

지문 전반에 걸쳐 안정적인 성비 유지를 요구하는 일웅일자의 종들에게서 암컷 대비 수컷의 비율이 종종 너무 높아질 수 있는데, 일본 흰개미들은 그러한 상황이 발생하면 수컷들이 다른 수컷과 짝을 지어 함께 사는 독특한 행동 전략을 통해 생존 가능성을 높였다고 설명하고 있다. 따라서 ② '암컷의 부족을 해결하기 위한 한 곤충의 전략'이 이 글의 주제이다.

정답 ②

어휘

monogamous 일웅일자의 rear 기르다 offspring 자손 stable 안정적인
sex ratio 성비 guarantee 보장하다 termite 흰개미 pair up 짝을 이루다
boost 높이다, 신장시키다 odds 가능성 drought 부족, 가뭄
contribute 원인이 되다, 기여하다 tactic 전략, 전술 dearth 부족, 결핍
disadvantage 약점 withstand 견디어 내다, 저항하다

08 독해 빈칸 완성 – 연결어   난이도 중 ●●○

밑줄 친 (A), (B)에 들어갈 말로 가장 적절한 것은?

The concept of bad faith is notoriously difficult to identify within a traditional legal framework even though it is sometimes used by judges to explain the reasoning behind certain rulings. Typically, when someone acts in bad faith, it means they have acted unfairly in their dealings with others without being outright deceptive. ___(A)___, if an insurer denies coverage to someone without an explanation, he will have acted in bad faith. While this is obviously not a praiseworthy way to behave, those deemed guilty of acting in bad faith will not necessarily be charged. ___(B)___, conviction is reserved for those who, acting in bad faith, also commit fraud. This is what happens when one party is found to have purposely misled another under the auspices of ill will by making fictitious statements.

	(A)	(B)
①	Moreover	Therefore
②	Nevertheless	Indeed
③	In contrast	Furthermore
④	For instance	Rather

해석

부정직의 개념은 이것이 때때로 판사들에 의해 특정 판결의 이면에 놓인 사유를 설명하는 데 사용됨에도 불구하고, 기존의 법체계 내에서 확인하기 어렵기로 악명 높다. 일반적으로 어떤 사람이 부정직하게 행동할 경우, 이것은 그들이 다른 사람들을 대하는 데 있어서 노골적으로 속이지는 않은 채 부정하게 행동했음을 의미한다. (A) 예를 들어, 한 보험업자가 어떠한 설명 없이 누군가에 대한 보상을 거부한다면, 그는 부정직하게 행동하는 것이다. 분명히 이것은 칭찬할 만한 행동 방식은 아니지만, 부정직한 행동을 저질렀다고 여겨지는 이들이 반드시 기소되지는 않을 것이다. (B) 오히려, 유죄 선고는 부정직하게 행동하면서 사기죄도 저지르는 이들에게 남겨진다. 이는 한 당사자가 악의를 품고 허위 진술을 함으로써 다른 당사자를 고의로 속였음이 밝혀질 때 벌어지는 일이다.

	(A)	(B)
①	게다가	그러므로
②	그럼에도 불구하고	사실
③	대조적으로	뿐만 아니라
④	예를 들어	오히려

포인트 해설

(A) 빈칸 앞 문장은 부정직하게 행동하는 것은 다른 사람들을 노골적으로 속이지는 않은 채 부정하게 행동했음을 의미한다는 내용이고, 빈칸 뒤 문장은 한 보험업자의 부정직한 행동을 예시로 드는 내용이다. 따라서 빈칸에는 예시를 나타내는 연결어인 For instance(예를 들어)가 들어가야 한다.
(B) 빈칸 앞 문장은 부정직한 행동을 저질렀다고 여겨지는 이들이 반드시 기소되지는 않을 것이라는 내용이고, 빈칸 뒤 문장은 유죄 선고는 부정직하게 행동하며 사기죄도 저지르는 이들에게 남겨진다는 대조적인 내용이다. 따라서 빈칸에는 대조를 나타내는 연결어인 Rather(오히려)가 들어가야 한다.

정답 ④

어휘

bad faith 부정직, 불성실, 배신 notoriously 악명 높게
framework 체계, 체제, 틀 reasoning 사유, 논거, 논증
outright 노골적으로; 노골적인, 완전한 deceptive 속이는 insurer 보험업자
coverage 보상, 보도, 범위 praiseworthy 칭찬할 만한
conviction 유죄 선고, 신념 reserve 남겨 두다, 보존하다
commit fraud 사기죄를 저지르다 purposely 고의로
mislead 속이다, 오도하다 fictitious 허위의, 허구의

구문 분석

(생략), those deemed guilty of acting in bad faith / will not necessarily be charged.

: 이처럼 과거분사(deemed ~)가 명사(those)를 꾸며 주는 경우, '~해진 명사' 또는 '~된 명사'라고 해석한다.

09 독해 빈칸 완성 – 구 난이도 하 ●○○

밑줄 친 부분에 들어갈 말로 가장 적절한 것은?

An important step in coping with your grief after the loss of someone is to find a reliable form of emotional support. You can turn to a family member or friend who will listen to you in your time of hardship. Or, you can lean on your faith to guide you through the difficult time of mourning. Having faith may allow you to gain strength if you believe that person has found peace in the afterlife. Another coping strategy is to find other people who have also _____. In a grief-counseling group, you can learn that you are not alone in your pain and begin the healing process. Sometimes, relating to other people's suffering is the most effective way of expressing your grief.

① forgotten important life lessons
② suffered the death of a loved one
③ had a religious experience
④ learned to heal through therapy

해석

누군가를 잃은 후 슬픔에 대처하는 한 가지 중요한 단계는 의지가 되는 정서적 지지의 형태를 찾는 것이다. 당신은 고난의 시기에 당신의 말을 들어 줄 가족 구성원이나 친구에게 의지할 수 있다. 혹은, 그 힘든 비탄의 시기에서 벗어나도록 당신을 인도하는 신앙에 기댈 수도 있다. 만약 당신이 사람이 내세에서 평온을 찾는다는 것을 믿는다면, 신앙을 가지는 것은 당신이 힘을 얻도록 할 수 있다. 또 다른 대처 방법은 마찬가지로 사랑하는 사람의 죽음으로 고통받아 온 다른 사람들을 찾는 것이다. 슬픔 상담 집단에서, 당신은 고통 속에 홀로 있는 것이 아님을 알고 나서 치유 과정을 시작할 수 있다. 때때로, 다른 사람의 고통에 공감하는 것은 당신의 슬픔을 드러내는 가장 효과적인 방법이다.

① 중요한 삶의 교훈을 잊은
② 사랑하는 사람의 죽음으로 고통받은
③ 종교적인 경험을 가진
④ 치료를 통해 치유하는 법을 알게 된

포인트 해설

빈칸 뒷부분에서 슬픔 상담 집단에서 스스로가 고통 속에 홀로 있는 것이 아님을 알 수 있고, 다른 사람의 고통에 공감하는 것이 때때로 슬픔을 드러내는 가장 효과적인 방법이라고 했으므로, 또 다른 대처 방법은 마찬가지로 '사랑하는 사람의 죽음으로 고통받아' 온 다른 사람들을 찾는 것이라고 한 ②번이 정답이다.

정답 ②

어휘

cope with ~에 대처하다 grief 슬픔 reliable 의지가 되는
turn to ~에 의지하다 hardship 고난, 어려움 lean on ~에 기대다
faith 신앙, 종교 mourning 비탄, 애도, 슬픔 afterlife 내세, 사후 세계
relate to ~에 공감하다, ~와 관련되다

10 독해 문장 삽입 난이도 하 ●○○

주어진 문장이 들어갈 위치로 가장 적절한 곳은?

Many experts recommend beginning with mild physical activity and progressing to a more strenuous regimen over time.

When developing an exercise routine, it is important to first set a concrete time every day. (①) Once you decide when to do your workout, you should not deviate from it. (②) Maintaining a strict routine should be easy if you immerse yourself in it gradually. (③) This may involve doing stretches and lifting light weights in the initial weeks and then building up to running and more complex exercises. (④) Staying realistic about what you are able to handle at various stages of your fitness will ultimately help you to establish consistency over a longer period of time.

해석

많은 전문가들은 가벼운 신체 활동으로 시작한 다음 시간이 지남에 따라 더 격렬한 운동 요법으로 진행해 나갈 것을 추천한다.

운동 일정을 세울 때는, 먼저 매일 명확한 시간을 정하는 것이 중요하다. ① 당신이 운동할 시간을 정하고 나면, 이것에서 벗어나서는 안 된다. ② 스스로 이것에 점차 몰두하면 엄격한 일정을 유지하기가 수월해질 것이다. ③ 이는 처음 몇 주에 스트레칭을 하고 가벼운 역기를 들어 올리는 것, 그 후에는 달리기나 더 복잡한 운동으로 강도를 높이는 것을 포함할 수 있다. ④ 운동의 여러 단계에서 당신이 감당할 수 있는 것을 실현 가능하게 유지하는 것은 결국 더 오랜 기간 일관성이 자리 잡히도록 당신을 도울 것이다.

포인트 해설

③번 뒤 문장에 이것(This)은 처음 몇 주 동안 스트레칭과 가벼운 역기 들어 올리기를, 그 후에 더 복잡한 운동으로 강도를 높이는 것을 포함할 수 있다는 내용이 있으므로, ③번 자리에 많은 전문가들이 가벼운 신체 활동으로 시작한 다음 시간이 지남에 따라 더 격렬한 운동 요법으로 진행해 나갈 것을 추천한다는 내용, 즉 점진적으로 강도를 높여 가는 운동을 권고하는 주어진 문장이 나와야 지문이 자연스럽게 연결된다.

정답 ③

어휘

strenuous 격렬한   regimen 운동 요법, 식이 요법   concrete 명확한
workout 운동   deviate 벗어나다   immerse 몰두시키다
gradually 서서히, 차차   initial 처음의, 초기의
establish 자리 잡게 하다, 확립하다   consistency 일관성

정답 ③

해커스 공무원시험연구소 총평

난이도	다양한 난이도의 문제가 골고루 출제됨에 따라, 효율적인 시간 분배가 중요한 회차였습니다.
어휘·생활영어 영역	1번 문제의 정답 보기로 비교적 생소할 수 있는 뜻으로 쓰인 동사(Challenge)가 등장했습니다. 어휘를 암기할 때 자주 쓰이지 않는 뜻도 함께 외워 두는 것은 고득점을 위해 반드시 필요한 전략입니다.
문법 영역	동사의 종류 포인트는 출제된 동사의 여러 가지 쓰임을 정확하게 파악하고 있어야 정·오답 여부를 가려낼 수 있습니다. 4번 문제의 '이것도 알면 합격'에 제공된, 수동태로 쓸 수 없는 자동사들도 함께 알아 둡니다.
독해 영역	8번 문제와 같은 글의 감상 유형은 한동안 출제되지 않다가, 최근 국가직 9급 시험에 다시 등장했습니다. 화자의 심경을 파악하는 문제의 경우, 보기로 제시된 형용사들의 의미를 먼저 파악한 후 지문을 읽으면 문맥을 파악해 나가면서 오답도 함께 소거할 수 있습니다.

정답

01	③	어휘	06	③	독해
02	③	어휘	07	②	독해
03	①	생활영어	08	④	독해
04	③	문법	09	①	독해
05	①	문법	10	④	독해

취약영역 분석표

영역	맞힌 답의 개수
어휘	/ 2
생활영어	/ 1
문법	/ 2
독해	/ 5
TOTAL	**/ 10**

---

01 어휘 challenge 난이도 중 ●●○

밑줄 친 부분에 들어갈 말로 가장 적절한 것은?

As a critical thinker, he never hesitates to _____ authority when he sees inconsistencies.

① accept
② incite
③ challenge
④ uphold

해석

비판적 사고가로서, 그는 모순을 목격했을 때 권위에 이의를 제기하는 것을 결코 망설이지 않는다.

① 받아들이다
② 선동하다
③ 이의를 제기하다
④ 유지시키다

정답 ③

어휘

critical 비판적인 hesitate 망설이다 authority 권위, 권력, 권한, 당국
inconsistency 모순, 불일치 accept 받아들이다 incite 선동하다, 자극하다
challenge 이의를 제기하다, 도전하다; 도전 uphold 유지시키다, 옹호하다

🔑 이것도 알면 **합격!**

challenge(이의를 제기하다)의 유의어
= impugn, question, dispute, dare

---

02 어휘 versatile 난이도 중 ●●○

밑줄 친 부분에 들어갈 말로 가장 적절한 것은?

Centuries ago, _____ people were considered as the most accomplished. Scholars were also great athletes, and scientists were artists as well as researchers.

① gentle
② pleasant
③ versatile
④ incompetent

해석

수 세기 전에는, 다재다능한 사람들이 가장 뛰어난 사람들로 여겨졌다. 학자들은 뛰어난 운동선수이기도 했고, 과학자들은 연구원이자 예술가이기도 했다.

① 온화한
② 상냥한
③ 다재다능한
④ 무능한

정답 ③

어휘

accomplished 뛰어난, 성취한, 재주가 많은 gentle 온화한, 가벼운
pleasant 상냥한, 쾌적한 versatile 다재다능한 incompetent 무능한

🔑 이것도 알면 **합격!**

versatile(다재다능한)의 유의어
= multi-talented, multifaceted, well-rounded, all-round

03   생활영어 Do you have any idea what could be wrong?   난이도 하 ●○○

밑줄 친 부분에 들어갈 말로 가장 적절한 것은?

> A: How's that secondhand car you bought working out?
> B: Hmm, it's not bad, but not so good. It has a critical problem.
> A: What is it?
> B: The car seems to go through a lot of gas really quickly. _____?
> A: Well, it might be low tire pressure. Gas mileage decreases when tires are underinflated, you know.
> B: Really? I had no idea.

① Do you have any idea what could be wrong
② Can you tell me where I can go to fix it
③ Have you ever had your tires checked
④ How much gas should it use per kilometer

해석

> A: 네가 산 중고차는 어떻게 작동하고 있어?
> B: 흠, 나쁘지않지만, 그렇게 좋지도 않아. 치명적인 문제가 하나 있어.
> A: 그게 뭔데?
> B: 그 차는 많은 기름을 너무 빠르게 소모하는 것 같아. 혹시 무엇에 이상이 있는 것일지 아니?
> A: 글쎄, 타이어 기압이 낮아서일지도 몰라. 타이어에 충분히 공기가 들어 있지 않으면 연비가 감소하잖아.
> B: 정말? 전혀 몰랐어.

① 혹시 무엇에 이상이 있는 것일지 아니
② 어디에 가면 이것을 고칠 수 있는지 알려 줄 수 있어
③ 타이어를 점검받은 적 있어
④ 킬로미터당 기름을 얼마나 많이 소모해야 하니

포인트 해설

구매한 중고차가 잘 작동하는지 묻는 A의 질문에 대해 B가 많은 기름을 너무 빠르게 소모하는 것 같다고 대답한 후, 빈칸 뒤에서 다시 A가 it might be low tire pressure(타이어 기압이 낮아서일지도 몰라)라고 말하고 있으므로, '혹시 무엇에 이상이 있는 것일지 아니'라는 의미의 ① 'Do you have any idea what could be wrong'이 정답이다.

정답 ①

어휘

secondhand 중고의   go through ~을 다 써 버리다, 살펴보다
gas mileage 연비   underinflated 충분히 공기가 들어 있지 않은

이것도 알면 **합격!**

도움을 요청할 때 쓸 수 있는 다양한 표현들을 알아 두자.

· Can I ask you for a favor? 부탁 하나만 해도 될까?
· Could you fill me in? 저에게 좀 알려 주시겠어요?
· Could you try to fix it for me, please?
  저를 위해 이것 좀 수리해 주실 수 있나요?
· Could you support us? 우리를 지원해 주실 수 있나요?

04   문법 수동태 | 동사의 종류 | 병치 구문 | 전치사   난이도 중 ●●○

어법상 옳은 것은?

① Tony did not expect to spot with his high school friend on the bus.
② After taking a quick shower, he was ready and dress for work.
③ The student assembly is held in the auditorium once a month on a Friday.
④ The household duties are shared among husband and wife.

해석

① Tony는 그의 고등학교 친구를 버스에서 보게 될 줄은 예상하지 못했다.
② 재빨리 샤워를 한 후, 그는 출근할 채비를 마쳤다.
③ 학생 조회는 한 달에 한 번 금요일에 강당에서 열린다.
④ 집안일은 남편과 아내 사이에서 분담된다.

포인트 해설

③ **능동태·수동태 구별** 주어(The student assembly)와 동사가 '학생 조회가 열리다'라는 의미의 수동 관계이므로 수동태 is held가 올바르게 쓰였다.

[오답 분석]

① **타동사** 동사 spot은 전치사(with) 없이 목적어(his high school friend)를 바로 취하는 타동사이므로 spot with를 spot으로 고쳐야 한다.

② **병치 구문** 접속사로 연결된 병치 구문에서는 같은 품사나 구조끼리 연결되어야 하는데, 접속사(and) 앞에 형용사 ready가 왔으므로 and 뒤에도 형용사가 와야 한다. 따라서 dress를 형용사 dressed로 고쳐야 한다.

④ **전치사** 문맥상 '남편과 아내 사이에서'라는 의미가 되어야 자연스러우므로 '셋 이상의 그룹 사이'를 의미하는 전치사 among을 '둘 사이'를 의미하는 전치사 between으로 고쳐야 한다.

정답 ③

어휘

spot 보다, 발견하다; 점   assembly 조회, 의회, 회의   auditorium 강당

이것도 알면 **합격!**

아래 동사들은 타동사로 혼동하기 쉽지만, 1형식·2형식 동사로 수동태로 쓸 수 없다는 것을 알아 두자.

· remain ~인 채로 남아 있다	· consist 이루어져 있다
· emerge 나타나다/부상하다	· occur 일어나다
· range 범위에 이르다	· result 결과로 생기다/끝나다
· arise 발생하다	· belong 속하다
· rise 일어나다	· wait 기다리다

---

05 문법 동사의 종류 | 동명사 | 조동사 | 시제 | 숙어 | 부사절

난이도 중 ●●○

우리말을 영어로 잘못 옮긴 것은?

① 안정적인 경력을 쌓고자 하는 욕구가 그녀가 다른 기회들을 찾아보는 것을 막았다.
→ The need to build a stable career prevented her from find other opportunities.

② 어린 학생들은 그들의 운전에 대해 아무리 조심스러워도 지나치지 않고 추가 연습 후에 운전해야 한다.
→ Young students cannot be too cautious about their driving and must drive after extra practice.

③ 그녀는 예상치 못하게 실직했고, 엎친 데 덮친 격으로 그녀의 차도 같은 날 고장 났다.
→ She lost her job unexpectedly, and what was worse, her car broke down the same day.

④ 그는 크리스마스 아침까지 도착하기로 약속했었기 때문에, 아무리 피곤하더라도 계속해서 티켓을 검색했다.
→ Because he had promised to arrive by Christmas morning, he continued looking for a ticket no matter how tired he was.

포인트 해설

① **타동사 | 동명사의 역할** 동사 prevent는 목적어 뒤에 전치사 from을 써서 'prevent + 목적어(her) + from'(~을 -으로부터 막다)의 형태를 취하는데, 전치사 from 뒤에는 명사 역할을 하는 것이 와야 하므로 find를 명사 역할을 하며 전치사의 목적어 자리에 올 수 있는 동명사 finding으로 고쳐야 한다.

[오답 분석]

② **조동사 관련 표현** '아무리 조심스러워도 지나치지 않다'는 조동사 관련 숙어 표현 'cannot ~ too'(아무리 ~해도 지나치지 않다)의 형태로 나타낼 수 있으므로 cannot be too cautious가 올바르게 쓰였다.

③ **과거 시제 | 숙어 표현** '실직했다'와 '고장 났다'라는 이미 끝난 과거의 사실을 표현하고 있으므로 과거 시제 lost와 broke down이 올바르게 쓰였다. 또한, '엎친 데 덮친 격으로'라는 의미의 숙어 표현 what is worse의 과거형인 what was worse도 올바르게 쓰였다.

④ **부사절 접속사** '아무리 피곤하더라도'는 복합관계부사 however(아무리 ~하더라도)를 사용하여 나타낼 수 있는데, 복합관계부사 however는 'no matter + 의문사(how)'의 형태로 바꾸어 쓸 수 있으므로 no matter how tired he was가 올바르게 쓰였다.

정답 ①

어휘

stable 안정적인, 차분한 cautious 조심스러운 break down 고장 나다

🖋 **이것도 알면 합격!**

자동사로 착각하기 쉬운 타동사들을 알아 두자.

• discuss ~에 대해 토론하다	• accompany ~와 함께하다
• explain ~에 대해 설명하다	• survive ~보다 오래 살다
• address ~에게 연설하다	• attend ~에 참석하다
• greet ~에게 인사하다	• inhabit ~에 살다
• resemble ~와 닮다	• obey ~에 복종하다
• join ~와/~에 합류하다	• affect ~에 영향을 미치다

---

06 독해 문장 삽입

난이도 하 ●○○

주어진 문장이 들어갈 위치로 가장 적절한 곳은?

It offered European economies billions of dollars in exchange for the lifting of trade barriers.

Following the victory of the Allied Forces in 1945, the U.S. was the only nation that had not sustained significant economic damage. (①) Meanwhile, production and trade were at a complete standstill in Europe because industrial infrastructure had been especially hard-hit. (②) The U.S. viewed this situation as an opportunity to prosper. (③) Most European countries agreed as they were in desperate need of capital. (④) However, so much had been destroyed in the war that they had no choice but to spend most of the aid money on materials they imported from the U.S.

해석

그 국가는 무역 장벽을 철폐하는 대가로 유럽 경제에 수십억 달러를 제시했다.

1945년 연합군의 승리 이후, 미국은 심각한 경제적 피해를 입지 않았던 유일한 국가였다. ① 한편, 유럽에서는 산업 기반이 특히 큰 타격을 입었기 때문에 생산과 무역이 완전한 침체 상태였다. ② 미국은 이러한 상황을 번영할 기회라고 보았다. ③ 대부분의 유럽 국가들은 자본이 절실히 필요했기 때문에 동의했다. ④ 하지만 전쟁 중에 너무 많은 것들이 파괴되어서 그 결과 그들은 원조금의 대부분을 그들이 미국에서 수입했던 물자에 쓸 수밖에 없었다.

포인트 해설

③번 앞 문장에 미국은 생산과 무역이 완전한 침체 상태인 유럽의 상황을 번영할 기회로 보았다는 내용이 있고, ③번 뒤 문장에 대부분의 유럽 국가들은 자본이 절실히 필요했기 때문에 동의했다는 내용이 있으므로, ③번 자리에 그 국가(It)는 무역 장벽 철폐를 대가로 유럽 경제에 수십억 달러를 제시했다는 내용, 즉 유럽의 경기 침체를 기회 삼아 미국이 유럽에 제시한 조건이 무엇이었는지 설명하는 주어진 문장이 나와야 지문이 자연스럽게 연결된다.

정답 ③

어휘

lift 철폐하다, 들어 올리다 sustain (피해·손실·충격 등을) 입다, 당하다, 유지하다
standstill 침체, 정지 infrastructure 기반, 사회 기반 시설
hard-hit 큰 타격을 입은 prosper 번영하다, 성공하다
in need of ~이 필요한 desperate 절실한, 필사적인, 극단적인
capital 자본(금), 수도; 대문자의 import 수입하다, 의미하다

07 독해 빈칸 완성 – 단어 난이도 중 ●●○

밑줄 친 부분에 들어갈 말로 가장 적절한 것은?

Many people enjoy shopping at big-box stores because they offer a wide array of bulk items at lower-than-average prices. In light of such convenience and value, it can easily be _____ that many of these so-called supercenters have a seriously negative impact on local economies. Because nearly everything sold in these establishments is produced cheaply overseas, thousands of domestic manufacturing jobs become unnecessary when they open. In addition, local specialty shops are usually unable to compete and go out of business because cheaper versions of the products they sell can be found at megastores. But the appeal of one-stop shopping has become so great among the masses that they rarely stop to think about the long-term consequences of their actions.

① authorized　　　　② overlooked
③ emphasized　　　　④ overrated

해석

대형 상점은 대량으로 판매되는 다수의 상품을 평균보다 더 저렴한 가격에 제공하기 때문에 많은 사람들이 그곳에서 쇼핑을 즐긴다. 그러한 편의와 가격을 고려하면, 다수의 그러한 소위 대형 쇼핑센터가 지역 경제에 심각하게 부정적인 영향을 미친다는 점은 쉽게 간과될 수 있다. 이러한 영업소에서 판매되는 거의 모든 것은 외국에서 저렴하게 생산되기 때문에, 그것들이 개점하면 국내 수천 개의 제조업 일자리는 불필요해진다. 게다가, 지역 특산품 상점이 판매하는 상품의 더 값싼 형태를 초대형 상점에서 찾을 수 있기 때문에 이들은 대개 경쟁할 수 없어서 폐업한다. 그러나 대중들 사이에서 한 상점에서 각종 상품을 다 살 수 있는 쇼핑의 매력이 너무 커져서 그들은 자신들의 행동이 갖는 장기적 영향을 좀처럼 생각해 보지 않는다.

① 인정받는　　　　② 간과되는
③ 강조되는　　　　③ 과대평가받는

포인트 해설

빈칸 뒷부분에서 대형 상점의 개점은 국내 많은 제조업 일자리를 불필요하게 만들고, 지역 특산품 상점이 폐업하게 만듦에도 불구하고, 한 상점에서 각종 상품을 다 살 수 있는 매력이 너무 커서 대중들은 자신들의 행동이 갖는 장기적 영향을 좀처럼 생각해 보지 않는다고 했으므로, 다수의 대형 쇼핑센터가 지역 경제에 심각하게 부정적인 영향을 미친다는 점이 쉽게 '간과될' 수 있다고 한 ②번이 정답이다.

정답 ②

어휘

bulk 대량으로 판매되는　in light of ~을 고려하여, ~에 비추어
convenience 편의, 편리함　value 가격, 유용성, 가치
supercenter 대형 쇼핑센터　establishment 영업소, 기관, 설립
domestic 국내의, 가정의　manufacturing 제조업　specialty 특산품
go out of business 폐업하다　appeal 매력, 간청; 호소하다
mass 대중　stop to think 생각해 보다　consequence 영향, 결과
authorize 인정하다, 허가하다, 권한을 부여하다
overlook 간과하다, 못 본 체하다　overrate 과대평가하다

---

08 독해 글의 감상 난이도 하 ●○○

다음 글에 나타난 화자의 심경으로 가장 적절한 것은?

I saw the mail carrier coming by, and I hurried outside to see if he had left anything in my mailbox. I'd gone out like that thousands of times before and little did I know how momentous this everyday act would be on this particular occasion. I pulled out a few advertisements and a letter addressed to me from the National Bar Association. My heart pounding, I opened it and read the results of my exam. It was official: I was a lawyer. I'd been poring over law books for five years, and finally, I had achieved my dream. In that instant, I could see my future spread out before me. At long last, I would be able to establish my own practice and defend people's inalienable rights. In just seconds, my new life had begun.

① frustrated and disappointed
② detached and indifferent
③ assured and confident
④ overjoyed and ecstatic

해석

나는 우편 배달부가 오는 걸 봤고, 그가 내 우편함에 무언가를 두었을지 살펴보려고 서둘러 나갔다. 나는 이전에도 그렇게 수천 번 밖으로 나갔었고, 이 일상적인 행동이 특히 이 경우에 얼마나 중요했는지 거의 알지 못했다. 나는 몇 개의 광고와 국립 변호사 협회에서 내 앞으로 보낸 편지 하나를 꺼냈다. 심장이 마구 뛰는 채로, 나는 그것을 열고 나의 시험 결과를 읽었다. 공식적으로, 나는 변호사가 되었다. 나는 5년 동안 법률 서적을 탐독해 왔고, 마침내 나는 나의 꿈을 이뤘다. 그 순간에, 나는 내 앞에 펼쳐진 미래를 볼 수 있었다. 마침내, 나는 나만의 사무실을 개업하고 사람들의 양도할 수 없는 권리를 변호할 수 있게 되었다. 불과 몇 초 만에 나의 새로운 삶이 시작되었다.

① 좌절하고 실망한
② 초연하고 무관심한
③ 당당하고 자신감 있는
④ 기쁘고 열광하는

포인트 해설

지문 전반에 걸쳐 국립 변호사 협회에서 온 시험 결과를 확인하고 변호사로서의 새로운 삶에 대한 미래를 상상하는 화자의 일화를 소개하고 있으므로, 화자의 심경을 '기쁘고 열광하는'이라고 표현한 ④번이 정답이다.

정답 ④

어휘

momentous 중요한　occasion 경우, 행사　advertisement 광고
bar association 변호사 협회　pound 마구 뛰다, 두드리다
pore over ~을 탐독하다, 세세히 보다　in that instant 그 순간에, 즉각
spread out 펼쳐지다, 전개하다　at long last 마침내, 드디어
practice (의사·변호사 등 전문직 종사자의) 사무실, 영업, 실행
inalienable 양도할 수 없는, 빼앗을 수 없는　detached 초연한, 분리된
indifferent 무관심한　assured 당당한, 보증된
confident 자신감 있는, 확신하는　overjoyed 매우 기뻐하는
ecstatic 열광하는, 황홀해하는

구문 분석

At long last, / I would be able to establish my own practice / and defend people's inalienable rights.

: 이처럼 and, but, or는 문법적으로 동일한 형태의 구 또는 절을 연결하여 대등한 개념을 나타내므로, and, but, or가 연결하는 것이 무엇인지 파악하여 '~과(와)', '~며', '~나' 또는 '그리고', '그러나', '혹은'이라고 해석한다.

09 독해 빈칸 완성 – 단어   난이도 중 ●●○

밑줄 친 부분에 들어갈 말로 가장 적절한 것은?

Oceans are filled with perpetually moving streams of water known as currents. These oceanic currents are influenced by a wide array of factors, including the gravitational pull of the moon, the layout of the ocean floor, wind, and shoreline geography. One effect that ocean currents have is that they can alter the weather in coastal regions. This is due to the fact that oceans absorb upwards of 50 percent of the sun's heat. When currents push this warm water around, the air temperature in those regions _____ as the water passes through. As a result, many regions along the seaside have a balmier climate than their inland counterparts.

① climbs
② dissipates
③ settles
④ plummets

해석

바다는 해류라고 알려진 끊임없이 움직이는 물의 흐름으로 가득하다. 이 해류는 달의 중력, 해저의 배치, 바람, 해안가 지형을 포함한 다양한 요소들에 의해 영향을 받는다. 해류가 갖는 한 가지 영향은 그것이 해안 지역의 날씨를 바꿀 수 있다는 것이다. 이것은 바다가 태양열의 50퍼센트 이상을 흡수한다는 사실 때문이다. 해류가 이 따뜻한 물을 주변부로 밀어낼 때, 그 물이 이동함에 따라 그 지역의 기온이 상승한다. 결과적으로 해안가를 따라 있는 많은 지역들은 내륙에 있는 상대 지역들보다 더 온화한 기후를 가진다.

① 상승하다
② 소멸하다
③ 안정되다
④ 급락하다

포인트 해설

빈칸 앞 문장에 바다가 태양열의 50퍼센트 이상을 흡수한다는 내용이 있고, 빈칸 뒤 문장에서 해안가를 따라 있는 지역들은 내륙에 있는 지역들보다 더 온화하다고 했으므로, 해류가 따뜻한 물을 주변부로 밀어낼 때 그 물이 이동함에 따라 그 지역의 기온이 '상승한다'고 한 ①번이 정답이다.

정답 ①

어휘

perpetually 끊임없이 stream 흐름 current 해류, 기류
a wide array of 다양한, 다수의 gravitational pull 중력
shoreline 해안가 geography 지형 alter 바꾸다, 변하다 coastal 해안의
absorb 흡수하다 upwards of ~의 이상 balmy 온화한
counterpart 상대 climb 상승하다, 오르다 dissipate 소멸하다, 분산시키다
settle 안정되다, 해결하다 plummet 급락하다, 곤두박질치다

10 독해 내용 불일치 파악   난이도 상 ●●●

다음 글의 내용과 일치하지 않는 것은?

Historians previously thought that ancient Roman gladiators must have consumed a special diet of mainly meat dishes, as the combatants required enormous amounts of energy. But an analysis of bone samples found in a Roman city has revealed some surprising details about what the gladiators ate. The mineral content of their bones was in fact more indicative of an almost completely vegetarian lifestyle. It appears they consumed mostly barley, beans, and wheat—the standard Roman diet. However, the archaeologists did find one big difference between the mineral composition of the skeletal remains of gladiators and that of typical Roman citizens: the former had significantly higher levels of strontium. Like calcium, this chemical element promotes strong bone growth and aids in speeding up the healing process when bones break. Now, researchers believe that the fighters must have consumed the fabled beverage of ash and vinegar alluded to in ancient writings. Ash is particularly high in strontium, and it is likely that the gladiators drank it after their workouts.

① Gladiators of ancient Rome ate meals that lacked meat for the most part.
② Barley and beans were the staple food of nearly all citizens in Roman times.
③ Strontium helps the body repair the damage done to bones more quickly.
④ A diet of vegetables explains the immense amount of strontium in gladiator bones.

해석

투사들은 엄청난 활동량을 필요로 했기 때문에, 과거에 역사학자들은 고대 로마 검투사들이 주로 고기 요리인 특별식을 먹은 것이 틀림없다고 생각했다. 그러나 로마 도시에서 발견한 뼈 표본들의 분석은 검투사들이 무엇을 먹었는지에 관한 상당히 놀라운 정보들을 밝혀냈다. 사실 그들 뼈의 무기질 함량은 오히려 거의 완전히 채식만 하는 생활 방식을 나타냈다. 그들은 주로 일반적인 로마인들의 식사인 보리, 콩 그리고 밀을 먹었던 것으로 보인다. 하지만, 고고학자들은 검투사들과 평범한 로마 시민들 유골의 무기질 성분 사이에서 한 가지 큰 차이점을 찾았다. 전자는 상당히 더 높은 수준의 스트론튬을 가지고 있었다. 칼슘처럼, 이 화학 원소는 튼튼한 뼈 성장을 촉진시키고 뼈가 부러졌을 때 회복 과정이 빨라지도록 돕는다. 이제, 연구원들은 이 투사들이 고대 문서에 언급된 재와 식초로 된 전설적인 음료를 마셨던 것이 확실하다고 생각한다. 재는 특히 스트론튬 함량이 높고 검투사들은 운동 후에 이것을 마셨을 것으로 예상된다.

① 고대 로마의 검투사들은 대개 고기가 부족한 식사를 했다.
② 보리와 콩은 로마 시대 거의 모든 시민들의 주식이었다.
③ 스트론튬은 몸이 뼈에 입은 손상을 더 빠르게 회복하도록 돕는다.
④ 채소로 된 식단은 검투사의 뼈에 있는 막대한 양의 스트론튬을 설명한다.

포인트 해설

④번의 키워드인 the immense amount of strontium(막대한 양의 스트론튬)을 바꾸어 표현한 지문의 significantly higher levels of strontium (상당히 더 높은 수준의 스트론튬)과 high in strontium(스트론튬 함량이 높은) 주변의 내용에서 고고학자들은 검투사들과 평범한 로마 시민들 유골의 무기질 성분 사이에서 한 가지 큰 차이점을 찾았는데, 검투사가 상당히 더 높은 수준의 스트론튬을 가지고 있었다고 했고, 재는 특히 스트론튬 함량이 높고 검투사들이 운동 후에 이것을 마셨을 것으로 예상된다고 했으므로, ④ '채소로 된 식단이 검투사의 뼈에 있는 막대한 양의 스트론튬을 설명한다'는 지문의 내용과 다르다.

정답 ④

어휘

gladiator 검투사 combatant 투사, 전투원 enormous 엄청난, 막대한
analysis 분석 mineral 무기질 indicative 나타내는, 보여 주는
barley 보리 archaeologist 고고학자 composition 성분, 구조, 구성
fabled 전설적인 vinegar 식초 allude 언급하다, 암시하다
staple 주된, 주요한 immense 막대한, 거대한

해커스 공무원시험연구소 총평

난이도	문법과 독해 영역에 난도 높은 보기 또는 지문이 섞여 있어, 주어진 시간 내에 풀어내기 쉽지 않은 회차였습니다.
어휘·생활영어 영역	비교적 평이한 난이도의 어휘들이 출제되어 풀이에 어려움이 없었을 것입니다. 어렵지 않은 문제가 출제된 회차에서는 모든 어휘 문제를 맞힐 수 있도록 하고, 만약 틀렸다면 몰랐던 어휘를 반드시 짚고 넘어가도록 합니다.
문법 영역	병치 구문·혼합 가정법·It – that 강조 구문 등 문장 구조를 파악해야 하는 포인트들이 다수 출제되었습니다. 문장 구조를 파악하는 것은 문법 영역뿐만 아니라 독해 영역에서도 가장 기본이 되는 부분이므로, 여러 가지 형태의 문장 구조 분석을 연습해 보는 것이 좋습니다.
독해 영역	빈칸 완성 유형은 공무원 시험의 빈출 유형 중 하나입니다. 빈칸에 들어갈 내용에 대한 단서는 주로 빈칸이 있는 문장의 앞이나 뒤에서 찾을 수 있으며, 전략적인 접근을 통해 효율적인 시간 관리가 가능하다는 점에 유의합니다.

정답

01	①	어휘	06	①	독해
02	④	생활영어	07	③	독해
03	②	문법	08	④	독해
04	④	문법	09	②	독해
05	④	어휘	10	④	독해

취약영역 분석표

영역	맞힌 답의 개수
어휘	/ 2
생활영어	/ 1
문법	/ 2
독해	/ 5
TOTAL	**/ 10**

---

01 어휘 friendly
난이도 하 ●○○

밑줄 친 부분에 들어갈 말로 가장 적절한 것은?

The _____ coworker was willing to offer support, recognizing the challenges faced by colleagues.

① friendly
② inconsiderate
③ irresponsible
④ selfish

해석

그 친절한 동료는 동료들이 직면한 문제들을 알아차리자, 기꺼이 도움을 주려고 했다.

① 친절한
② 사려 깊지 못한
③ 무책임한
④ 이기적인

정답 ①

어휘

willing 기꺼이 ~하는 friendly 친절한
inconsiderate 사려 깊지 못한, 경솔한 irresponsible 무책임한
selfish 이기적인

이것도 알면 합격!

friendly(친절한)의 유의어
= warm, pleasant, cordial, amicable

---

02 생활영어 I don't mind postponing for a day.
난이도 하 ●○○

밑줄 친 부분에 들어갈 말로 가장 적절한 것은?

A: We can't go to Tom and Jill's wedding this weekend after all.
B: Why not? We already told them weeks ago we would be there.
A: Yeah, but I just realized that we also booked our vacation tickets for the same day.
B: Oh no! Is there any way we can fly out the day after?
A: I'll check with the airline to see if it's possible to switch our flight.
B: I hope so. _____.

① There's still plenty of time left
② They won't care if we miss it
③ We should have bought the tickets earlier
④ I don't mind postponing for a day

해석

> A: 결국 우리는 이번 주말에 Tom과 Jill의 결혼식에 갈 수 없어.
>
> B: 왜? 우리는 이미 몇 주 전에 참석하겠다고 말했잖아.
>
> A: 응, 그렇지만 우리가 휴가 비행기표를 같은 날에 예약했다는 것도 방금 깨달았어.
>
> B: 안 돼! 우리가 그다음 날에 출발할 수 있는 방법이 없을까?
>
> A: 항공사에 연락해서 항공편을 변경하는 게 가능한지 확인해 볼게.
>
> B: 그랬으면 좋겠다. <u>나는 하루 뒤로 미루는 건 괜찮아.</u>

① 여전히 시간이 많이 남아 있어

② 우리가 못 가도 그들은 신경 쓰지 않을 거야

③ 우리는 더 일찍 표를 구입했어야 했어

④ 나는 하루 뒤로 미루는 건 괜찮아

포인트 해설

휴가 비행기 출발일과 지인의 결혼식 날짜가 겹쳐서 결혼식에 갈 수 없다는 A의 말에 대해 B가 그다음 날에 출발할 방법이 없는지 묻고, 빈칸 앞에서 다시 A가 I'll check with the airline to see if it's possible to switch our flight(항공사에 연락해서 항공편을 변경하는 게 가능한지 확인해 볼게)라고 말하고 있으므로, '나는 하루 뒤로 미루는 건 괜찮아'라는 의미의 ④ 'I don't mind postponing for a day'가 정답이다.

정답 ④

어휘

after all 결국   book 예약하다   postpone 뒤로 미루다, 연기하다

이것도 알면 합격!

여행 상품을 예약할 때 쓸 수 있는 다양한 표현들을 알아 두자.

· I'll take an all-inclusive package. 모든 비용이 포함된 패키지로 할게요.

· Please put my name in the appointment book.
예약 기록부에 제 이름을 넣어 주세요.

· We offer a discount of 10 percent for groups of ten.
우리는 10명의 단체 고객에게 10퍼센트의 할인을 제공합니다.

· I'm afraid it's too late to make a reservation.
죄송하지만 예약을 하시기엔 너무 늦었습니다.

---

03 문법 비교 구문 | 병치 구문 | 가정법 | 부사절   난이도 중 ●●○

우리말을 영어로 잘못 옮긴 것은?

① 내 아버지는 항상 가족을 위해 집을 짓거나 디자인하기를 원하셨다.

→ My father always wanted to build or to design a house for the family.

② 그 경기장은 도시의 어느 경기장보다 더 깨끗했다.

→ The stadium was cleaner than any other arenas in the city.

③ 어제 내가 일을 끝마쳤더라면 나는 지금쯤 크리스마스 파티에 가 있을 것이다.

→ If I had finished my work yesterday, I would be at the Christmas party by now.

④ 나는 그가 내게 연락을 취하고 싶을 경우에 대비하여 내 이메일 주소를 주었다.

포인트 해설

② **비교급 형태로 최상급 의미를 만드는 표현** '도시의 어느 경기장보다 더 깨끗했다'는 비교급 형태로 최상급 의미를 만드는 표현 '비교급(cleaner) + than any other + 단수 명사'(다른 어떤 −보다 더 ~한)의 형태를 사용하여 나타낼 수 있으므로 복수 명사 arenas를 단수 명사 arena로 고쳐야 한다.

[오답 분석]

① **병치 구문** 접속사(or)로 연결된 병치 구문에서는 같은 구조끼리 연결되어야 하는데, or 앞에 to 부정사 to build가 왔으므로 or 뒤에도 to 부정사 to design이 올바르게 쓰였다. 참고로 to 부정사 병치 구문에서 두 번째 나온 to는 생략될 수 있다.

③ **혼합 가정법** '어제 내가 일을 끝마쳤더라면 나는 지금 크리스마스 파티에 가 있을 것이다'는 과거의 상황을 반대로 가정했을 경우 그 결과가 현재에 영향을 미칠 때 쓰는 혼합 가정법을 사용하여 나타낼 수 있다. 혼합 가정법은 'If + 주어 + had p.p., 주어 + would/should/could/might + 동사원형'의 형태로 나타내므로 If I had finished ~, I would be ~가 올바르게 쓰였다.

④ **부사절 접속사** '연락을 취하고 싶을 경우에 대비하여'는 조건을 나타내는 부사절 접속사 in case(~의 경우에 대비하여)를 사용하여 나타낼 수 있으므로 just in case he would like to keep in touch with me가 올바르게 쓰였다.

정답 ②

어휘

arena 경기장, 무대   by now 지금쯤
keep in touch with ~에게 연락을 취하다

이것도 알면 합격!

다양한 비교급 관련 표현들을 알아 두자.

· no later than ~까지는

· all the more 더욱더

· no longer 더 이상 ~않다

· more than/less than 이상/이하

· no sooner ~ than - ~하자마자 -하다

· no more than 단지 ~밖에 안 되는

· other than ~외에, 말고, ~않은

· more often than not 대개, 자주

· A no 비교급 than B (= A not anymore than B)
  B가 ~않은 만큼 A도 ~않은

04 문법 동사의 종류 | 조동사 | 강조 구문 | 상관접속사 | 수 일치 | to 부정사   난이도 중 ●●○

우리말을 영어로 잘못 옮긴 것은?

① 당신은 그 시설이 할인을 제공할 때 회원 등록을 했어야 했다.
→ You should have signed up for membership when the facility was offering a discount.

② 남은 인생 동안 당신이 소중히 여길 것은 재산이 아닌 경험이다.
→ It is not possessions but experiences that you will cherish for the rest of your life.

③ 경청하는 것은 당신이 발표자가 말하고 있는 것에 관심이 있다는 것을 보여주는 방법이다.
→ Being attentive is a way to show a speaker that you are interested in what he or she is saying.

④ 스스로에 대한 확신이 없어서, 그는 선생님의 질문에 답변하기 전에 머뭇거렸다.
→ Unsure of himself, he hesitated before he answered to the teacher's question.

포인트 해설

④ **타동사** 동사 answer는 전치사(to) 없이 목적어를 취하는 타동사이므로 answered to를 answered로 고쳐야 한다.

[오답 분석]

① **조동사 관련 표현** '회원 등록을 했어야 했다'는 조동사 관련 표현 should have p.p.(~했어야 했다)를 사용하여 나타낼 수 있으므로 should have signed up이 올바르게 쓰였다.

② **It – that 강조 구문 | 상관접속사** '남은 인생 동안 당신이 소중히 여길 것은 재산이 아닌 경험이다'는 It – that 강조 구문(~한 것은 -이다)를 써서 나타낼 수 있고, '재산이 아닌 경험'은 상관접속사 not A but B(A가 아니라 B)를 사용하여 나타낼 수 있으므로 It is not possessions but experiences that ~이 올바르게 쓰였다.

③ **주어와 동사의 수 일치 | to 부정사 관련 표현** 동명사구 주어(Being attentive)는 단수 취급하므로 단수 동사 is가 올바르게 쓰였다. 또한 명사 way는 뒤에 to 부정사를 취하는 명사이므로 a way to show가 올바르게 쓰였다.

정답 ④

어휘

sign up for ~을 등록하다, 가입하다 facility 시설
cherish 소중히 여기다, 아끼다 attentive 경청하는, 주의 깊은
hesitate 머뭇거리다, 꺼리다

이것도 알면 합격!

It – that 강조 구문에서는 강조하는 대상에 따라 that 대신 관계대명사나 관계부사를 쓸 수 있다는 것도 함께 알아 두자.

사람	who, whom
사물, 동물	which
장소	where
시간	when

05 어휘 enormous = huge   난이도 하 ●○○

밑줄 친 부분의 의미와 가장 가까운 것은?

> The investors found that the value of the stock they purchased had soared, providing an <u>enormous</u> amount of cash.

① minor
② additional
③ exclusive
④ huge

해석

그 투자자들은 그들이 매입했던 주식 가치가 급등했었다는 것을 알게 되었고, 이는 막대한 액수의 현금을 제공했다.

① 사소한
② 추가의
③ 독점적인
④ 막대한

정답 ④

어휘

stock 주식, 재고품 soar 급등하다, 치솟다 enormous 막대한, 엄청난
minor 사소한, 가벼운 additional 추가의, 부가적인
exclusive 독점적인, 배타적인 huge 막대한

이것도 알면 합격!

enormous(막대한)의 유의어
= tremendous, immense, colossal

06 독해 제목 파악   난이도 하 ●○○

다음 글의 제목으로 가장 적절한 것은?

> One of the most famous animals wiped out in modern times is the dodo, a small, flightless bird native to the island of Mauritius. Records indicate the feathered creature disappeared completely by the late 1600s, but what instigated it is open to question. The popular theory is that Dutch explorers who arrived on the island hunted the dodo relentlessly, as the birds proved to be an easy meal. This is believed to be mostly true, although likely not the only explanation. Another factor that historians think played a part was the animals that the sailors brought with them on their ships. It appears that the dogs, pigs, and even rats all developed a taste for the dodo's eggs. With the young disappearing alongside the adults, the dodo had little chance of enduring.

① Presumed Reasons for the Dodo's Demise
② What Could Have Saved the Dodo Bird?
③ Bird Hunting: A Way of Life in the 1600s
④ Animal Extinctions Caused by Exploration

해석

현대에 없어진 가장 유명한 동물들 중 하나는 도도새로, 모리셔스섬 토종의 작고 날지 못하는 새이다. 기록들은 그 깃털로 덮인 생물이 1600년대 후반에 완전히 사라졌음을 나타내지만, 무엇이 그것을 유발시켰는지는 의문의 여지가 있다. 일반적인 이론은 그 섬에 도착한 네덜란드 탐험가들이 도도새가 손쉬운 끼니임이 드러남에 따라 가차 없이 사냥했다는 것이다. 이것은 대체로 사실인 것으로 여겨지지만, 유일한 설명은 아닐 것이다. 역사학자들이 생각하기에 한몫했던 또 하나의 요인은 선원들이 그들의 배로 데려온 동물들이었다. 개, 돼지 그리고 심지어 쥐까지 모두 도도새의 알에 맛을 들였던 것으로 보인다. 새끼들이 성체들과 함께 사라지면서, 도도새는 견뎌낼 가능성이 거의 없었다.

① 도도새의 소멸에 관해 추정되는 이유들
② 무엇이 도도새를 구할 수 있었을까?
③ 새 사냥: 1600년대의 생활 방식
④ 탐사에 의해 야기되는 동물 멸종

포인트 해설

지문 전반에 걸쳐 도도새의 멸종 원인에 대해서는 의문의 여지가 있지만, 일반적인 이론으로는 도도새들이 살고 있는 섬에 도착한 탐험가들이 끼니를 위해 도도새를 가차 없이 사냥했다는 것이 있고, 다른 요인으로는 선원들이 데려온 동물들이 도도새의 알을 먹어 치웠다는 것이 있다고 설명하고 있다. 따라서 ① '도도새의 소멸에 관해 추정되는 이유들'이 이 글의 제목이다.

정답 ①

어휘

wipe out ~을 없애다, 완전히 파괴하다 flightless 날 수 없는
native 토종의, 타고난 instigate 유발시키다 relentlessly 가차 없이
play a part 한몫하다, 관여하다 sailor 선원 endure 견디어내다
presume 추정하다, 가정하다 demise 소멸, 종말, 사망

---

07 독해 요지 파악 난이도 중 ●●○

다음 글의 요지로 가장 적절한 것은?

In the United States, corporate lawyers often have to respond to lawsuits initiated by plaintiffs in multiple jurisdictions around the country. In fact, as much as 62 percent of all major corporate lawsuits were handled in multiple courts in 2013. Settling complaints this way is both time-consuming and expensive, which is why hundreds of businesses have adopted bylaws in the last two years stating that all legal matters will be handled exclusively by a specified court. As a result, plaintiffs must travel to whichever court the company chooses to use rather than the other way around. The number of complaints being filed in more than one court has since dropped below 40 percent.

① Plaintiffs are more liable for their complaints thanks to the new bylaws.
② The costs of settling multi-jurisdictional cases are no longer manageable.
③ New bylaws have reduced the quantity of multi-jurisdictional lawsuits.
④ Businesses have adopted bylaws to establish a national standard.

해석

미국에서, 사내 변호사들은 종종 전국에 있는 다수의 관할 구역에서 원고에 의해 시작된 소송에 대응해야 한다. 실제로, 2013년에 모든 주요 기업 소송의 62퍼센트에 달하는 많은 소송이 다수의 법원에서 다루어졌다. 이러한 방식으로 고소를 처리하는 것은 시간이 많이 걸릴 뿐만 아니라 비용도 많이 들어서, 이는 지난 2년 동안 수백 개의 기업들이 모든 법률 사건은 오로지 지정된 법원에서만 다루어질 것이라는 내규를 채택한 이유이다. 그 결과, 원고가 선택한 법원으로 회사가 이동하는 것 대신 회사가 이용하기로 선택한 법원이 어디든 원고가 그곳으로 이동해야 한다. 그 이후로 두 군데 이상의 법원에서 제기되는 고소의 수가 40퍼센트 이하로 감소했다.

① 새로운 내규 덕분에 원고는 그들의 고소에 대해 더 많은 법적 책임을 진다.
② 복수 관할 구역의 소송을 해결하는 비용은 더 이상 감당할 수 없다.
③ 새로운 내규가 복수 관할 구역 소송의 수를 줄였다.
④ 기업들은 국가적 기준을 정하기 위해 내규를 채택했다.

포인트 해설

지문 전반에 걸쳐 미국의 사내 변호사들은 전국에 있는 다수의 관할 구역에서 제기된 소송에 대응해야 하는데, 이러한 방식은 많은 시간과 비용을 필요로 하기 때문에 많은 회사들이 모든 소송이 특정 법원에서만 다루어지도록 하는 내규를 채택했고, 그 결과 두 군데 이상의 법원에서 제기되는 고소의 수가 감소했다고 설명하고 있다. 따라서 ③ '새로운 내규가 복수 관할 구역 소송의 수를 줄였다'가 이 글의 요지이다.

정답 ③

어휘

corporate lawyer 사내 변호사, 회사 변호사 lawsuit 소송
initiate 시작하다 plaintiff 원고, 고소인 jurisdiction 관할 구역, 사법권
court 법원, (테니스) 코트 complaint 고소, 불평 adopt 채택하다, 입양하다
bylaw 내규, 규칙 exclusively 오로지 specified 지정된, 명시된
file (소송을) 제기하다, 정리하여 보관하다 liable 법적 책임이 있는, ~하기 쉬운
manageable 감당할 수 있는

구문 분석

(생략), as much as 62 percent of all major corporate lawsuits were handled / in multiple courts in 2013.

: 이처럼 'as … as ~' 구문이 두 대상의 동등함을 나타내는 경우, '~만큼 …한' 또는 '~만큼 …하게'라고 해석한다.

08 독해 내용 불일치 파악 난이도 상 ●●●

다음 글의 내용과 일치하지 않는 것은?

The life of a peasant in Medieval England was difficult for many reasons. Not only were they poorly compensated and undervalued, but Church officials used their fear of God to exploit them. Clergymen insisted that providing the Church with free labor several days a week would save their souls from eternal damnation. The extra work made it difficult for many to find the time to cultivate their own land and feed their families. To make matters worse, these laborers had to pay taxes that were continually being raised to fund a war with France that had been ongoing for forty years. When people could not afford to do so, tax collectors seized their tools, seeds, and food instead. In 1381, a group of about 60,000 farmers from Kent decided enough was enough. They marched to London to see the king and demand an end to centuries of unjust treatment.

① Peasants struggled because they had to work for the Church without pay.
② A long war was being financed by the peasants' hard-earned money.
③ Medieval peasants were heavily influenced by their belief and fear of God.
④ Taxes were generally paid in the form of agricultural equipment and food.

해석

중세 영국에서의 농민의 삶은 많은 이유로 인해 힘겨웠다. 그들은 불충분하게 보상받고 천시되었을 뿐만 아니라, 교회 관계자들은 그들을 착취하기 위해 신에 대한 그들의 두려움을 이용했다. 성직자들은 일주일에 며칠씩 교회에 무임금 노동을 제공하는 것이 그들의 영혼을 영원한 지옥살이로부터 구제한다고 주장했다. 그 추가 노동은 많은 사람들이 그들 소유의 토지를 경작해서 가족들을 먹여 살릴 시간을 내는 것을 어렵게 만들었다. 설상가상으로, 이 노동자들은 40년 동안 진행되고 있던 프랑스와의 전쟁에 자금을 대기 위해 계속해서 인상되고 있었던 세금을 내야 했다. 사람들이 그렇게 할 형편이 못 되면, 세금 징수원들은 그들의 연장, 씨앗, 그리고 식량을 대신 몰수했다. 1381년, 켄트의 60,000여 명의 농부 집단은 계속 이대로 둘 수는 없다고 결심했다. 그들은 왕을 만나 수 세기에 걸친 부당한 대우의 중단을 요구하기 위해 런던으로 행진했다.
① 농민들은 무보수로 교회를 위해 일해야 했기 때문에 간신히 생계를 꾸려 나갔다.
② 오랜 전쟁은 농민들이 힘들게 번 돈으로 자금이 조달되었다.
③ 중세 농민들은 신에 대한 그들의 믿음과 두려움에 크게 영향을 받았다.
④ 세금은 대개 농기계와 식량의 형태로 납부되었다.

포인트 해설

④번의 키워드인 Taxes(세금)가 그대로 언급된 지문 주변의 내용에서 농민들은 전쟁 자금을 대기 위해 계속해서 인상되는 세금을 내야 했고, 그렇게 할 형편이 못 되면 세금 징수원들이 연장, 씨앗, 식량을 대신 몰수했다고 했으므로, ④ '세금은 대개 농기계와 식량의 형태로 납부되었다'는 지문의 내용과 일치하지 않는다.

정답 ④

어휘

peasant 농민 compensate 보상하다 undervalue 천시하다, 경시하다
exploit 착취하다, 이용하다 clergyman 성직자 eternal 영원한
damnation 지옥살이, 천벌 cultivate 경작하다, 재배하다
seize 몰수하다, 움켜잡다 march 행진하다; 가두 행진 unjust 부당한
struggle 간신히 생계를 꾸려 나가다, 투쟁하다

09 독해 문장 삽입 난이도 중 ●●○

주어진 문장이 들어갈 위치로 가장 적절한 곳은?

Such embracing of anarchy has resulted in many postmodern texts being paradoxical or hard to follow for the average reader.

The postmodern movement in literature began to emerge in the 20th century on the heels of the modernist period. Both deviated from past literary dogma in which writers adhered strictly to logic and reason in their stories. (①) Unlike its predecessor though, postmodernism not only threw away old conventions but wholeheartedly celebrated chaos in stories. (②) A classic example of this can be found in the 1939 novel written by James Joyce called *Finnegans Wake*. (③) The narrative is often referred to as the hardest piece of fiction ever published thanks to its "stream of consciousness" style writing and nonlinear plot. (④)

해석

그러한 무질서의 수용은 많은 포스트모더니즘 글이 역설적이게 되거나 일반 독자의 입장에서 이해하기 어려워지는 결과를 낳았다.

문학에서 포스트모더니즘 운동은 모더니즘 시대 후 바로 20세기에 부상하기 시작했다. 그 둘은 모두 작가들이 그들의 소설에서 철저히 논리와 근거에 충실했던 과거의 문학적 신조에서 벗어났다. ① 하지만 이전 것과는 달리, 포스트모더니즘은 오래된 관습을 버렸을 뿐만 아니라 소설 속에 있는 무질서를 전적으로 찬양했다. ② 이것의 대표적인 예는 James Joyce에 의해 1939년에 쓰여진 『피네간스 웨이크』라는 소설에서 찾아볼 수 있다. ③ 그 이야기는 '의식의 흐름' 방식의 서술과 비선형 줄거리 때문에 이제까지 출판된 소설 중 가장 어려운 작품으로 자주 언급된다. ④

포인트 해설

②번 앞 문장에 포스트모더니즘은 소설 속 무질서를 전적으로 찬양했다는 내용이 있고, ②번 뒷부분에 이것(this)의 대표적인 예는 James Joyce의 『피네간스 웨이크』인데, 이것은 이제까지 출판된 소설 중 가장 어려운 작품으로 자주 언급된다는 내용이 있으므로, ②번 자리에 그러한 무질서의 수용(Such embracing of anarchy)으로 인해 많은 포스트모더니즘 글이 역설적이게 되거나 일반 독자의 입장에서 이해하기 어려워졌다는 내용, 즉 소설에 무질서를 반영한 결과에 대해 설명하는 주어진 문장이 나와야 지문이 자연스럽게 연결된다.

정답 ②

④ 아프리카 땅을 걸은 최초의 포유동물일 가능성이 있다

어휘

embrace 수용하다, 포옹하다   anarchy 무질서, 혼란
paradoxical 역설적인, 모순된   emerge 부상하다, 드러나다
on the heels of ~후 바로   deviate 벗어나다   dogma 신조
adhere 충실하다, 고수하다   strictly 철저히, 전적으로
predecessor 이전 것, 전신   wholeheartedly 전적으로, 진심으로
celebrate 찬양하다   chaos 무질서, 혼돈   narrative 이야기, 담화
stream of consciousness 의식의 흐름   nonlinear 비선형의

포인트 해설

빈칸 앞 문장에 하마와 연관 있는 고대 포유동물은 3,500만 년 전 아시아에서 아프리카로 헤엄쳐 간 최초의 반수생 종에서 진화했다는 것이 밝혀졌다는 내용이 있고, 빈칸 뒤 문장에서 그것들은 천적이나 자원에 대한 경쟁이 없었기 때문에 더 크고 오늘날의 하마와 더욱 유사한 동물로 자랄 수 있었다고 했으므로, 하마의 조상이 '아프리카 땅을 걸은 최초의 포유동물일 가능성이 있다'라고 한 ④번이 정답이다.

정답 ④

어휘

ancestor 조상   initially 처음에   archetypal 전형적인
continent 대륙   elusive 파악하기 어려운, 회피하는
remain 유골, 화석, 나머지   establish 입증하다, 설립하다
relate 관련짓다, 친척 관계에 있다   mammal 포유동물   evolve 진화하다
semi-aquatic 반수생의   natural enemy 천적
undeniably 틀림없이, 명백하게   indigenous 토종의, 토착의, 고유의
adapt 적응하다, 조정하다

| **10** | 독해 빈칸 완성 - 구 | 난이도 중 ●●○ |

밑줄 친 부분에 들어갈 말로 가장 적절한 것은?

Scientists have long had difficulty proving when hippopotamus ancestors initially arrived in Africa. Unlike other archetypal African animals, which first appeared on the continent 18 million years ago, the origins of the hippopotamus have been elusive due to missing links in the fossil record. Now, the discovery of a 28-million-year-old skeleton about the size of a sheep but with hippopotamus-like bone structure could provide some answers. DNA and dental analyses of the remains have established that the creature and the hippopotamus are related. It has also been found that the ancient mammal evolved from the first semi-aquatic species known to have swum from Asia to Africa 35 million years ago. This means that these hippo ancestors _____. They were able to grow much larger and into animals that resembled modern hippos more because they had no natural enemies or competition for resources.

① can now be tracked over time through the fossil record
② are undeniably indigenous to the continent of Africa
③ were not well adapted to live in their new environment
④ were likely the first mammals to walk on African soil

해석

과학자들은 하마의 조상이 언제 처음 아프리카에 도착했는지를 밝히는 데 오랫동안 어려움을 겪어 왔다. 1,800만 년 전에 그 대륙에 처음 나타난 다른 전형적인 아프리카 동물들과는 달리, 하마의 유래는 화석 기록상에서의 결여된 부분들로 인해 파악하기 어려웠다. 이제, 양 정도의 크기이지만 하마와 비슷한 뼈 구조를 가진 2,800만 년 된 뼈의 발견이 해답을 줄 수 있다. 유골의 DNA와 치아 분석은 그 동물과 하마가 친척 관계에 있다는 것을 입증했다. 그 고대 포유동물이 3,500만 년 전에 아시아에서 아프리카로 헤엄쳐 간 것으로 알려진 최초의 반수생 종에서 진화했다는 것 또한 밝혀졌다. 이것은 그러한 하마의 조상이 <u>아프리카 땅을 걸은 최초의 포유동물일 가능성이 있다</u>는 것을 의미한다. 그것들은 천적이나 자원에 대한 경쟁이 없었기 때문에 훨씬 더 크고 오늘날의 하마와 더욱 유사한 동물로 자랄 수 있었다.

① 이제 화석 기록을 통해 시간의 흐름에 따라 추적될 수 있다
② 틀림없이 아프리카 대륙의 토종이다
③ 새로운 환경에서 사는 데 잘 적응하지 못했다

해커스 공무원시험연구소 총평

난이도	독해 영역이 비교적 평이하게 출제됨에 따라 시간에 쫓기지 않고 문제를 풀어낼 수 있는 회차였습니다.
어휘·생활영어 영역	5번 문제와 같이 자연스럽지 않은 대화를 고르는 유형에서는 다양한 상황을 배경으로 한 보기가 주어질 수 있으므로, 특정 상황별로 자주 쓰이는 표현들을 알아 두면 도움될 것입니다.
문법 영역	2번 문제의 ①번 보기에 나온 '혼동하기 쉬운 어순' 포인트는 확실하게 암기해 두지 않으면 문법적으로 옳고 그름을 판단하기 쉽지 않으므로, 헷갈리는 부분이 있었다면 관련 이론을 한번 되짚어 봅니다.
독해 영역	6번과 7번 문제처럼 지문 전반의 내용을 파악하는 유형의 경우, 모든 문장을 꼼꼼하게 해석해 내기보다는 지문이 전하고자 하는 핵심 내용을 빠르게 파악해 낸다면 풀이 시간을 단축할 수 있습니다.

정답

01	①	어휘	06	①	독해
02	②	문법	07	③	독해
03	①	문법	08	③	독해
04	①	어휘	09	③	독해
05	③	생활영어	10	②	독해

취약영역 분석표

영역	맞힌 답의 개수
어휘	/ 2
생활영어	/ 1
문법	/ 2
독해	/ 5
TOTAL	/ 10

---

01 어휘 take on   난이도 중 ●●○

밑줄 친 부분에 들어갈 말로 가장 적절한 것은?

> If you decide to accept this position, you will have to _____ more responsibilities once you start.

① take on
② take out
③ take off
④ take in

해석

당신이 이 직책을 받아들이기로 결정한다면, 시작하자마자 더 많은 책임을 맡아야 할 것이다.

① ~을 맡다
② ~을 꺼내다
③ ~을 떠나다
④ ~을 섭취하다

정답 ①

어휘

position 직책, 입장, 위치   take on ~을 맡다, (책임을) 지다
take out ~을 꺼내다, 들어내다   take off ~을 떠나다, 이륙하다, 벗다
take in ~을 섭취하다, 이해하다

이것도 알면 **합격!**

take on(~을 맡다)의 유의어
= undertake, assume, bear

---

02 문법 대명사 | 어순 | 도치 구문 | 부사   난이도 상 ●●●

어법상 옳은 것은?

① The venue is not enough large to hold the expected number of participants.
② Your daughter's gestures are exactly the same as yours.
③ Parking in front of the house was a delivery van.
④ We were near done with the meeting when the chairperson received an urgent call.

해석

① 그 장소는 예상되는 참가 인원수를 수용하기에 충분히 넓지 않다.
② 당신의 딸의 몸짓은 당신의 것과 똑같다.
③ 집 앞에 배달용 밴이 주차되어 있었다.
④ 우리는 그 회장이 긴급 전화를 받았을 때 회의를 거의 마쳤다.

포인트 해설

② **인칭대명사** 문맥상 '당신의 딸의 몸짓은 당신의 것과 똑같다'라는 의미가 되어야 자연스러우므로, 대명사가 지시하는 것은 '당신의 몸짓'이다. 이때, '소유격(your) + 명사(gestures)'는 소유대명사로 나타낼 수 있으므로 소유대명사 yours가 올바르게 쓰였다.

[오답 분석]

① **혼동하기 쉬운 어순** enough는 '~하기에 충분히 -하다'라는 의미로 쓸 때 '형용사(large) + enough + to 부정사(to hold)'의 어순이 되어야 하므로 enough large to hold를 large enough to hold

로 고쳐야 한다.

③ **도치 구문** 분사 보어가 강조되어 문장 맨 앞에 나오면 주어와 동사가 도치되어 '동사(was) + 주어(a delivery van)'의 어순이 되는데, 주어(a delivery van)와 동사가 '배달용 밴이 주차되었다'라는 의미의 수동 관계이므로, 현재분사 Parking을 be 동사(was)와 함께 수동태를 만드는 과거분사 Parked로 고쳐야 한다.

④ **혼동하기 쉬운 형용사와 부사** 동사(were done)를 수식할 수 있는 것은 형용사가 아닌 부사이므로 형용사 near(가까운)를 부사 nearly(거의)로 고쳐야 한다.

정답 ②

어휘

delivery van 배달용 밴   chairperson 회장, 의장

🔖 이것도 알면 **합격!**

명사가 a/the/some/many와 함께 쓰여 소유의 의미를 나타낼 때는, 'a/the/some/many + 명사 + of + 소유대명사'의 형태로 쓴다는 것도 함께 알아 두자.

· He proudly displayed **a painting of his**.
  그는 그의 그림을 자랑스럽게 전시했다.

---

03 문법 수동태 | 수 일치 | 가정법 | 부사절   난이도 중 ●●●

우리말을 영어로 잘못 옮긴 것은?

① 많은 회사들이 널리 퍼진 전 세계적 유행병의 영향을 받았다.
  → Many businesses have affected by the widespread pandemic.

② 당신의 선택지들을 주의 깊게 평가하는 것은 당신이 세우는 모든 계획의 성공에 있어 필수적이다.
  → Evaluating your options carefully is vital to the success of any plans you set up.

③ 내가 그 영화를 보지 않았더라면 너와 함께 영화관에 갔을 텐데.
  → If I hadn't seen that movie, I would have gone to the movies with you.

④ 모두가 차별로부터 진정 자유로울 수 없다면 한 사회의 사람들은 그들 스스로를 자유롭다고 여길 수 없다.
  → People in a society cannot consider themselves free unless everyone is truly free from discrimination.

포인트 해설

① **능동태·수동태 구별** 주어(Many businesses)와 동사가 '많은 회사들이 영향을 받았다'라는 의미의 수동 관계이므로 능동태 have affected를 수동태 have been affected로 고쳐야 한다.

[오답 분석]

② **주어와 동사의 수 일치** 동명사구 주어(Evaluating your options)는 단수 취급하므로 단수 동사 is가 올바르게 쓰였다.

③ **가정법 과거완료** '내가 그 영화를 보지 않았더라면 너와 함께 영화관에 갔을 텐데'는 과거의 상황을 반대로 가정하고 있으므로 가정법 과거완료를 사용해 나타낼 수 있다. 가정법 과거완료는 'If + 주어 + had p.p., 주어 + would/could/should/might + have p.p.'의 형태로 나타내므로 If I hadn't seen ~, I would have gone ~이

올바르게 쓰였다.

④ **부사절 접속사** '모두가 차별로부터 진정 자유로울 수 없다면'은 부사절 접속사 unless(만약 ~ 아니라면)로 나타낼 수 있으므로 unless everyone is truly free from discrimination이 올바르게 쓰였다.

정답 ①

어휘

affect 영향을 미치다   widespread 널리 퍼진, 광범위한
vital 필수적인, 매우 중요한   discrimination 차별

🔖 이것도 알면 **합격!**

다음 명사들이 주어에 위치하여 하나의 집단을 의미할 때는 단수 동사가 오고, 집단의 여러 구성원들을 의미할 때는 복수 동사가 온다는 것을 알아 두자.

· family 가족	· committee 위원회
· team 팀	· audience 청중
· staff 직원	· crowd 무리
· class 학급	· crew 승무원

---

04 어휘 have one's cake and eat it too = possess both   난이도 중 ●●○

밑줄 친 부분의 의미와 가장 가까운 것은?

When Liam had to give up his dream car to move into a bigger apartment, he learned that he could not have his cake and eat it too.

① possess both   ② expect otherwise
③ choose either   ④ continue forever

해석

Liam이 더 큰 아파트로 이사하기 위해 그가 꿈에 그리던 차를 포기해야 했을 때, 그는 원하는 것을 모두 얻을 수는 없다는 것을 깨달았다.

① 둘 다 가지다   ② 달리 기대하다
③ 양자택일하다   ④ 영원히 계속하다

정답 ①

어휘

have one's cake and eat it too 원하는 것을 모두 얻다

🔖 이것도 알면 **합격!**

have one's cake and eat it too(원하는 것을 모두 얻다)와 유사한 의미의 표현
= have it all, have the best of both worlds

05 생활영어 I'm training at a beautician school.
난이도 하 ●○○

두 사람의 대화 중 자연스럽지 않은 것은?

① A: Thanks for helping me move.

   B: No problem. I didn't have any plans today.

② A: I have great respect for her.

   B: Same here. She did help us a lot.

③ A: When did you change your hairdo?

   B: I'm training at a beautician school.

④ A: Can I keep this picture of you?

   B: Sure. I've got plenty of copies.

해석

① A : 이사하는 것을 도와줘서 고마워.

   B : 문제없어. 나는 오늘 아무런 일정이 없었거든.

② A : 나는 그녀를 매우 존경해.

   B : 나도 마찬가지야. 그녀는 우리를 정말 많이 도와줬어.

③ A : 언제 머리 모양을 바꿨어?

   B : 나는 미용사 학교에서 교육받고 있어.

④ A : 너의 이 사진을 가져도 될까?

   B : 물론이지. 나는 사본을 여럿 가지고 있거든.

포인트 해설

③번에서 A는 머리 모양을 언제 바꿨는지를 묻고 있으므로, 미용사 학교에서 교육받고 있다는 B의 대답 ③ 'I'm training at a beautician school' (나는 미용사 학교에서 교육받고 있어)은 어울리지 않는다.

정답 ③

어휘

hairdo 머리 모양   beautician 미용사

🔖 이것도 알면 합격!

안부를 물을 때 쓸 수 있는 다양한 표현들을 알아 두자.

• How's it going? 요즘 어떠세요?

• How are things with you? 잘 지내고 있나요?

• How are you feeling today? 오늘 기분이 어때요?

• What are you up to these days? 요즘 어떻게 지내세요?

06 독해 요지 파악
난이도 중 ●●○

다음 글의 요지로 가장 적절한 것은?

Imagine a picture with twenty faces. The one in the very middle is smiling, but the rest of the faces around it are all frowning. If you ask people whether the one in the middle seems happy or sad, they will naturally reply happy. But there are some who, when asked the same question, curiously say the opposite. While it may appear like an illogical answer, linguists note that a large reason for this

appears to lie in language. Some nations tend to utter "we" and "our" versus "I" and "my" much more commonly in everyday statements. The unconscious influence of using those words is reflected in their cultural attitude, which places a greater emphasis on the whole. The language they use unconsciously nurtures a sense of being a collective rather than an individual. People from these places are more prone to thinking "I" can be happy only when "we"—family, friends, and acquaintances—all are. For them, a smiling face does not equate to happiness unless the rest of the faces are smiling too.

① The language that is spoken by a person can affect how they think.

② Cultural differences play an important part in how languages develop.

③ Speaking as a group rather than as individuals benefits society.

④ Linguistic preferences depend on what people think about themselves.

해석

스무 개의 얼굴이 있는 그림을 상상해 보아라. 한가운데 있는 하나는 웃고 있지만, 그 주위의 나머지 얼굴들은 모두 눈살을 찌푸리고 있다. 만약 당신이 사람들에게 가운데에 있는 것이 행복해 보이는지 아니면 슬퍼 보이는지를 묻는다면, 그들은 당연히 행복해 보인다고 대답할 것이다. 그러나 같은 질문을 물었을 때, 이상하게도 반대로 이야기하는 사람들도 있다. 이것이 비논리적인 대답 같아 보일지도 모르지만, 언어학자들은 이것의 주된 이유가 언어에 있는 듯하다고 말한다. 일부 문화 집단은 '나'와 '나의'에 비해 '우리'와 '우리의'를 일상 표현에서 훨씬 더 흔하게 말하는 경향이 있다. 그러한 단어들을 사용하는 것의 무의식적인 영향은 전체를 더 많이 강조하는 그들의 문화적 태도에서 나타난다. 그들이 사용하는 언어는 무의식적으로 개인 의식보다는 공동체 의식을 키운다. 이러한 지역 출신의 사람들은 '나'는 가족, 친구 그리고 지인들과 같은 '우리' 모두가 행복한 때에만 행복할 수 있다고 생각하기 더 쉽다. 그들에게는 나머지 얼굴들이 웃고 있지 않다면 하나의 웃는 얼굴은 행복에 해당하지 않는다.

① 사람이 말하는 언어는 그들이 생각하는 방식에 영향을 줄 수 있다.

② 문화적 차이는 언어가 발달하는 방식에 중요한 역할을 한다.

③ 개인으로서보다는 단체로서 말하는 것이 사회에 이익이 된다.

④ 언어 선호도는 사람들이 그들 자신을 어떻게 생각하는지에 달려 있다.

포인트 해설

지문 전반에 걸쳐 한가운데 있는 하나의 얼굴은 웃고 있지만 그 주위의 나머지 얼굴들이 모두 눈살을 찌푸리고 있는 그림에 대해 가운데 있는 얼굴이 슬퍼 보인다고 이야기하는 사람들이 있는데, 언어학자들에 따르면 그 이유는 언어에 있을 수 있으며, '우리'와 '우리의'를 일상에서 더 흔하게 말하는 집단은 무의식적으로 공동체 의식을 강조하고, 그 결과 이 집단의 사람들은 '우리' 모두가 행복한 때에만 행복할 수 있다고 생각하기 더 쉽다고 설명하고 있다. 따라서 ① '사람이 말하는 언어는 그들이 생각하는 방식에 영향을 줄 수 있다'가 이 글의 요지이다.

정답 ①

어휘

frown 눈살을 찌푸리다 **curiously** 이상하게도 **illogical** 비논리적인
linguist 언어학자 **note** 언급하다, 지적하다 **utter** 말하다
versus ~에 비해, 대 **unconscious** 무의식적인
place emphasis on ~을 강조하다 **nurture** 키우다, 양성하다
collective 공동체; 공동의 **be prone to** ~하기 쉽다 **acquaintance** 지인
equate 일치하다 **preference** 선호도

---

07 독해 주제 파악 난이도 중 ●●○

다음 글의 주제로 가장 적절한 것은?

The new Sustainable Development Goals (SDGs) proposed by the United Nations are regarded as a substantial improvement over previous universal education policies. This initiative will attempt to provide both primary and secondary schooling to millions of schoolchildren throughout the world. Unlike previous campaigns, it seeks to reach kids who live in the most fragile and conflict-prone countries, regardless of geographical isolation. The SDGs also aims to provide knowledge to those who have disabilities or are otherwise disadvantaged due to gender, religion, or ethnicity. The preceding program, despite its efforts, left over 100 million young people without basic literacy or numerical skills. The next global outreach will strive to close the gap so that no one is left without quality learning opportunities.

① failure to provide quality education in developing nations
② challenges of teaching children who have disabilities
③ advantages of a proposed education program over earlier schemes
④ importance of instilling basic literary and numeracy skills

해석

UN에 의해 제안된 새로운 지속 가능한 발전 목표(SDG)는 이전의 보편적 교육 정책들에 비하여 상당한 개선으로 여겨진다. 이 계획은 전 세계 곳곳에 있는 수백만 학생들에게 초등 교육과 중등 교육을 모두 제공하려고 시도할 것이다. 이전의 캠페인들과 달리, 이것은 지리적 고립 여부에 관계없이 가장 취약하고 분쟁이 잦은 국가들에 사는 아이들에게 닿으려고 시도한다. SDG는 또한 장애가 있거나 그렇지 않다면 성별이나 종교 혹은 인종으로 인해 불리한 조건에 놓이게 된 사람들에게 지식을 제공하는 것을 목표로 한다. 이전의 계획은 그것의 노력에도 불구하고, 1억 명 이상의 젊은 사람들을 기본적인 읽고 쓰는 능력과 계산 능력이 없는 상태에 방치해 두었다. 다음번의 세계적인 지원 활동은 어느 누구도 양질의 배움의 기회 없이 방치되지 않도록 격차를 좁히려고 노력할 것이다.

① 개발도상국에서 양질의 교육을 제공하는 것의 실패
② 장애가 있는 아이들을 가르치는 어려움
③ 이전 계획에 비해 제안된 교육 계획이 갖는 이점
④ 기본적인 읽고 쓰는 능력과 계산 능력을 서서히 주입시키는 것의 중요성

포인트 해설

지문 전반에 걸쳐 UN에 의해 제안된 새로운 지속 가능한 발전 목표는 이전의 보편적 교육 정책들에 비하여 상당한 개선으로 여겨진다고 한 후, 이전의 계획은 1억 명 이상의 젊은 사람들을 읽고 쓰는 능력과 계산 능력이 없는 상태에 방치해 두었지만 다음번의 세계적 지원 활동은 누구도 배움의 기회 없이 방치되지 않도록 노력할 것이라고 말하고 있다. 따라서 ③ '이전 계획에 비해 제안된 교육 계획이 갖는 이점'이 이 글의 주제이다.

정답 ③

어휘

primary 초등 교육의, 초기의, 주된 **secondary** 중등 교육의 **fragile** 취약한
disadvantaged 불리한 조건에 놓인, 빈곤한 **ethnicity** 인종, 민족성
preceding 이전의, 앞선 **literacy** 읽고 쓰는 능력 **numerical** 계산 능력의
outreach 지원 활동 **scheme** 계획 **instill** 서서히 주입시키다, 스며들게 하다

---

08 독해 무관한 문장 삭제 난이도 중 ●●○

다음 글의 흐름상 어색한 문장은?

Although scientists once believed that brain development stops after early childhood, modern research suggests otherwise. ① Neurologists now believe that varying environmental, physiological, chemical, and behavioral conditions continue to modify our brains throughout our lives. ② For instance, dietary and exercise changes in adulthood can have a significant impact on the way we process information. ③ Cardiovascular exercise and low-fat diets are both very common practices in the modern world. This is partially because such changes result in new connections between brain cells, which are essential for neural development. ④ As a consequence, our brains are subtly restructured and become capable of carrying out alternative functions.

해석

비록 과학자들은 한때 뇌 발달이 유아기 이후에 멈춘다고 생각했지만, 최근의 연구는 그렇지 않다는 것을 시사한다. ① 이제 신경학자들은 변화하는 환경적, 생리학적, 화학적, 행동적 조건이 우리의 인생 내내 지속적으로 우리의 뇌를 변화시킨다고 생각한다. ② 예를 들어, 성인기에 식사와 운동의 변화는 우리가 정보를 처리하는 방식에 상당한 영향을 미칠 수 있다. ③ 심혈관 운동과 저지방 식단은 모두 현대 사회에서 매우 흔한 일상적 행위이다. 이는 부분적으로는 그러한 변화가 뇌세포들 간의 새로운 연결을 야기하기 때문인데, 그것은 신경 발달에 필수적이다. ④ 결과적으로, 우리 뇌는 미묘하게 재구성되고 대안적 기능을 수행할 수 있게 된다.

포인트 해설

첫 문장에서 '뇌 발달이 초기 유아기 이후로 멈추지 않는다는 것을 시사한 최근의 연구'에 대해 언급하고, ①, ②번에서는 '인생 내내 우리의 뇌를 변화시키는 조건들과 그 예시'를, ④번에서는 '조건들의 변화로 인한 결과'에 대해 설명하고 있다. 그러나 ③번은 '현대 사회에서 일상적인 심혈관 운동과 저지방 식단'에 대한 내용으로, 첫 문장의 내용과 관련이 없다.

정답 ③

---

09 독해 문단 순서 배열   난이도 중 ●●○

주어진 문장 다음에 이어질 글의 순서로 가장 적절한 것은?

The symptoms associated with the condition known as employee burnout vary from person to person, but it can generally be described as mental or physical exhaustion due to long hours or chronic stress in the workplace.

(A) But the situation is much graver in China, where an estimated one million people die from overwork every year. Though the government has appropriate labor-protection laws in place, companies are, unfortunately, not enforcing them.

(B) Though it may be hard to recognize the signs in the early stages, burnout can affect anyone, regardless of age, gender, or occupation. In fact, it is on the rise in many industrialized nations across the globe, affecting economies and citizens' overall quality of life.

(C) In Germany, burnout costs the economy the equivalent of 9.5 billion US dollars each year. Roughly 10 percent of sick days taken by workers annually are linked to work-related psychological illness, and some employees are even retiring early.

① (A) – (B) – (C)   ② (A) – (C) – (B)
③ (B) – (C) – (A)   ④ (C) – (A) – (B)

해석

근로자의 신경 쇠약이라고 알려진 현상과 관련된 증상은 사람마다 다르지만, 이는 일반적으로 직장에서의 장시간 노동이나 만성적인 스트레스로 인한 극도의 정신적 혹은 육체적 피로로 설명될 수 있다.

(A) 그러나 해마다 약 100만 명이 과로로 사망하는 중국에서는 그 상황이 훨씬 더 심각하다. 정부는 적절한 노동 보호법을 시행할 준비가 되어 있지만, 유감스럽게도 기업들은 이것을 시행하지 않고 있다.

(B) 초기 단계에서 징후를 인지하는 것이 어려울 수도 있지만, 신경 쇠약은 나이, 성별, 또는 직업에 상관없이 누구에게나 영향을 미칠 수 있다. 사실, 이것은 국가와 시민들의 전반적인 삶의 질에 영향을 미치며 전 세계의 많은 선진국들에서 증가하고 있다.

(C) 독일에서, 신경 쇠약은 해마다 그 국가에 95억 달러 상당의 비용이 들게 한다. 매년 직원들이 사용한 병가의 약 10퍼센트는 업무와 관련된 심리적인 질환과 연관되어 있으며, 심지어 몇몇 직원들은 조기에 퇴직하고 있다.

포인트 해설

주어진 문장에서 근로자의 신경 쇠약은 직장에서의 장시간 노동이나 만성적인 스트레스로 인한 극도의 정신적 혹은 육체적 피로라고 언급한 후, (B)에서 신경 쇠약은 전 세계의 많은 선진국들에서 증가하고 있다고 설명하고 있다. 이어서 (C)에서 예를 들어 독일에서 신경 쇠약은 95억 달러에 상당하는 비용을 초래하고 있으며, 매년 직원들이 사용하는 병가의 약 10퍼센트가 업무와 관련된 심리적 질환과 연관이 있다고 하고, (A)에서 그러나(But) 해마다 약 100만 명이 과로로 사망하는 중국에서는 그 상황(the situation)이 더 심각하다는 것을 추가로 전하고 있다. 따라서 ③ (B) – (C) – (A)가 정답이다.

정답 ③

어휘

symptom 증상, 징후 burnout 신경 쇠약, 번아웃
exhaustion 극도의 피로, 고갈, 탈진 chronic 만성적인 grave 심각한; 무덤
overwork 과로 enforce 시행하다, 강요하다 occupation 직업
industrialized nation 선진국 equivalent 상당하는 annually 매년
psychological 심리적인, 정신적인

구문 분석

Though it may be hard / to recognize the signs in the early stages, / burnout can affect anyone, (생략).

: 이처럼 긴 진짜 주어를 대신해 가짜 주어 it이 주어 자리에 온 경우, 가짜 주어 it은 해석하지 않고 뒤에 있는 진짜 주어 to 부정사(to recognize ~)를 가짜 주어 it의 자리에 넣어 '~하는 것'이라고 해석한다.

---

10 독해 내용 불일치 파악   난이도 중 ●●○

다음 글의 내용과 일치하지 않는 것은?

During the time of the Transatlantic Slave Trade that began in the mid-1600s, British traders would arrive in West Africa carrying shipments of manufactured goods. They would exchange these items for healthy young villagers who had been captured by African brokers and then cross the Atlantic to the Americas or the Caribbean. It is estimated that 10 to 12 million enslaved Africans were transported overseas. Many died during the voyage due to the cramped and appalling conditions. Upon reaching their destination, British traders would relinquish the survivors and receive sugar, tobacco, and rum in return. Though this inhumane practice was abolished in 1833, slavery continued throughout the British colonies until 1888. It was done in secret by smuggling newly enslaved persons into Brazil.

① Brokers in West Africa traded goods for young people that they had seized.

② There were between 10 and 12 million slaves in British territories.

③ British merchants got supplies in payment for the enslaved people they delivered.

④ The trafficking of slaves proceeded even after the act was officially revoked.

해석

1600년대 중반에 시작된 대서양 횡단의 노예 무역 시대에, 영국의 상인들은 대량 생산된 제품의 화물을 가지고 서아프리카에 도착했다. 그들은 이러한 물품들을 아프리카 중개인에 의해 붙잡힌 건강하고 젊은 주민들과 교환하고는 대서양을 건너 미대륙 또는 카리브해 지역으로 갔다. 1천만 명에서 1천2백만 명에 이르는, 노예가 된 아프리카인들이 해외로 수송되었다고 추정된다. 비좁고 끔찍한 환경으로 인해 많은 사람들이 항해 중에 죽었다. 목적지에 도달하자마자, 영국의 상인들은 생존자들을 양도하고 그 대가로 설탕, 담배, 그리고 럼주를 받았다. 이러한 비인간적인 관행은 1833년에 폐지되었지만, 노예 제도는 1888년까지 영국 식민지 전역에서 계속되었다. 그것은 새로 노예가 된 사람들을 브라질로 밀입국시킴으로써 비밀리에 행해졌다.

① 서아프리카의 중개인들은 그들이 붙잡은 젊은이들과 물품들을 물물교환했다.

② 영국 영토에 1천만 명에서 1천2백만 명 사이의 노예들이 있었다.

③ 영국 상인들은 그들이 넘겨준 노예가 된 사람들에 대한 대가로 물자를 얻었다.

④ 노예들에 대한 밀거래는 그 행위가 공식적으로 폐지된 후에도 진행되었다.

포인트 해설

②번의 키워드인 between 10 and 12 million slaves(1천만 명에서 1천2백만 명 사이의 노예들)을 바꾸어 표현한 지문의 10 to 12 million enslaved Africans(1천만 명에서 1천2백만 명에 이르는, 노예가 된 아프리카인들) 주변의 내용에서 영국의 상인들에 의해 1천만 명에서 1천2백만 명에 이르는, 노예가 된 아프리카인들이 해외로 수송된 것으로 추정된다고는 했지만, ② '영국 영토에 1천만 명에서 1천2백만 명 사이의 노예들이 있었'는지는 알 수 없다.

정답 ②

어휘

transatlantic 대서양 횡단의 manufacture (대량으로) 생산하다
broker 중개인 estimate 추정하다; 추정(치) transport 수송하다, 운송하다
voyage 항해, 여행 cramped 비좁은 appalling 끔찍한
relinquish 양도하다, 포기하다 inhumane 비인간적인
abolish 폐지하다 colony 식민지 smuggle 밀입국하다, 밀수하다
seize 붙잡다, 파악하다 territory 영토, 지역 merchant 상인
traffick 밀거래하다 revoke 폐지하다, 취소하다

해커스 공무원시험연구소 총평

난이도	어휘 영역에 어려운 어휘가 보기로 제시되기는 했지만, 이외에는 정답을 고르는 데 큰 어려움이 없었을 것입니다.
어휘·생활영어 영역	2번 문제와 같이 사람의 성격·성향을 나타내는 어휘는 다양한 형태로 꾸준히 출제되고 있으므로, 문제 풀이 중에 모르는 표현이 있었다면 빠짐없이 정리해 둡니다.
문법 영역	4번과 5번 문제 모두에 전치사 포인트를 묻는 보기가 있었습니다. 전치사는 국가직 9급과 지방직 9급에서 모두 최신 출제 경향이므로, 정답을 찾아내지 못했다면 지난 기출문제들을 되짚어 보는 복습이 필요합니다.
독해 영역	예술·정치·언어 등 다양한 분야의 지문에 대해 파악해야 했지만, 까다로운 내용은 아니었기 때문에 문맥 파악이 어렵지는 않았습니다. 평소 여러 가지 주제의 글을 접해 본다면, 독해 영역을 보다 수월하게 풀어낼 수 있을 것입니다.

정답

01	③	어휘	06	①	독해
02	②	어휘	07	②	독해
03	③	생활영어	08	②	독해
04	③	문법	09	③	독해
05	②	문법	10	③	독해

취약영역 분석표

영역	맞힌 답의 개수
어휘	/ 2
생활영어	/ 1
문법	/ 2
독해	/ 5
TOTAL	/ 10

---

01 어휘 bring about = provoke　　난이도 중 ●●○

밑줄 친 부분의 의미와 가장 가까운 것은?

> Environmentalists attempted to <u>bring about</u> policy changes in front of a government committee this week, but they encountered resistance.

① dissuade
② repulse
③ provoke
④ entice

해석

환경론자들은 이번 주 정부 위원회 앞에서 정책 변화를 <u>일으키</u>려고 시도했지만, 반대에 부딪혔다.

① 단념시키다
② 격퇴하다
③ 일으키다
④ 유혹하다

정답 ③

어휘

bring about ~을 일으키다 in front of ~의 앞에, ~의 앞길에
encounter ~에 부딪히다, ~을 맞닥뜨리다 resistance 반대, 저항
dissuade 단념시키다 repulse 격퇴하다, 거절하다
provoke 일으키다, 화나게 하다 entice 유혹하다, 꾀다

🎯 이것도 알면 합격!

bring about(~을 일으키다)의 유의어
= arouse, induce, generate, cause

---

02 어휘 showy　　난이도 하 ●○○

밑줄 친 부분에 들어갈 말로 가장 적절한 것은?

> Her _____ behavior at the party, showing off expensive possessions, made others uncomfortable.

① generous
② showy
③ passive
④ polite

해석

파티에서 값비싼 소유물을 자랑하는 그녀의 <u>허세 부리는</u> 행동은 다른 사람들을 불편하게 만들었다.

① 관대한
② 허세 부리는
③ 수동적인
④ 예의 바른

정답 ②

어휘

show off ~을 자랑하다, 과시하다 possession 소유물 generous 관대한
showy 허세 부리는, 화려한, 눈에 띄는 passive 수동적인
polite 예의 바른, 공손한

🎯 이것도 알면 합격!

showy(허세 부리는)의 유의어
= ostentatious, pretentious

03   생활영어 The ball is in your court.   난이도 중 ●●○

밑줄 친 부분에 들어갈 말로 가장 적절한 것은?

A: I was wondering if you've reached a decision about my proposal to merge.
B: Not yet. There are still a few issues that I have to talk over with my partners.
A: Can you let me know what the issues are?
B: I'm sorry, but until we decide, I can't discuss about it.
A: OK, I see. When do you expect to make a decision?
B: Well, it could take about a week, but I'm not certain.
A: OK. I've done everything I can, and you have my offer. _____.

① The tables are turned
② The sky is the limit
③ The ball is in your court
④ The shoe is on the other foot

해석

A: 저의 합병 제안에 대한 결정을 내리셨는지 궁금하던 중이었습니다.
B: 아직입니다. 제 동업자와 의논해야 할 몇 가지 사안들이 여전히 있어서요.
A: 그 사안이 무엇인지 제게 알려 줄 수 있나요?
B: 죄송하지만, 우리가 결정할 때까지 그것에 대해 논의할 수 없겠네요.
A: 그래요, 알겠습니다. 언제 결정이 날 것 같나요?
B: 음, 일주일 정도 걸릴 수 있지만, 확실하지는 않습니다.
A: 알겠습니다. 제가 할 수 있는 것은 모두 했고, 당신은 저의 제안을 받았습니다. 결정은 당신에게 달려 있어요.

① 주객이 전도되었어요
② 제한은 없어요
③ 결정은 당신에게 달려 있어요
④ 입장이 뒤바뀌었어요

포인트 해설

합병 제안에 대한 결정이 언제 날 것 같은지 묻는 A의 질문에 대해 B가 일주일 정도 걸릴 수 있지만 확실하지 않다고 대답하고, 빈칸 앞에서 다시 A가 I've done everything I can, and you have my offer(제가 할 수 있는 것은 모두 했고, 당신은 저의 제안을 받았습니다)라고 말하고 있으므로, '결정은 당신에게 달려 있어요'라는 의미의 ③ 'The ball is in your court'가 정답이다.

정답 ③

어휘

merge 합병하다   the tables are turned 주객이 전도되다
the sky is the limit 제한이 없다
the ball is in somebody's court 결정은 ~에게 달렸다
the shoe is on the other foot 입장이 뒤바뀌다

🏆 이것도 알면 **합격!**

제안할 때 쓸 수 있는 다양한 표현들을 알아 두자.
· Can I suggest something? 제가 제안 하나 해도 될까요?
· Why don't you take a taxi? 택시를 타는 게 어때요?
· Let's eat out tonight. 오늘 밤은 외식하자.
· Care to join us for lunch? 우리랑 점심 먹으러 갈래요?

04   문법 전치사 | 부사 | 형용사 | 수동태   난이도 중 ●●○

우리말을 영어로 잘못 옮긴 것은?

① 그 공연가가 그녀의 무대 화장을 한 후에, 그녀는 거의 알아볼 수 없었다.
  → After the performer applied her stage makeup, she was barely recognizable.
② 귀중품은 무엇이든 호텔 객실 금고에 보관되어야 한다.
  → Anything valuable should be stored in the hotel room safe.
③ 그 법률 조수는 현재 상황을 인지하고 있다.
  → The legal assistant is aware for the current situation.
④ 그 주민들은 멀리서 경찰 사이렌을 들었을 때 안도했다.
  → The residents were relieved when they heard the police sirens in the distance.

포인트 해설

③ 기타 전치사 '현재 상황을 인지하고 있다'는 전치사 숙어 표현 aware of(~을 인지하고 있는)의 형태로 나타낼 수 있으므로 전치사 for를 전치사 of로 고쳐야 한다.

[오답 분석]
① 부사 자리 형용사(recognizable)를 수식할 때 부사는 형용사 앞에 와야 하므로 형용사 recognizable 앞에 부사 barely가 올바르게 쓰였다.
② 형용사 자리 -thing으로 끝나는 명사(Anything)는 뒤에서 형용사(valuable)가 수식하므로 Anything valuable이 올바르게 쓰였다.
④ 3형식 동사의 수동태 감정을 나타내는 동사(relieve)의 경우 주어가 감정을 느끼면 수동태를, 감정의 원인이면 능동태를 쓰는데, 주어(The residents)가 '그 주민들이 안도했다'라는 의미로 감정을 느끼는 주체이므로 수동태 were relieved가 올바르게 쓰였다.

정답 ③

어휘

apply makeup 화장을 하다   barely 거의 ~ 않다

🏆 이것도 알면 **합격!**

-able/-ible로 끝나는 형용사는 명사를 뒤에서 수식할 수 있다는 것도 함께 알아 두자.
· The teacher explained the concept in every way possible.
  선생님은 가능한 모든 방법으로 그 개념을 설명했다.

05 문법 전치사 | 관계절 | 대명사 | 비교 구문 난이도 중 ●●○

밑줄 친 부분 중 어법상 옳지 않은 것은?

An intervention is a time ① when friends and family members come together to show support for a loved one by ② help this individual overcome a problem that can affect them all. The purpose is not necessarily to persuade these treasured people to stop harming ③ themselves, but just to demonstrate that a group of people love them and want ④ the best for them.

해석

중재는 친구와 가족들이 함께 모여서 사랑하는 사람이 그들 모두에게 영향을 미칠 수 있는 문제를 극복하도록 도움으로써 그 사람에 대한 지지를 보여 주는 순간이다. 그것의 목적은 반드시 이 소중한 사람들이 스스로에게 해를 가하는 것을 그만두도록 설득하는 것이 아니라, 그저 한 무리의 사람들이 그들을 사랑하고 그들에게 있어 가장 좋은 것을 원함을 보여 주기 위함이다.

포인트 해설

② 전치사 자리 전치사(by)는 명사 역할을 하는 것 앞에 와야 하므로 help를 동명사 helping으로 고쳐야 한다.

[오답 분석]

① 관계부사 선행사(a time)가 시간을 나타내고, 관계사 뒤에 완전한 절(friends ~ them all)이 왔으므로 시간을 나타내는 관계부사 when이 올바르게 쓰였다.

③ 재귀대명사 문맥상 '이 소중한 사람들이 스스로에게 해를 가하다'라는 의미가 되어야 자연스러운데, 이때 동명사 harming의 목적어가 의미상 주어인 these treasured people과 동일하므로, 재귀대명사 themselves가 올바르게 쓰였다.

④ 최상급 최상급(best) 앞에는 반드시 정관사 the나 소유격이 와야 하므로 the best가 올바르게 쓰였다.

정답 ②

어휘

intervention 중재, 간섭 overcome 극복하다 persuade 설득하다
demonstrate 보여 주다, 입증하다

이것도 알면 합격!

다양한 재귀대명사 관용 표현들을 알아 두자.

- by oneself 홀로, 혼자 힘으로
- in spite of oneself 자기도 모르게
- by itself 저절로
- for oneself 자기를 위하여, 혼자 힘으로
- beside oneself 이성을 잃고, 흥분하여
- in itself 자체로, 본질적으로

06 독해 제목 파악 난이도 중 ●●○

다음 글의 제목으로 가장 적절한 것은?

In the latter part of the nineteenth century, a handful of psychiatrists began noticing that some of their patients were independently generating artwork. The pieces were produced in total isolation from the modern art scene and were remarkably powerful. The psychiatrists published these creations in books, attracting the attention of established artists and sparking a fascination with the innovative paintings, drawings, and sculptures. The works were considered creativity in its purest form, since they were made with no expectation of fame or money. This raw form of expression came to be known as outsider art and soon picked up a devoted following of artists and art lovers.

① The Origins of Outsider Art
② Why Artists Are Social Outsiders
③ Art as a Mental Therapy
④ How Innovation Influences Art

해석

19세기 후반에, 몇몇의 정신과 의사들은 자신의 환자 중 일부가 자발적으로 예술 작품을 만들어내고 있다는 것을 알게 되기 시작했다. 작품들은 현대 예술계와는 완전히 별개로 창작되었고 매우 강렬했다. 정신과 의사들은 그러한 작품들을 책으로 출간했는데, 이는 저명한 예술가들의 관심을 끌었고 획기적인 회화, 소묘, 조각에 대한 강한 흥미를 일으켰다. 작품들은 명성이나 돈에 대한 기대 없이 창작되었기 때문에 가장 순수한 형태의 창의성으로 여겨졌다. 이러한 다듬어지지 않은 형태의 표현은 아웃사이더 아트라고 알려지게 되었고 곧 열렬한 예술가와 예술 애호가 팬들을 얻었다.

① 아웃사이더 아트의 기원
② 예술가들이 사회적 아웃사이더인 이유
③ 정신 치료법으로서의 예술
④ 혁신이 예술에 영향을 미치는 방법

포인트 해설

지문 전반에 걸쳐, 19세기 후반에 정신과 의사들이 환자들 중 일부가 자발적으로 예술 작품을 만들어낸다는 것을 알고는 그러한 작품들을 책으로 출간했는데, 그것이 예술가들의 관심과 흥미를 끌면서 아웃사이더 아트가 탄생했다는 것을 설명하고 있다. 따라서 ① '아웃사이더 아트의 기원'이 이 글의 제목이다.

정답 ①

어휘

a handful of 몇몇의, 소수의 psychiatrist 정신과 의사
independently 자발적으로 in isolation 별개로, 홀로
established 저명한, 확립된 spark 일으키다, 고무시키다, 유발하다
fascination 흥미, 매력 devoted 열렬한, 헌신적인
following 팬, 다음; 그다음의

07 독해 글의 감상 난이도 하 ●○○

다음 글에 나타난 화자의 심경으로 가장 적절한 것은?

Renovating the house was no easy task, but after months of hard work, I was finally done. My wife doubted I could do it myself, but she was impressed by my handiwork. That is, until she saw a tiny hole in the corner of the roof. She told me to fix it right away, but I wasn't too worried about it. I kept putting it off until summer rolled around, when we had our first big thunderstorm. It poured all night and we woke up to a flooded home. The hole had gotten exponentially bigger over the months. In the end, my house had to get renovated twice because of the trifle that I should have taken care of earlier.

① determined
② regretful
③ jealous
④ frightened

해석

집을 보수하는 것은 결코 쉬운 일이 아니었지만, 몇 달간의 노고 끝에 나는 마침내 끝냈다. 내 아내는 내가 직접 할 수 있을지를 의심했지만, 그녀는 나의 작업에 감명받았다. 정확히 말하면, 그녀가 지붕 모퉁이에서 작은 구멍을 보게 되기까지는 말이다. 그녀는 나에게 당장 수리하라고 말했지만, 나는 그것을 크게 걱정하지 않았다. 우리가 처음으로 심한 뇌우를 겪었던 여름이 올 때까지 나는 계속해서 미뤘다. 뇌우는 밤새도록 마구 쏟아졌고 우리는 물에 잠긴 집에서 일어났다. 그 구멍은 몇 달 내내 기하급수적으로 더 커졌다. 결국, 내가 일찍이 처리했어야 했던 그 사소한 것 때문에 나의 집은 두 번 보수되어야 했다.

① 결연한
② 후회하는
③ 질투하는
④ 겁먹은

포인트 해설

지문 전반에 걸쳐 화자가 직접 보수를 끝낸 집의 지붕 모퉁이에서 아내는 작은 구멍을 보았고, 화자에게 이것을 당장 수리하라고 했지만 화자는 수리를 계속해서 미뤘으며, 그 결과 여름철 심한 뇌우로 인해 구멍이 매우 더 커져 물난리를 겪은 이후에 한 번 더 집을 보수하게 되었다고 설명하고 있다. 따라서 화자의 심경을 '후회하는'이라고 표현한 ②번이 정답이다.

정답 ②

어휘

renovate 보수하다 handiwork 작업, 작품 that is 정확히 말하면, 즉
put off ~을 미루다, 연기하다 thunderstorm 뇌우 pour 쏟다, 붓다
flooded 물에 잠긴 exponentially 기하급수적으로
trifle 사소한 것, 소량 determined 결연한, 단호한 regretful 후회하는
jealous 질투하는 frightened 겁먹은

08 독해 무관한 문장 삭제 난이도 중 ●●○

다음 글의 흐름상 어색한 문장은?

Anarchism is a political ideology that asserts that the most ideal government is none at all. ① This is based on the belief that governments are restrictive by nature and therefore should be eliminated. Anarchists also claim that social problems such as crime will naturally disappear in the absence of an oppressive regime. ② In other words, crime is permitted to run rampant since there is no threat of punishment for immoral behavior. ③ Critics of anarchism take issue with this, arguing that it is unrealistic for a society to have no official form of governance. ④ One opponent in particular, a history professor named Carl Landauer, labels anarchism as absurd. He states that although governments are repressive, they are still better than a society that has no clear authority.

해석

무정부주의란 가장 이상적인 정부는 아예 정부가 없는 것이라고 주장하는 정치적 이념이다. ① 이것은 본질적으로 정부는 구속력을 지니기 때문에 없어져야 한다는 믿음에 기초한다. 무정부주의자들은 또한 억압적인 체제가 없을 때 범죄와 같은 사회적 문제들이 자연스럽게 사라질 것이라고 주장한다. ② 다시 말해서, 부도덕한 행동에 대한 처벌의 위협이 없기 때문에 범죄가 만연하게 되는 것이다. ③ 무정부주의를 비판하는 사람들은 사회에 공식적인 형태의 통치 조직이 없는 것은 비현실적이라고 주장하며 이것에 이의를 제기한다. ④ 특히 반대자인 역사학 교수 Carl Landauer는 무정부주의를 터무니없는 것으로 규정한다. 그는 정부가 억압적이라고 해도, 어떠한 명확한 당국도 없는 사회보다는 그래도 낫다고 말한다.

포인트 해설

첫 문장에서 '정부가 없는 것을 가장 이상적으로 보는 무정부주의'에 대해 언급한 후, ①번은 '구속력을 지니는 정부를 부정하는 무정부주의의 신념', ③, ④번은 '무정부주의를 비판하는 사람들의 의견'에 대해 설명하고 있다. 그러나 ②번은 '처벌의 위협 부재로 인해 만연하는 범죄'에 대한 내용으로, 무정부주의의 신념과 이점에 관해 다루는 지문 전반부의 흐름과는 어울리지 않는다.

정답 ②

어휘

anarchism 무정부주의 ideology 이념 assert 주장하다
restrictive 구속력을 지닌, 제한하는 eliminate 없애다
oppressive 억압적인 regime 체제, 제도, 정권 rampant 만연하는
take issue with ~에 이의를 제기하다 governance 통치 조직, 지배(권)
absurd 터무니없는 repressive 억압적인 authority 당국, 권위

09 독해 빈칸 완성 - 구   난이도 중 ●●○

밑줄 친 부분에 들어갈 말로 가장 적절한 것은?

Do any languages spoken today contain remnants of the very first one spoken by humans? Some linguists claim that speech evolves too rapidly for this to be possible, but a new study asserts that there is a special group of dialects that potentially has elements in common with the original mother tongue: the click languages of southern Africa. Researchers surmise that the clicks endured despite the unlikelihood of that happening because they _____. The clicks would have been essential to the species' survival as they allowed humans to stalk their prey while blending into the surrounding environment. Since the sound of the language is similar to branches snapping, early humans were able to communicate and coordinate their strategy for capturing prey without scaring the animals off.

① are based on natural sounds anyone can make
② had minimal influence from other languages
③ offer an advantage with regard to hunting
④ allowed people to communicate noiselessly

해석

오늘날 사용되는 언어 중에 인류에 의해 최초로 사용된 언어의 자취를 가진 것이 있을까? 몇몇 언어학자들은 이것이 가능하기에는 언어가 너무 빠르게 진화한다고 주장하지만, 새로운 연구는 어쩌면 최초의 모어와 공통된 요소를 갖는 특정 방언군이 있다고 주장한다. 이는 남아프리카의 흡착음을 쓰는 언어이다. 연구원들은 흡착음이 <u>사냥과 관련해 이점을 제공</u>하기 때문에 그럴 가망이 없음에도 불구하고 지속되었을 것으로 추측한다. 흡착음은 인간이 주변 환경에 섞여 사냥감에 몰래 접근할 수 있도록 했기 때문에 부족의 생존에 필수적이었을 것이다. 그 언어의 소리는 나뭇가지가 툭 하고 부러지는 소리와 비슷하기 때문에, 원시 인류는 동물을 겁주어 쫓아내는 일 없이 소통하고 사냥감을 포획하기 위한 전략을 조정할 수 있었다.

① 누구든지 낼 수 있는 자연스러운 소리에 기반을 둔다
② 다른 언어로부터 최소한의 영향이 있었다
③ 사냥과 관련해 이점을 제공한다
④ 사람들이 소리 없이 소통할 수 있도록 했다

포인트 해설

빈칸 뒤 문장에 흡착음은 인간이 주변 환경에 섞여 사냥감에 몰래 접근할 수 있도록 했기 때문에 부족의 생존에 필수적이었을 것이라는 내용이 있으므로, 흡착음이 '사냥과 관련해 이점을 제공'하기 때문에 지속되었을 것으로 추측한다고 한 ③번이 정답이다.

정답 ③

어휘

remnant 자취, 나머지   linguist 언어학자   click 흡착음, 혀 차는 소리
surmise 추측하다   endure 지속되다, 견디다   stalk 몰래 접근하다
blend into ~에 섞이다, 어우러지다   branch 나뭇가지; 갈라지다
snap 툭 하고 부러지다   coordinate 조정하다   noiselessly 소리 없이

구문 분석

Some linguists claim / that speech evolves too rapidly for this / to be possible, (생략)
: 이처럼 'too … to ~' 구문이 정도를 나타내는 경우, '~하기에 너무 … 하다'라고 해석한다.

10 독해 문장 삽입   난이도 중 ●●○

주어진 문장이 들어갈 위치로 가장 적절한 곳은?

Despite these encouraging statistics, opponents argue that the program's benefits don't outweigh its drawbacks.

In Australia, the Suspect Target Management Plan (STMP) is in effect. (①) The program is designed to deter crime by granting law enforcement authorities the ability to intensively surveil individuals considered at risk of criminal behavior. (②) Since its implementation, a national crime study estimates that the STMP has contributed to a 16 percent reduction in both violent and property crimes. (③) This apprehension stems from the fact that the STMP operates on an algorithm, the details of which are undisclosed to the public. (④) Critics assert that the criteria used for identifying those deemed likely to engage in criminal activity are biased and disproportionately target young Indigenous Australians.

해석

이러한 고무적인 통계에도 불구하고, 반대자들은 그 프로그램의 장점이 단점보다 크지 않다고 주장한다.

호주에서는 용의자 목표 관리 계획(STMP)이 시행된다. ① 그 프로그램은 범죄 행위의 위험이 있다고 여겨지는 사람들을 집중적으로 감시할 수 있는 능력을 법 집행 당국에 부여함으로써 범죄를 저지하기 위해 고안되었다. ② 그것의 시행 이후, 국가 범죄 연구는 STMP가 폭력 범죄와 재산 범죄 모두에서 16퍼센트의 감소에 기여해 온 것으로 평가한다. ③ 이러한 우려는 STMP가 알고리즘을 기반으로 운영되며, 이것의 세부 사항이 대중에게 비밀로 부쳐진다는 사실에서 기인한다. ④ 비판하는 사람들은 범죄 행위에 참여할 가능성이 있다고 생각되는 사람들을 식별하는 데 사용되는 기준이 편향적이고 불균형하게 젊은 호주 원주민을 대상으로 한다고 주장한다.

포인트 해설

③번 앞 문장에 STMP가 폭력 범죄와 재산 범죄의 16퍼센트의 감소에 기여해 왔다는 긍정적인 내용이 있고, ③번 뒤 문장에 이러한 우려(This apprehension)는 STMP의 세부 알고리즘이 대중에게 비밀로 부쳐진다는 점에서 기인한다는 부정적인 내용이 있으므로, ③번 자리에 이러한 고무적인 통계(these encouraging statistics)에도 불구하고 반대자들은 그 프로그램의 장점이 단점보다 크지 않다고 주장한다는 내용, 즉 STMP의 성과에도 불구하고 그것이 갖는 단점에 우려를 제기하는 주어진 문장이 나와야 지문이 자연스럽게 연결된다.

정답 ③

어휘

encouraging 고무적인, 유망한   statistics 통계
opponent 반대자   outweigh ~보다 크다   drawback 단점
deter 저지하다, 그만두게 하다   grant 부여하다, 승인하다
law enforcement authorities 법 집행 당국   intensively 집중적으로
surveil 감시하다   implementation 이행, 시행
contribute 기여하다, 공헌하다   reduction 감소   violent 폭력적인
property 재산   apprehension 우려, 이해, 체포
stem from ~에서 기인하다, 유래하다   operate 운영되다, 수술하다
undisclosed 비밀로 부쳐진, 밝혀지지 않은   assert 주장하다
criterion 기준, 척도   identify 식별하다, 인식하다   deem 생각하다, 여기다
engage in ~에 참여하다, 관여하다   biased 편향적인
disproportionately 불균형하게   indigenous 원산의, 토착의

해커스 공무원시험연구소 총평

난이도	까다로운 표현이 다수 쓰인 생활영어 문제 외에는 전반적으로 평이한 공무원 9급 시험의 난이도였습니다.
어휘·생활영어 영역	생활영어 영역은 비교적 난이도가 낮은 경우가 많지만, 최근 관용 표현의 의미를 묻는 문제가 종종 출제되므로 필수 동사구 표현에서 속담 표현에 이르기까지 폭넓게 학습해 둔다면 고난도 문제에 대비할 수 있습니다.
문법 영역	명사·관사 포인트는 공무원 시험에서 드물게 출제되는 만큼 제대로 학습하지 않고 지나치기 쉬우므로, 학습에 부족함은 없는지 4번 문제를 통해 확인합니다.
독해 영역	8번 지문의 소재(목재의 분류)가 생소하게 느껴졌을 수 있지만, 빈칸 완성 유형의 경우 어떤 주제를 다루고 있든지 간에 무엇보다 빈칸 앞뒤 문장을 단서로 활용하여 정답을 찾을 수 있음을 기억해 둡니다.

정답

01	②	어휘	06	①	독해
02	④	어휘	07	②	독해
03	④	생활영어	08	②	독해
04	②	문법	09	④	독해
05	④	문법	10	④	독해

취약영역 분석표

영역	맞힌 답의 개수
어휘	/ 2
생활영어	/ 1
문법	/ 2
독해	/ 5
TOTAL	**/ 10**

---

01 어휘 integrity = credibility 난이도 중 ●●○

밑줄 친 부분의 의미와 가장 가까운 것은?

The integrity of the witness was ruined when it was revealed she had lied during her testimony.

① fluency
② credibility
③ relevancy
④ unification

해석

그녀가 증언 중에 거짓말했다는 것이 밝혀졌을 때 증인의 진실성은 손상되었다.

① 유창함
② 진실성
③ 관련성
④ 단일화

정답 ②

어휘

integrity 진실성, 고결, 정직 witness 증인, 목격자 testimony 증언, 증거
fluency 유창함 credibility 진실성, 신빙성 relevancy 관련성
unification 단일화, 결합

이것도 알면 합격!

integrity(진실성)의 유의어
= honesty, truthfulness, veracity, virtue, morality

---

02 어휘 peculiar = distinctive 난이도 중 ●●○

밑줄 친 부분의 의미와 가장 가까운 것은?

People who spend more time in the company of pets than of people are considered peculiar, but they say that pets tend to give their owners more love and affection.

① patriotic
② scornful
③ tangible
④ distinctive

해석

사람보다 반려동물과 함께 더 많은 시간을 보내는 사람들은 독특하다고 여겨지지만, 그들은 반려동물들이 주인에게 더 많은 사랑과 애정을 주는 경향이 있다고 말한다.

① 애국적인
② 경멸하는
③ 실체적인
④ 독특한

정답 ④

어휘

in the company of ~와 함께 peculiar 독특한, 특유의
affection 애정 patriotic 애국적인 scornful 경멸하는, 냉소적인
tangible 실체적인 distinctive 독특한, 특유의

이것도 알면 합격!

peculiar(독특한)의 유의어
= distinct, particular, characteristic, distinguishing

03 생활영어 you're off the hook 난이도 상 ●●●

밑줄 친 부분에 들어갈 말로 가장 적절한 것은?

A: Do you still need me to assist you?
B: Actually, _____.
A: But you do need a hand at the conference.
B: One of the interns offered to come instead.
A: Oh, good. And it'll count as training.
B: Yes, that's what I intended.

① it's on the blink
② I'm at a loss
③ we're in a tight spot
④ you're off the hook

해석

A: 여전히 내가 너를 돕는 것이 필요해?
B: 사실, 너는 해방됐어.
A: 그렇지만 너 회의에서 도움이 필요하잖아.
B: 인턴사원 중 한 명이 대신 오겠다고 말했어.
A: 오, 좋아. 그러면 교육으로 인정되겠다.
B: 그래, 그것이 내가 의도한 바야.

① 그건 고장 났어
② 나는 어쩔 줄을 모르겠어
③ 우리는 궁지에 몰렸어
④ 너는 해방됐어

포인트 해설

여전히 자신의 도움이 필요한지 묻는 A의 질문에 대해 B가 대답한 후, 빈칸 뒤에서 회의에서 도움이 필요하지 않냐는 A의 물음에 다시 B가 One of the interns offered to come instead(인턴사원 중 한 명이 대신 오겠다고 말했어)라고 말하고 있으므로, '너는 해방됐어'라는 의미의 ④ 'you're off the hook'이 정답이다.

정답 ④

어휘

be on the blink 고장 나다, 작동이 됐다 안됐다 하다
be at a loss 어쩔 줄을 모르다 in a tight spot 궁지에 몰려 있는, 곤란하게 된
off the hook (책임·의무 등으로부터) 해방된, 자유로워진, 벗어난

🖋 이것도 알면 합격!

도움을 줄 때 쓸 수 있는 다양한 표현들을 알아 두자.
· Let me help you with that luggage. 그 짐 드는 것을 도와줄게.
· I can give you a leg up. 제가 도와드릴 수 있어요.
· It'll be my pleasure. 기꺼이 할게요.
· I'd move mountains for you. 당신을 위해서라면 뭐든 할게요.

04 문법 to 부정사 | 시제 | 비교 구문 | 명사 난이도 중 ●●○

우리말을 영어로 잘못 옮긴 것은?

① 불이 꺼진 후, 아이들은 어둠 속에서 울기 시작했다.
→ After the lights had gone out, the children started to cry in the dark.

② 나는 그녀에게 Mark와 그의 친구들이 오늘 밤에 올 수 없다고 말해야 하는 것을 잊었다.
→ I forgot telling her that Mark and his friends can't come over tonight.

③ 그가 연약한 것처럼 보일 수 있지만, 그는 보이는 것만큼 약하지 않다.
→ He may look frail, but he is not as weak as he appears.

④ 웃음은 기쁨과 슬픔같이 완전히 다른 감정들을 전달한다.
→ Laughter communicates completely different feelings like joy or sadness.

포인트 해설

② **동명사와 to 부정사 둘 다 목적어로 취하는 동사** 동사 forget은 동명사와 to 부정사를 모두 목적어로 취할 수 있는 동사인데, '~할 것을 잊다'라는 미래의 의미를 나타낼 때는 to 부정사를 목적어로 취하므로 동명사 telling을 to 부정사 to tell로 고쳐야 한다.

[오답 분석]

① **과거완료 시제** '불이 꺼진' 것은 '아이들이 울기 시작한' 특정 과거 시점보다 이전에 일어난 일이므로 과거완료 시제 had gone out이 올바르게 쓰였다.

③ **원급** '보이는 것만큼 약하지 않다'는 원급 표현 'not + as + 형용사/부사의 원급 + as'(~만큼 -하지 않은)를 사용하여 나타낼 수 있으므로 not as weak as가 올바르게 쓰였다.

④ **불가산 명사** 불가산 명사(Laughter)는 앞에 부정관사(a)를 쓰거나 복수형으로 쓰일 수 없으므로 Laughter가 올바르게 쓰였고, 불가산 명사는 단수 취급하므로 단수 동사 communicates가 올바르게 쓰였다.

정답 ②

어휘

come over 오다, 들르다 frail 연약한

🖋 이것도 알면 합격!

동명사가 목적어일 때와 to 부정사가 목적어일 때 의미가 동일한 동사들도 함께 알아 두자.

시작하다 / 계속하다	begin 시작하다
	start 시작하다
	continue 계속하다
좋아하다 / 싫어하다	like 좋아하다
	love 좋아하다
	prefer 선호하다
	hate 싫어하다

05 문법 조동사 | 관계절 | 동명사 | 관사   난이도 중 ●●○

밑줄 친 부분 중 어법상 옳지 않은 것은?

A story ① that is known to many in Western cultures is that of the judgment of King Solomon. The tale is that of two women who both claim custody of the same child and want the king to settle their dispute. The king suggests ② cutting the baby in half so that each woman gets half, at which point the true mother concedes to let the other have full ownership rather than have the baby harmed. Seeing her compassion, Solomon grants her custody. There are two major criticisms to this tale, one of which is the illogical nature of the king's suggestion, and ③ the second of which is that the story itself may be plagiarized from a Buddhist story. In what is thought to be the original version, the Buddha himself insists that two mothers ④ to resolve the ownership dispute by taking hold of each side of the baby and pulling. Realizing the harm this would do to the baby, the real mother refuses and is granted full ownership.

해석

솔로몬 왕의 판결에 관한 이야기는 서구 문화권의 많은 사람들에게 알려져 있는 이야기이다. 이야기는 같은 아이의 양육권을 주장하며 왕이 그들의 분쟁을 해결해 주기를 바라는 두 여성에 관한 것이다. 이 왕은 각각의 여성이 절반을 가질 수 있도록 아이를 반으로 자르는 것을 제안하고, 그 순간 진짜 어머니는 아이를 다치게 하니 차라리 다른 어머니가 완전한 소유권을 가지도록 양보한다. 그녀의 연민을 보고 솔로몬은 그녀에게 양육권을 준다. 이 이야기에 대한 두 가지 중요한 비평이 있는데, 그중 한 가지는 왕의 제안이 갖는 비논리적 성격이고, 두 번째는 이야기 자체가 불교의 이야기에서 도용된 것일 수도 있다는 것이다. 원작이라고 여겨지는 것에서, 부처는 직접 두 어머니에게 아이의 양쪽을 잡고 당기는 것으로 소유권 분쟁을 해결할 것을 제안한다. 이것이 아이에게 미칠 피해를 인지한 진짜 어머니는 거부하고, 완전한 소유권을 받게 된다.

포인트 해설

④ **조동사 should의 생략** 주절에 주장을 나타내는 동사(insist)가 나오면 종속절의 동사 자리에는 '(should +) 동사원형'이 와야 한다. 따라서 to 부정사 to resolve를 (should) resolve로 고쳐야 한다.

[오답 분석]

① **관계대명사** 선행사(A story)가 사물이고, 관계절 내에서 동사 is known의 주어 역할을 하므로 주격 관계대명사 that이 올바르게 쓰였다.

② **동명사를 목적어로 취하는 동사** 동사 suggest는 동명사를 목적어로 취하므로 동명사 cutting이 올바르게 쓰였다.

③ **정관사 the** 서수(second)는 정관사 the와 함께 'the + 서수 (second)'의 형태로 쓰이므로 the second가 올바르게 쓰였다.

정답 ④

어휘

judgment 판결, 심판   custody 양육권, 구속, 감금
settle 해결하다, 정착하다   dispute 분쟁, 논쟁   concede 양보하다, 인정하다
compassion 연민   grant 주다   plagiarize 도용하다, 표절하다
Buddhist 불교의; 불교도

🔔 이것도 알면 합격!

동사 insist가 해야 할 것에 대한 제안과 주장의 의미가 아닌, '~라는 사실을 주장하다'라는 의미를 나타낼 때는 종속절에 (should +) 동사원형을 쓸 수 없다는 것을 알아 두자.

· He **insisted** that the car (be, was) in excellent condition despite its age.
  그는 그 차가 연식에도 불구하고 아주 좋은 상태라고 주장했다.

---

06 독해 제목 파악   난이도 중 ●●○

다음 글의 제목으로 가장 적절한 것은?

Space tourism has been talked about for decades and is potentially within our reach using today's technology. But the logistics, costs, and dangers of sending civilians out of Earth's atmosphere in rockets have thus far kept it from becoming a reality, much to the dismay of space fanatics worldwide. Thus, savvy entrepreneurs are trying to develop a more feasible way for consumers to glimpse the stars up close. High-altitude balloons could be capable of carrying pressurized pods over 100,000 feet into the air. Using them would eliminate myriad problems; it'd be much less expensive, no special training would be required for passengers, and the ride would be slow and gentle. Perhaps best of all, ballooning is a tried-and-true method that has been around since the 1930s, making the practice far safer for everyone involved. While such balloons wouldn't technically be leaving the stratosphere, they should rise high enough for people to get a spectacular view of the planet.

① Ballooning: A New Way of Space Travel
② Reasons That Space Tourism Is Impractical
③ Risk Factors of Space Exploration as an Entertainment
④ The Superiority of Balloons When Traveling the Universe

해석

우주 관광은 수십 년 동안 이야기되어 왔으며 오늘날의 과학 기술을 이용하여 이룰 가능성이 있다. 그러나 전 세계의 우주광들에게는 매우 실망스럽게도, 로켓에 태워 일반 시민을 지구의 대기 밖으로 보내는 것과 관련된 실행 계획, 비용 그리고 위험은 지금까지 이것이 현실이 되는 것을 방해해 왔다. 따라서, 영리한 사업가들은 소비자들이 별들을 가까이에서 잠시 볼 수 있는 더욱 실현 가능한 방법을 개발하려고 노력하는 중이다. 고고도 열기구는 가압된 포드를 10만 피트 이상의 상공으로 가져갈 수 있었다. 그것들을 이용하는 것은 수많은 문제들을 제거할 수 있을 것인데, 그것은 훨씬 덜 비쌀 것이고, 탑승객들에게 특별 훈련도 필요하지 않을 것이며, 여행은 느긋하고 평온할 것이다. 아마도 가장 좋은 것은, 열기구 비행이 1930년대 이래로 존재해 온 신뢰할 수 있는 방법이며, 관련된 모든 이들에게 그 행위를 훨씬 안전하게 만든다는 점이다. 그러한 열기구들은 엄밀히 말하자면 성층권을 벗어나지는 않겠지만, 그것들은 사람들이 세상의 눈부신 풍경을 볼 수 있을 만큼 충분히 높이 올라갈 것이다.

① 열기구 비행: 새로운 우주 관광 방식

---

② 우주 관광이 비현실적인 이유

③ 오락용 우주 탐사의 위험 요소들

④ 우주를 여행할 때 열기구가 갖는 우수함

포인트 해설

지문 전반에 걸쳐 우주 관광은 실행 계획과 비용 및 위험 문제로 인해 현실화되지 못해 왔지만, 고고도 열기구를 사용하면 탑승객들은 저렴한 가격에 특별 훈련 없이도 안전하게 10만 피트 이상의 상공에서 세상의 눈부신 풍경을 볼 수 있을 것이라고 주장하고 있다. 따라서 ① '열기구 비행: 새로운 우주 관광 방식'이 이 글의 제목이다.

정답 ①

어휘

logistics 실행 계획 dismay 실망 fanatic 광, 열광적인 애호가
savvy 영리한, 잘 아는 entrepreneur 사업가 feasible 실현 가능한
glimpse 잠시 보다, 힐끗 보다 pressurized 가압된, 기밀 구조의
myriad 수많은, 무수한 tried-and-true 신뢰할 수 있는
stratosphere 성층권 spectacular 눈부신, 장관을 이루는

구문 분석

(생략), they should rise high enough / for people to get a spectacular view of the planet.

: 이처럼 '… enough to ~' 구문이 정도를 나타내는 경우, '~할 만큼 충분히 …하다'라고 해석한다.

주정부가 이 권리를 침해하는 입법 기관을 만들 수 없도록 했다. 정부가 어떤 항목을 규제하기 원하는 경우에는, 정당한 이유로써 대법원에 중요한 뒷받침 근거를 제공할 필요가 있다.

① 검열될 가능성이 있다는 것을 알고 있음에도 불구하고

② 정부의 간섭이나 규제 없이

③ 그 사람이 정치적 편견을 지니지 않는 한

④ 엄격한 지침을 지키는 선에서

포인트 해설

빈칸 뒷부분에서 미국 의회는 언론의 자유를 침해하는 법을 제정할 수 없으며 주정부 또한 이 권리를 침해하는 입법 기관을 만들 수 없다고 했으므로, 언론의 자유는 개인이 '정부의 간섭이나 규제 없이' 자신의 생각을 표현하는 것을 허용한다고 한 ②번이 정답이다.

정답 ②

어휘

core 핵심 implicit 내포된, 함축적인 convey 전하다 prohibit 금지하다
enact 제정하다 incorporation 통합, 합동, 법인 설립
doctrine 원칙, 정책, 교리 legislature 입법 기관 infringe 침해하다
justification 정당한 이유, 정당화, 변명 Supreme Court 대법원
censor 검열하다 meddling 간섭 restriction 규제, 제약 bias 편견
stringent 엄격한, 엄중한

---

07 독해 빈칸 완성 - 구　　　　난이도 중 ●●○

밑줄 친 부분에 들어갈 말로 가장 적절한 것은?

Freedom of expression lies at the core of the First Amendment to the U.S. Constitution. Implicit in this is the right to free speech, which permits one to express oneself _____. The right to freedom of speech applies to all forms of expression that convey a message of any kind. The U.S. Congress is prohibited from enacting laws that violate this freedom, and the incorporation doctrine also prevents state governments from making legislature that infringes on this right. In the event that the government does wish to regulate any content, it is required to provide significant supporting evidence as justification to the Supreme Court.

① in spite of the knowledge that it will likely be censored

② without government-imposed meddling or restrictions

③ as long as he or she does not possess a political bias

④ within the boundaries of stringent guidelines

해석

표현의 자유는 미국 수정 헌법 제1조의 핵심에 놓여 있다. 여기에는 언론의 자유에 대한 권리가 내포되어 있는데, 이는 개인이 정부의 간섭이나 규제 없이 자신의 생각을 표현하는 것을 허용한다. 언론의 자유에 대한 권리는 어떤 종류이든 메시지를 전하는 모든 형태의 표현에 적용된다. 미국 의회는 이 자유를 침해하는 법을 제정하는 것이 금지되었고, 통합 원칙 또한

---

08 독해 빈칸 완성 - 연결어　　　　난이도 중 ●●○

밑줄 친 (A), (B)에 들어갈 말로 가장 적절한 것은?

Wood is classified as either hardwood or softwood. This system of categorization causes many people to assume that all hardwood must be more resilient than its softer counterpart. ____(A)____, this is not the case because one of the softest varieties of wood comes from balsa trees, which are designated as hardwoods. Likewise, the dense wood of yew trees is considered softwood. Rather than having to do with the physical qualities of the wood itself, the distinction between hardwoods and softwoods is entirely based on the type of seeds that trees produce. If a tree yields seeds that are covered either by a shell or a fruit, then the tree is understood as a hardwood. Examples include walnuts, maples, and oaks. ____(B)____, trees whose seeds fall to the ground without any protection—as in the case of pines, junipers, and redwoods—are considered softwoods.

	(A)	(B)
①	Nevertheless	Essentially
②	However	Conversely
③	For example	Specifically
④	Moreover	In other words

해석

목재는 경재나 연재로 분류된다. 이 분류 체계는 많은 사람으로 하여금 모든 경재가 그것의 더 연한 상대(연재)보다 틀림없이 더 복력력 있을 것이라고 추정하게 한다. (A) 하지만, 이것은 사실이 아닌데 가장 연한 목재의 품종이 발사 나무에서 생겨났고, 그것(발사 나무)은 경재로 명시되어 있기 때문이다. 마찬가지로, 주목의 빽빽한 목재는 연재로 간주된다. 그 목재의 물리적 특성 자체와 관계있다기보다는 경재와 연재의 구별은 전적으로 나무가 생산해 내는 씨앗의 유형을 기반으로 한다. 만약 나무가 껍질이나 열매로 덮인 씨앗을 생산한다면, 그러면 그 나무는 경재로 여겨진다. 예시는 호두나무, 단풍나무, 오크나무를 포함한다. (B) 반대로, 소나무, 향나무 그리고 미국삼나무와 같이 어떠한 보호물 없이 씨앗이 땅으로 떨어지는 나무들은 연재로 간주된다.

	(A)	(B)
①	그럼에도 불구하고	본질적으로
②	하지만	반대로
③	마찬가지로	특히
④	게다가	다시 말해서

포인트 해설

(A) 빈칸 앞 문장은 많은 사람들이 모든 경재가 연재보다 더 복원력 있을 것으로 추정한다는 내용이고, 빈칸 뒤 문장은 가장 연한 목재의 품종이 경재인 발사 나무에서 생겨났기 때문에 이것은 사실이 아니라는 대조적인 내용이다. 따라서 빈칸에는 대조를 나타내는 연결어인 However(하지만)가 들어가야 한다.

(B) 빈칸 앞 문장은 나무가 껍질이나 열매로 덮인 씨앗을 생산한다면 그 나무는 경재로 여겨진다는 내용이고, 빈칸 뒤 문장은 어떠한 보호물 없이 씨앗이 땅으로 떨어지는 나무들은 연재로 간주된다는 대조적인 내용이다. 따라서 빈칸에는 대조를 나타내는 연결어인 Conversely(반대로)가 들어가야 한다.

정답 ②

어휘

classify 분류하다 categorization 분류 assume 추정하다, 가정하다
resilient 복원력 있는, 탄력이 있는 counterpart 상대, 대응물
variety 품종, 변화, 다양(성) dense 빽빽한, 밀집한
have to do with ~와 관계가 있다 distinction 구별, 차이
yield 생산하다, 양보하다

---

09 독해 내용 불일치 파악 난이도 중 ●●○

다음 글의 내용과 일치하지 않는 것은?

Longtime Plainview resident Gary James Cutter has passed away at the age of 86 after a difficult struggle with cancer. Cutter settled down in Plainview 53 years ago with his wife Linda, a nurse. In addition to his career as a middle school science teacher, he was a passionate advocate for the public education system and donated much of his time and energy toward expanding extracurricular programs throughout the community school system. Although Cutter retired nearly three decades ago, he remained active in the community. He acted as a judge for several high school science fairs and organized fundraisers for charitable causes. Five years ago, he was diagnosed with pancreatic cancer, but he did not publicly disclose his condition. Against all odds, the treatment Cutter received managed to fight off the cancer for longer than the doctors had originally estimated. He died in his sleep at 5:35 a.m. on June 11 with his loving wife, two children, and three grandchildren by his side.

※ pancreatic: 췌장의

① Cutter는 공교육을 지지하는 중학교 교사였다.
② Cutter는 Plainview에서 50년 이상 거주했다.
③ Cutter는 암의 진행 상태를 공개하지 않았다.
④ Cutter의 병은 의사의 예상보다 빨리 악화되었다.

해석

Plainview의 오랜 주민인 Gary James Cutter가 암과의 힘겨운 투쟁 끝에 86세의 나이로 사망했다. Cutter는 53년 전에 간호사였던 그의 아내 Linda와 함께 Plainview에 정착했다. 중학교 과학 교사라는 그의 직업에 더하여, 그는 공교육 제도의 열렬한 지지자였으며 과외 활동 프로그램을 지역 사회 학교 시스템 전체로 확장하는 데 많은 시간과 에너지를 바쳤다. 비록 Cutter는 약 30년 전에 은퇴했지만, 그는 지역 사회에서 계속 활동적이었다. 그는 여러 고등학교의 과학 박람회에서 심사위원으로 활동했고 자선 목적으로 모금 행사를 개최했다. 5년 전 그는 췌장암을 진단받았으나, 그의 상태를 공개적으로 밝히지 않았다. 모든 역경에도 불구하고, Cutter가 받았던 치료는 의사들이 처음에 추정했던 것보다 더 오랜 시간 암에 맞서 싸웠다. 6월 11일 오전 5시 35분에 그는 사랑하는 아내, 두 자녀, 그리고 세 명의 손주를 곁에 두고 수면 중에 사망했다.

포인트 해설

④번의 키워드인 '의사의 예상'과 관련된 지문의 the doctors had originally estimated(의사들이 처음에 추정했던 것) 주변의 내용에서 Cutter가 받았던 치료는 의사들이 처음에 추정했던 것보다 더 오랜 시간 암에 맞서 싸웠다고 했으므로, ④ 'Cutter의 병은 의사의 예상보다 빨리 악화되었다'는 지문의 내용과 반대이다.

정답 ④

어휘

pass away 사망하다 settle down 정착하다 passionate 열렬한, 열정적인
advocate 지지자; 지지하다 extracurricular 과외 활동의, 정식 과목 외의
fair 박람회 charitable 자선의, 너그러운 diagnose 진단하다, 판단하다
disclose 밝히다, 폭로하다 odds 역경, 가능성 estimate 추정하다, 판단하다

10 독해 무관한 문장 삭제 난이도 중 ●●○

다음 글의 흐름상 어색한 문장은?

Decentralized digital currencies that meet a number of other conditions are referred to as cryptocurrency. The first of these, Bitcoin, emerged in 2009 as an 'open-source' means of conducting transactions, and the first transaction was completed in 2010 when a consumer purchased two pizzas for 10,000 Bitcoins. ① It was surprising that a legitimate business at the time would accept the currency, as it is not vested in any government or bank. ② Rather than these central institutions, information about Bitcoin ownership is based on voluntary usernames and stored on a blockchain, a publicly available ledger of records that is resistant to alterations. ③ This pseudonymity provided value, and its popularity exploded, leading to increased demand and monetary worth. ④ However, pseudonymity is often seen as less appealing than complete anonymity. As a result, small and large investors were constantly getting involved, and the situation rapidly escalated.

해석

여러 다른 조건을 충족하는 탈중앙화된 전자 화폐들은 암호 화폐라고 일 컬어진다. 이것들 중 첫 번째인 비트코인은 '오픈 소스' 수단으로서 2009 년에 출현했고, 첫 번째 거래는 2010년 한 소비자가 1만 비트코인으로 피 자 2판을 구입했을 때 완료되었다. ① 당시 합법적인 사업체가 그 화폐를 수락했다는 것은 놀라운 일이었는데, 이는 그것이 어떠한 정부나 은행에 도 귀속되지 않기 때문이다. ② 비트코인 소유권에 대한 정보는 이러한 중 앙 기관들 보다는 임의의 사용자명에 기반하여 공공 거래 장부에 입력되 는데, 그것은 수정을 방지하면서도 공개적으로 이용 가능한 기록 대장이 다. ③ 이 가명의 사용이 가치를 제공하자, 그것의 인기가 폭발했고, 상승 한 수요 및 화폐 가치로 이어졌다. ④ 하지만, 가명 사용은 보통 완전한 익 명성보다 덜 매력적인 것으로 보인다. 결과적으로, 크고 작은 투자자들이 계속 인입되었으며, 상황은 빠르게 고조되었다.

포인트 해설

지문 앞부분에서 암호 화폐인 비트코인의 출현과 첫 거래에 대해 언급한 후, ①번은 '어떠한 정부나 은행에도 귀속되지 않는 비트코인', ②번은 '임의의 사용자명에 기반하여 공공 거래 장부에 입력되는 비트코인 소유권 정보', ③번은 '비트코인의 인기와 수요 및 화폐 가치의 상승을 가져온 가명의 사용' 에 대해 설명하고 있다. 그러나 ④번은 '가명 사용보다 매력적인 완전한 익 명성'에 대한 내용으로, 암호 화폐 중 하나인 비트코인의 가치 상승 과정을 이야기하는 지문 전반의 내용과 관련이 없다.

정답 ④

어휘

decentralized 탈중앙화된, 분산적인 currency 화폐
cryptocurrency 암호 화폐, 가상 화폐 transaction 거래
legitimate 합법적인 voluntary 임의의, 자발적인 ledger 대장, 장부
resistant 방지하는, 저항력이 있는 alteration 수정, 변화
pseudonymity 가명(익명) 사용, 익명으로 씀 monetary 화폐의, 통화의
anonymity 익명성, 익명 escalate 고조되다, 확대하다

해커스 공무원시험연구소 총평

난이도	어휘와 문법 영역에 까다로운 문제들이 포함되어 있기는 했지만, 독해 영역이 친숙한 소재 위주로 출제되어 문제 풀이에 큰 어려움은 없었을 것입니다.
어휘·생활영어 영역	1번 문제와 같이 관용 표현의 의미를 묻는 문제에 대비하기 위해서는, 평소 어휘 영역뿐만 아니라 생활영어 영역, 독해 영역에서 접한 표현들을 두루 정리해 두는 것이 도움될 수 있습니다.
문법 영역	3번 문제의 ④번 보기에 지각동사의 목적격 보어 자리에 과거분사가 오는 다소 생소한 형태의 문장이 나왔기에, 문장의 의미와 구조를 정확하게 파악해야 했습니다. 또한 '이것도 알면 합격'에서 다룬 사역동사 let과 관련된 내용은 최신 출제경향이므로, 반드시 학습하고 넘어갑니다.
독해 영역	9번 문제와 같은 내용 불일치 파악 유형은 보기의 키워드를 먼저 확인한 뒤 지문에서 해당 키워드가 등장한 부분을 주의 깊게 읽음으로써 풀이 시간을 단축할 수 있습니다.

정답

01	②	어휘	06	③	독해
02	③	생활영어	07	③	독해
03	③	문법	08	④	독해
04	②	문법	09	④	독해
05	①	어휘	10	④	독해

취약영역 분석표

영역	맞힌 답의 개수
어휘	/ 2
생활영어	/ 1
문법	/ 2
독해	/ 5
TOTAL	/ 10

01 어휘 catch red-handed = discover in the act of
난이도 중 ●●○

밑줄 친 부분의 의미와 가장 가까운 것은?

Police reported that two men were <u>caught red-handed</u> trying to steal several paintings from the museum.

① punished severely for
② discovered in the act of
③ questioned awhile about
④ followed closely while

해석

경찰은 두 남자가 박물관에서 그림 몇 점을 훔치려다가 <u>현행범으로 잡혔</u>다고 발표했다.

① ~으로 엄격하게 처벌받은
② ~의 현장에서 발각된
③ ~에 대해 잠시 심문을 받은
④ ~ 동안 바짝 뒤쫓긴

정답 ②

어휘

catch red-handed 현행범으로 잡다 punish 처벌하다 severely 엄격하게
in the act of ~의 현장에서 awhile 잠시, 잠깐

이것도 알면 **합격!**

catch red-handed(현행범으로 잡다)와 유사한 의미의 표현
= catch in the act, catch on the spot

02 생활영어 I don't buy that.
난이도 중 ●●○

밑줄 친 부분에 들어갈 말로 가장 적절한 것은?

A: I talked to Martin yesterday. He's quitting his job.
B: At the gaming company? Did he say why?
A: He told me he was getting tired of programming.
B: What? _____.
A: Really? How come?
B: He absolutely loves to make computer games. I'm sure there must be another reason.

① Tell me about it
② That's too bad
③ I don't buy that
④ Not that I know of

해석

A: 나는 어제 Martin과 이야기했어. 그는 직장을 그만둘 건가 봐.
B: 게임 회사에서? 그가 이유를 말했어?
A: 그는 나에게 자신이 프로그래밍에 싫증 났다고 말하던걸.
B: 뭐라고? 나는 그것을 믿지 않아.
A: 정말? 어째서?
B: 그는 컴퓨터 게임을 만들기를 정말 좋아해. 나는 틀림없이 다른 이유가 있으리라고 확신해.

① 무슨 말인지 잘 알아
② 정말 안됐다
③ 나는 그것을 믿지 않아
④ 내가 아는 바로는 아니야

포인트 해설

Martin이 프로그래밍에 싫증 나서 직장을 그만둘 것이라고 말했다는 A의 말에 대해 B가 대답하고, 빈칸 뒷부분에서 다시 B가 He absolutely loves to make computer games. I'm sure there must be another reason(그는 컴퓨터 게임을 만들기를 정말 좋아해. 나는 틀림없이 다른 이유가 있으리라고 확신해)이라고 말하고 있으므로, '나는 그것을 믿지 않아'라는 의미의 ③ 'I don't buy that'이 정답이다.

정답 ③

어휘

get tired of ~에 싫증이 나다　tell me about it 무슨 말인지 잘 안다
I don't buy that 나는 그것을 믿지 않아
not that I know of 내가 아는 바로는 그렇지 않다

이것도 알면 합격!

직장을 쉬거나 그만둘 때 쓸 수 있는 다양한 표현들을 알아 두자.
• I've got time off. 저는 일을 쉬었어요.
• She is on leave. 그녀는 휴가 중입니다.
• Why is she so fed up at her job? 왜 그녀가 일에 그렇게 싫증이 났을까?
• That's a pretty bold move you're making. 꽤 대담한 이직이네요.

03　문법　가정법 | 도치 구문 | 조동사 | 동사의 종류

난이도 중 ●●○

어법상 옳지 않은 것은?

① Alana has not called in sick once this year, and neither has Peter.
② The city government mandated that health officials solve the city's pollution problem.
③ If we had gone to the campaign rally earlier today, we can shake the mayor's hand.
④ They were whispering, but I could hear my name mentioned over and over.

해석

① Alana는 올해 병가를 낸 적이 한 번도 없고, Peter 역시 그렇다.
② 시 정부는 보건국 직원들에게 시의 오염 문제를 해결할 것을 지시했다.
③ 우리가 선거 운동 집회에 오늘 일찍 도착했었다면, 우리는 시장과 악수할 수 있었을 텐데.
④ 그들은 속삭이고 있었지만, 나는 내 이름이 계속해서 언급되는 것을 들을 수 있었다.

포인트 해설

③ **가정법 과거완료**　If절에 과거 상황을 반대로 가정하는 가정법 과거완료 'If + 주어 + had p.p.'의 형태인 If we had gone이 왔으므로 주절에도 가정법 과거완료를 만드는 '주어 + could + have p.p.'의 형태가 와야 한다. 따라서 can shake를 could have shaken으로 고쳐야 한다.

[오답 분석]
① **도치 구문**　'~ 역시 그렇다'라는 표현인 neither 뒤에는 주어와 조동사가 도치되어 '조동사(has) + 주어(Peter)'의 어순이 되어야 하므로 neither has Peter가 올바르게 쓰였다.
② **조동사 should의 생략**　주절에 의무를 나타내는 동사 mandate가 오면 종속절에는 '(should +) 동사원형'이 와야 하므로, 종속절에 (should) solve가 올바르게 쓰였다.
④ **5형식 동사**　지각동사 hear의 목적어(my name)와 목적격 보어가 '내 이름이 언급되다'라는 의미의 수동 관계이고, 지각동사(hear)는 목적어와 목적격 보어가 수동 관계일 때 목적격 보어로 과거분사를 취하므로 과거분사 mentioned가 올바르게 쓰였다.

정답 ③

어휘

call in sick 병가를 내다　mandate 지시하다, 명령하다
rally 집회; 불러 모으다, 집결하다　mayor 시장　whisper 속삭이다

이것도 알면 합격!

사역동사 let은 목적어와 목적격 보어가 수동 관계일 때 목적격 보어로 'be + p.p.' 형태를 취한다는 것을 알아 두자.
• The chef let the secret recipe (be shared, ~~share~~) with the culinary students.
그 요리사는 요리 비법이 조리학과 학생들에게 공유되도록 했다.

04 문법 부사절 | 관계절 난이도 중 ●●○

밑줄 친 부분 중 어법상 옳지 않은 것은?

Virtual reality has come a long way in recent years, and researchers are now investigating the ways ① in which it may be advantageous to society. In one experiment, for example, light-skinned participants were able to pretend ② though they had dark skin. Researchers found that they became less biased about race following the experience, which is not surprising, because ③ unless people can vividly experience what it is like to be someone else, it is difficult to imagine being in his or her shoes. The technology may also be beneficial for victims of stroke, ④ in that it can help them discover how to use their bodies again.

해석

가상 현실은 최근 몇 년 동안 크게 발전했고, 연구원들은 이제 그것이 사회에 이로울 수 있는 방법들을 연구하고 있다. 예를 들어, 한 실험에서는 밝은 피부를 가진 참가자들이 마치 자신들이 어두운 피부를 가진 것처럼 행동할 수 있었다. 연구원들은 그들이 그 경험 이후로 인종에 대해 편견을 덜 가지게 되었음을 알게 되었는데, 사람들은 다른 누군가가 되는 것이 어떤 기분일지 생생하게 경험할 수 있지 않는 한, 그들의 입장이 되는 것을 상상하기 어렵기 때문에 이것은 놀랍지 않다. 그 기술은 또한 뇌졸중 환자들이 자신들의 신체를 다시 사용하는 법을 알게 되도록 도울 수 있다는 점에서, 그들에게 유익할 수 있다.

포인트 해설

② **부사절 접속사** 문맥상 '마치 자신들이 어두운 피부를 가진 것처럼'이라는 의미가 되어야 자연스러우므로 부사절 접속사 though(비록 ~지만)를 as though(마치 ~처럼)로 고쳐야 한다.

[오답 분석]

① **전치사 + 관계대명사** 완전한 절(it ~ society) 앞에는 '전치사 + 관계대명사' 형태가 와야 하고, 문맥상 '그것은 (여러) 방법들로 사회에 이로울 수 있다'라는 의미가 되어야 자연스러우므로 전치사 in(~으로)이 관계대명사 which 앞에 온 in which가 올바르게 쓰였다.

③ **부사절 접속사** 문맥상 '경험할 수 있지 않는 한'이라는 의미가 되어야 자연스러우므로 조건을 나타내는 부사절 접속사 unless(~하지 않는 한)가 올바르게 쓰였다.

④ **부사절 접속사** 문맥상 '도울 수 있다는 점에서'라는 의미가 되어야 자연스러우므로 이유를 나타내는 부사절 접속사 in that(~라는 점에서)이 올바르게 쓰였다.

정답 ②

어휘

virtual 가상의 come a long way 크게 발전하다
investigate 연구하다, 조사하다 advantageous 이로운, 유리한
pretend ~인 것처럼 행동하다, 가장하다 biased 편견을 가진
vividly 생생하게 be in one's shoes ~의 입장이 되다 victim 환자, 피해자
stroke 뇌졸중, 타격

🖊️ 이것도 알면 합격!

아래와 같은 접속부사는 절을 이끌 수 없으므로, 부사절 접속사 대신 쓰일 수 없다는 것을 알아 두자.

- therefore/thus 그러므로
- besides/moreover 게다가, 더욱이
- that is 말하자면
- nevertheless/nonetheless 그럼에도 불구하고
- otherwise 그렇지 않으면
- however 하지만

05 어휘 set out = commence 난이도 중 ●●○

밑줄 친 부분의 의미와 가장 가까운 것은?

In his latest book, the author set out to explore how people moved on with their lives after the war.

① commenced
② continued
③ hesitated
④ promised

해석

그의 가장 최신 저서에서, 그 작가는 사람들이 전쟁 후에 그들의 삶을 어떻게 살아가는지를 탐구하기 시작했다.

① 시작했다
② 계속했다
③ 주저했다
④ 약속했다

정답 ①

어휘

set out 시작하다, 출발하다 explore 탐구하다, 분석하다
commence 시작하다 continue 계속하다 hesitate 주저하다
promise 약속하다

🖊️ 이것도 알면 합격!

set out(시작하다)과 유사한 의미의 표현
= set about, get down to, undertake, embark upon

06 독해 빈칸 완성 – 구 난이도 중 ●●○

밑줄 친 부분에 들어갈 말로 가장 적절한 것은?

One of the most adept animals at navigation is the homing pigeon. Pigeons have been used since ancient times to carry messages to far-off places. But after decades of study, scientists are _____.
Some of the ways pigeons likely navigate are clearly understood. They use visual markers as well as their sense of smell to determine where they are. However, the most fascinating cue they use to plot their course is the magnetic field of the Earth. Pigeons can literally see the Earth's magnetic field, though no one knows how they see it or the way they process this information to help them plan routes. Although scientists now know the means by which pigeons navigate, it remains to be seen whether they will ever discover how these remarkable animals are able to make use of the Earth's magnetic field.

① somewhat doubtful of pigeons' navigation ability
② now confident that they have the answers
③ still unsure as to how pigeons utilize the magnetic field
④ rather sure of the results of their research

해석

길 찾기에 가장 능숙한 동물 중 하나는 전서 비둘기이다. 비둘기들은 고대부터 먼 장소에 메시지를 전달하는 데 사용되어 왔다. 그러나 수십 년의 연구 후에도, 과학자들은 비둘기들이 어떻게 자기장을 활용하는지에 관해 여전히 확신하지 못한다. 비둘기들이 길을 찾는 방법으로 예상되는 몇 가지는 분명히 이해되었다. 그것들은 자신이 어디에 있는지 알아내기 위해 후각을 이용할 뿐만 아니라 시각적 표지물도 이용한다. 하지만, 그것들이 경로를 계획하는 데 이용하는 가장 흥미로운 단서는 지구의 자기장이다. 아무도 비둘기들이 어떻게 그것을 보는지나 어떻게 그것들이 경로를 계획하는 데 도움이 되도록 그 정보를 처리하는지 알지 못하지만, 비둘기들은 실제로 지구의 자기장을 볼 수 있다. 과학자들은 이제 비둘기들이 길을 찾는 방법은 알지만, 어떻게 이 놀라운 동물들이 지구의 자기장을 활용할 수 있는지를 그들이 알아낼 것인지는 아직 두고 봐야 한다.

① 비둘기들의 비행 능력을 다소 의심하는
② 이제 그들이 답을 찾았다고 자신하는
③ 비둘기들이 어떻게 자기장을 활용하는지에 관해 여전히 확신하지 못하는
④ 그들의 연구 결과를 상당히 확신하는

포인트 해설

지문 마지막에서 과학자들은 이제 비둘기들이 길을 찾는 방법은 알지만 어떻게 비둘기들이 지구의 자기장을 활용할 수 있는지를 알아낼 여부는 아직 두고 봐야 한다고 말하고 있으므로, 과학자들은 '비둘기들이 어떻게 자기장을 활용하는지에 관해 여전히 확신하지 못한'다고 한 ③번이 정답이다.

정답 ③

어휘

adept 능숙한, 뛰어난 homing pigeon 전서 비둘기
navigate 길을 찾다, 항해하다 visual 시각의 fascinating 흥미로운
cue 단서 plot 계획하다; 줄거리, 구상 magnetic field 자기장
literally 실제로 remarkable 놀라운 doubtful 의심하는

07 독해 문장 삽입 난이도 중 ●●○

주어진 문장이 들어갈 위치로 가장 적절한 곳은?

Some biologists claim it more closely resembles a cat while others insist it should be in the mongoose family.

The fossa is a small carnivorous mammal endemic to the island of Madagascar. (①) It has retractable claws that allow it to climb up and down trees, which in turn enable it to prey on lemurs, birds, and rodents. (②) This particular characteristic has caused its classification to be somewhat of a controversial topic. (③) Most of its physical attributes are more feline in appearance, but it does have a smaller, more pointed head that resembles the latter species. (④) Regardless of what animal group it ultimately belongs to, it is the most feared predator in its own ecosystem, and even provokes fear among human inhabitants who regard it as a dangerous and skillful hunter.

해석

일부 생물학자들은 그것이 고양이를 더 많이 닮았다고 주장하는 데 반하여 그 밖의 다른 생물학자들은 그것이 몽구스과에 속해야 한다고 주장한다.

포사는 마다가스카르섬 토종의 작은 육식 포유류이다. ① 그것은 나무를 오르고 내릴 수 있게 해주는, 오므릴 수 있는 발톱이 있는데, 결과적으로 그것이 여우원숭이, 새 그리고 설치류를 잡아먹는 것을 가능하게 한다. ② 이 특별한 특징은 그것의 분류가 다소 논란이 많은 주제가 되도록 야기해 왔다. ③ 그것의 신체적 특질 대부분이 겉보기에는 고양잇과에 더 가깝지만, 그것은 후자의 종을 닮은 더 작고 뾰족한 머리를 갖고 있다. ④ 그것이 궁극적으로 어떤 동물군에 속하는지에 상관없이, 그것은 그것의 생태계에서 가장 무서운 포식자이고, 심지어 그것을 위험하고 능숙한 사냥꾼이라 여기는 인간 거주자 사이에서도 두려움을 유발한다.

포인트 해설

③번 앞 문장에 오므릴 수 있는 발톱으로 다양한 동물을 잡아먹는 포사의 특징은 그것의 분류에 대한 논란을 야기해 왔다는 내용이 있고, ③번 뒤 문장에 포사의 신체적 특질은 겉보기에 고양잇과에 더 가깝지만 후자의 종(the latter species)을 닮은 더 작고 뾰족한 머리를 갖고 있다는 내용이 있으므로, ③번 자리에 일부 생물학자들은 포사가 고양이를 더 많이 닮았다고 주장하는 반면 그 밖의 다른 생물학자들은 몽구스과에 속해야 한다고 주장한다는 내용, 즉 포사의 분류에 대한 논란에 있어서 대립되는 두 주장에 대해 설명하는 주어진 문장이 나와야 지문이 자연스럽게 연결된다.

정답 ③

어휘

biologist 생물학자 carnivorous 육식의 endemic 토종의, 고유한, 풍토적인
retractable 오므릴 수 있는 rodent 설치류 classification 분류
attribute 특질, 특성 feline 고양잇과의 provoke 유발하다
inhabitant 거주자, 서식 동물

야에서 가장 기대되는 추세 중 하나는 '개인 맞춤형 기술을 개발하는 것'이라고 한 ④번이 정답이다.

정답 ④

어휘

utilize 활용하다 instrument 도구, 기구, 수단 refine 개선하다, 정제하다
adjust 조절하다, 조정하다 struggle 애쓰다, 노력하다 keep up 따라가다
explore 조사하다, 탐구하다 path 계획, 길 tailor 맞추다, 조정하다
enhancement 강화, 향상 personalize (개인의 필요에) 맞추다

08 독해 빈칸 완성 - 구 난이도 중 ●●○

밑줄 친 부분에 들어갈 말로 가장 적절한 것은?

Education technology is a booming industry concerned with utilizing technology for academic purposes. One of the most anticipated trends in the field is _____. Companies are examining a number of ways to accomplish this. For example, teaching instruments are being refined so that they can adjust the pace of lessons to match each child's learning speed. Children who catch on slower no longer have to struggle to keep up. Another area being explored is developing programs that allow students to choose their academic path. They can pick a curriculum that best fits their particular study style and environment. Tools like these that are tailored toward the individual have already begun to flood the market, and even better learning enhancements are expected in the future.

① making study apps that are speedier
② introducing digital devices to all classes
③ allowing students to teach themselves
④ creating technology that is personalized

해석

교육 공학은 학업 목적으로 기술을 활용하는 것과 관련된, 급속히 발전하는 산업이다. 이 분야에서 가장 기대되는 추세 중 하나는 개인 맞춤형 기술을 개발하는 것이다. 기업들은 이를 달성하기 위한 많은 방법을 살펴보고 있다. 예를 들어, 아이들 각자의 학습 속도에 맞게 교육 도구가 강의 속도를 조절할 수 있도록 그것들이 개선되고 있다. 이해가 더딘 아이들은 더 이상 따라가기 위해 애쓸 필요가 없다. 조사되고 있는 또 다른 분야는 학생들이 자신들의 학업 계획을 선택하게 하는 개발 프로그램이다. 그들은 자신의 특정 학습 방식과 환경에 가장 잘 맞는 교육 과정을 선택할 수 있다. 개인에게 맞추어진 이러한 도구들은 이미 시장에 넘쳐나기 시작해 왔고 미래에는 더 나은 학습 강화 도구들까지도 기대된다.

① 더 빠른 학습 애플리케이션을 만드는 것
② 모든 수업에 디지털 기기를 도입하는 것
③ 학생들이 독학할 수 있게 하는 것
④ 개인 맞춤형 기술을 개발하는 것

포인트 해설

빈칸 뒷부분에서 아이들 각자의 학습 속도에 맞게 강의 속도를 조절할 수 있도록 교육 도구들이 개선되고 있고, 학생들은 자신의 학습 방식과 환경에 가장 잘 맞는 교육 과정을 선택할 수 있다는 내용이 있으므로, 교육 공학 분

09 독해 내용 불일치 파악 난이도 중 ●●○

다음 글의 내용과 일치하지 않는 것은?

It can be difficult for some people to discard their personal belongings without a second thought. But what if this applies to every single thing one owns? That is a classic characteristic of the hoarder. Compulsive hoarding is a psychiatric disorder that is distinguished by an individual's inability to part with their possessions, no matter how seemingly insignificant. Those with the illness also make an active effort to accumulate items—even to the point that they may be unable to live comfortably in their homes. For example, they often have to sleep on the floor because there is too much stuff piled on the bed. Hoarders collect inanimate objects, but an estimated 40 percent of them also hoard pets. They are usually unaware of the fact that they probably lack the time and means to provide proper care for each animal. Since the causes of hoarding behavior are complex and deep-rooted, long-term therapy sessions and the ongoing support of loved ones are required to recover from this mental illness.

① Hoarders lack the capacity to throw away anything in their possession.
② It may be difficult for hoarders to make full use of their living spaces.
③ Almost half of all compulsive hoarders are animal hoarders as well.
④ Hoarding stems from our materialistic society and consumer culture.

해석

일부 사람들에게는 두말 없이 바로 그들의 개인 소지품을 버리는 것이 어려울 수 있다. 그러나 이것이 개인이 소지한 모든 것에 적용되면 어떻게 될까? 그것은 축적가의 전형적인 특성이다. 강박적 축적은 아무리 사소한 것으로 보일지라도 그들의 소유물을 버리지 못하는 것으로 특징지어지는 정신 장애이다. 그 병이 있는 사람들은 또한 물건들을 모으는 데 적극적인 노력을 하는데, 심지어 그들이 집에서 편안하게 살 수 없을지도 모르는 정도이다. 예를 들어, 그들은 침대 위에 너무 많은 물건이 쌓여 있어서 보통 바닥에서 자야 한다. 축적가들은 무생물체들을 수집하지만, 어림잡아 그들의 40퍼센트는 반려동물도 모은다. 그들은 일반적으로 자신들이 각각의 동물에게 적절한 보살핌을 제공할 시간과 수단이 부족하다는 사실을 보

통 의식하지 못한다. 축적 행위의 원인은 복잡하고 뿌리 깊기 때문에, 이 정신 질환에서 회복하기 위해서는 장기적인 치료 기간과 사랑하는 사람의 지속적인 격려가 필요하다.

① 축적가들은 그들의 소유물 중에서 그 어떤 것도 버릴 수 있는 능력이 부족하다.

② 축적가들에게는 그들의 생활 공간 전부를 사용하는 것이 어려울지도 모른다.

③ 모든 강박적 축적가 중 거의 절반은 동물 축적가이기도 하다.

④ 축적은 우리의 물질주의적인 사회와 소비문화에서 기인한다.

포인트 해설

④번의 키워드인 Hoarding stems from(축적은 ~에서 기인한다)을 바꾸어 표현한 the causes of hoarding behavior(축적 행위의 원인) 주변의 내용에서 축적 행위의 원인이 복잡하고 뿌리 깊다고는 했지만, ④ '축적이 우리의 물질주의적인 사회와 소비문화에서 기인'하는지는 알 수 없다.

정답 ④

어휘

discard 버리다 belonging 소지품 hoarder 축적가
compulsive 강박적인 psychiatric 정신 질환의, 정신과의
disorder 장애, 무질서, 엉망 distinguish 특징짓다, 구별하다
part with ~을 버리다, ~와 헤어지다 accumulate 모으다, 축적하다
inanimate 무생물의 stem from ~에서 기인하다
materialistic 물질주의적인

---

10 독해 제목 파악　　　　　난이도 중 ●●○

다음 글의 제목으로 가장 적절한 것은?

> Institutionalizing age was no doubt useful at one point in time, both legally and socially. It has had a hand in designating things like driving ages or helping to determine when to start schooling, among other societal norms of today. Mostly though, it has served to cultivate barriers between age groups. The result has been that age-based divisions perpetuate stereotypes, hinder intergenerational understanding, and stifle the potential for a more inclusive society. Regulating the stages of life is no longer a practical tool but an ingrained mindset that should be uprooted. Only by doing so can we begin to dismantle such notions and bridge the gap between generations.

① How Different Generations View Each Other

② Why Age Institutionalization Is Helpful

③ Benefits of Removing the Generational Gap

④ The Need to Dismantle Age Standards

해석

나이를 규정하는 것은 어떤 시기에는 법적으로 그리고 사회적으로 틀림 없이 유용했다. 이는 오늘날의 서로 다른 사회적 기준 사이에서 운전할 수 있는 나이와 같은 것들을 지정하거나 학교 교육을 언제 시작할지를 결정하는 것을 돕는 데 관여해 왔다. 하지만 대부분의 경우, 이것은 연령대 간

에 장벽을 구축하는 역할을 했다. 그 결과 나이 기반의 구분이 고정관념을 영속시키고, 세대 간의 이해를 방해하며, 더욱 포괄적인 사회로의 가능성을 억압해 왔다. 인생의 단계를 규정하는 것은 더 이상 유용한 도구가 아니라 근절되어야 하는 뿌리 깊은 사고방식이다. 오직 그렇게 함으로써 우리는 그러한 관념을 없애고 세대 간의 간극을 메우는 것을 시작할 수 있다.

① 각기 다른 세대가 서로를 판단하는 방식

② 나이 규정이 유용한 이유

③ 세대 차이를 없애는 것의 이점

④ 나이 기준을 없애는 것의 필요성

포인트 해설

지문 전반에 걸쳐 나이를 규정하는 것에 유용한 면이 있기는 하지만, 대부분의 경우 연령대 간에 장벽을 구축하여 고정 관념을 영속시키고, 세대 간의 이해를 방해하며, 포괄적인 사회로의 가능성을 억압하기 때문에 근절되어야 한다고 주장하고 있다. 따라서 ④ '나이 기준을 없애는 것의 필요성'이 이 글의 제목이다.

정답 ④

어휘

institutionalize 규정하다, 제도화하다 have a hand in ~에 관여하다
designate 지정하다 norm 기준, 규범 cultivate 구축하다, 경작하다
barrier 장벽 perpetuate 영속시키다, 영구화하다 stereotype 고정관념
hinder 방해하다 intergenerational 세대 간의 stifle 억압하다
inclusive 포괄적인 practical 유용한, 현실적인 ingrained 뿌리 깊은
mindset 사고방식 uproot 근절하다, 뿌리째 뽑다
dismantle 없애다, 해체하다, 폐지하다 notion 관념, 개념, 인식
bridge (공간을) 메우다, 다리를 놓다

구문 분석

Only by doing so / can we begin to dismantle such notions / and bridge the gap between generations.

: 이처럼 제한을 나타내는 'only + 부사구'(Only by doing so)가 문장 앞에 와서 도치가 일어난 경우, 주어, 조동사, 동사가 무엇인지 빠르게 파악한 다음 '주어 + 조동사 + 동사'의 순서대로 해석한다.

해커스 공무원시험연구소 총평

난이도	어휘와 독해 영역에 고난도 문제가 포함되어 있었기에 다소 까다로운 회차였을 수 있습니다.
어휘·생활영어 영역	4번 문제와 같이 정답 보기(outgoing)의 반의어(withdrawn)가 오답 보기로 출제되는 경우가 있으므로, 어휘 학습 시 유의어뿐만 아니라 반의어까지 함께 암기해 두면 유의어 문제를 풀 때 보다 쉽게 오답을 소거할 수 있습니다.
문법 영역	공무원 9급 시험에 자주 출제되는 필수적인 문법 포인트 위주로 구성되어, 평소 반복적인 학습으로 빈출 포인트에 대비해 왔다면 빠르게 풀 수 있었을 것입니다.
독해 영역	9번 문제와 같은 '빈칸 완성 – 단어 유형'은 보기 어휘의 의미까지 알아야 틀리지 않을 수 있습니다. 보기로 나온 어휘들은 어휘 문제에도 나올 가능성이 있으므로 생소한 보기가 있었다면 암기해 둡니다.

정답

01	②	어휘	06	③	독해
02	③	문법	07	②	독해
03	④	문법	08	③	독해
04	④	어휘	09	④	독해
05	②	생활영어	10	②	독해

취약영역 분석표

영역	맞힌 답의 개수
어휘	/ 2
생활영어	/ 1
문법	/ 2
독해	/ 5
TOTAL	/ 10

---

01 어휘 go without saying = should be obvious
난이도 중 ●●○

밑줄 친 부분의 의미와 가장 가까운 것은?

It goes without saying that the sluggish economy has made it hard to find work, especially for those who don't have good credentials.

① appears unusual
② should be obvious
③ must be arbitrary
④ seems inaccurate

해석

침체된 경기가 일자리를 얻기 어렵게 만들었다는 것은 말할 것도 없고 적절한 자격증이 없는 사람들에게는 특히나 그러하다.

① 흔치 않아 보인다
② 분명하다
③ 독단적인 것이 틀림없다
④ 부정확해 보인다

정답 ②

어휘

go without saying 말할 것도 없다, 명백하다
sluggish 침체된, 불경기의, 느릿느릿한 credentials 자격증
obvious 분명한, 명백한 arbitrary 독단적인, 임의적인

이것도 알면 합격!

go without saying(말할 필요도 없다)과 유사한 의미의 표현
= be clear, be needless to say

---

02 문법 수 일치 | 형용사 | 조동사 | 도치 구문
난이도 하 ●○○

어법상 옳지 않은 것은?

① This three-week project will be a great chance for newly employed workers.
② We may as well start moving stuffs before they come back.
③ A number of people visits the national park each season.
④ Under no circumstances should you lend her any money.

해석

① 이 3주에 걸친 프로그램은 새롭게 채용된 직원들에게 훌륭한 기회가 될 것이다.
② 우리는 그들이 돌아오기 전에 지금 물건 옮기는 것을 시작하는 편이 더 낫겠다.
③ 다수의 사람들이 매 계절 국립 공원을 방문한다.
④ 어떤 일이 있어도 당신은 그녀에게 돈을 빌려주어서는 안 된다.

포인트 해설

③ **수량 표현의 수 일치** 주어 자리에 복수 취급하는 수량 표현 'A number of + 복수 명사'(A number of people)가 왔으므로 단수 동사 visits를 복수 동사 visit으로 고쳐야 한다.

[오답 분석]

① **수량 표현** '수사 + 하이픈(-) + 단위 표현'이 명사(project)를 수식하는 형용사로 쓰이는 경우, 단위 표현은 반드시 단수형이 되어야 하므로 three-week가 올바르게 쓰였다.

② **조동사 관련 표현** 문맥상 '지금 물건 옮기는 것을 시작하는 편이 더 낫겠다'라는 의미가 되어야 자연스럽고, '~하는 편이 더 낫겠다'는 조동사 관련 숙어 may as well로 나타낼 수 있는데, 조동사 관련 숙어 (may as well) 뒤에는 동사원형이 와야 하므로 may as well start 가 올바르게 쓰였다.

④ **도치 구문** 부정을 나타내는 부사구(Under no circumstances)가 강조되어 절의 맨 앞으로 나오면 주어와 조동사가 도치되어 '조동사 + 주어 + 동사'의 어순이 되어야 하므로 should you lend가 올바르게 쓰였다.

정답 ③

어휘

stuff 물건, 것　lend 빌려주다, 대출하다

🔖 **이것도 알면 합격!**

아래 표현들은 조동사처럼 쓰이는 표현들로, 뒤에 동사원형을 쓴다는 것도 함께 알아 두자.

• ought to ~해야 한다	• be able to ~할 수 있다
• have to ~해야 한다	• used to ~하곤 했다
• be going to ~할 것이다	• had better ~하는 게 좋겠다
• need to ~해야 한다	• dare to 감히 ~하다

---

03 **문법 동명사 | 수동태 | 조동사** 난이도 중 ●●○

우리말을 영어로 잘못 옮긴 것은?

① 나는 아침에 가장 먼저 커피 한 잔을 마시는 것에 익숙하다.
→ I am used to drinking a cup of coffee first thing in the morning.

② 새로운 친환경 교통 시스템 덕분에 탄소 배출이 감축되었다.
→ Carbon emissions were reduced thanks to the new eco-friendly transportation system.

③ 나는 그의 깜짝 생일 파티를 위해 그 식당에 자리를 예약했어야 했다.
→ I ought to have booked a table at the restaurant for his birthday surprise.

④ 우리는 배달 음식을 주문하는 것보다 스스로 요리하는 것을 선호한다.
→ We prefer to cooking for ourselves than to ordering delivery food.

포인트 해설

④ **동명사와 to 부정사 둘 다 목적어로 취하는 동사** 동사 prefer는 '~ 보다 -를 선호하다'라는 의미로 사용될 때 'prefer + to 부정사 + rather than + to 부정사' 또는 'prefer + 동명사 + to + 동명사' 의 형태로 쓴다. 따라서 prefer to cooking for ourselves than to ordering delivery food를 prefer to cook for ourselves rather than (to) order delivery food 또는 prefer cooking for ourselves to ordering delivery food로 고쳐야 한다.

[오답 분석]

① **동명사 관련 표현** '커피 한 잔을 마시는 것에 익숙하다'는 동명사 관련 표현 'be used to -ing'로 나타낼 수 있으므로 am used to drinking a cup of coffee가 올바르게 쓰였다.

② **능동태·수동태 구별** 주어(Carbon emissions)와 동사가 '탄소 배출이 감축되었다'라는 의미의 수동 관계이므로 수동태 were reduced 가 올바르게 쓰였다.

③ **조동사 관련 표현** '예약했어야 했다'는 조동사 관련 표현 ought to have p.p.(~했었어야 했다)를 사용하여 나타낼 수 있으므로 ought to have booked가 올바르게 쓰였다.

정답 ④

어휘

emission 배출, 방출　transportation 교통, 운송

🔖 **이것도 알면 합격!**

동명사가 목적어일 때와 to 부정사가 목적어일 때 의미가 다른 동사들을 알아 두자.

	+ -ing (과거 의미)	+ to 부정사 (미래 의미)
remember	~한 것을 기억하다	~할 것을 기억하다
forget	~한 것을 잊다	~할 것을 잊다
regret	~한 것을 후회하다	~하게 되어 유감스럽다

---

04 **어휘 outgoing** 난이도 상 ●●●

밑줄 친 부분에 들어갈 말로 가장 적절한 것은?

It is generally easier for _____ students to speak in front of the class than it is for shy or timid ones.

① withdrawn
② recalcitrant
③ repressive
④ outgoing

해석

일반적으로 학급 학생들 앞에서 말하는 것은 수줍음을 많이 타거나 소심한 아이들보다 외향적인 학생들에게 더 쉽다.

① 내성적인
② 반항하는
③ 억압적인
④ 외향적인

정답 ④

어휘

timid 소심한　withdrawn 내성적인, 소극적인　recalcitrant 반항하는, 고집 센
repressive 억압적인　outgoing 외향적인

🔖 **이것도 알면 합격!**

outgoing(외향적인)의 유의어
= extroverted, sociable, gregarious, companionable

05 생활영어 That's an idea. 난이도 하 ●○○

밑줄 친 부분에 들어갈 말로 가장 적절한 것은?

A: Where are you heading for your honeymoon?
B: I'm not sure yet. We were thinking of going to Guam.
A: Haven't you been there already?
B: Yes, but my fiancé hasn't.
A: Why don't you go to Hawaii instead? Lots of newlyweds are going there these days.
B: _____. Why didn't I think of that? Thanks!

① It's all Greek to me
② That's an idea
③ It's a shot in the dark
④ That's out of the question

[해석]

A: 신혼여행으로 어디를 가니?
B: 아직 확실하지 않아. 우리는 괌에 가는 것을 생각하고 있었어.
A: 너 이미 그곳에 가보지 않았어?
B: 응, 하지만 내 약혼자는 가보지 않았어.
A: 대신 하와이를 가는 것이 어때? 많은 신혼부부가 요즘 그곳으로 가고 있어.
B: 그거 좋은 생각이네. 내가 왜 그것을 생각하지 않았지? 고마워!

① 무슨 말인지 전혀 모르겠어
② 그거 좋은 생각이네
③ 그냥 어림짐작이야
④ 그건 말도 안 돼

[포인트 해설]

자신은 이미 괌에 가봤지만 약혼자는 가보지 않았다는 B에게 A가 신혼여행으로 괌 대신 하와이를 가는 것이 어떠냐고 묻고, 빈칸 뒤에서 B가 Why didn't I think of that(내가 왜 그것을 생각하지 않았지)이라고 말하고 있으므로, '그거 좋은 생각이네'라는 의미의 ② 'That's an idea'가 정답이다.

정답 ②

[어휘]

honeymoon 신혼여행 newlyweds 신혼부부
it's all Greek to me 무슨 말인지 전혀 모르겠다
that's an idea 그거 좋은 생각이다
a shot in the dark 어림짐작, 막연한 추측
out of the question 말도 안 되는, 불가능한

🔔 이것도 알면 **합격!**

동의할 때 쓸 수 있는 다양한 표현들을 알아 두자.
• That suits me. 저는 좋아요.
• We're on the same page. 우리는 같은 생각을 하고 있네요.
• You read my mind. 제 마음을 읽으셨네요.
• That makes sense. 일리가 있는 말이네요.

06 독해 내용 불일치 파악 난이도 중 ●●○

다음 글의 내용과 일치하지 않는 것은?

When it comes to matters of the environment, most of the news is bad, but once in a while, we see the occasional success story. Chlorofluorocarbons, or CFCs, were common in household products after World War II. In the 1970s, however, it was discovered that CFCs were contributing to the depletion of the earth's ozone layer, which is the barrier that protects us from harmful solar rays. In 1987, two dozen countries agreed to phase out the use of CFCs by signing the Montreal Protocol. Nowadays, we rarely hear about the ozone layer, because it is actually on a trajectory towards recovery. Not only has damage to it been halted, but it is expected to fully repair itself by the mid-century.

① CFCs were commonly used in household products until the 1970s.
② CFCs are to blame for the past destruction of the ozone layer.
③ The Montreal Protocol was signed unanimously by the countries in the UN.
④ It is predicted that the hole in the ozone layer will eventually be recovered.

[해석]

환경 문제에 관해서라면, 대부분의 뉴스는 나쁘지만 간간히 우리는 이따금씩의 성공 기사를 보게 된다. 클로로플루오르카본, 즉 CFC는 제2차 세계 대전 이후 가정용품들에서 흔했다. 하지만, 1970년대에 CFC가 지구 오존층 감소의 원인이 되고 있었다는 것이 밝혀졌는데, 지구 오존층은 우리를 해로운 태양 광선으로부터 보호해 주는 방벽이다. 1987년에 24개국이 몬트리올 의정서에 서명함으로써 CFC의 사용을 단계적으로 중단해 나가는 데 동의했다. 요즘에는 오존층이 실제로 회복 궤도에 있기 때문에 우리는 그것에 대해 드물게 듣는다. 그것에 가해지는 손상이 멈춰졌을 뿐만 아니라 그것은 금세기 중반에 완전히 자연 회복될 것으로 기대된다.

① CFC는 1970년대까지 가정용품에 흔하게 사용되었다.
② CFC는 과거의 오존층 파괴에 대한 책임이 있다.
③ 몬트리올 의정서는 유엔 회원국들에 의해 만장일치로 서명되었다.
④ 오존층의 구멍은 결국 회복될 것으로 예상된다.

[포인트 해설]

③번의 키워드인 The Montreal Protocol(몬트리올 의정서)이 그대로 언급된 지문 주변의 내용에서 1987년에 24개국이 몬트리올 의정서에 서명함으로써 CFC의 사용을 단계적으로 중단해 나가는 데 동의했다고는 했지만, ③ '몬트리올 의정서가 유엔 회원국들에 의해 만장일치로 서명되었'는지는 알 수 없다.

정답 ③

[어휘]

when it comes to ~에 관해서라면 occasional 이따금씩의, 가끔의
depletion 감소, 고갈 ozone layer 오존층 barrier 방벽, 장애물
phase out ~을 단계적으로 중단하다 protocol 의정서, 프로토콜
trajectory 궤도 halt 멈추다, 중단시키다 unanimously 만장일치로

07 독해 제목 파악   난이도 중 ●●○

다음 글의 제목으로 가장 적절한 것은?

Is our perception of colors universally shared? According to *The World Color Survey*, the answer is yes. It posits that there are universal patterns in color naming across languages and that there is consistency in how basic color terms are categorized. This study, while influential, has also sparked contention among those who argue that it carries inherent Western biases that fail to take into account the nuances of diverse cultural perspectives. Supporting this relativist view is a 2014 study by anthropologist Alexandre Surrallés. In a remote village in Peru on the upper banks of the Amazon River, Surrallés, who had spent three years living among the Candoshi tribe, put a small yellowish-orange chip on a table and asked members of the tribe to identify the color. Instead of using color-specific terms, however, the Candoshi debated whether the chip looked more like ginger or fish spawn. His findings ultimately suggest that there are cultures that lack distinct words for colors and that having such terms is not universal in human perception after all.

① Cultural Differences in the Meaning Ascribed to Colors
② Questioning the Universality of Color Perception
③ The Impact of Western Influences on the Candoshi
④ *The World Color Survey*: Exemplifying Western Bias

해석

색에 대한 우리의 인식은 보편적으로 공유되는가? 『세계 색상 조사서』에 따르면, 답은 그렇다이다. 그것은 언어에 걸쳐 색상 이름 짓기에 보편적인 양상이 있고 기본 색상의 용어가 분류되는 방식에 일관성이 있다고 상정한다. 이 연구는 영향력이 크지만, 다양한 문화적 관점의 미묘한 차이를 고려하지 못한 서양의 내재적 편견을 담고 있다고 주장하는 사람들 사이에 논쟁을 불러일으켜 오기도 했다. 그러한 상대주의적 관점을 지지하는 것은 인류학자 Alexandre Surrallés의 2014년 연구이다. 아마존강 위쪽 기슭에 있는 페루의 한 외딴 마을에서, 칸도시 부족 사이에 섞여 살면서 3년을 보낸 Surrallés는 테이블 위에 노란색이 감도는 작은 오렌지 칩을 놓고는 부족의 구성원들에게 색을 식별해 보도록 요청했다. 하지만, 특정 색상의 용어를 사용하는 대신 칸도시 부족은 그 칩이 생강처럼 보이는지 아니면 어란처럼 보이는지를 논의했다. 그의 연구 결과는 궁극적으로 색에 대한 명확한 단어가 없는 문화가 있고 결국 그러한 용어를 갖는 것이 인간의 인식 속에서 보편적이지 않다는 것을 시사한다.

① 색상에 부여되는 의미에서의 문화적 차이
② 색 인식의 보편성에 대한 의문
③ 서양의 영향이 칸도시 부족에 미친 영향
④ 『세계 색상 조사서』: 서양의 편견을 예시로 들기

포인트 해설

지문 처음에서 색에 대한 우리의 인식이 보편적으로 공유되는지에 대한 의문을 제기한 후 이어지는 내용에서 인류학자 Surrallés의 연구에 따르면 칸도시 부족 내에는 색에 대한 명확한 단어가 없었는데, 이는 색에 대한 용어를 갖는 것이 인간의 인식 속에서 보편적이지 않다는 것을 시사했다고 했으

므로, ② '색 인식의 보편성에 대한 의문'이 이 글의 제목이다.

정답 ②

어휘

perception 인식   universally 보편적으로   posit 상정하다, 가정하다
consistency 일관성   term 용어, 임기   categorize 분류하다
spark 불러일으키다, 자극하다   contention 논쟁, 말다툼   bias 편견, 편향
take into account ~을 고려하다   perspective 관점, 시각
anthropologist 인류학자   specific 특정한, 구체적인
debate 논의하다; 논의   ginger 생강   spawn 알; 알을 낳다
distinct 명확한, 뚜렷한, 확실한   ascribe 부여하다, ~의 탓으로 여기다
exemplify 예시로 들다

08 독해 문단 순서 배열   난이도 상 ●●●

주어진 글 다음에 이어질 글의 순서로 가장 적절한 것은?

Since the mid-1870s, citrus fruits have been a viable agricultural business in the state of Florida. However, with the industry struggling due to increased commercial development, a small band of Florida farmers has begun looking to a new crop for lucrative opportunities.

(A) What's more, the scale needed for bulk production is still sorely lacking. The first grove of 11,000 trees produced a meager 60 gallons of olive oil. To come close to being competitive, Florida would need to produce at least 3 to 4 million gallons more.

(B) Taking a leaf out of California's book, Floridian growers are turning to olive trees and the production of olive oil as an alternative to grapefruits and oranges. If successful, it could generate an economic boom in the state. But there are some stumbling blocks along the way.

(C) The largest potential hurdle is the environment. Because of olive tree growth cycles, it will take about seven years to determine if the state has feasible land and a temperate enough climate to sustain the exotic trees on a long-term basis.

① (A) – (C) – (B)   ② (B) – (A) – (C)
③ (B) – (C) – (A)   ④ (C) – (A) – (B)

해석

1870년대 중반 이후, 감귤류 과일은 플로리다주에서 실용적인 농경 사업이었다. 하지만, 그 산업이 증대되는 상업 발전으로 인해 힘겨워지면서, 작은 무리의 플로리다 농민들은 수익성 좋은 기회를 잡기 위해 새로운 작물을 찾고 있다.

(A) 더구나, 대량 생산을 위해 필요한 규모는 여전히 몹시 부족하다. 11,000그루의 나무가 있는 첫 번째 숲은 얼마 안 되는 60갤런의 올리브유만을 생산해 냈다. 경쟁력 있게 되기 위해서, 플로리다는 적어도 3백만에서 4백만 갤런을 더 생산해야 할 것이다.

(B) 캘리포니아를 본받아, 플로리다의 재배자들은 자몽과 오렌지의 대안으로 올리브 나무와 올리브유 생산으로 관심을 돌리고 있다. 성공적이라면, 그것은 그 주에 경제 호황을 일으킬 수 있다. 그러나 그 과정에는 몇몇 걸림돌들이 있다.

(C) 가장 큰 잠재적 장애물은 환경이다. 올리브 나무의 성장 주기 때문에, 그 주가 장기적으로 외국의 나무들이 살아가게 하기에 알맞은 토양과 충분히 온화한 기후를 가졌는지를 알아내는 데에는 약 7년 정도가 걸릴 것이다.

포인트 해설

주어진 글에서 플로리다 농민들은 실용적인 농경 사업이던 감귤류 과일이 상업 발전의 증대로 인해 힘겨워지면서 새로운 작물을 찾고 있다고 언급한 뒤, (B)에서 감귤류 과일의 대안으로 올리브 나무와 올리브유 생산이 관심받고 있지만 여기에는 몇몇 걸림돌들이 있다고 설명하고 있다. 이어서 (C)에서 가장 큰 잠재적 장애물(The largest potential hurdle)은 환경인데, 플로리다가 올리브 나무들이 살아가기에 알맞은 토양과 온화한 기후를 가졌는지 알기 위해서는 7년이 걸릴 것이라고 하고, (A)에서 더구나(What's more) 대량 생산에 필요한 규모가 여전히 몹시나 부족한 것 또한 문제임을 추가로 설명하고 있다. 따라서 ③ (B)-(C)-(A)가 정답이다.

정답 ③

어휘

citrus 감귤류의 viable 실용적인, 성장할 만한, 생존 가능한
agricultural 농경의, 농업의 lucrative 수익성이 좋은, 유리한
scale 규모, 장치 bulk 대량의 sorely 몹시, 심하게 grove 숲, 과수원
meager 얼마 안 되는, 불충분한
take a leaf out of somebody's book ~를 본받다 alternative 대안
boom 호황 stumbling block 걸림돌, 방해물 hurdle 장애물
determine 알아내다, 결정하다 feasible 알맞은, 실현 가능한
temperate 온화한 sustain 살아가게 하다, 유지시키다, 지탱하다
exotic 외국의, 이국적인

구문 분석

(생략), it will take about seven years to determine / if the state has feasible land and a temperate enough climate / to sustain the exotic trees on a long-term basis.

: 이처럼 if 또는 whether가 이끄는 절(if/whether + 주어 + 동사 ~)이 목적어 자리에 온 경우, '주어가 동사한지'라고 해석한다.

---

09 독해 빈칸 완성 – 단어   난이도 중 ●●○

밑줄 친 부분에 들어갈 말로 가장 적절한 것은?

Scientists predict that in the time it takes for a preschooler today to finish high school, Arctic ice will be virtually nonexistent. This conclusion was based on a study that compared the present-day Arctic to a similar Arctic thousands of years in the past. With warming in the Arctic being twice as fast as the rest of the world, researchers focused on a time about 130,000 years ago when Earth was entering an interglacial period. At the time, the Northern Hemisphere was tilted more directly toward the sun, which permitted more solar heat to reach the Northern Hemisphere. Sediment cores from the ocean that correspond to that period indicated no ice cover. Today, there is less ice and more dark water, which does not reflect the sun's rays like ice does, causing solar heat to be absorbed more readily and _____ ice melt. Based on that early model, researchers suggested that Arctic sea ice today will disappear by 2035.

① concealing
② preventing
③ diversifying
④ facilitating

해석

과학자들은 오늘날 미취학 아동이 고등학교를 마치는 데 걸리는 시간 동안 북극의 얼음은 거의 존재하지 않게 될 것이라고 예측한다. 이 결론은 현재의 북극을 수천 년 전의 비슷한 북극과 비교했던 연구에 근거했다. 북극의 온난화가 세계의 다른 지역보다 두 배만큼 빠름에 따라, 연구원들은 지구가 간빙기에 접어들고 있던 약 13만 년 전의 시기에 집중했다. 그 당시, 북반구는 더 똑바로 태양 쪽으로 기울어 있었는데, 이는 더 많은 태양열이 북반구에 도달하도록 허용했다. 그 시기에 해당하는 바다의 침전물 코어는 빙상을 전혀 암시하지 않았다. 오늘날, 얼음은 더 적고 얼음처럼 태양 광선을 반사하지는 않는 거무스름한 물이 더 많은데, 이는 태양열이 더 쉽게 흡수되게 하고 얼음 용해를 촉진한다. 그 초기 모형에 근거하여, 연구원들은 오늘날 북극의 해빙이 2035년쯤에는 사라질 것임을 시사했다.

① 숨긴다
② 방지한다
③ 다각화한다
④ 촉진한다

포인트 해설

빈칸 앞부분에서 약 13만 년 전에는 북반구에 더 많은 태양열이 도달함에 따라 빙상이 없었는데, 오늘날에도 얼음은 적고 태양 광선을 반사하지 않는 거무스름한 물이 더 많음에 따라 태양열이 더 쉽게 흡수된다고 했으므로, 얼음 용해를 '촉진한다'고 한 ④번이 정답이다.

정답 ④

어휘

predict 예측하다 virtually 거의, 사실상 nonexistent 존재하지 않는
conclusion 결론 compare 비교하다 interglacial 간빙기의
tilt 기울이다 directly 똑바로, 곧장 solar 태양의
sediment core 침전물 코어 correspond to ~에 해당하다
indicate 암시하다, 나타내다 reflect 반사하다, 반영하다 absorb 흡수하다
readily 쉽게, 선뜻 conceal 숨기다 diversify 다각화하다
facilitate 촉진하다

10 독해 주제 파악
난이도 하 ●○○

다음 글의 주제로 가장 적절한 것은?

Many cultures have traditional coming-of-age ceremonies to mark the transition into adulthood. But for boys of one particular indigenous tribe in Brazil, the occasion is also one of the most painful challenges they will face. To begin the initiation, tribal elders collect venomous bullet ants from the Amazon jungle and immerse them in an herbal sedative solution. They then weave the ants into gloves made of leaves, stinger-side in. Once the ants awaken, the boys must don the gloves and endure the excruciating stings of the angry insects for ten minutes. They will repeat this ritual several times over the coming months or even years, without shedding a tear, until they are finally considered men.

① recent changes in tradition among Brazilian families
② a coming-of-age ritual of an indigenous tribe
③ the most venomous insect of the Amazon jungle
④ the medicinal properties of Amazonian bullet ants

해석

많은 문화에는 성인이 되는 것을 기념하는 전통적인 성년식이 있다. 그렇지만 브라질의 한 특정 토착 부족의 소년들에게, 이 의식은 그들이 직면하게 될 가장 고통스러운 도전 중 하나이기도 하다. 성년식을 시작하기 위해서, 부족의 원로들은 아마존 정글에서 독이 있는 총알개미를 모아 그것들을 약초로 만든 진정제 용액에 담근다. 그 후 그들은 그 개미를 독을 쏘는 부분이 안쪽으로 향하게 하여 나뭇잎으로 만든 장갑에 엮는다. 개미가 깨어나면, 소년들은 그 장갑을 끼고 10분 동안 그 성난 곤충의 맹렬한 침을 견뎌내야 한다. 그들이 눈물을 흘리지 않고 마침내 남자로 여겨질 때까지, 그들은 이 의식을 다가오는 몇 달 동안 혹은 심지어 몇 년 동안 여러 번 반복할 것이다.

① 브라질 가족들 간의 전통에 대한 최근 변화들
② 한 토착 부족의 성년식
③ 아마존 정글에서 가장 유독한 곤충
④ 아마존 총알개미의 약효 성분

포인트 해설

지문 전반에 걸쳐 브라질의 한 토착 부족의 성년식은 소년들이 개미의 독침을 오랫동안 견뎌내는 의식을 포함한다는 것을 설명하고 있다. 따라서 ② '한 토착 부족의 성년식'이 이 글의 주제이다.

정답 ②

어휘

coming-of-age 성년의, 성인의 **indigenous** 토착의
initiation 성년식, 통과 의례 **venomous** 독이 있는, 유독한
immerse 담그다, ~에 몰두하다 **sedative** 진정제 **solution** 용액, 해결책
don 끼다 **excruciating** 맹렬한 **shed** 흘리다

▶ 해커스 공무원시험연구소 총평

난이도	생활영어·문법·어휘 영역이 수월하게 출제된 반면, 독해 영역에 전체 내용 파악을 요하는 고난도 지문이 등장했습니다.
어휘·생활영어 영역	3번 문제와 같이, 어휘 영역에서 밑줄 어휘가 부사(diligently)인 경우에는 부사가 수식하고 있는 대상(campaigning)을 우선적으로 파악함으로써 정답의 단서를 얻을 수도 있습니다.
문법 영역	2번 문제의 ①, ③번처럼 하나의 보기에 두 개 이상의 문법 포인트가 등장하는 경우가 있으므로, 문법 영역의 보기를 분석할 때는 놓치고 있는 포인트가 없는지 꼼꼼히 확인해야 합니다.
독해 영역	8번 문제와 같이 문맥상 부적절한 어휘를 고르는 문제는 법원직 9급에서 단골 출제되는 유형입니다. 빠른 문맥 파악과 어휘력이 모두 필요한 고난도 유형으로, 풀이 시간이 소요될 것을 대비해 가급적 다른 영역에서 시간을 단축해 두는 것이 좋습니다.

▶ 정답

01	③	문법	06	③	독해
02	②	문법	07	④	독해
03	③	어휘	08	③	독해
04	②	어휘	09	④	독해
05	④	생활영어	10	③	독해

▶ 취약영역 분석표

영역	맞힌 답의 개수
어휘	/ 2
생활영어	/ 1
문법	/ 2
독해	/ 5
TOTAL	/ 10

---

01 문법 수 일치 | 수동태 | 조동사 | to 부정사   난이도 중 ●●○

어법상 옳지 않은 것은?

① The daily forecast is determined by a number of contributing factors.

② The director demanded that actors memorize the script by tomorrow.

③ Citizens who go outside are encouraged to wear a mask that filter fine dust particles.

④ The old lady wanted her husband to cook some lasagna for her grandchildren.

해석

① 일일 예보는 많은 원인 제공 요인들에 의해 결정된다.

② 감독은 배우들에게 내일까지 대본을 외울 것을 요구했다.

③ 바깥에 나가는 시민들은 미세먼지 입자를 걸러 주는 마스크를 착용하는 것이 권장된다.

④ 그 나이 든 여인은 그녀의 남편이 손자들을 위해 라자냐를 요리해 주기를 원했다.

포인트 해설

③ **주격 관계절의 수 일치** 주격 관계절(that ~ dust particles)의 동사는 선행사에 수 일치시켜야 하는데, 선행사 a mask가 단수 명사이므로 복수 동사 filter를 단수 동사 filters로 고쳐야 한다.

[오답 분석]

① **능동태·수동태 구별** 주어(The daily forecast)와 동사가 '일일 예보가 결정되다'라는 의미의 수동 관계이므로 수동태 is determined가 올바르게 쓰였다.

② **조동사 should의 생략** 주절에 요청을 나타내는 동사(demand)가 오면 종속절에는 '(should +) 동사원형'이 와야 하므로 (should) memorize가 올바르게 쓰였다.

④ **to 부정사를 취하는 동사** want는 5형식 동사로 쓰일 때 to 부정사를 목적격 보어로 취하므로, to 부정사 to cook이 올바르게 쓰였다.

정답 ③

어휘

forecast 예보, 예측   determine 결정하다, 확정하다   particle 입자, 극소량

🖋 **이것도 알면 합격!**

아래의 제안·의무·요청·주장을 나타내는 동사·형용사가 주절에 나오면, 종속절에는 'should + 동사원형'이 와야 하며, 이때 should는 생략할 수 있다는 것을 알아 두자.

동사	request 요청하다	command 명령하다
	recommend 추천하다	ask 요청하다
	order 명령하다	insist 주장하다
	suggest 제안하다	require 요구하다
	desire 요구하다	propose 제안하다
	demand 요구하다	move 제의하다
형용사	necessary 필수적인	essential 필수적인
	imperative 필수적인	important 중요한

02 문법 동사의 종류 | to 부정사 | 전치사 | 수동태 | 분사 | 시제
난이도 중 ●●○

우리말을 영어로 잘못 옮긴 것은?

① 약속을 보장하기 위해서는, 최소한 한 달 전에 예약을 하십시오.
→ To guarantee an appointment, make a reservation at least one month in advance.

② 그는 그의 상사가 일본에 있는 신규 고객과 전화로 이야기하는 것을 들었다.
→ He heard his boss to talk on the phone with their new client in Japan.

③ 몇 분 동안, 그녀는 현관 밖에서 말다툼하는 사람들에 의해 주의가 산만해졌다.
→ For several minutes, she was distracted by the people arguing outside in the hallway.

④ 그들은 아들이 대학에 진학하기 전에 그의 은행 계좌로 돈을 이체했다.
→ They transferred funds into their son's bank account before he went to university.

포인트 해설

② **5형식 동사** 지각동사 hear는 원형 부정사와 현재분사를 모두 목적격 보어로 취할 수 있으므로 to 부정사 to talk를 원형 부정사 talk 또는 현재분사 talking으로 고쳐야 한다.

[오답 분석]

① **to 부정사의 역할 | 전치사** '약속을 보장하기 위해서는'은 부사 역할을 할 때 목적을 나타내는 to 부정사를 사용하여 나타낼 수 있으므로 To guarantee가 올바르게 쓰였다. 또한, '최소한 한 달 전에'는 전치사 숙어 표현 at least(최소한)와 in advance(사전에)를 사용하여 나타낼 수 있으므로 at least one month in advance가 올바르게 쓰였다.

③ **3형식 동사의 수동태 | 현재분사 vs. 과거분사** 감정을 나타내는 동사(distract)의 경우 '그녀가 주의가 산만해지다'라는 의미로 주어(she)가 감정을 느끼는 주체이면 수동태를 써야 하므로, 수동태 was distracted가 올바르게 쓰였다. 또한, 수식받는 명사(the people)와 분사가 '사람들이 말다툼하다'라는 의미의 능동 관계이므로 현재분사 arguing이 올바르게 쓰였다.

④ **시제 일치** 주절(They ~ account)의 시제가 과거(transferred)일 경우 종속절에는 주로 과거나 과거완료 시제가 오므로, 종속절에 과거 시제 went가 올바르게 쓰였다.

정답 ②

어휘

guarantee 보장하다   distract 주의를 산만하게 하다   hallway 현관, 복도

이것도 알면 합격!

아래의 감정을 나타내는 동사는 주어가 감정을 느끼면 수동태를, 주어가 감정의 원인이면 능동태를 쓴다는 것을 알아 두자.

• excite ~를 흥분시키다	• satisfy ~를 만족시키다
• amuse ~를 즐겁게 하다	• disappoint ~를 실망시키다
• please ~를 기쁘게 하다	• depress ~를 낙담시키다
• shock ~에게 충격을 주다	• frustrate ~를 좌절시키다
• interest ~에게 흥미를 일으키다	

03 어휘 diligently = enthusiastically
난이도 중 ●●○

밑줄 친 부분의 의미와 가장 가까운 것은?

Social activist and writer Helen Keller will forever be remembered for campaigning diligently on behalf of the less fortunate throughout her life, despite being both deaf and blind herself.

① idly   ② loosely
③ enthusiastically   ④ hysterically

해석

사회 활동가이자 작가인 Helen Keller는 그녀 자신도 귀와 눈이 모두 멀었음에도 평생 불우한 사람들을 위해 열심히 운동을 벌인 것으로 영원히 기억될 것이다.

① 게으르게   ② 막연히
③ 열심히   ④ 발작적으로

정답 ③

어휘

diligently 열심히   on behalf of ~을 위해   idly 게으르게   loosely 막연히
enthusiastically 열심히, 열광하여   hysterically 발작적으로

이것도 알면 합격!

diligently(열심히)의 유의어
= zealously, fervently, passionately

04 어휘 live up to
난이도 중 ●●○

밑줄 친 부분에 들어갈 말로 가장 적절한 것은?

Although he spent all of his spare time studying, he found it difficult to _____ the high expectations his parents had for him.

① narrow down to   ② live up to
③ stay away from   ④ come up with

해석

그는 자신의 남는 시간을 전부 공부하는 데 썼지만, 부모님이 그에게 가진 높은 기대에 부응하는 것이 어렵다는 것을 깨달았다.

① ~로 범위를 좁히다   ② ~에 부응하다
③ ~에서 떨어져 있다   ④ ~을 생각해 내다

정답 ②

어휘

spare 남는, 여가의   narrow down to ~로 범위를 좁히다
live up to ~에 부응하다   stay away from ~에서 떨어져 있다
come up with ~을 생각해 내다

이것도 알면 합격!

live up to(~에 부응하다)의 유의어
= meet, satisfy, fulfill, match

05 생활영어 I thought the recipe stated 60 minutes and not 30 　난이도 하 ●○○

밑줄 친 부분에 들어갈 말로 가장 적절한 것은?

> A: The cake is ruined! And our guests will be here soon.
> B: I thought I smelled something burning. I didn't realize you were baking something. Why didn't you keep a closer eye on it?
> A: Because _____.
> B: I see. Still, you should've checked on it at some point. Then you would have realized that you misread the instructions.
> A: I will next time. I'll have to go buy one this time around.

① I have made this type of cake before
② I was too busy preparing the main course
③ I got a phone call and completely forgot about it
④ I thought the recipe stated 60 minutes and not 30

해석

> A: 케이크가 엉망이 되었어! 곧 손님들이 올 텐데.
> B: 뭔가 타는 냄새가 난다고 생각했어. 네가 무언가를 굽고 있는지 몰랐네. 왜 더 잘 지켜보지 않았어?
> A: 왜냐하면 요리법에 30분이 아니라 60분이라고 쓰여 있다고 생각했거든.
> B: 그렇구나. 그래도, 중간에 확인했어야지. 그랬다면 네가 설명을 잘 못 읽었다는 것을 알아챘을 텐데.
> A: 다음번에는 그렇게 할게. 이번에는 가서 하나 사야겠다.

① 전에 이런 케이크를 만들어 본 적이 있거든
② 주요리를 준비하느라 너무 바빴거든
③ 전화를 받느라 완전히 깜빡했거든
④ 요리법에 30분이 아니라 60분이라고 쓰여 있다고 생각했거든

포인트 해설

A에게 케이크를 잘 지켜보지 않아 태운 이유를 묻는 B의 질문에 대해 A가 대답한 후, 빈칸 뒤에서 다시 B가 you should've checked on it at some point. Then you would have realized that you misread the instructions(중간에 확인했어야지. 그랬다면 네가 설명을 잘못 읽었다는 것을 알아챘을 텐데)라고 말하고 있으므로, '요리법에 30분이 아니라 60분이라고 쓰여 있다고 생각했거든'이라는 의미의 ④ 'I thought the recipe stated 60 minutes and not 30'가 정답이다.

정답 ④

어휘

keep a close eye on ~을 잘 지켜보다　instruction 설명, 지시

🍴 이것도 알면 **합격!**

요리할 때 쓸 수 있는 다양한 표현들을 알아 두자.

- Let's start by chopping the vegetable.
  채소를 써는 것부터 시작하자.
- I'm going to season the dish with some spice.
  나는 요리에 향신료를 조금 넣을 거야.
- We need to boil some water for the pasta.
  우리는 파스타를 위해 물을 좀 끓여야 해.
- Can you hand me the cutting board and knife?
  나에게 도마랑 칼을 건네줄래?

06 독해 제목 파악 　난이도 중 ●●○

다음 글의 제목으로 가장 적절한 것은?

> For people with autism spectrum disorder, the general name for a group of developmental disabilities, opportunities for steady employment are very difficult to find. Many employers don't want to take the risk of hiring them for fear of the negative repercussions that could arise. This situation is particularly unfortunate because some people who are diagnosed with certain forms of autism possess attributes that are highly sought after by some employers. They have above-average visual learning skills and can remain extremely focused for long periods of time. Furthermore, many have heightened logical reasoning and pay greater attention to detail. These qualities make them particularly suited for certain kinds of employment, such as software testing, proofreading, and data analysis.

① The Negative Stigma People Have Towards Disabilities
② Useful Work Traits That Autistic Persons Can Learn
③ Why Companies Should Hire People With Autism
④ Training Autistic People to Adjust to the Workplace

해석

발달 장애 그룹의 일반적 명칭인 자폐 스펙트럼 장애를 가진 사람들에게 안정된 고용 기회는 구하기가 정말 어렵다. 많은 고용주들은 발생할 수 있는 부정적인 영향을 두려워하여 그들을 고용하는 위험을 무릅쓰려고 하지 않는다. 이 상황은 특정한 자폐증 형태를 진단받은 몇몇 사람들이 일부 고용주들에 의해 몹시 추구되는 자질들을 갖추고 있다는 점에서 특히 유감스럽다. 그들은 평균 이상의 시각적 학습 능력이 있고 장시간 동안 매우 집중한 상태를 유지할 수 있다. 더 나아가, 높은 논리적 추론력을 지녔으며 세부사항에 더 많은 주의를 기울인다. 이러한 특성은 그들이 소프트웨어 실험, 교정 및 데이터 분석과 같은 특정 유형의 일자리에 특히 적합하도록 만든다.

① 사람들이 장애에 관해 갖는 부정적인 낙인
② 자폐증을 가진 사람들이 배울 수 있는 유용한 업무 특성
③ 회사들은 왜 자폐증을 가진 사람들을 고용해야 하는가
④ 자폐증 있는 사람들이 업무 환경에 적응하도록 훈련시키기

포인트 해설

지문 중간에서 자폐증을 진단받은 몇몇 사람들은 일부 고용주들이 추구하는 자질들을 갖추고 있는데, 그들은 평균 이상의 시각적 학습 능력과 장시간 유지되는 높은 집중력을 가지고 있고 높은 논리적 추론력을 지녔으며 세부사항에 더 많은 주의를 기울이기 때문에 특정 유형의 일자리에 적합하다고 설명하고 있다. 따라서 ③ '회사들이 왜 자폐증을 가진 사람들을 고용해야 하는가'가 이 글의 제목이다.

정답 ③

어휘

autism spectrum disorder 자폐 스펙트럼 장애 **for fear of** 두려워하여
repercussion 영향, 반향 **diagnose** 진단하다
seek after ~을 찾다, 구하다 **above-average** 평균 이상의
proofreading 교정 **stigma** 낙인, 오명

---

07 독해 내용 불일치 파악 난이도 중 ●●○

다음 글의 내용과 일치하지 않는 것은?

The state impinges on many aspects of its citizens' private lives, but their spiritual beliefs and practices are both generally off-limits in a secular society. If politicians were to designate one religion as the official one, those who did not follow its practices would probably resent their leaders and be unwilling to vote for them. If their resentment became stronger, they could potentially feel so alienated from the state that they would be more prone to revolt. For this reason, many governments separate the powers of church and state by explicitly making the distinction in their constitutions so that church powers are regarded as distinct entities. Another way to accomplish this is to legally uphold the freedom of religious belief. This may be one of the reasons why internal wars over religious beliefs have largely been avoided in such nations over the last hundred years.

① The separation of church and state is a common form of political organization.
② Some governments officially respect religious beliefs in order to avoid political strife.
③ The division of church and state is clearly outlined in the laws of most secular nations.
④ Civil wars are prevalent where there is no official religion.

해석

국가는 국민들의 사생활의 많은 측면에 영향을 미치지만, 세속적인 사회에서 그들의 종교적인 믿음과 관행은 일반적으로 모두 논의 금지 사항이다. 만약 정치인들이 한 종교를 공식적인 것으로 지정한다면, 그것의 관행에 따르지 않는 이들은 아마 그들의 지도자를 원망하고 그들에게 투표하지 않으려고 할 것이다. 그들의 원망이 더 격렬해지면, 그들은 어쩌면 국가로부터 매우 소외되었다고 느낄 수 있어서 더 쉽게 반감을 품게 될 것이다. 이러한 이유로, 많은 정부들은 교회의 권한이 별개의 독립체로 여겨지도록 헌법에 분명히 구별지어 둠으로써 교회와 국가의 권한을 분리한다. 이를 달성하기 위한 또 다른 방법은 종교적 믿음의 자유를 법적으로 지지하는 것이다. 바로 이것이 지난 수백 년 동안 그러한 국가들에서 종교적인 믿음을 둘러싼 내전이 대체로 방지되었던 이유 중 하나일 수도 있다.
① 교회와 국가의 분리는 일반적인 정치 구조 형태이다.
② 몇몇 정부는 정치적 갈등을 방지하기 위해 종교적인 믿음을 공식적으로 존중했다.

③ 교회와 국가의 분리는 대부분의 세속 국가의 법에 명백하게 기술되어 있다.
④ 내전은 공식적인 종교가 없는 곳에서 일반적이다.

포인트 해설

④번의 키워드인 Civil wars(내전)를 바꾸어 표현한 지문의 internal wars(내전) 주변의 내용에서 많은 정부들이 국가와 교회의 권한을 분리하고 법적으로 종교적 믿음의 자유를 지지하는 것을 통해 종교적 믿음을 둘러싼 내전을 대체로 방지했다고는 했지만, ④ '내전이 공식적인 종교가 없는 곳에서 일반적'인지는 알 수 없다.

정답 ④

어휘

impinge 영향을 미치다 **spiritual** 종교적인 **off-limit** 논의 금지의, 출입 금지의
secular 세속적인, 현세의 **designate** 지정하다 **resent** 원망하다, 분개하다
alienate 소외시키다, 멀리하다 **revolt** 반감, 반란, 반란을 일으키다
explicitly 분명히, 명백하게 **constitution** 헌법 **entity** 독립체, 실체
uphold 지지하다 **strife** 갈등 **prevalent** 일반적인, 널리 퍼진

구문 분석

This may be one of the reasons / why internal wars over religious beliefs have largely been avoided in such nations / over the last hundred years.
: 이처럼 관계부사가 이끄는 절(why/when/where/how + 주어 + 동사 ~)이 명사를 꾸며 주는 경우, '주어가 동사한 명사' 또는 '주어가 동사하는 명사'라고 해석한다.

---

08 독해 문맥상 부적절한 어휘 난이도 상 ●●●

다음 글의 밑줄 친 부분 중 문맥상 낱말의 쓰임이 가장 적절하지 않은 것은?

"Conscience is a combination of head, heart, and hand," says professor of character development Marvin Berkowitz. "It is knowing the good, loving the good, and doing the good. And that requires both cognitive and emotional components." There is reason to believe that the emotional components of conscience are ① inherent. For instance, infants cry in response to the cries of other infants, and toddlers offer up the things that comfort them to others in distress. Even with empathy seemingly baked in, cognitive processes are essential for moral ② maturation. The development of conscience starts with simple cause and effect reasoning—like fearing punishment or seeking rewards—but grows more ③ basic. Over time, children begin to make moral judgments based on ④ intention rather than on the basis of damage done. They know that smashing a glass in a fit of anger is different from accidentally dropping it. Eventually, if they develop at a normal pace in a healthy, nurturing home, they acquire the capacity to understand abstract principles and values and recognize that their actions may have far-reaching implications.

해석

인성 발달 교수 Marvin Berkowitz는 "양심은 머리, 마음, 손의 결합이다"라고 말했다. "그것은 선을 알고, 선을 사랑하고, 선을 행하는 것이다. 그리고 그것은 인지적 요소와 정서적 요소 모두를 필요로 한다." 양심의 정서적 요소가 ① 본질적이라고 생각되는 이유가 있다. 예를 들어, 갓난아기들은 다른 갓난아기들의 울음소리에 반응하여 울기도 하고, 아기들은 자신들을 달래 주는 것들을 괴로워하는 다른 아기들에게 내주기도 한다. 겉보기에는 감정 이입이 반영된 것처럼 보였을지라도, 인지적 과정이 도덕적 ② 성숙에 필수적이다. 양심의 발달은 처벌을 두려워하거나 보상을 추구하는 것과 같은 단순한 인과 관계의 추론으로 시작되지만 점점 더 ③ 기본적이게 된다. 시간이 지남에 따라, 아이들은 가해진 피해를 바탕으로 하기보다 ④ 의도를 바탕으로 한 도덕적 판단을 하기 시작한다. 그들은 발끈하여 유리잔을 부수는 것이 실수로 그것을 떨어뜨린 것과는 다르다는 것을 알고 있다. 결국, 만약 그들이 건전하고 보살펴 주는 가정에서 정상적인 속도로 성장한다면, 그들은 심오한 원리와 가치를 이해하고 자신들의 행동이 지대한 영향을 미칠 수 있음을 인지하는 능력을 얻는다.

포인트 해설

지문 뒷부분에서 아동들은 가해진 피해보다 의도를 바탕으로 한 도덕적 판단을 하기 시작하며 건전한 가정에서 정상적 속도로 성장한다면 그들은 심오한 원리와 가치를 이해하고 자신들의 행동이 지대한 영향을 끼칠 수 있음을 인식하게 된다고 설명하고 있으므로, 양심의 발달이 단순한 인과 관계의 추론으로 시작되지만 점점 더 '③ 기본적(basic)'이게 된다는 것은 문맥상 적절하지 않다. 주어진 basic을 대신할 수 있는 어휘로는 '복잡한'이라는 의미의 complex가 있다.

정답 ③

어휘

conscience 양심 combination 결합 cognitive 인지적인
component (구성) 요소, 부품 inherent 본질적인, 내재적인 infant 갓난아기
toddler (걸음마를 배우는) 아기 comfort 위로하다
in distress 괴로워하는, 고통을 당하는 empathy 감정 이입, 공감
moral 도덕적인 maturation 성숙 cause and effect 인과 관계
reasoning 추론, 논리 punishment 처벌 judgment 판단
intention 의도 smash 부수다 in a fit of anger 발끈하여
accidentally 실수로, 우연히 capacity 능력, 용량
abstract 심오한, 추상적인 principle 원리, 원칙 implication 영향, 결과

---

09 독해 문단 요약 난이도 중 ●●○

다음 글의 내용을 한 문장으로 요약하고자 한다. 빈칸 (A), (B)에 들어갈 말로 가장 적절한 것은?

Most of us have strong memories of painful or sad events. These types of recollections are often much more vividly remembered and are that much harder to forget. While we all have them, they usually don't affect our day-to-day lives. However, severely traumatic ones, such as childhood trauma or harrowing experiences in combat, do affect many individuals in a debilitating way. Medication has traditionally been used to help sufferers get through the day, but recently, scientists in Sweden have conducted research suggesting another solution. It may be possible to completely eradicate fearful memories using only behavioral correction. This particular treatment process is thought to be much more beneficial to patients as it would do more than simply manage the psychological symptoms of harmful past events. If successful, behavioral correction would actually be an end-all cure.

Researchers may have found a ____(A)____ for traumatic memories through the implementation of an alternative ____(B)____.

	(A)	(B)
①	laboratory	medication
②	source	examination
③	substitute	perspective
④	cure	solution

해석

우리 대부분은 고통스럽거나 슬픈 일에 대한 강렬한 기억을 가지고 있다. 이러한 유형의 기억은 종종 훨씬 더 생생하게 기억되며 잊는 것도 그만큼 더 힘들다. 우리 모두가 그것들을 가지고 있지만, 그것들은 보통 우리의 일상생활에 영향을 미치지는 않는다. 하지만 어린 시절의 정신적 외상 또는 전투에서의 끔찍한 경험 같은 몹시 충격적인 일들은 실제로 많은 사람들에게 심신을 약화시키는 방식으로 영향을 미친다. 고통받는 사람들이 일상생활을 할 수 있도록 돕기 위해 전통적으로 약물이 사용되었지만, 최근에 스웨덴 과학자들은 또 다른 해결책을 제시하는 연구를 수행했다. 오로지 행동 교정만을 이용하여 두려운 기억들을 완전히 지워 없애는 것이 가능할지도 모른다. 이 특수한 치료 과정은 그것이 단순히 해로운 과거 사건들에 대한 심리 증상을 다루는 것 이상을 하기 때문에 환자들에게 훨씬 더 유익한 것으로 여겨진다. 만일 성공적이라면, 행동 교정은 그야말로 궁극적인 치료법이 될 것이다.

연구원들은 대안이 되는 (B) 해결책의 시행을 통해 충격적인 기억에 대한 (A) 치료법을 찾았을지도 모른다.

	(A)	(B)
①	실험	약물 치료
②	원천	조사
③	대용품	관점
④	치료법	해결책

지문 중간에서 충격적인 기억으로 고통받는 사람들을 위해 전통적으로 약물이 사용되었지만, 스웨덴 과학자들이 최근에 행동 교정만을 통해 두려운 기억들을 완전히 지워 없애는 또 다른 해결책을 제시하는 연구를 수행했다고 했고 그것이 환자들에게 훨씬 더 유익한 것으로 여겨진다고 했으므로, (A)와 (B)에 연구원들은 대안이 되는 해결책(solution)의 시행을 통해 충격적인 기억에 대한 치료법(cure)을 찾았을지도 모른다는 내용이 와야 적절하다. 따라서 ④ (A) cure – (B) solution이 정답이다.

정답 ④

어휘

recollection 기억 vividly 생생하게 day-to-day 일상의
severely 몹시 traumatic 충격적인 trauma 정신적 외상
harrowing 끔찍한, 참혹한 debilitate 심신을 약화시키다
conduct 수행하다; 행위 eradicate 지워 없애다, 근절하다
behavioral 행동의 implementation 시행, 완성 laboratory 실험(실)
medication 약물 치료 examination 조사, 검토
substitute 대용품; 대체하다 perspective 관점, 시각

① 정치적 정당성
② 여론 조사 기관
③ 선거 과정
④ 역사적 자료

포인트 해설

빈칸 뒤 문장에서 정치 지도자는 선포하는 전쟁이 대중에게 평이 좋지 않은 것으로 판명되면 그들이 표를 잃게 될 것을 두려워하여 전쟁을 선포하길 꺼린다고 했으므로, 민주주의 원칙을 지지하는 국가들이 전쟁을 할 가능성이 더 적다는 믿음은 '선거 과정'에 의해 뒷받침된다고 한 ③번이 정답이다.

정답 ③

어휘

proponent 지지자 democracy 민주주의 argue 주장하다
governance 통치 superior 우수한 nation 국가
uphold 지지하다, 유지하다 principle 원칙, 주의
declare 선포하다, 선언하다 cost 잃게 하다, 희생시키다; 비용
vote 표, 투표 conflict 갈등 unpopular 평이 좋지 않은, 인기 없는
exception 예외 self-defense 자주국방, 자기방어
legitimate 정당한, 합법의 erode 약화시키다, 침식시키다
political correctness 정치적 정당성 polling 여론 조사

10　독해 빈칸 완성 – 구　난이도 중 ●●○

밑줄 친 부분에 들어갈 말로 가장 적절한 것은?

Proponents of democracy argue that one of the reasons this system of governance is superior is because nations that uphold democratic principles are less likely to go to war. In their minds, this belief is supported by the _____. Namely, supporters believe that political leaders are unwilling to declare war against another country out of fear that doing so would cost them votes at home if the conflict proves unpopular with the public. A notable exception to this would be if they were acting out of self-defense, which is generally seen as a legitimate reason for war under international law and would not significantly erode their domestic support but, in fact, may increase it.

① political correctness
② polling organizations
③ electoral process
④ historical data

해석

민주주의의 지지자들은 이 통치 체제가 우수한 이유들 중 하나가 민주주의의 원칙을 지지하는 국가들이 전쟁을 할 가능성이 더 적기 때문이라고 주장한다. 그들이 생각하기에, 이러한 믿음은 선거 과정에 의해 뒷받침된다. 즉, 지지자들이 생각하는 바로는 정치적 지도자들은 다른 국가에 전쟁을 선포하는 것을 꺼리는데 만약 그 갈등이 대중에게 평이 좋지 않은 것으로 판명되면 그렇게 하는 것이 자국 내에서의 표를 잃게 만들리라는 두려움 때문이다. 이것에 대해 주목할 만한 예외는 자주국방을 위해 행동을 취하는 경우가 될 수 있는데, 이는 국제법에 따르면 일반적으로 전쟁에 대한 정당한 사유로 여겨지고 그들의 국내 지지도를 크게 약화시키는 것이 아니라 실제로는 증가시킬지도 모른다.

▶ 해커스 공무원시험연구소 총평

난이도　독해 영역에 비교적 친숙한 사회·문화 관련 소재의 지문들이 다수 등장했고, 정답의 근거가 명확하여 문제 풀이에 큰 어려움은 없었을 것입니다.

어휘·생활영어 영역　1번 문제의 밑줄 표현 call it a day는 시험에 출제된 적 있는 필수 표현이므로, 의미를 몰랐다면 유의어까지 꼼꼼히 정리하고 넘어 갑니다.

문법 영역　2번 문제의 관계절 포인트는 특히 지방직 9급 시험의 빈출 포인트입니다. 기본적인 관계대명사 선택에서부터 관계부사와 관계대명사 비교에 이르는 세부 개념들까지 빠짐없이 학습되어야 합니다.

독해 영역　9번 문제의 경우 추론 유형이지만, 빈칸이 있는 문장이 요약문이므로 전체 내용 파악 유형의 성격도 띠고 있습니다. 빈칸 앞에 있는 연결어(In short)를 단서로 요약문임을 먼저 파악했다면, 지문 전반의 내용을 바탕으로 정답을 보다 빠르게 고를 수 있었을 것입니다.

▶ 정답

01	④	어휘	06	②	독해
02	③	문법	07	③	독해
03	①	문법	08	②	독해
04	④	어휘	09	①	독해
05	④	생활영어	10	②	독해

▶ 취약영역 분석표

영역	맞힌 답의 개수
어휘	/ 2
생활영어	/ 1
문법	/ 2
독해	/ 5
TOTAL	**/ 10**

01　어휘 call it a day = finish working　난이도 중 ●●○

밑줄 친 부분의 의미와 가장 가까운 것은?

> Having worked late into the evening perfecting his manuscript, the writer decided to call it a day since he had no more energy to put into the project.

① take a break
② pay close attention
③ review his work
④ finish working

해석

자신의 원고를 완성하면서 저녁 늦게까지 일했던, 그 작가는 더 이상 그 프로젝트에 쏟을 기운이 없었기 때문에 그만하기로 결정했다.

① 잠시 휴식을 취하다
② 세심한 주의를 기울이다
③ 그의 작업을 재검토하다
④ 일을 마치다

정답 ④

어휘

perfect 완성하다; 완벽한　manuscript 원고　call it a day 그만하기로 하다
pay close attention 세심한 주의를 기울이다

🖋 이것도 알면 합격!

call it a day(그만하기로 하다)와 유사한 의미의 표현
= cease, conclude, wrap up, wind up

02　문법 수동태 | 전치사 | 관계절 | 대명사　난이도 하 ●○○

밑줄 친 부분 중 어법상 옳지 않은 것은?

> ① Unlike tennis, as it is commonly known, there is a variation of the game still played in some circles known as court tennis or real tennis. The ball used in court tennis is slightly heavier than a regular tennis ball and bounces less. And the wooden rackets, ② which are smaller, have tighter strings to compensate for the heavier balls. The court the game is played on is asymmetric in shape and typically located indoors, so that its edges ③ surround by walls. Points are counted in a similar way to ④ those in regular tennis, but there are additional rules for scoring.

해석

일반적으로 알려진 테니스와 달리, 여전히 몇몇 단체에서 경기가 이루어지고 있는 코트 테니스, 또는 실내 테니스라고 알려진 그 경기의 다른 형태가 있다. 코트 테니스에서 사용되는 공은 일반 테니스공보다 약간 더 무겁고 덜 튀어 오른다. 그리고 나무로 만들어진 더 작은 라켓은 더 무거운 공을 보완하기 위한 더 촘촘한 줄을 가지고 있다. 경기가 진행되는 코트는 모양이 비대칭이고 보통 실내에 위치해 있어서, 그것의 가장자리는 벽으로 둘러싸이게 된다. 점수는 일반 테니스 경기와 비슷한 방식으로 계산되지만, 득점에 대한 부가적인 규칙이 있다.

[포인트 해설]

③ **능동태·수동태 구별** 주어(its edges)와 동사가 '가장자리가 둘러싸이다'라는 의미의 수동 관계이므로 능동태 surround를 수동태 are surrounded로 고쳐야 한다.

[오답 분석]

① **전치사** 문맥상 '테니스와 달리'라는 의미가 되어야 자연스러우므로 전치사 Unlike(~와 달리)가 올바르게 쓰였다. 참고로, 전치사는 명사 역할을 하는 것 앞에 와야 하므로 전치사 Unlike가 명사 tennis 앞에 쓰였다.

② **관계대명사** 선행사 the wooden rackets가 사물이고, 관계절(are smaller) 내에서 동사 are의 주어 역할을 하므로 사물을 가리키는 주격 관계대명사 which가 올바르게 쓰였다.

④ **지시대명사** 대명사가 지시하는 명사(Points)가 복수이므로 복수 지시대명사 those가 올바르게 쓰였다.

정답 ③

어휘

variation 다른 형태, 변형 compensate 보완하다 asymmetric 비대칭의

이것도 알면 합격!

지시대명사 those는 '~한 사람들'이란 뜻으로 쓰일 수 있고, 이때 뒤에서 수식어(전치사구, 관계절, 분사)의 꾸밈을 받는다는 것을 알아 두자.

· (Those, ~~They~~) who litter in public spaces will be held accountable
  _____수식어(관계절)_____
through monetary penalties.

공공장소에 쓰레기를 버리는 사람들은 벌금형을 통해 책임을 지게 될 것이다.

---

03 문법 상관접속사 | 동명사 | 시제 | 전치사 난이도 중 ●●○

우리말을 영어로 가장 잘 옮긴 것은?

① 교장이나 교사 둘 중 한 명이 학교 내 규율을 관리할 것이다.
  → Either the principal or the teacher will administer discipline in the school.

② 담배를 피우는 것은 천식의 가능성을 높이는 것과 관련되어 있다.
  → Smoking cigarettes is tied to increase the likelihood of asthma.

③ 관광객들은 그들의 음식을 빠르게 가지고 온 웨이터에게 많은 팁을 주었다.
  → The tourists gave a large tip to the waiter who will bring out their food quickly.

④ 그녀는 바리스타 자격증을 얻기 위해 2개월 동안 야간 수업에 참석했다.
  → She attended night classes during two months to get a barista certificate.

[포인트 해설]

① **상관접속사** '교장과 교사 둘 중 한 명'은 상관접속사 either A or B(A 또는 B 중 하나)를 사용하여 나타낼 수 있으므로 Either the principal or the teacher가 올바르게 쓰였다.

[오답 분석]

② **동명사 관련 표현** '천식의 가능성을 높이는 것과 관련되어 있다'는 동명사 관련 표현 be tied to -ing(~과 관련되다)를 사용하여 나타낼 수 있으므로 increase를 동명사 increasing으로 고쳐야 한다.

③ **시제 일치** 주절의 시제가 과거(gave)일 경우 종속절에는 주로 과거나 과거완료 시제가 쓰이므로, 미래 시제 will bring을 과거 시제 brought 또는 과거완료 시제 had brought로 고쳐야 한다.

④ **전치사** '~ 동안'이라는 의미로 시간 표현(two years) 앞에 와서 '얼마나 오래 지속되는가'를 나타내는 전치사는 for이므로, 명사 앞에 와서 '언제 일어나는가'를 나타내는 전치사 during을 for로 고쳐야 한다.

정답 ①

어휘

administer 관리하다 discipline 규율, 훈련, 학과 likelihood 가능성, 공산 asthma 천식 certificate 자격증

이것도 알면 합격!

전치사 until은 '특정 시점까지 어떤 행동이나 상황이 계속되는 것'을, 전치사 by는 '정해진 시점까지 어떤 행동이나 상황이 완료되는 것'을 의미한다는 것도 함께 알아 두자.

· The early bird discount is applicable (until, ~~by~~) seven o'clock.
  조조할인은 7시까지 적용된다.

· Remember to submit your assignment (by, ~~until~~) the deadline.
  마감 기한까지 과제를 제출할 것을 기억하세요.

---

04 어휘 revise 난이도 중 ●●○

밑줄 친 부분에 들어갈 말로 가장 적절한 것은?

It is unnecessary to _____ our present strategy, as the policy has improved the employment situation and provided people in the city with much-needed jobs.

① complete ② exercise

③ postpone ④ revise

해석

그 정책이 고용 상황을 개선하고 도시에 있는 사람들에게 몹시 필요한 일자리를 제공했으므로, 우리의 현재 전략을 수정할 필요는 없다.

① 완성하다 ② 사용하다

③ 연기하다 ④ 수정하다

정답 ④

어휘

complete 완성하다; 완료된 exercise 사용하다, 행사하다, 운동하다 postpone 연기하다 revise 수정하다

이것도 알면 합격!

revise(수정하다)의 유의어
= alter, change, adjust, modify

05 생활영어 Fortune favors the brave. 난이도 중 ●●○

밑줄 친 부분에 들어갈 말로 가장 적절한 것은?

A: I think I'm finally going to quit my job and open my own business.
B: It's about time! You've been talking about it for years now.
A: I'm nervous, though. What if it doesn't do well?
B: _____.
A: Do you really believe that?
B: I don't know anyone who became successful by playing it safe. You should go for it.

① Easy come, easy go
② Better safe than sorry
③ All that glitters is not gold
④ Fortune favors the brave

해석

A: 나 드디어 직장을 그만두고 내 사업을 시작할 것 같아.
B: 드디어! 네가 몇 년째 그것에 대해 이야기해 왔잖아.
A: 그렇지만 걱정돼. 잘 안되면 어쩌지?
B: 행운은 용기 있는 자의 편이야.
A: 정말 그렇게 생각해?
B: 나는 위험을 무릅쓰지 않고 성공한 사람은 아무도 몰라. 너는 시도해 봐야 해.

① 얻기 쉬운 것은 잃기도 쉬워
② 나중에 후회하는 것보다 조심하는 것이 낫지
③ 빛나는 것이 모두 금은 아니야
④ 행운은 용기 있는 자의 편이야

포인트 해설

새로 시작하려는 사업이 잘 되지 않을까 봐 걱정된다는 A에게 빈칸 뒤에서 B가 I don't know anyone who became successful by playing it safe(나는 위험을 무릅쓰지 않고 성공한 사람은 아무도 몰라)라고 말하고 있으므로, '행운은 용기 있는 자의 편이야'라는 의미의 ④ 'Fortune favors the brave'가 정답이다.

정답 ④

어휘

play it safe 위험을 무릅쓰지 않다 go for ~을 시도하다, 힘을 내다
Better safe than sorry. 나중에 후회하는 것보다 조심하는 것이 낫다.
All that glitters is not gold. 빛나는 모든 것이 금은 아니다.
Fortune favors the brave. 행운은 용기 있는 자의 편이다.

이것도 알면 합격!

새로운 일을 시도하는 상황에서 쓸 수 있는 다양한 속담 표현들을 알아 두자.

• Don't put all your eggs in one basket.
  한 가지 일에 모든 것을 걸지 마라.
• Make hay while the sun shines.
  해가 떠 있는 동안에 건초를 만들어라. (기회를 놓치지 마라)
• Haste makes waste. 서두르면 일을 그르친다.
• Where there's a will, there's a way. 뜻이 있는 곳에 길이 있다.

06 독해 제목 파악 난이도 중 ●●○

다음 글의 제목으로 가장 적절한 것은?

The prevalence of cosmetic procedures around the world is higher than it has ever been. There are several factors that have contributed to this trend. First of all, when the economic conditions in countries improve, it boosts the likelihood that people will spend money on nonessential things. It also helps that both non-surgical and surgical procedures have become more affordable and accessible. In addition, social media has cultivated a demand for cosmetic enhancements. Now that everyone carries a smartphone with camera functions around with them, the chances of having one's picture taken and shared online are high, so people naturally want to look their best in photos. Finally, the practice is more socially acceptable too, as celebrities and other personalities proudly admit to getting procedures. And this trend is expected to keep rising in the future.

① The Downsides of Sharing Photos on Social Media
② Factors Contributing to the Rise in Cosmetic Surgery
③ The De-stigmatization of Plastic Surgery by Celebrities
④ Recent Advances in the Field of Cosmetic Procedures

해석

전 세계적으로 성형 수술의 유행은 그 어느 때보다 높다. 이 추세에 기여하는 몇 가지 요인들이 있다. 우선, 국가들의 경제 상황이 좋아지면, 그것은 사람들이 꼭 필요하지는 않은 것들에 돈을 쓸 가능성을 증가시킨다. 이는 또한 비(非) 외과 수술과 외과 수술 모두가 보다 저렴하고 접근하기 쉬워지도록 기여한다. 게다가, 소셜 미디어는 미용 강화에 대한 수요를 장려했다. 이제 모든 사람들이 카메라 기능을 갖춘 스마트폰을 가지고 다니므로, 사진이 찍혀 온라인으로 공유될 가능성이 높기에, 사람들은 자연스레 사진에서 최고의 모습을 보이길 원한다. 마지막으로, 연예인들과 다른 유명 인사들이 수술받은 것을 당당하게 인정함에 따라 그 행위 또한 사회적으로 더욱 잘 받아들여지고 있다. 그리고 이 추세는 앞으로도 계속 증가할 것으로 예상된다.

① 소셜 미디어에 사진을 공유하는 것의 부정적인 면
② 성형 수술 증가에 기여하는 요인들
③ 유명 인사들로 성형 수술이 갖는 오명 벗기기
④ 성형 시술 분야의 최근 진보

포인트 해설

지문 처음에서 전 세계적인 성형 수술 유행에 기여하는 몇 가지 요인이 있다고 한 후, 이어서 경제 상황의 호전, 소셜 미디어의 미용 강화에 대한 수요 장려, 유명인들의 성형 사실 공개 등을 그 요인으로 언급하고 있다. 따라서 ② '성형 수술 증가에 기여하는 요인들'이 이 글의 제목이다.

정답 ②

어휘

prevalence 유행, 보급 nonessential 꼭 필요하지는 않은, 비본질적인
surgical 외과의 affordable 저렴한, 가격이 알맞은
accessible 접근하기 쉬운 cultivate 장려하다, 경작하다
enhancement 강화, 증진 personality 유명인, 성격
downside 부정적인 면 stigmatization 오명 씌우기, 낙인찍기

는 내용이 있으므로, ③번 자리에 격식을 차린 식사는 전채 요리, 주요리, 후식, 식전주로 구성된다는 내용, 즉 최소한의 음식들로 구성된 매일 먹는 식사를 보충한 격식을 차린 성찬의 구성을 언급하면서, 동시에 뒤 문장에서 말하는 끝나지 않을 것 같은 그 다수의 요리에 대해 설명하는 주어진 문장이 나와야 지문이 자연스럽게 연결된다.

정답 ③

어휘

spread 성찬, 확산; 펼치다 supplement 보충하다 starter 전채 요리 entree 주요리 nutritional 영양의 build up ~을 강화하다 subtle 섬세한 savor 음미하다 palate 미각, 입천장 fare 식사, 음식 bare minimum 최소한의 것 accommodate 제공하다, 수용하다 cuisine 요리 socialize 어울리다 culinary delight 맛있는 요리

---

07 독해 문장 삽입 | 난이도 중 ●●○

주어진 문장이 들어갈 위치로 가장 적절한 곳은?

> Formal spreads take it a step further by supplementing those dishes with a starter, three to four additional entrees, desserts, and an aperitif.

> Eating in Italy is more about the experience—a relaxing, sit-down affair with loved ones—than it is about simply meeting one's nutritional requirements. (①) Meals are divided into multiple, structured courses and are built up carefully from the simplest and most subtle of flavors and textures to the stronger ones, so that one can fully savor every bite. (②) Such careful attention to the palate can be seen in even everyday fare, which is composed of the bare minimum of a primary and secondary course followed by fruit and coffee. (③) To accommodate the seemingly endless array of cuisine in this case, diners are given the opportunity to socialize with others and take breaks during well-timed pauses that are included in between each culinary delight. (④)

※ aperitif: 식전주

해석

> 격식을 차린 성찬은 전채 요리, 서너 가지의 추가 주요리, 후식 그리고 식전주로 그 요리들을 보충함으로써 한 걸음 더 나아간다.

이탈리아에서 음식을 먹는 것은 단순히 개인의 영양 요구량을 충족시키는 것보다는 사랑하는 사람들과 느긋하게 앉아서 하는 모임에 해당하는 경험에 더 가깝다. ① 식사는 다양하고 구조화된 코스로 나뉘며 가장 단순하고 섬세한 맛과 식감을 지닌 것에서부터 강한 것까지 세심하게 점점 강화되어서, 한 입 한 입을 완전히 음미할 수 있다. ② 미각에 대한 이러한 세심한 주의는 심지어 매일 먹는 식사에도 나타나는데, 그것은 주요리와 부차적인 요리 뒤에 과일과 커피가 나오는 최소한의 것으로 구성된다. ③ 이 경우 겉보기에는 끝나지 않을 것 같은 그 다수의 요리를 제공하기 위해, 식사하는 사람들은 각각의 맛있는 요리 사이에 있는 적절한 중간 휴식 동안 다른 사람들과 어울리거나 쉴 기회를 가진다. ④

포인트 해설

③번 앞 문장에 맛과 식감에 대한 세심한 주의는 매일 먹는 식사에도 나타나는데 주요리와 부차적인 요리 뒤에 과일과 커피가 나오는 최소한의 것으로 구성된다는 내용이 있고, ③번 뒤 문장에 이 경우(in this case) 다수의 요리를 제공하기 위해 식사하는 사람들은 각 요리 사이에 중간 휴식을 가진다

---

08 독해 문단 순서 배열 | 난이도 중 ●●○

주어진 문장 다음에 이어질 글의 순서로 가장 적절한 것은?

> One of the greatest mysteries of our time is the disappearance of Amelia Earhart, the first female pilot to fly solo across the Atlantic Ocean.

> (A) Amy and Grace Earhart, Amelia's mother and sister, said she often longed to get out of the spotlight, and believe she lived out her life in peace and quiet under another identity.
>
> (B) During an attempt to fly around the world in 1937, Earhart's plane went down somewhere in the Pacific Ocean. Neither her body nor her plane was ever found, which has led to some interesting theories.
>
> (C) Some on the other hand assert that she was an American spy, as photos with Eleanor Roosevelt revealed she was closely connected to the White House. Unfortunately, none of these theories have yet to be proven.

① (A) – (C) – (B) ② (B) – (A) – (C)
③ (B) – (C) – (A) ④ (C) – (B) – (A)

해석

> 우리 시대의 가장 큰 미스터리 중 하나는 혼자서 대서양을 가로질러 비행한 최초의 여성 비행사 Amelia Earhart의 실종이다.

(A) Amelia의 어머니와 언니인 Amy와 Grace Earhart는 그녀가 자주 세간의 주목에서 벗어나기를 간절히 바랐다고 말했고, 그녀가 다른 신원으로 평화와 고요 속에서 생을 마감했을 것이라고 여긴다.

(B) 1937년에 전 세계를 비행하려는 시도 도중, Earhart의 비행기는 태평양 어딘가에 추락했다. 그녀의 시신도 그녀의 비행기도 발견되지 않았으며, 이는 흥미로운 추측들로 이어졌다.

(C) 한편 일부 사람들은 그녀가 미국의 간첩이었다고 주장하는데, Eleanor Roosevelt와 찍은 사진이 그녀가 백악관과 밀접한 관계가 있었다는 것을 보여 주었기 때문이다. 유감스럽게도, 이러한 추측들 중 사실로 증명된 것은 아직 아무것도 없다.

구문 분석

(생략), **it boosts** the likelihood / that people will spend money on nonessential things.
: 이처럼 that이 이끄는 절이 opinion, idea, fact, news, belief, statement, likelihood 등의 명사 뒤에 와서 명사와 동격을 이루는 경우, '주어가 동사한다는 명사' 또는 '주어가 동사라는 명사라고 해석한다.

포인트 해설

주어진 문장에서 Amelia Earhart의 실종에 대해 언급한 뒤, (B)에서 Earhart의 비행기가 태평양에 추락했지만 그녀의 시신과 비행기 모두 발견되지 않았으며 이는 흥미로운 추측들로 이어졌다고 설명하고 있다. 뒤이어 (A)에서 Amelia의 어머니와 언니는 세간의 주목을 벗어나고 싶어 했던 그녀가 다른 신원으로 살다가 생을 마감했을 것으로 여긴다고 하고, (C)에서 한편(on the other hand) 일부 사람들은 그녀가 미국의 간첩이었다고 주장하기도 했지만, 사실로 증명된 것은 아직 없다고 말하고 있다. 따라서 ② (B) – (A) – (C)가 정답이다.

정답 ②

어휘

long to ~을 간절히 바라다 spotlight 세간의 주목
live out one's life 생을 끝맺다 identity 신원, 정체성 theory 추측, 이론
reveal 보여 주다, 드러내다, 폭로하다

---

09 독해 빈칸 완성 – 구 난이도 중 ●●●

밑줄 친 부분에 들어갈 말로 가장 적절한 것은?

Forest fires tend to elicit fearful responses from the general public and government officials alike. They do all they can to prevent and respond to what they view as a threat to human security and the natural environment. However, it's also important to remember the integral role that fires play. They are nature's way of getting rid of dead or dying plant matter, and by doing so enrich the soil with minerals to help new plants sprout. They remove disease-ridden plants and harmful insects from a forest's ecosystem, acting as a disinfectant. And in some cases, certain wooded regions actually need wildfires as a means of survival; several pine species regenerate only after a major fire has occurred. In short, forest fires are _____.

① a phenomenon that can benefit the earth
② the only way that forests can survive
③ a natural method for killing diseased insects
④ a good way to stop new plants from growing

해석

산불은 일반 대중들과 정부 관리자들 양측 모두로부터 우려하는 반응을 이끌어 내는 경향이 있다. 그들은 그들이 인간의 안전과 자연환경에 대한 위협으로 여기는 것을 예방하고 대응하기 위해 할 수 있는 모든 것을 한다. 하지만, 화재가 하는 필수적인 역할을 기억하는 것 역시 중요하다. 불은 죽었거나 죽어가는 식물을 제거하는 자연의 방식이고, 그렇게 함으로써 토양을 무기질로 비옥하게 하여 새 식물이 싹트는 것을 돕는다. 그것들은 살균제로서 작용하여 숲의 생태계에서 질병이 들끓는 식물들과 해충들을 제거한다. 그리고 어떤 경우에, 특정 삼림 지대는 실제로 생존의 수단으로써 산불을 필요로 한다. 몇몇 소나무 종들은 큰 산불이 발생한 뒤에야 재생된다. 요약하자면, 산불은 지구를 이롭게 할 수 있는 현상이다.

① 지구를 이롭게 할 수 있는 현상

---

② 숲이 살아남을 수 있는 유일한 방법
③ 질병에 걸린 곤충들을 죽이는 자연적인 방법
④ 새로운 식물들이 자라는 것을 막는 좋은 방법

포인트 해설

지문 중간에서 화재가 하는 필수적인 역할을 기억하는 것이 중요하다고 했고, 지문 뒷부분에서 산불은 죽어가는 식물들을 제거함으로써 토양을 비옥하게 하고, 해충을 제거하는 살균제로서 작용하여 숲의 생태계에서 질병에 감염된 식물들과 해충들을 제거하며, 생존 수단으로 산불을 필요로 하는 특정 삼림 지대가 있음을 근거로 제시하고 있다. 따라서 산불은 '지구를 이롭게 할 수 있는 현상'이라고 한 ①번이 정답이다.

정답 ①

어휘

elicit 이끌어 내다 integral 필수적인 enrich 비옥하게 하다 sprout 싹트다
disease-ridden 질병이 들끓는 disinfectant 살균제
regenerate 재생되다

---

10 독해 내용 일치 파악 난이도 중 ●●○

다음 글의 내용과 일치하는 것은?

When a person suspected of committing a crime is brought to a police station for questioning, the officers use every tactic available to draw a confession from him. Indeed, the interrogation gets underway before anyone utters a single word. The setup of the room is deliberately engineered to heighten the accused person's anxiety. Bare walls, uncomfortable chairs, and a one-way mirror make the suspect feel powerless and dependent. These emotions make him more likely to confess since they create a mounting uneasiness and desire to escape the situation. Once discussion begins, the interrogator tries to establish a connection with the accused by making small talk. Benign topics get him chatting and make it harder for him to stop talking later when the conversation centers on the crime.

① A police interrogation mostly begins with a conversation.
② An interrogation room's design makes the accused more nervous.
③ Interrogators avoid bonding with criminals to remain impartial.
④ Harmless topics are distracting and not included in interrogations.

해석

범죄를 저질렀다고 의심받는 한 사람이 심문을 위해 경찰서에 오게 되었을 때, 경찰관은 그에게서 자백을 끌어내기 위해 이용할 수 있는 모든 전략을 사용한다. 실제로, 심문은 누군가가 한 마디를 꺼내기도 전에 시작된다. 그 방의 구조는 기소된 사람의 불안을 고조시키기 위해 의도적으로 설계되어 있다. 텅 빈 벽, 불편한 의자, 그리고 한쪽에서만 보이는 거울은

용의자가 무력함을 느끼게 하고 의존적이게 만든다. 이러한 감정은 커져 가는 불안과 그 상황을 벗어나고자 하는 열망을 불러일으키기 때문에 그가 자백할 가능성을 더 높인다. 심의가 시작되면, 심문자는 잡담을 함으로써 피의자와 관계를 형성하려고 노력한다. 온화한 화제는 그가 이야기를 하게 만들고, 후에 대화가 범죄에 초점이 맞춰질 때 대화를 멈추는 것을 더 어렵게 만든다.

① 경찰의 심문은 주로 대화로 시작된다.

② 심문실의 형태는 기소된 사람들을 더 불안하게 만든다.

③ 심문자는 편파적이지 않기 위해 범죄자와의 유대감을 형성하는 것을 피한다.

④ 악의 없는 화제는 집중을 방해하기에 심문에 포함되지 않는다.

포인트 해설

②번의 키워드인 An interrogation room's design(심문실의 형태)을 바꾸어 표현한 지문의 The setup of the room(그 방의 구조) 주변의 내용에서 심문을 하는 방의 구조는 의도적으로 기소된 사람의 불안을 고조시키도록 설계되어 있다고 했으므로, ② '심문실의 형태는 기소된 사람들을 더 불안하게 만든다'가 지문의 내용과 일치한다.

[오답 분석]

① 실제로 심문은 누군가가 한 마디를 꺼내기도 전에 시작된다고 했으므로, 경찰의 심문이 주로 대화로 시작된다는 것은 지문의 내용과 다르다.

③ 심문자는 잡담으로 피의자와 관계를 형성하기 위해 노력한다고 했으므로, 심문자가 편파적이지 않기 위해 범죄자와의 유대감을 형성하는 것을 피한다는 것은 지문의 내용과 반대이다.

④ 심문에서의 온화한 화제는 피의자가 이야기를 하게 만든다고 했으므로, 악의 없는 화제가 집중을 방해하기에 심문에 포함되지 않는다는 것은 지문의 내용과 반대이다.

정답 ②

어휘

confession 자백 interrogation 심문 get underway 시작하다
utter (말을) 꺼내다, 말하다 deliberately 의도적으로 heighten 고조시키다
accused 기소된; 피의자 mounting 커져 가는 uneasiness 불안
small talk 잡담 benign 온화한, 양성의 bond 유대감을 형성하다; 유대
impartial 편파적이지 않은, 공정한

해커스 공무원시험연구소 총평

난이도   전반적으로 지문의 맥락을 파악하기 쉬웠던 독해 영역에 비해, 어휘와 문법 영역이 어렵게 출제된 회차입니다.

어휘·생활영어 영역   1번 문제의 경우, 오답 보기에 고난도 어휘들이 출제되었지만 정답으로는 익숙한 어휘가 쓰였습니다. 이를 통해 평소 어휘를 꾸준히 학습해 왔는지 확인하고, 어휘를 학습하는 시간에 조율이 필요할지 가늠해 봅니다.

문법 영역   4번 문제의 ②번 보기에서는 문장 구조를 정확하게 파악했더라도, 동사 burn의 과거분사형(burnt)을 몰랐거나 문장의 문맥을 제대로 파악하지 못했다면 병치 구문 포인트를 가려내기 어려웠을 것입니다. 따라서 병치 구문 포인트가 출제되었을 때는 다양한 각도에서 문장을 분석하도록 합니다.

독해 영역   10번 문제와 같은 문단 요약 유형은 법원직 9급 시험에 자주 출제되며, 먼저 주어진 요약문을 읽고 지문에서 무엇을 알아내야 하는지를 파악함으로써 풀이 시간을 단축할 수 있습니다.

정답

01	②	어휘	06	②	독해
02	②	어휘	07	③	독해
03	②	생활영어	08	④	독해
04	①	문법	09	③	독해
05	①	문법	10	②	독해

취약영역 분석표

영역	맞힌 답의 개수
어휘	/ 2
생활영어	/ 1
문법	/ 2
독해	/ 5
TOTAL	**/ 10**

---

01   어휘 detest   난이도 중 ●●○

밑줄 친 부분에 들어갈 말로 가장 적절한 것은?

The fame of *Alice in Wonderland* gave Lewis Carroll unwelcome attention, with people recognizing him on the streets and asking for his autograph, and he began to _____ his own book.

① idolize
② detest
③ peruse
④ endorse

해석

『이상한 나라의 앨리스』의 명성은 사람들이 Lewis Carroll을 길거리에서 알아보고 사인을 부탁하면서, 그에게 달갑지 않은 관심을 가져다주었고, 그는 자신의 책을 몹시 싫어하기 시작했다.

① 숭배하다
② 몹시 싫어하다
③ 정독하다
④ 지지하다

정답 ②

어휘

fame 명성   unwelcome 달갑지 않은   idolize 숭배하다
detest 몹시 싫어하다   peruse 정독하다   endorse 지지하다, 보증하다

이것도 알면 합격!

detest(몹시 싫어하다)의 유의어
= abhor, despise, abominate, loathe

---

02   어휘 flood   난이도 중 ●●○

밑줄 친 부분에 들어갈 말로 가장 적절한 것은?

After the wrongfully convicted prisoner was freed, he was _____ with requests for interviews from the media.

① underestimated
② flooded
③ avoided
④ alleviated

해석

부당하게 유죄를 선고받은 죄수가 석방된 이후, 그에게 언론으로부터 인터뷰 요청들이 몰려들었다.

① 과소평가된
② 몰려든
③ 피해진
④ 완화된

정답 ②

어휘

wrongfully 부당하게   convict 유죄를 선고하다
underestimate 과소평가하다   flood ~에 몰리다, 물밀듯이 밀려들다
alleviate 완화하다

이것도 알면 합격!

flood(~에 몰리다)의 유의어
= deluge, bombard, swamp

03 생활영어 do a good turn
난이도 상 ●●●

밑줄 친 부분에 들어갈 말로 가장 적절한 것은?

> A: I can't go to the movies with you guys tonight.
> B: Do you have a lot of work to do?
> A: No, but Thomas asked me to finish his report for him.
> B: Couldn't you just tell him no?
> A: He _____ a couple months ago.
>   I owe him.
> B: I see. Well, I suppose you should return the favor.

① blew his own horn

② did me a good turn

③ had a secret design

④ stepped out of line

해석

> A: 나는 오늘 밤 너희들과 함께 영화를 보러 갈 수 없어.
> B: 할 일이 많니?
> A: 아니, 그렇지만 Thomas가 내게 자신의 보고서를 완성해 달라고 요청했거든.
> B: 그냥 그에게 안 된다고 말하면 안 돼?
> A: 그가 몇 달 전에 나에게 호의를 베풀었어. 난 그에게 신세를 진걸.
> B: 알겠어. 음, 네가 보답하는 게 좋을 것 같네.

① 자기 자랑을 늘어놓았어

② 나에게 호의를 베풀었어

③ 속셈이 있었어

④ 규칙을 어겼어

포인트 해설

보고서를 완성해 달라는 Thomas의 요청을 거절할 수 없는지 묻는 B의 물음에 대해 빈칸 뒤에서 A가 I owe him(나는 그에게 신세를 진걸)이라고 말하고 있으므로, 그가 몇 달 전에 '나에게 호의를 베풀었어'라는 의미의 ② 'did me a good turn'이 정답이다.

정답 ②

어휘

return the favor 보답하다
blow one's own horn 자기 자랑을 늘어놓다, 허풍을 떨다
do a good turn ~에게 호의를 베풀다 have a secret design 속셈이 있다
step out of line 규칙을 어기다, 그릇된 행동을 하다

🎈 이것도 알면 합격!

동사 'do'를 포함하는 다양한 표현들을 알아 두자.

• do the honors 주인 노릇을 하다

• do a double take 다시 한 번 보다

• do the trick 성공하다, 잘하다

• do a runner 줄행랑을 치다

04 문법 동사의 종류 | 병치 구문 | 수 일치 | 전치사
난이도 상 ●●●

어법상 옳은 것은?

① Once the country issued passports, its citizens dispersed across the globe.

② He rushed to the oven to take out the steak, which was black and burn.

③ The chorus are singing a classical piece in three-part harmony.

④ Beside commercials, the radio program also takes breaks for special announcements.

해석

① 그 국가가 여권을 발행하자마자, 그곳의 시민들은 전 세계로 흩어졌다.

② 그는 스테이크를 꺼내기 위해 급히 오븐으로 갔으나, 그것은 검게 타 있었다.

③ 합창단은 클래식 곡을 3부 화음으로 노래하고 있다.

④ 광고 외에도, 라디오 프로그램 또한 특별 발표로 인해 중단된다.

포인트 해설

① **자동사** 동사 disperse는 '흩어지다'라는 의미로 쓰일 때 전치사 (across) 없이 목적어(the globe)를 취할 수 없는 자동사이므로 dispersed across가 올바르게 쓰였다.

[오답 분석]

② **병치 구문** 접속사(and)로 연결된 병치 구문에서는 같은 품사나 구조끼리 연결되어야 하는데, and 앞에 형용사 black이 왔으므로 and 뒤에도 형용사가 와야 한다. 따라서 동사 burn을 형용사 burnt로 고쳐야 한다.

③ **주어와 동사의 수 일치** 주어 자리에 단수 명사 The chorus가 왔으므로 복수 동사 are를 단수 동사 is로 고쳐야 한다.

④ **전치사** 문맥상 '광고 외에도'라는 의미가 되어야 자연스러우므로 전치사 Beside(~ 옆에)를 전치사 Besides(~외에도)로 고쳐야 한다.

정답 ①

어휘

issue 발행하다, 발표하다; 주제, 문제 disperse 흩어지다, 퍼뜨리다
commercial 광고 announcement 발표, 소식

🎈 이것도 알면 합격!

자동사에는 보어가 필요 없는 1형식 동사와 보어를 필요로 하는 2형식 동사가 있음을 함께 알아 두자.

1형식 동사	fly 날다	lie 눕다
	run 달리다	sit 앉다
	work 일하다, 효과가 있다	do 충분하다
	matter 중요하다	count 중요하다
	happen 발생하다	occur 발생하다
	arise 발생하다	emerge 나타나다
	appear 나타나다	disappear 사라지다
	last 지속되다	rank (등급을) 차지하다
2형식 동사	be ~이다	become ~이 되다
	seem ~처럼 보이다	feel ~처럼 느끼다
	sound ~처럼 들리다	look ~처럼 보이다
	smell ~한 냄새가 나다	taste ~한 맛이 나다

05 문법 to 부정사 | 수동태 | 부사   난이도 중 ●●○

우리말을 영어로 잘못 옮긴 것은?

① 그 고기는 덜 익었고, 이것은 고객을 메스껍게 했다.
  → The meat was undercooked, which caused the patron feel sick.

② 요트 경주는 몹시 세찬 바람으로 인해 취소되었다.
  → The sailing race was called off due to unusually high winds.

③ 나는 그가 마지막 순간에서 나를 저버려서 실망했다.
  → I was disappointed that he bailed out on me at the last minute.

④ 누군가 거리로 달려 나왔고 다가오던 차를 간신히 피했다.
  → Someone ran out into the street and narrowly missed an oncoming vehicle.

포인트 해설

① **to 부정사를 취하는 동사** 동사 cause는 to 부정사를 목적격 보어로 취하므로 feel을 to 부정사 to feel로 고쳐야 한다.

[오답 분석]

② **동사구의 수동태** '타동사 + 부사'(called off) 형태의 동사구가 수동태가 되는 경우, 동사구의 부사(off)는 수동태 동사(was called) 뒤에 그대로 남아야 하므로 was called off가 올바르게 쓰였다.

③ **3형식 동사의 수동태** 감정을 나타내는 동사(disappoint)의 경우 주어(I)가 '나는 실망했다'라는 의미로 감정을 느끼는 주체이면 수동태를 써야 하므로, 수동태 was disappointed가 올바르게 쓰였다.

④ **부사 자리** 부사는 동사를 수식할 때 '동사(missed) + 목적어(an oncoming vehicle)'의 앞이나 뒤에 오므로 missed an oncoming vehicle 앞에 부사 narrowly가 올바르게 쓰였다.

정답 ①

어휘

undercook 덜 익히다   patron 고객, 후원자   call off ~을 취소하다
bail out on ~을 저버리다, 포기하다   narrowly 간신히   oncoming 다가오는

🖋 **이것도 알면 합격!**

다양한 형태의 동사구들을 알아 두자.

타동사 + 명사 + 전치사	pay attention to ~에 주의를 기울이다 take care of ~를 돌보다 make fun of ~를 놀리다 take advantage of ~을 이용하다
자동사 (+ 부사) + 전치사	laugh at ~을 비웃다 run over 차가 ~을 치다 depend on ~에 의존하다 look up to ~를 존경하다 seek after ~을 찾다 refer to (+ 목적어 + as) ~을 −이라고 부르다 take over ~을 인계받다 catch up with ~을 따라잡다

06 독해 요지 파악   난이도 중 ●●○

다음 글의 요지로 가장 적절한 것은?

When individuals immigrate to other countries seeking a better life, it can take them years to establish themselves in their new country. Unable to support themselves, let alone dependents, those with very young children are often forced to leave them behind to temporarily live under the care of relatives. Though the plight of these so-called "satellite babies" goes largely unrecognized, it is emerging as a serious issue. Childhood is a critical time for mental and physical development, as well as the stage when children need their parents most. When they are suddenly sent abroad to live with the parents they barely know, many go through culture shock and emotional distress and begin to exhibit behavioral problems. As a result, their parents typically end up regretting their decision, yet realize that they did not have a choice at the time.

① Many parents move to other countries although they cannot afford it.

② Satellite babies face problems that have no straightforward solution.

③ Those considering immigration should bring their children with them.

④ Children of immigrants fare better with relatives in their home country.

해석

사람들이 더 나은 삶을 찾기 위해 다른 나라로 이주할 때, 그들이 새로운 나라에서 자리 잡는 데는 수년이 걸릴 수 있다. 부양가족은 말할 것도 없이 그들 자신도 부양할 수 없어서, 매우 어린 자녀를 둔 사람들은 종종 그들을 일시적으로 친척들의 보살핌 하에 지내도록 남겨 두고 떠나게 된다. 이러한 소위 '위성 아기들'이 겪는 곤경은 대체로 인식되지 않지만, 이는 심각한 문제로 떠오르고 있다. 유년기는 정신적 그리고 육체적 발달에 중요한 시기일 뿐만 아니라 아이들이 부모를 가장 필요로 하는 시기이다. 그들이 갑자기 자신들이 거의 모르는 부모와 함께 살기 위해 외국으로 보내질 때, 많은 아이들은 문화 충격과 정신적 고통을 경험하고, 행동 문제를 보이기 시작한다. 결과적으로, 부모들은 대개 자신들의 결정에 결국 후회하지만 그때는 선택의 여지가 없었다는 것을 깨닫게 된다.

① 많은 부모들은 경제적 여유가 없음에도 다른 나라로 이주한다.
② 위성 아기들은 간단한 해결책이 없는 문제에 직면한다.
③ 이민을 고려하는 사람들은 그들의 자녀를 데리고 와야 한다.
④ 이민자들의 자녀들은 그들의 본국에 있는 친척들과 더 잘 지낸다.

포인트 해설

지문 중간에서 '위성 아기들'이 겪는 곤경이 심각한 문제로 떠오르고 있는데, 아이들이 부모를 가장 필요로 하는 시기인 유년기에 외국으로 보내질 때, 많은 아이들이 정신 및 행동 문제를 보이기 시작하며 부모들은 대개 자신들의 결정에 후회하게 되지만 그때는 선택의 여지가 없었다는 것을 깨닫는다고 주장하고 있다. 따라서 ② '위성 아기들은 간단한 해결책이 없는 문제에 직면한다'가 이 글의 요지이다.

정답 ②

07 독해 내용 불일치 파악 · · · 난이도 중 ●●○

Carl Rogers에 관한 다음 글의 내용과 일치하지 않는 것은?

Carl Rogers was a prominent figure in the field of psychology during the 20th century. He believed in a client-centered approach to therapy, which was quite different from traditional psychoanalysis. In his therapeutic practice, Rogers emphasized the importance of empathy, unconditional positive regard, and active listening to help clients explore their feelings and thoughts. He argued that providing a supportive and non-judgmental environment allowed individuals to develop self-awareness and personal growth. In 1961, he wrote a book called *On Becoming a Person*, where he expounded upon his humanistic psychology theories.

① 20세기 심리학 분야에서 잘 알려진 인물이었다.
② 치료 과정에서 내담자 중심의 접근법을 사용했다.
③ 내담자에 대한 무조건적인 긍정을 회의적으로 보았다.
④ 1961년 집필한 저서에서 자신의 심리학 이론들을 다뤘다.

해석

Carl Rogers는 20세기에 심리학 분야에서 저명한 인물이었다. 그는 전통적인 정신 분석학과는 꽤 다른, 치료에 있어서 내담자 중심의 접근법을 추구했다. 자신의 치료 행위에 있어서, Rogers는 내담자가 자신의 감정과 생각을 돌아볼 수 있도록 돕기 위해 공감, 무조건적인 긍정적 존중, 그리고 적극적인 경청의 중요성을 강조했다. 그는 지지적이면서 개인적 판단을 삼가는 환경을 제공하는 것이 사람들로 하여금 자의식을 발달시키고 개인적 성장을 이룩하게 할 수 있다고 주장했다. 1961년에, 그는 『진정한 사람 되기』라는 책을 썼는데, 여기서 그는 자신의 인본주의 심리학 이론들을 자세히 설명했다.

포인트 해설

③번의 키워드인 '무조건적인 긍정'을 바꾸어 표현한 지문의 unconditional positive regard(무조건적인 긍정적 존중) 주변의 내용에서 Rogers는 공감, 무조건적인 긍정적 존중, 적극적인 경청의 중요성을 강조했다고 했으므로, ③ '내담자에 대한 무조건적인 긍정을 회의적으로 보았다'는 지문의 내용과 반대이다.

정답 ③

어휘

prominent 저명한 figure 인물, 도형, 수치 psychoanalysis 정신 분석학
therapeutic practice 치료 행위 empathy 공감
unconditional 무조건적인 non-judgmental 개인적 판단을 삼가는
self-awareness 자의식, 자기 인식 expound 자세히 설명하다

08 독해 주제 파악 · · · 난이도 하 ●○○

다음 글의 주제로 가장 적절한 것은?

A frequent criticism of human cloning is that it is a supremely selfish and arrogant act and that there is the possibility of it being unduly exploited. Additionally, critics maintain that it opens up ethical dilemmas concerning the rights of cloned humans. These issues become more pronounced due to the technology currently being nascent and not fully developed. In contrast with these opinions, the minority in favor of human cloning claim that the benefits would far outweigh any potential harm or danger. A common pro-cloning perspective is that it would help solve some pressing medical issues. For example, thousands of people in need of transplants are currently on waiting lists for available hearts, kidneys, and other organs. Given that wait times can span several years, many suffer or even die as they wait for a perfect match.

① the benefits of cloning human organs
② the stages of research in human cloning
③ dangers of cloning for therapeutic purposes
④ a division of opinions on human cloning

해석

인간 복제에 대한 흔한 비판은 그것이 극도로 이기적이고 오만한 행위이며 이것이 지나치게 악용될 가능성이 있다는 것이다. 게다가, 비판하는 사람들은 그것이 복제 인간의 권리와 관한 윤리적인 딜레마를 만들어 낸다고 주장한다. 이러한 문제들은 오늘날 태동하고 있지만 완전히 발전하지는 않은 기술로 인해 더욱 확연해진다. 그러한 견해들과 대조적으로, 인간 복제에 찬성하는 소수는 이점이 그 어떤 잠재적 해악이나 위험보다 훨씬 더 클 것이라고 주장한다. 복제에 찬성하는 일반적인 관점은 이것이 시급한 의학 문제의 해결을 도우리라는 것이다. 예를 들어, 이식이 필요한 수천 명의 사람들이 가용한 심장, 신장, 그리고 여타 장기들을 얻기 위한 대기 명단에 올라 있다. 대기 시간이 수년에 이를 수 있기 때문에, 많은 사람들은 완벽하게 적합한 것을 기다리는 동안 고통받거나 심지어 사망한다.

① 인간 장기 복제의 이점
② 인간 복제에 대한 연구 단계
③ 치료 목적을 위한 복제의 위험
④ 인간 복제에 대한 의견 차이

포인트 해설

지문 전반에 걸쳐 인간 복제에 대해 비판하는 사람들이 그것의 지나치게 악용될 가능성과 복제 인간의 권리에 관한 윤리적 딜레마를 주장하는 것과 대조적으로, 인간 복제에 찬성하는 소수는 인간 복제가 장기 이식과 같은 시급한 의학 문제의 해결을 도울 수 있다고 주장함을 설명하고 있다. 따라서 ④ '인간 복제에 대한 의견 차이'가 이 글의 주제이다.

정답 ④

어휘

frequent 흔한 **criticism** 비판 **cloning** 복제 **supremely** 극도로, 지극히
arrogant 오만한 **unduly** 지나치게, 과도하게 **exploit** 악용하다, 착취하다
open up 만들어 내다, 개방하다, 열다 **ethical** 윤리적인
pronounced 확연한, 단호한 **nascent** 태동하는, 초기의, 미성숙한
in contrast with ~와 대조적으로 **in favor of** ~에 찬성하는
outweigh ~보다 크다 **perspective** 관점 **pressing** 시급한, 절박한
transplant 이식 **span** ~에 이르다, ~에 걸쳐 계속되다 **therapeutic** 치료의
division 차이, 분열, 분배

구문 분석

(생략), critics maintain / that it opens up ethical dilemmas /
concerning the rights of cloned humans.

: 이처럼 that이 이끄는 절(that + 주어 + 동사 ~)이 목적어 자리에 온 경우, '주어가 동사하고' 또는 '주어가 동사하다는 것'이라고 해석한다.

09 독해 빈칸 완성 – 단어 　　　　난이도 하 ●○○

밑줄 친 부분에 들어갈 말로 가장 적절한 것은?

The economist Adam Smith used the phrase "the invisible hand" to describe the process by which markets regulate themselves by simply acting in their own interests. His theory was that the invisible hand brings about successful outcomes that are ultimately beneficial to society. This process functioned in contrast to government intervention and regulation, which he found to be wholly _____ for the purpose of stabilizing and growing an economy. The concept of the invisible hand went on to serve as the guiding principle behind laissez-faire economics, a model in which the market autonomically regulates itself with minimal interference by the government.

※ laissez-faire: 자유방임주의

① respectable ② impossible
③ unnecessary ④ ambiguous

해석

경제학자 Adam Smith는 시장이 단순히 자신들의 이익을 위해 행동하는 것으로 그들 스스로를 규제하는 과정을 묘사하기 위해 '보이지 않는 손'이라는 표현을 사용했다. 그의 이론은 보이지 않는 손이 사회에 궁극적으로 이득이 되는 결과를 초래한다는 것이었다. 이 과정은 정부의 개입과 규제와는 현저히 다르게 작용했는데, 그것들은 경제를 안정화시키고 성장시키는 목적에 있어서 그가 불필요하다고 여겼던 것들이었다. 보이지 않는 손의 개념은 시장이 정부에 의한 최소한의 개입과 함께 스스로를 자율적으로 규제하는 자유방임주의 경제학의 방침으로 나아갔다.

① 존경할 만한 ② 불가능한
③ 불필요한 ④ 모호한

포인트 해설

빈칸 뒤 문장에서 Adam Smith에 의해 제시된 보이지 않는 손의 개념은 시장이 정부에 의한 최소한의 개입과 더불어 자율적인 규제를 행하는 자유방임주의 경제학의 방침으로 나아갔다고 했으므로, Adam Smith가 정부의 개입과 규제를 '불필요하'다고 여겼다고 한 ③번이 정답이다.

정답 ③

어휘

invisible 보이지 않는 **regulate** 규제하다 **interest** 이익
intervention 개입 **stabilize** 안정화하다 **autonomically** 자율적으로

10 독해 문단 요약 　　　　난이도 중 ●●○

다음 글의 내용을 한 문장으로 요약하고자 한다. 빈칸 (A), (B)에 들어갈 말로 가장 적절한 것은?

School dress codes are often hailed as the end-all solution to keep bias out of the classroom. They are credited with the ability to remove the obvious cultural and class differences between students that can cause them to be unfairly treated by their peers. If only they could actually do all of this. The fact is, markers of one's financial situation abound and clothing is just one of them. Socioeconomic status can be gleaned from cell phones, home addresses, and even the contents of lunch bags. Dress codes purport to free kids from social pressure by putting them on a level playing field. But this is predicated upon the misguided supposition that what you wear is the only thing that marks disparity among individuals.

Dress codes in schools have ___(A)___ in trying to suppress ___(B)___ among students.

	(A)	(B)
①	high potential	bullying
②	limited effectiveness	inequitable conditions
③	extensive experience	social tension
④	little opportunity	disagreements

해석

학교의 복장 규정은 종종 선입견을 교실 안에 들이지 않기 위한 궁극적인 해결책으로 묘사된다. 그것은 학생들이 또래들로부터 불공평하게 대우받게 할 수 있는 그들 간의 뚜렷한 문화·계층적 차이를 없애는 능력이 있는 것으로 여겨진다. 만약 그것(학교의 복장 규정)이 실제로 이 모든 것을 할 수만 있다면 말이다. 사실상, 개인의 재정 상태를 나타내는 것은 많으며 옷은 그중 하나에 불과하다. 사회 경제적 지위는 휴대전화, 집주소, 그리고 심지어 점심 도시락의 내용물로부터도 알게 될 수 있다. 복장 규정은 아이들을 공평한 경쟁의 장에 둠으로써 그들을 사회적 압박으로부터 해방시키는 것을 취지로 한다. 그러나 이것은 당신이 무엇을 입는지가 개인 간의 격차를 나타내는 유일한 것이라는 잘못된 추정에 입각한다.

> 학교에서의 복장 규정은 학생들 간의 (B) 불공평한 조건들을 숨기려는 데 있어서 (A) 제한된 효과를 가진다.

	(A)	(B)
①	큰 잠재력	학교 폭력
②	제한된 효과	불공평한 조건들
③	광범위한 경험	사회적 긴장
④	적은 기회	불일치

포인트 해설

지문 전반에 걸쳐 복장 규정은 학생들 간의 뚜렷한 문화·계층적 차이를 없앤다고 여겨지지만, 실제로 이것은 한 사람의 재정 상태를 나타내는 여러 것들 중 하나에 불과하며, 사회 경제적 지위는 휴대전화, 집 주소, 도시락 내용물을 통해서도 알 수 있다고 주장하고 있으므로, (A)와 (B)에 학교에서의 복장 규정은 학생들 간의 불공평한 조건들(inequitable conditions)을 숨기려는 데 있어서 제한된 효과(limited effectiveness)를 가진다는 내용이 와야 적절하다. 따라서 ② (A) limited effectiveness – (B) inequitable conditions가 정답이다.

정답 ②

어휘

hail 묘사하다   bias 선입견, 편견   credit ~이 ~을 가지고 있다고 여기다; 신용
marker 나타내는 것   abound 많다, 풍부하다   glean 찾아내다, 수집하다
purport 취지로 하다, 주장하다   predicate ~에 입각하다, 근거를 두다
supposition 추정, 추측   disparity 격차, 차이   suppress 숨기다, 억압하다
bullying 학교 폭력   effectiveness 효과, 실효성, 유효성
inequitable 불공평한   extensive 광범위한   tension 긴장
disagreement 불일치, 의견 충돌

해커스 공무원시험연구소 총평

난이도	모든 영역에 고난도 문제가 포함되면서, 제한 시간 내 문제 풀이를 완료하기 쉽지 않은 회차였습니다.
어휘·생활영어 영역	2번 문제에 출제된, 동사 give로 시작하는 구동사들을 잘 익혀 두면 어휘 영역뿐만 아니라 독해 영역을 풀 때 또한 도움될 것입니다.
문법 영역	6번 문제 ④번 보기의 경우 관계절에 대해 묻고 있음을 정확히 파악한 후에서야 문법적으로 옳은지 옳지 않은지를 구분할 수 있었습니다. 문맥을 통해 actions가 관계절의 수식을 받는 선행사임을 깨닫기 어려웠다면, 관계절의 기본 개념부터 다시 한번 살펴봅니다.
독해 영역	5번 문제와 같이 전체 내용 파악 유형에서는 지문 앞부분 또는 마지막 부분에 숨은 주제문을 통해 정답에 접근할 수 있는 경우가 있으므로, 관련 유형의 문제들을 풀 때는 이 점을 활용하여 풀이 시간을 단축해 봅니다.

정답

01	④	어휘	06	②	문법
02	③	어휘	07	①	독해
03	④	생활영어	08	②	독해
04	①	문법	09	④	독해
05	①	독해	10	②	독해

취약영역 분석표

영역	맞힌 답의 개수
어휘	/ 2
생활영어	/ 1
문법	/ 2
독해	/ 5
TOTAL	**/ 10**

---

01 어휘 contemporary · 난이도 중 ●●○

밑줄 친 부분에 들어갈 말로 가장 적절한 것은?

> The museum features a diverse collection of _____ art, showcasing the creativity of modern artists.

① sentimental
② early
③ infamous
④ contemporary

해석

그 박물관은 다양한 <u>현대의</u> 예술 작품을 특징으로 하여, 현대 예술가들의 창의성을 선보인다.

① 감상적인
② 초창기의
③ 악명 높은
④ 현대의

정답 ④

어휘

feature 특징으로 하다; 특징, 특색 showcase 선보이다, 전시하다, 진열하다
sentimental 감상적인, 감정적인 infamous 악명 높은, 수치스러운
contemporary 현대의, 동시대의

이것도 알면 합격!

contemporary(현대의)의 유의어
= modern, current, concurrent, contemporaneous, coeval

---

02 어휘 give out · 난이도 상 ●●●

밑줄 친 부분에 들어갈 말로 가장 적절한 것은?

> Every Halloween, our neighbors _____ candy to all the children in costumes.

① give in
② give up
③ give out
④ give off

해석

핼러윈 때마다, 우리 이웃들은 변장을 한 모든 아이들에게 사탕을 <u>나눠 준다</u>.

① ~에 굴복한다
② ~을 포기한다
③ ~을 나눠 준다
④ ~을 내보낸다

정답 ③

어휘

costume 변장, 의상 give in ~에 굴복하다 give up ~을 포기하다
give out ~을 나눠 주다, 발표하다 give off (냄새·열·빛 등을) 내보내다

이것도 알면 합격!

give out(~을 나눠 주다)과 유사한 의미의 표현
= distribute, dish out, hand out

03 생활영어 I'm sure that it'll be a blast. 난이도 중 ●●○

밑줄 친 부분에 들어갈 말로 가장 적절한 것은?

A: What's on your mind? You seem distracted.
B: Well, I want to start a new hobby, but I can't decide which one I want to do.
A: Have you considered tennis? It seems like a lot of fun.
B: I'm sure it is. But I'd prefer something more relaxing. I'm actually thinking of taking up golf.
A: Oh, I love to play golf! You should definitely go for it! _____.
B: OK, you've convinced me!

① I can't wait to get my feet wet
② That was the last straw
③ Let's bury the hatchet
④ I'm sure that it'll be a blast

해석

A: 무슨 생각하고 있니? 딴생각을 하는 것 같네.
B: 음, 나는 새로운 취미를 시작하고 싶은데, 내가 무엇을 하고 싶은지 결정을 못 하겠어.
A: 테니스는 생각해 봤어? 아주 재미있어 보여.
B: 그럴 거야. 하지만 나는 좀 더 느긋한 뭔가를 선호해. 사실은 골프를 시작해 볼까 생각 중이야.
A: 오, 나는 골프 치는 것을 좋아해! 너는 반드시 그걸 해 봐야 해! 나는 그것이 신나는 경험이 될 거라고 확신해.
B: 알겠어, 네가 나를 설득시켰네!

① 나는 시작하는 게 정말 기다려져
② 참을 만큼 참았어
③ 우리 화해하자
④ 나는 그것이 신나는 경험이 될 거라고 확신해

포인트 해설

취미로 골프를 생각하고 있다는 B의 말에 대해 빈칸 앞에서 A가 I love to play golf! You should definitely go for it!(나는 골프 치는 것을 좋아해! 너는 반드시 그걸 해 봐야 해!)이라고 대답하고 있으므로, '나는 그것이 신나는 경험이 될 거라고 확신해'라는 의미의 ④ 'I'm sure that it'll be a blast'가 정답이다.

정답 ④

어휘

distracted 딴생각을 하는, 주의가 산만한 take up ~을 시작하다
get one's feet wet 시작하다 That's the last straw. 참을 만큼 참았어.
bury the hatchet 화해하다 blast 신나는 경험, 큰 즐거움, 돌풍

🖍️ 이것도 알면 **합격!**

동사 'get'을 포함하는 다양한 표현들을 알아 두자.
• get ahead 출세하다, 성공하다
• get around 돌아다니다, 피하다, 설득하다
• get in touch 연락을 취하다
• get off the hook 곤경을 면하다

04 문법 가정법 | 형용사 | 도치 구문 | 시제 | 분사 난이도 상 ●●●

어법상 옳은 것은?

① Were it not for the bicycle's reflective tape, I would not be able to notice it.
② He took his two-years-old cat to the vet to get a checkup.
③ Hardly did she start singing when the microphone stopped working.
④ The price of the dish, having left off the menu, was more expensive than I had expected.

해석

① 자전거의 반사 테이프가 아니었다면, 나는 그것을 의식하지 못했을 것이다.
② 그는 그의 2살 된 고양이를 건강 진단을 받기 위해 수의사에게 데리고 갔다.
③ 그녀가 노래를 시작하자마자 마이크가 작동을 멈췄다.
④ 그 요리의 가격은 메뉴에서 빠져 있었는데, 내가 예상했던 것보다 더 비쌌다.

포인트 해설

① **가정법 도치** if절에 if가 생략된 가정법 과거 구문 Were it not for(~가 없다면)가 왔으므로, 주절에도 가정법 과거를 만드는 '주어(I) + would/should/could/might + 동사원형(be)'의 형태인 I would not be able to가 올바르게 쓰였다.

[오답 분석]
② **수량 표현** '수사 + 하이픈(-) + 단위 표현'이 명사(cat)를 수식하는 형용사로 쓰이는 경우 단위 표현은 반드시 단수형이 되어야 하므로 two-years-old를 two-year-old로 고쳐야 한다.
③ **도치 구문 | 시제 일치** 부정을 나타내는 부사(Hardly)가 강조되어 절의 맨 앞에 나오면 주어와 조동사가 도치되어 '부사(Hardly) + 조동사 + 주어(she) + 동사'의 어순이 되어야 하는데, 주절에 Hardly가 오고 종속절에 when이 오는 경우 주절에는 과거완료 시제를 사용하고 종속절에는 과거 시제를 사용하므로, Hardly did she start를 Hardly had she started로 고쳐야 한다.
④ **분사구문의 형태** 주절의 주어 The price of the dish와 분사구문이 '그 요리의 가격이 (메뉴에서) 빠지다'라는 의미의 수동 관계이므로 현재분사 having left off를 과거분사 having been left off로 고쳐야 한다. 참고로, '그 요리의 가격이 메뉴에서 빠진' 시점이 '내가 예상했던 것보다 더 비싼' 특정 과거 시점보다 이전 시점에 일어난 일이므로 분사구문의 완료형(Having + p.p.)이 쓰였다.

정답 ①

어휘

reflective tape 반사 테이프 vet 수의사

🖍️ 이것도 알면 **합격!**

Were it not for는 if not for, but for, without으로 바꿔 쓸 수 있다는 것도 알아 두자.

• **Were it not for (= If not for / But for / Without)** the noise from the construction site, I could concentrate on my work.
공사 현장의 소음이 없다면, 나는 업무에 집중할 수 있을 텐데.

05 독해 요지 파악   난이도 하 ●○○

다음 글의 요지로 가장 적절한 것은?

> There was once a successful business owner who worked hard to support his wife and daughter. He worked round-the-clock and was always stressed, but felt it was worth it to fulfill his responsibility as the family provider. Thus, when his child's 7th birthday came around, he was excited and proud to shower her with lavish presents. He asked her, "Would you like a new dollhouse?" "No, I'm happy with the one I have," she responded. "Well, how about I arrange for you and your friends to have an afternoon of pony rides?" She looked off into the distance, uninterested. Unable to think of what she could possibly want, the father asked the young girl, "Then what is it that you wish for most in this world?" She thought for a moment, and then looked up to him and said, "For you to stay home and play with me today." His eyes welled up with tears as his heart shattered into a million pieces.

① Money is not a substitute for quality time with loved ones.
② Get to know someone if you want to learn what makes them happy.
③ True joy cannot be had if one focuses on acquiring material things.
④ Being satisfied with what you have is the key to a fulfilling life.

해석

아내와 딸을 부양하기 위해 열심히 일한 성공한 사업주가 있었다. 그는 밤낮으로 일하면서 항상 스트레스를 받았지만, 가족의 부양자로서 책임을 다하는 것이 가치 있다고 생각했다. 그래서, 그의 아이의 일곱 번째 생일이 돌아왔을 때 딸에게 후한 선물을 주게 되어 설레고 자랑스러웠다. 그가 딸에게 "새로운 인형 집을 원하니?"라고 물었다. "아니오, 가지고 있는 것으로 만족해요."라고 그녀는 대답했다. "음, 너와 네 친구들이 조랑말을 타며 오후를 보내도록 해줄까?" 딸은 무관심하게 먼 곳을 바라보았다. 딸이 원할 만한 것을 생각해 낼 수 없어서 그 아버지는 어린 소녀에게 "그럼 네가 이 세상에서 가장 바라는 건 뭐니?"라고 물었다. 딸은 잠깐 생각했고, 그를 쳐다보며 말했다. "오늘은 집에 있으면서 저랑 놀아 주세요." 그의 마음이 산산조각이 나면서 그의 눈에 눈물이 샘솟았다.

① 돈이 사랑하는 이들과 함께하는 귀중한 시간을 대신하는 것이 아니다.
② 무엇이 누군가를 행복하게 만드는지 알고 싶다면 그에 대해 알아 가라.
③ 물질적인 것들을 얻는 데 집중한다면 진정한 기쁨을 누릴 수 없다.
④ 당신이 가진 것에 만족하는 것이 만족스러운 삶의 비결이다.

포인트 해설

지문 전반에 걸쳐 밤낮으로 일하며 가족의 부양자로서 책임을 다하는 것이 가치 있다고 생각한 한 성공한 사업주가 딸의 일곱 번째 생일을 맞아 딸에게 가장 바라는 것을 묻자, 딸은 아버지에게 집에서 쉬면서 자신과 함께 시간을 보내 달라고 답했고, 이에 그가 눈물을 흘린 일화를 설명하고 있다. 따라서 ① '돈이 사랑하는 이들과 함께하는 귀중한 시간을 대신하는 것이 아니다'가 이 글의 요지이다.

정답 ①

어휘

business owner 사업주, 경영주   support 부양하다, 지지하다
round-the-clock 밤낮으로, 24시간 내내
fulfill (의무·약속 등을) 다하다, 이행하다   provider 부양자
come around (정기적으로) 돌아오다   shower (많은 것을) 주다
lavish 후한, 풍성한, 호화로운   pony ride (유원지의) 조랑말 타기
well up 샘솟다   shatter 산산이 부서지다   quality time 귀중한 시간
substitute 대신하는 것, 대체물   material 물질적인
fulfilling 만족스러운, 성취감을 주는

06 문법 전치사 | 분사 | 수 일치 | 관계절   난이도 상 ●●●

어법상 옳은 것은?

① The tiring players began to make mistakes during the soccer match.
② Graduating students must go out and look for work despite a weak job market.
③ One quarter of the loan I took out to pay for university still have to be paid.
④ It's regrettable that disputes between neighbors are often resolved through actions what cause animosities to persist.

해석

① 지친 선수들은 그 축구 경기 중에 실수를 하기 시작했다.
② 졸업생들은 침체된 구직 시장에도 불구하고 밖으로 나가 일자리를 찾아야 한다.
③ 내가 대학에 (등록금을) 납부하기 위해 받았던 대출금의 4분의 1이 아직도 상환되어야 한다.
④ 이웃 간의 분쟁이 반감을 지속시키는 행동들을 통해 종종 해결된다는 것은 유감스러운 일이다.

포인트 해설

② 전치사 명사구(a weak job market) 앞에 올 수 있는 것은 전치사이며, 문맥상 '침체된 구직 시장에도 불구하고'라는 의미가 되어야 자연스러우므로 양보를 나타내는 전치사인 despite가 올바르게 쓰였다.

[오답 분석]

① 현재분사 vs. 과거분사 감정을 나타내는 분사의 경우 수식하는 대상(players)이 '선수들이 지치다'라는 의미로 감정을 느끼는 대상이면 과거분사를 써야 하므로, 현재분사 tiring을 과거분사 tired로 고쳐야 한다.

③ 부분 표현의 수 일치 부분을 나타내는 분수 표현(One quarter of)을 포함한 주어는 of 뒤 명사(the loan)에 동사를 수 일치시켜야 하므로 복수 동사 have to를 단수 동사 has to로 고쳐야 한다. 참고로, 주어와 동사 사이의 수식어 거품(I took out to pay for university)은 동사의 수 결정에 영향을 주지 않는다.

④ 관계절 자리와 쓰임 명사(actions)를 수식하는 형용사 역할을 하는 관계절이 와야 하는데, 선행사(actions)가 사물이고, 관계절 내에서 동사 cause의 주어 역할을 하므로 명사절 접속사 what을 주격 관계대명사 which 또는 that으로 고쳐야 한다.

정답 ②

어휘

loan 대출금 take out ~을 받다, 꺼내다 regrettable 유감스러운
dispute 분쟁, 논쟁; 말다툼하다 resolve 해결하다, 결심하다
animosity 반감, 적대감 persist 지속되다, 주장하다

🏛 **이것도 알면 합격!**

관계부사를 '전치사 + 관계대명사'로 바꾸어 쓸 수 있다는 것도 함께 알아
두자.

관계부사	전치사 + 관계대명사
where	in/on/at/to + which
when	in/on/at/during + which
why	for + which
how	in + which

---

07 독해 빈칸 완성 - 구   난이도 상 ●●●

밑줄 친 부분에 들어갈 말로 가장 적절한 것은?

The English language is traditionally "rhotic," which means
that the letter "r" is pronounced in words like "warm" and
"water." This is how North Americans typically speak.
Yet a person visiting England today would hear native
speakers using "non-rhotic" English. That is, they exclude
the "r" sound such that "warm water" sounds like "wahm
watuh." Just two centuries ago, a difference was barely
discernible in the way that the British and early American
settlers from England spoke. The divergence in British
and North American accents occurred after the Industrial
Revolution. British people who had amassed great wealth
wanted to differentiate themselves from commoners, so
they did that by _____. This new
way of speaking ended up spreading across the country.
In comparison, the American accent has changed only
slightly since the pioneers first set foot in the New World.

① adopting what has now become the standard British accent

② trying to retain the rhotic way of pronouncing English words

③ spending their newly acquired funds on foreign language
classes

④ creating new words that most Americans would not
understand

해석

영어는 전통적으로 'r-음화음'인데, 이는 'warm'과 'water' 같은 단어에
서 문자 'r'이 발음되는 것을 의미한다. 이것은 북미인들이 일반적으로 말을
하는 방법이다. 그렇지만 오늘날 영국을 방문하는 사람은 원어민이 'r-음
화음이 아닌' 영어를 사용하는 것을 듣게 될 것이다. 즉, 그들은 'warm
water'가 'wahm watuh'처럼 들리는 것 같이 'r' 소리를 배제한다. 불과
2세기 전, 영국인과 영국 출신의 초기 미국 정착민들이 말하는 방식에서
는 차이점을 거의 식별할 수 없었다. 영국과 북미 억양의 차이는 산업 혁

명 이후에 발생했다. 막대한 부를 축적한 영국 사람들은 자신들을 평민들
과 구별 짓고 싶어 했고, 그래서 그들은 현재 표준 영국 억양이 된 것을 적
용함으로써 그렇게 했다. 이 새로운 말투는 결국 국가 전역으로 퍼져 나갔
다. 그에 비해, 미국 억양은 개척자들이 그 신세계에 처음 발을 들여놓았
을 때 이래로 단지 조금만 바뀌었다.

① 현재 표준 영국 억양이 된 것을 적용함

② 영어 단어를 발음하는 것에 있어서 r-음화음 방식을 계속 유지하기 위
해 노력함

③ 외국어 수업에 그들의 새로 얻은 자금을 소비함

④ 대부분의 미국인들이 이해하지 못하는 새로운 단어를 창조함

포인트 해설

빈칸이 있는 문장에서 막대한 부를 축적한 영국 사람들은 자신들을 평민들
과 구별 짓고 싶어 했다고 하고, 빈칸 뒤 문장에서 새로운 말투가 국가 전
역으로 퍼져 나갔다고 했으므로, 영국 사람들은 '현재 표준 영국 억양이 된
것을 적용함'으로써 자신들을 평민들과 구별 지었다고 한 ①번이 정답이다.

정답 ①

어휘

rhotic r-음화음(단어에서 모음 뒤의 r을 발음하는 것)
pronounce 발음하다 typically 일반적으로 exclude 배제하다, 제외하다
barely 거의 ~아니게 discernible 식별할 수 있는
divergence 차이, 분기, 일탈 amass 축적하다, 모으다
differentiate 구별 짓다 commoner 평민, 서민
in comparison 그에 비해, 비교해 보면 slightly 조금, 약간
pioneer 개척자, 선구자; 개척하다 adopt 적용하다, 도입하다
retain 계속 유지하다

구문 분석

This is / how North Americans typically speak.
: 이처럼 의문사가 이끄는 절(how/when/where/who/what/why + 주어 + 동
사 ~)이 보어 자리에 와서 주어의 의미를 보충해 주는 경우, '어떻게/언제/어디서/
누가/무엇을/왜 주어가 동사하는지' 또는 '주어가 동사하는 방법/때/곳/사람/것/이
유'라고 해석한다.

08 독해 제목 파악 　난이도 중 ●●○

다음 글의 제목으로 가장 적절한 것은?

It is rare for science fiction and fantasy books to be considered great literature. Britain's most prestigious literary award, the Booker Prize, has only ever had one book from those genres nominated. The same number has won the Pulitzer Prize. Why does the merit of these genres consistently go unrecognized? Perhaps it's hard for the literary world to fully recognize that these genres have evolved. Granted, science fiction and fantasy novels were at one time churned out by hack writers looking to make quick money. But the genres have come a long way since then. One need only look at works by George Orwell or H.G. Wells to see how weighty novels about imagined futures and time travel can be. It's a shame that literary prize committees haven't caught on to this fact by now.

① The Long History of Science Fiction Writing
② A Genre Overlooked by Literary Awards
③ Why Science Fiction and Fantasy Lack Merit
④ Acclaimed Authors of an Unrecognized Genre

해석

공상 과학 소설과 판타지 소설이 위대한 문학으로 여겨지는 일은 드물다. 영국의 가장 명망 높은 문학상인 부커상에서는 그러한 장르에서 단 한 권만이 후보로 지명되었다. 이와 동일한 수가 퓰리처상을 수상했다. 이러한 장르의 가치가 계속해서 인정받지 못하는 이유는 무엇일까? 아마도 문학계 입장에서는 그러한 장르들이 발전해 왔다는 것을 완전히 인정하기가 어려울 것이다. 공상 과학과 판타지 소설이 한때 돈을 빨리 버는 것을 목표로 한 삼류 작가들에 의해 대량으로 만들어졌던 것은 맞다. 그러나 그 후로 그 장르들은 크게 진보해 왔다. 상상 속 미래와 시간 여행에 대한 소설이 얼마나 영향력이 있는지 보기 위해서는 George Orwell이나 H.G. Wells의 작품을 보기만 하면 된다. 문학상 위원회가 지금까지도 이 사실을 이해하지 못했다는 것은 유감이다.

① 공상 과학 소설 작품이 갖는 긴 역사
② 문학상이 간과한 한 장르
③ 공상 과학 소설과 판타지 소설이 우수성이 떨어지는 이유
④ 인정받지 못하는 장르에서 호평받는 작가들

포인트 해설

지문 앞부분에서 공상 과학 소설과 판타지 소설은 명망 높은 문학상들로부터 거의 인정받지 못해 왔다고 하고, 지문 뒷부분에서 공상 과학 소설과 판타지 소설이 한때 수익을 목적으로 하는 삼류 작가들에 의해 대량 만들어지기는 했지만, 그 후로 이 장르들은 크게 진보해 왔으며, 그 점을 문학상 위원회가 지금까지 이해하지 못한 점이 유감스럽다고 주장하고 있다. 따라서 ② '문학상이 간과한 한 장르'가 이 글의 제목이다.

정답 ②

어휘

unrecognized 인정받지 못하는　evolve 발전하다, 진화하다
churn out 대량으로 만들어 내다　hack writer 삼류 작가
come a long way 크게 진보하다, 출세하다　weighty 영향력이 있는, 중대한
catch on to ~을 이해하다　acclaimed 호평받고 있는, 칭찬받고 있는

09 독해 무관한 문장 삭제 　난이도 상 ●●●

다음 글의 흐름상 어색한 문장은?

All minerals are visible under natural light because they reflect it, but approximately 15 percent have the added ability to fluoresce. This means that they can temporarily absorb a minute quantity of light and then give off light of a different wavelength. ① To the human eye, the material seems to be glowing a bright color that is different from its usual one. ② The change is more pronounced under ultraviolet light, which has the ability to excite certain electrons in fluorescent minerals. ③ For example, a blue-purple glow is emitted by fluorite when it is stimulated by ultraviolet light. ④ Fluorite can be found in a wide variety of colors due to the presence of elemental impurities. Although most fluorescent minerals fluoresce a single color under shortwave or longwave UV light, some like calcite exhibit multiple colors.

※ fluorite: 형석
※ calcite: 방해석

해석

모든 광물은 자연광을 반사하기 때문에 그 빛 아래에서 가시적이지만, 대략 15퍼센트의 광물은 형광을 발하는 추가적인 능력을 가지고 있다. 이는 그것들이 극소량의 빛을 일시적으로 흡수하여 다른 파장의 빛을 발할 수 있다는 것을 의미한다. ① 인간의 눈에는 그 물질이 평소의 색과는 다른 밝은색의 빛을 발하는 것처럼 보인다. ② 그 변화는 형광성 광물의 특정 전자를 자극할 수 있는 자외선 아래에서 더욱 두드러진다. ③ 예를 들어, 형석이 자외선에 의해 자극을 받으면, 그것은 청보라색의 빛을 낸다. ④ 형석은 원소 불순물들이 있음으로 인해 매우 다양한 색으로 발견될 수 있다. 비록 대부분의 형광성 광물들이 단파 또는 장파 자외선 아래에서 단일 색의 형광을 발한다 할지라도, 방해석과 같은 일부 형광성 광물들은 여러 가지 색을 보이기도 한다.

포인트 해설

지문 앞부분에서 '형광을 발할 수 있는 일부 광물들'에 대해 언급하고, ①, ②번은 '육안으로는 평소의 색과는 다른 밝은색을 발하는 것처럼 보일 수 있고 자외선 아래에서는 더욱 그러한 형광성 광물들', ③번은 '형광성 광물의 예시'에 대한 내용으로 지문 전반의 흐름상 자연스럽다. 그러나 ④번은 '원소 불순물로 인해 다양한 색으로 발견될 수 있는 형석'에 대한 내용으로, 지문 마지막 문장에서 여러 가지 색을 보이는 형광성 광물을 처음으로 언급함을 고려할 때 글의 전반적인 흐름상 어색하다.

정답 ④

어휘

mineral 광물, 무기질　visible 가시적인, 볼 수 있는　fluoresce 형광을 발하다
minute 극소의, 미세한　wavelength 파장　pronounced 두드러진, 뚜렷한
ultraviolet 자외선의　electron 전자　emit (빛·열·소리 등을) 내다
stimulate 자극하다, 활발하게 하다　elemental 원소의, 기본적인
impurity 불순물　exhibit 보여 주다, 전시하다

| **10** | 독해 내용 일치 파악 | 난이도 중 ●●○ |

다음 글의 내용과 일치하는 것은?

In the early 1900s, Pablo Picasso and George Braque cofounded Cubism. Prior to this revolutionary art movement, traditional painters typically showed their subject matter from just a single angle. But at a time when novel forms of media such as moving pictures were beginning to emerge, art needed an update. Cubism was thus the result of a concerted effort to more realistically express the way people actually see. This may seem ironic, as works by Cubist artists appear to be decidedly abstract in style. The Cubists noted that the human eye observes a three-dimensional subject by constantly scanning it and pausing only momentarily to focus on a feature of interest. Therefore, classic Cubist paintings depicted many different sides of their subjects simultaneously and completely reinvented the concept of space.

① The ideas of Cubism were inspired by traditional styles of painting.

② The objective of Cubist artists was to convey how people see.

③ Cubist painters misrepresented their subjects in order to confuse the human eye.

④ Classical painters redefined the notion of how space is used.

해석

1900년대 초에 Pablo Picasso와 George Braque는 함께 입체파를 창시했다. 이 혁명적인 예술 운동 이전에, 전통적인 화가들은 일반적으로 단지 하나의 각도에서 그들의 대상을 나타내었다. 그러나 영화와 같은 새로운 형태의 매체가 등장하기 시작한 시기에, 예술은 갱신이 필요했다. 따라서 입체파는 사람들이 실제로 보는 방식을 더 현실적으로 표현하기 위해 합심한 노력의 결과였다. 입체파 예술가들에 의한 작품들은 화풍에 있어서 확실히 추상적인 것처럼 보이기 때문에 이것은 역설적인 것처럼 보일지도 모른다. 입체파 화가들은 인간의 눈이 입체적인 대상을 끊임없이 훑어보다가, 관심 가는 한 특징에 집중하기 위해 아주 잠시 멈추는 식으로 그것을 관찰한다는 점에 주목했다. 따라서, 고전적인 입체파 그림은 대상의 여러 다양한 측면을 동시에 묘사했고, 공간에 대한 개념을 완전히 재창조했다.

① 입체파의 발상은 전통적인 화풍에서 영감을 받았다.

② 입체파 예술가들의 목적은 사람들이 보는 방식을 표현하는 것이었다.

③ 입체파 화가들은 인간의 눈을 혼란스럽게 만들기 위해 그들의 대상을 불완전하게 표현했다.

④ 고전주의 화가들은 공간이 활용되는 방식에 대한 개념을 재정의했다.

포인트 해설

②번의 키워드인 how people see(사람들이 보는 방식)를 바꾸어 표현한 지문의 the way people actually see(사람들이 실제로 보는 방식) 주변의 내용에서 입체파는 사람들이 실제로 보는 방식을 더 현실적으로 표현하려고 노력했다고 했으므로, ② '입체파 예술가들의 목적은 사람들이 보는 방식을 표현하는 것이었다'가 지문의 내용과 일치한다.

[오답 분석]

① 입체파 이전의 전통적인 화가들은 단 하나의 각도에서 대상을 나타낸 반면, 입체파는 예술 갱신의 필요성에 따라 대상의 여러 다양한 측면을 동시에 묘사했다고 했으므로, 입체파의 발상이 전통적인 화풍에서 영감을 받았다는 것은 지문의 내용과 다르다.

③ 입체파 작품은 화풍에 있어서 확실히 추상적인 것처럼 보이고 입체파 화가들은 인간의 눈이 입체적인 대상을 끊임없이 훑어보다가 관심 가는 한 특징에 집중하기 위해 잠시 멈추는 식으로 대상을 관찰한다고는 했지만, 입체파 화가들이 인간의 눈을 혼란스럽게 만들기 위해 그들의 대상을 불완전하게 표현했는지는 알 수 없다.

④ 고전적인 입체파 그림이 공간에 대한 개념을 완전히 재창조했다고 했지만, 고전주의 화가들이 공간이 활용되는 방식에 대한 개념을 재정의했는지는 알 수 없다.

정답 ②

어휘

Cubism 입체파 revolutionary 혁명적인 novel 새로운; 소설
emerge 등장하다, 드러나다 concerted 합심한, 결연한
decidedly 확실히 abstract 추상적인, 관념적인
three-dimensional 입체적인, 삼차원인 momentarily 아주 잠시
depict 묘사하다 simultaneously 동시에, 일제히
reinvent 재창조하다, 처음부터 다시 만들다 objective 목적; 객관적인
convey 표현하다, 나타내다, 전달하다 redefine 재정의하다

해커스 공무원시험연구소 총평

난이도	고급 어휘들과 지엽적인 문법 포인트, 길이가 긴 독해 지문들이 출제된, 고난도 공무원 9급 시험의 난이도였습니다.
어휘·생활영어 영역	1번 문제에 생소할 수 있는 어휘들이 보기로 쓰였습니다. 어휘 문제에서는 지문이 해석되더라도 보기 어휘를 모르면 정답을 찾을 수 없으므로 평소에 어휘 학습을 잘 해두어야 합니다.
문법 영역	4번 문제의 경우 '목적어 뒤에 to be를 취하는 동사'라는 지엽적인 포인트가 등장하면서 답을 찾기 어려웠을 수 있습니다. 동사의 종류 포인트는 언제든 시험에 등장할 가능성이 있으므로, '이것도 알면 합격!'을 통해 목적어 뒤에 as를 취하는 동사까지 꼼꼼히 익혀 두도록 합니다.
독해 영역	10번 문제는 생소한 소재의 지문뿐만 아니라 익숙지 않은 단어들까지 보기로 출제되어 풀이가 쉽지 않았을 것입니다. 단, '빈칸 완성 – 단어' 유형의 경우 직접적인 단서가 빈칸의 앞뒤 문장에 주어질 가능성이 있으므로 이를 전략적으로 적용해 보는 것도 시간 단축에 도움이 됩니다.

정답

01	④	어휘	06	②	독해
02	④	생활영어	07	③	독해
03	③	문법	08	②	독해
04	①	문법	09	③	독해
05	③	어휘	10	①	독해

취약영역 분석표

영역	맞힌 답의 개수
어휘	/ 2
생활영어	/ 1
문법	/ 2
독해	/ 5
TOTAL	**/ 10**

---

01 어휘 exemplary 난이도 상 ●●●

밑줄 친 부분에 들어갈 말로 가장 적절한 것은?

When something is described as _____, it is commendable to the point that it deserves to be copied or imitated by others.

① extraneous
② exorbitant
③ extensive
④ exemplary

해석

무언가가 모범적이라고 표현되는 경우, 그것은 타인에 의해 모방되거나 본받아질 가치가 있을 정도로 훌륭한 것이다.

① 이질적인
② 과도한
③ 광범위한
④ 모범적인

정답 ④

어휘

commendable 훌륭한, 인정받을 만한 imitate 본받다, 모사하다, 위조하다
extraneous 이질적인 exorbitant 과도한 exemplary 모범적인

이것도 알면 합격!

exemplary(모범적인)의 유의어
= meritorious, excellent, admirable, honorable

---

02 생활영어 I guess so, but it has become my habit. 난이도 하 ●○○

밑줄 친 부분에 들어갈 말로 가장 적절한 것은?

A: It must be nice, now that you live close to work.
B: The short commute is great. But I still wake up at 5 a.m. every day.
A: What for? You can sleep in a bit.
B: _____.
A: I guess. You've been getting up that early for 7 years?
B: Almost 8. I'm just too used to it.

① It's hard to get to sleep at night
② There's nothing much to do in the morning
③ The trip takes more than 2 hours
④ I guess so, but it has become my habit

해석

A: 너는 이제 직장 가까이에 사니까, 좋겠다.
B: 짧은 통근 거리가 좋아. 하지만 나는 여전히 매일 오전 5시에 일어나.
A: 무엇 때문이니? 너는 조금 더 잘 수 있잖아.
B: 나도 그렇게 생각해, 하지만 그게 내 습관이 되었어.

A: 그런 것 같네. 너는 7년 동안 그렇게 일찍 일어난 거야?

B: 거의 8년 동안. 나는 단지 그것에 너무 익숙해져 있어.

① 밤에 잠들기가 힘들어

② 아침에는 별로 할 일이 없어

③ 통근하는 데 2시간이 넘게 걸려

④ 나도 그렇게 생각해, 하지만 그게 내 습관이 되었어

포인트 해설

무엇 때문에 여전히 매일 오전 5시에 일어나는지 묻는 A의 질문에 B가 대답하고, 빈칸 뒤에서 다시 A가 You've been getting up that early for 7 years?(너는 7년 동안 그렇게 일찍 일어난 거야?)라고 말하고 있으므로, '나도 그렇게 생각해, 하지만 그게 내 습관이 되었어'라는 의미의 ④ 'I guess so, but it has become my habit'이 정답이다.

정답 ④

어휘

commute 통근 거리; 통근하다

이것도 알면 합격!

습관을 말할 때 쓸 수 있는 다양한 표현들을 알아 두자.

· Morning tea is part of my daily ritual.
  아침에 마시는 차는 내 일상적인 일이야.

· I make it a habit to reflect on the day.
  나는 하루를 되돌아보는 것을 습관으로 하고 있어.

· A brief lunchtime walk outdoors refreshes her daily.
  야외에서의 짧은 점심 산책은 그녀의 일상에 활력을 가져다줍니다.

· I'm in the habit of setting daily goals for myself.
  제게는 스스로 일일 목표를 세우는 습관이 있어요.

포인트 해설

③ **최상급 강조 표현** By far는 최상급을 강조하기 위해 최상급 표현(the greatest composer) 앞에 올 수 있으므로 By far the greatest composer가 올바르게 쓰였다.

[오답 분석]

① **부사절 접속사** 문맥상 '내가 늦잠을 자지 않도록'이라는 의미가 되어야 자연스러운데, '~하지 않도록'은 부사절 접속사 lest를 사용하여 나타낼 수 있고, 접속사 lest가 이끄는 절의 동사는 '(should +) 동사원형'의 형태를 취하므로 lest I overslept를 lest I oversleep으로 고쳐야 한다.

② **원형 부정사를 목적격 보어로 취하는 동사** 동사 make는 목적격 보어로 원형 부정사를 취하는 사역동사이므로 to 부정사 to move를 원형 부정사 move로 고쳐야 한다.

④ **부분 표현의 수 일치** 부분을 나타내는 표현(one third of)을 포함한 주어는 of 뒤에 복수 명사가 올 경우 복수 동사를, 단수 명사가 올 경우 단수 동사를 써야 하는데, of 뒤에 복수 명사 all employees가 왔으므로 단수 동사 has를 복수 동사 have로 고쳐야 한다.

정답 ③

어휘

oversleep 늦잠 자다   composer 작곡가

이것도 알면 합격!

비교급 표현 앞에 써서 비교급을 강조하는 표현들도 함께 알아 두자.

· much 매우	· far 훨씬, 아주
· even 훨씬	· a lot 상당히
· still 훨씬, 더욱	· by far 훨씬, 단연코

---

03 문법 비교 구문 | 부사절 | 동사의 종류 | 수 일치
난이도 중 ●●○

어법상 옳은 것은?

① I need to set a few alarms each morning lest I overslept.

② There was nothing he could do to make the traffic to move a little faster.

③ By far the greatest composer in history was Wolfgang Amadeus Mozart.

④ Nearly one third of all employees has been working here for less than one year.

해석

① 나는 매일 아침 늦잠을 자지 않도록 알람을 여러 개 맞춰야 한다.

② 통행을 조금 더 빠르게 하기 위해 그가 할 수 있는 일이라곤 아무것도 없었다.

③ 단연코 역사상 가장 위대한 작곡가는 Wolfgang Amadeus Mozart이다.

④ 전체 직원의 대략 3분의 1이 일 년도 채 안 되는 동안 이곳에서 일했다.

---

04 문법 동사의 종류 | 관계절 | to 부정사 | 전치사
난이도 상 ●●●

우리말을 영어로 잘못 옮긴 것은?

① 그들의 모든 불만에도 불구하고, 시민들은 그녀를 시의원으로 선출했다.
  → Despite all their complaints, the townspeople elected her was Councilwoman.

② 대사의 요구를 처리하기 위해 두 개 언어를 할 줄 아는 사람이 참석해야 한다.
  → Someone who is bilingual should be present to attend to the ambassador's needs.

③ 정부는 온라인 보안 체계에 대한 위협을 알고 있다.
  → The administration is aware of the threats to the online security system.

④ 내가 욕실을 지나가다가 물방울이 똑똑 떨어지는 소리를 들었을 때 나는 수도꼭지를 잠갔다.
  → I turned off the faucet when I heard it dripping as I walked past the bathroom.

포인트 해설

① **목적어 뒤에 as나 to be를 취하는 동사** 동사 elect는 목적어(her) 뒤에 '(to be) + 명사(Councilwoman)'를 취하는 동사이므로 elected her was Councilwoman을 elected her Councilwoman 또는 elected her to be Councilwoman으로 고쳐야 한다.

[오답 분석]

② **관계대명사 | to 부정사의 역할** 선행사(Someone)가 사람이고, 관계절(who is bilingual) 내에서 주어 역할을 하므로 사람을 가리키는 주격 관계대명사 who가 올바르게 쓰였다. 또한, '대사의 요구를 처리하기 위해'는 부사 역할을 할 때 목적을 나타내는 to 부정사를 사용하여 나타낼 수 있으므로 to 부정사 to attend가 올바르게 쓰였다.

③ **기타 전치사** '위협을 알고 있다'는 전치사 숙어 표현 aware of(~을 알고 있는)의 형태로 나타낼 수 있으므로 aware of the threats가 올바르게 쓰였다.

④ **5형식 동사** 지각동사 hear는 원형 부정사나 현재분사를 목적격 보어로 취할 수 있으므로 현재분사 dripping이 올바르게 쓰였다. 참고로, 지각동사의 목적격 보어 자리에 현재분사가 올 경우 동작의 진행을 강조한다.

정답 ①

어휘

elect 선출하다 bilingual 두 개 언어를 할 줄 아는, 2개 국어의 attend to ~을 처리하다, 돌보다 ambassador 대사, 사절 administration 정부, 행정, 관리 turn off 잠그다, 끄다, 벗어나다 faucet 수도꼭지

 이것도 알면 합격!

한편, 목적어 뒤에 'as + 명사'를 취하는 동사들도 함께 알아 두자.

regard ~을 –으로 여기다 describe ~을 –으로 묘사하다/–이라고 말하다 define ~을 –으로 정의하다 identify ~을 –으로 확인하다 refer to ~을 –이라고 부르다 think of ~을 –이라고 생각하다 conceive of ~을 –이라고 생각하다	+ 목적어 + as + 명사

---

05 어휘 cut some slack = be less strict with
난이도 중 ●●○

밑줄 친 부분의 의미와 가장 가까운 것은?

> I honestly thought that Terry was making a big deal out of nothing, but I cut her some slack and did not argue back.

① listened to her reasoning
② gave her my opinion
③ was less strict with her
④ was very firm with her

해석

나는 솔직히 Terry가 별것 아닌 일로 소란을 피운다고 생각했지만, 나는 <u>그녀를 그다지 다그치지 않았고</u> 따지고 들지 않았다.

① 그녀의 추론에 귀 기울였다
② 그녀에게 나의 의견을 말했다
③ 그녀에게 덜 엄격했다
④ 그녀에 대해 아주 단호했다

정답 ③

어휘

make a big deal out of ~로 소란을 피우다
cut some slack ~을 그다지 다그치지 않다, 사정을 봐주다
argue back 따지고 들다 reasoning 추론, 증명 strict 엄격한, 꼼꼼한
firm 단호한, 견고한

 이것도 알면 합격!

cut some slack(~을 그다지 다그치지 않다)과 유사한 의미의 표현
= ease up on, be more forgiving

---

06 독해 문장 삽입
난이도 중 ●●○

주어진 문장이 들어갈 위치로 가장 적절한 곳은?

> Over time, the latter group became sick and mentally impaired, and their fur turned gray as it began to fall out.

Though exercising has a long list of health benefits, it is rarely touted as a way to slow down the process of aging—but perhaps it should be. Researchers from McMaster University in Canada conducted a study on two groups of mice that were genetically programmed to age quickly. (①) One group completed regular sessions on a running wheel while the other stayed sedentary. (②) Meanwhile, the active mice retained their youthful appearance and did not exhibit the physical changes seen in their inactive counterparts. (③) A closer inspection revealed that the mice that had exercised had far healthier brains, muscles, hearts, and reproductive organs. (④) However, the tissues of the inactive group showed signs of damage.

해석

> 시간이 지나면서, 후자의 집단은 병들고 정신적으로 손상되었으며, 그것들의 털이 떨어져 나가기 시작하면서 회색으로 바뀌었다.

운동이 많은 건강상의 이점을 가지고 있음에도 불구하고, 이것은 좀처럼 노화의 과정을 늦추는 방법으로 권유되지 않지만, 아마도 이것은 권유되는 편이 좋다. 캐나다의 맥마스터대학교 연구자들은 유전적으로 빠르게 노화하도록 조작된 두 집단의 쥐에 대한 연구를 수행했다. ① 한 집단은 쳇바퀴 위에서의 규칙적인 활동을 완수했던 반면 다른 한 집단은 몸을 많이 움직이지 않았다. ② 그동안에, 활동적인 쥐는 그들의 젊은 모습을 유지했고 비활동적인 그들의 상대방에게서 보여진 신체적 변화들을 보이지 않았

다. ③ 더 면밀한 조사는 운동을 했던 쥐가 더 건강한 뇌, 근육, 심장과 생식 기관을 가지고 있다는 것을 밝혔다. ④ 하지만, 비활동적인 집단의 조직은 손상의 흔적을 보였다.

포인트 해설

②번 앞 문장에 한 집단의 쥐들은 규칙적인 활동을 완수한 반면 다른 한 집단의 쥐들은 몸을 많이 움직이지 않았다는 내용이 있고, ②번 뒤 문장에 그동안에(Meanwhile) 활동적인 쥐는 젊은 모습을 유지했고 비활동적인 쥐들은 신체적 변화를 보였다는 내용이 있으므로, ②번 자리에 시간이 지나면서(Over time) 후자의 집단이 병들고 정신적으로 손상되었다는 내용, 즉 많이 움직이지 않은 후자의 집단이 연구 기간 동안 신체적·정신적으로 노화했음을 설명하는 주어진 문장이 나와야 지문이 자연스럽게 연결된다.

정답 ②

어휘

impair 손상시키다 fall out 떨어져 나가다 tout 권유하다, 선전하다, 추천하다
aging 노화 genetically 유전적으로 session 활동 (시간), 기간, 회기
sedentary 움직이지 않는, 정착해 있는 retain 유지하다, 보유하다, 기억해 두다
counterpart 상대방, 대응물 reproductive organ 생식 기관

구문 분석

A closer inspection revealed / that the mice / that had exercised / had far healthier brains, muscles, hearts, and reproductive organs.

: 이처럼 주격 관계대명사가 이끄는 절(that/who/which + 동사 ~)이 명사를 꾸며주는 경우, '동사한 명사' 또는 '동사하는 명사'라고 해석한다.

---

07 독해 주제 파악   난이도 중 ●●○

다음 글의 주제로 가장 적절한 것은?

Many a critic has singled out a particular motif that suffuses T.S. Eliot's entire body of poetic work. Its most obvious manifestation is in the title of his magnum opus, *The Waste Land*. Referencing the desert, *The Waste Land* is a potent metaphor for a life characterized by opportunities that did not get seized and passions that were not pursued. But his lesser known poems also contain a variety of symbols and images that testify to Eliot's obsession with the idea of an existence that is wanting because of conducting oneself with an overabundance of caution and the inaction and lack of fulfillment that inevitably results. *The Love Song of J. Alfred Prufrock*, for example, presents the titular character as a man who is paralyzed by his timid nature and ultimately surrenders to his repression, shunning an essential aspect of life that would have led to its richer actualization: risk.

① critical reactions to Eliot's literary masterpieces
② the preponderance of desert imagery in Eliot's poetry
③ Eliot's thematic emphasis on the unlived life
④ Eliot's overly cautious use of poetic language

해석

많은 비평가들이 T.S. Eliot의 시 작품 전체에 퍼져 있는 특정한 주제 하나를 지목한다. 그것이 가장 분명하게 나타나는 것은 그의 대표작인 『황무지』에서이다. 불모지를 가리키는 『황무지』는 붙잡지 못했던 기회와 계속 추구되지 않았던 열정을 특징으로 하는 인생에 대한 강력한 비유이다. 그러나 그의 덜 알려진 시들 또한 지나치게 신중하게 처신함과 무위 그리고 필연적으로 뒤따르는 실천의 부재로 인해 부족한 존재라는 주제에 대한 Eilot의 집착을 보여 주는, 다양한 상징과 비유를 담고 있다. 예를 들어, 『J. Alfred Prufrock의 연가』는 표제에 나오는 등장인물을 소심한 성격으로 인해 무력해지고 그의 억압에 궁극적으로 굴복한 남성으로 표현하는데, 그는 더욱 다채로운 삶의 실현으로 이끌어 주었을 모험이라는 삶의 중요한 측면을 기피한 인물이다.

① Eliot의 문학 걸작에 대한 비판적 반응
② Eliot의 시에서 불모지 비유 표현의 편재
③ Eliot의 이루어 내지 못한 삶에 관한 주제 강조
④ Eliot의 지나치게 주의 깊은 시어 사용

포인트 해설

지문 전반에 걸쳐 T.S. Eliot의 시 작품 전체에는 특정한 주제가 퍼져 있는데, 그것은 그의 대표작 『황무지』에서 붙잡지 못했던 기회와 계속 추구되지 않았던 열정을 특징으로 하는 인생에 대한 비유로 표현되며, 그의 다른 시들도 무위와 실천의 부재로 인해 부족한 존재라는 주제에 대한 Eilot의 집착을 보여 주는 다양한 상징과 비유를 담고 있음을 『J. Alfred Prufrock의 연가』를 예로 들어 설명하고 있다. 따라서 ③ 'Eliot의 이루어 내지 못한 삶에 관한 주제 강조'가 이 글의 주제이다.

정답 ③

어휘

single out ~을 지목하다, 가려내다 motif 주제 suffuse 퍼지다
manifestation 나타남, 표현, 표시 magnum opus 대표작
potent 강력한 metaphor 비유, 은유 testify 보여 주다, 증명하다
obsession 집착, 강박 overabundance 과도, 과잉
inaction 무위, 활동하지 않음, 게으름 fulfillment 실천, 이행
inevitably 필연적으로 titular 표제에 나오는, 제목의, 이름뿐인
paralyze 무력하게 만들다, 마비시키다 timid 소심한
surrender 굴복하다, 항복하다 repression 억압, 탄압 shun 피하다
actualization 실현 masterpiece 걸작 preponderance 편재, 우월함
thematic 주제의

08 독해 내용 불일치 파악
난이도 중 ●●○

다음 글의 내용과 일치하지 않는 것은?

The basic law of demand states that as the price of a product rises, consumer demand falls. Yet, a rare exception to this is a Giffen good. It is a cheap, essential product for which the demand actually increases when prices go up and decreases when they go down. An example is rice in the Chinese province of Hunan. The staple diet of the Hunanese people includes mostly rice, vegetables, and some meat. When the cost of rice goes up, the Hunanese tend to forgo the meat since it is a comparatively expensive indulgence. Of course, that leaves somewhat of a dearth in their daily meals. So they then proceed to fill up that deficiency with more rice, which is pricier than usual but still less costly than other foodstuffs. In this manner, the inexpensive item's rise in cost ironically generates more need for it.

① The Hunanese are less likely to buy meat if the value of rice increases.
② The demand for Giffen goods increases when they become cheaper to buy.
③ Giffen goods do not abide by the general rule of demand in economics.
④ A Giffen good is not a very common occurrence in most regular markets.

해석

수요의 기본 법칙은 상품의 가격이 상승하면, 소비자의 수요는 감소한다고 말한다. 그렇지만, 이것의 드문 예외는 기펜재이다. 이것은 가격이 상승할 때 실제로 수요가 증가하고, 가격이 하락할 때 수요가 감소하는 값이 싸고 필수적인 재화이다. 한 예시는 중국 후난 지역의 쌀이다. 후난 사람들의 주식은 주로 쌀, 채소, 그리고 특정 육류를 포함한다. 쌀의 가격이 상승하면, 후난 사람들은 육류가 비교적 비싼 사치이기 때문에 이를 포기하는 경향이 있다. 물론, 이것은 그들의 하루 식사에 어느 정도 부족함을 남긴다. 그래서 그들은 그 부족량을 후에 더 많은 쌀로 채우려고 하는데, 이것은 평소보다 비싸지만, 여전히 다른 식료품보다는 덜 비싸다. 이와 같이, 저렴한 상품의 가격 상승은 역설적이게도 그것에 대한 더 많은 수요를 발생시킨다.

① 후난 사람들은 쌀의 가격이 상승하면 육류를 구매할 가능성이 더 적다.
② 기펜재에 대한 수요는 그것을 더 저렴하게 구매할 수 있을 때 증가한다.
③ 기펜재는 경제학의 일반적인 수요의 법칙을 따르지 않는다.
④ 기펜재는 대부분의 일반적인 시장에서 매우 흔히 나타나는 것이 아니다.

포인트 해설

②번의 키워드인 Giffen goods(기펜재)를 바꾸어 표현한 a Giffen good (기펜재) 주변의 내용에서 기펜재는 가격이 상승할 때 수요가 증가한다고 했으므로, ② '기펜재에 대한 수요는 그것을 더 저렴하게 구매할 수 있을 때 증가한다'는 지문의 내용과 반대이다.

정답 ②

어휘

demand 수요, 요구; 요구하다   state 말하다, 나타내다; 상태, 국가
exception 예외   essential 필수적인, 본질적인   province 지역, 지방
staple diet 주식   forgo 포기하다, 보류하다   comparatively 비교적, 상당히
indulgence 사치, 탐닉, 관대   dearth 부족, 결핍, 기근
deficiency 부족량, 결핍   foodstuff 식료품, 식량, 영양소
ironically 역설적이게도, 얄궂게도   abide by ~을 따르다

09 독해 문단 순서 배열
난이도 중 ●●○

주어진 문장 다음에 이어질 글의 순서로 가장 적절한 것은?

The Fibonacci sequence, a series of numbers where each subsequent number is the sum of the two preceding ones, manifests in various ways in nature but perhaps most notably in patterns found in flowers.

(A) The pattern isn't limited to petals, though. If you count the number of spirals in each direction of a sunflower head, you'll typically find two consecutive Fibonacci numbers there, too. The positioning of leaves on flowers and other plants follows the Fibonacci sequence as well.

(B) That's because the leaves on many plants are separated by an angle of approximately 137.5 degrees. This angle, closely related to the golden ratio derived from the Fibonacci sequence, ensures that each leaf gets the best exposure to sunlight and rain without overshadowing those below.

(C) Consider the number of petals various types of flowers have. Lilies have three, buttercups have five, delphiniums have eight, and ragwort has thirteen. These petal counts correspond to Fibonacci numbers—the sequence begins with 1, 1, 2, 3, 5, 8, 13 and continues in this manner indefinitely.

① (A) – (B) – (C)
② (A) – (C) – (B)
③ (C) – (A) – (B)
④ (C) – (B) – (A)

해석

각각의 뒤이은 수가 앞선 두 수의 합인 일련의 숫자들에 해당하는 피보나치 수열은 자연 속에서 다양한 방식으로 나타나지만 아마도 꽃에서 볼 수 있는 패턴에서 가장 두드러진다.

(A) 그렇지만 그 패턴은 꽃잎에 국한되지 않는다. 만약 당신이 해바라기 꽃송이의 각 방향에 있는 나선의 수를 세어 본다면, 당신은 그곳에서도 연속적인 두 개의 피보나치 숫자들을 일반적으로 발견할 것이다. 꽃과 그 밖에 다른 식물에 있는 잎의 위치 또한 피보나치 수열을 따른다.

(B) 그것은 많은 식물의 잎들이 대략 137.5도의 각도만큼 갈라져 있기 때문이다. 피보나치 수열에서 얻어지는 황금 비율과 밀접하게 관련된 이 각도는 각각의 잎이 아래에 있는 잎들에 그늘을 드리우지 않게 하면서 햇빛과 비에 가장 잘 노출되는 것을 보장한다.

(C) 다양한 종류의 꽃들이 가지고 있는 꽃잎의 수를 생각해 보라. 백합은 3개, 미나리아재비는 5개, 참제비고깔은 8개, 그리고 금방망이는 13개를 가지고 있다. 이 꽃잎의 수는 피보나치 수열과 일치하는데, 그 수열은 1, 1, 2, 3, 5, 8, 13으로 시작하여 이 방식으로 무한히 계속된다.

포인트 해설

주어진 문장에서 자연 속에서 다양한 방식으로 나타나는 피보나치 수열은 꽃에서 볼 수 있는 패턴에서 가장 두드러지게 발견된다고 언급한 뒤, (C)에서 피보나치 수열과 일치하는 꽃잎을 가진 여러 꽃들을 제시하고 있다. 이어서 (A)에서 그렇지만 그 패턴(The pattern)은 꽃잎에 국한되지 않는데, 해바라기의 나선, 그리고 꽃과 그 밖에 다른 식물에 있는 잎의 위치 또한 피보나치 수열을 따른다고 하고, (B)에서 그것(That)은 식물의 잎들이 서로 그늘을 드리우지 않으면서 햇빛과 비에 잘 노출되기 위해 일정 각도만큼 갈라져 있기 때문이라고 말하며, 그 이유를 설명하고 있다. 따라서 ③ (C) – (A) – (B)가 정답이다.

정답 ③

어휘

sequence 수열, 연속 subsequent 뒤이은, 그 후의 sum 합
preceding 앞선, 선행하는 manifest 나타나다; 명백한 petal 꽃잎
spiral 나선 typically 일반적으로, 대체로 consecutive 연속적인
separate 가르다, 분리하다, 나누다 ratio 비율 derive 비롯되다, 유래하다
exposure 노출 overshadow 그늘을 드리우다
correspond to ~에 일치하다, 부합하다 indefinitely 무한히, 막연히

10	독해' 빈칸 완성 – 단어	난이도 상 ●●●

밑줄 친 (A), (B)에 들어갈 말로 가장 적절한 것은?

Traditionally, Inuit communities have followed a particular custom for naming newborns. It is based on the belief that when an infant enters the world, he or she acquires _____(A)_____ over the soul of a relative or family member who has recently passed away. The child is named after the deceased and subsequently takes on the social roles that the person had in life. For example, a baby named after a late uncle would be referred to by others as "uncle" and afforded the same respect his namesake would have received. In light of this belief, it would thus be regarded as _____(B)_____ to dictate a child's behavior since it is akin to ordering a fellow adult around. Today, the naming custom is rapidly disappearing, but many Inuit elders argue that it should be preserved. They say it helps with the grieving process and fosters closer connections between family members.

	(A)	(B)
①	dominion	reprehensible
②	dominion	comprehensible
③	relinquishment	reprehensible
④	relinquishment	comprehensible

해석

전통적으로 이누이트족 사회는 신생아에게 이름을 지어 주기 위한 특정한 관습을 따라왔다. 이것은 아기가 세상에 들어올 때 최근에 사망한 친척이나 가족의 영혼에 대한 (A) 지배권을 얻는다는 믿음에 기반을 둔다. 아이는 고인의 이름을 따서 이름 지어지고 그 결과 그 사람이 생전에 가졌던 사회적 역할을 맡는다. 예를 들어, 최근에 고인이 된 삼촌의 이름을 따서 이름 지어진 아기는 다른 사람들에 의해 '삼촌'으로 여겨질 것이며 그와 이름이 같은 사람이 받았을 것과 동일한 존중을 받을 것이다. 이러한 믿음에 비추어 보면, 아이의 행동을 지시하는 것은 (B) 비난받을 만한 것으로 여겨질 것인데, 이는 주변에 있는 같은 성인에게 지시하는 것과 같은 것이기 때문이다. 오늘날, 이름 지어 주는 그 관습은 빠르게 사라지고 있지만, 많은 이누이트족 노인들은 이것이 보존되어야 한다고 주장한다. 그들은 이것이 애도 과정을 돕고 가족 구성원 간에 친밀한 유대감을 조성한다고 말한다.

	(A)	(B)
①	지배권	비난받을 만한
②	지배권	이해할 수 있는
③	포기	비난받을 만한
④	포기	이해할 수 있는

포인트 해설

(A) 빈칸 뒤 문장에 아이는 고인의 이름을 따서 이름 지어지고 그 결과 그 사람이 생전에 가졌던 사회적 역할을 맡는다는 내용이 있으므로, 빈칸에는 아기가 세상에 들어올 때 최근에 사망한 친척이나 가족의 영혼에 대한 '지배권'을 얻는다는 내용이 나와야 적절하다.

(B) 빈칸 앞 문장에 최근에 고인이 된 삼촌의 이름을 따서 이름이 지어진 아기는 삼촌이 받았을 것과 동일한 존중을 받는다는 내용이 있고, 빈칸이 있는 문장에 아이의 행동을 지시하는 것은 주변에 있는 같은 성인에게 지시하는 것과 같다는 내용이 있으므로, 빈칸에는 아이의 행동을 지시하는 것이 '비난받을 만한' 것으로 여겨진다는 내용이 나와야 적절하다.

따라서 ① (A) dominion(지배권) – (B) reprehensible(비난받을 만한)이 정답이다.

정답 ①

어휘

pass away 사망하다, 사라지다 take on ~을 맡다
late 최근에 고인이 된, 최근의, 늦은 namesake 이름이 같은 사람
akin ~와 같은 grieve 애도하다, 비통해하다 foster 조성하다, 촉진하다
dominion 지배권, 소유권, 지배력 reprehensible 비난받을 만한, 괘씸한
comprehensible 이해할 수 있는, 알기 쉬운 relinquishment 포기, 양도

해커스 공무원시험연구소 총평

난이도	어휘와 생활영어, 독해 영역이 다소 어렵게 출제되었던 고난도 회차였습니다.
어휘·생활영어 영역	유의어를 찾는 유형에서는 밑줄 어휘/표현과 의미는 다르지만 밑줄의 앞뒤 내용만 본다면 문맥에 어울릴 법한 오답 보기들이 등장할 수 있습니다. 이와 같은 함정에 대비하여, 평소에 어휘의 유의어까지 암기하는 것이 중요합니다.
문법 영역	3번 문제의 동명사·to 부정사 관련 표현이나 to 부정사를 취하는 동사와 같은 포인트들은 반복 학습을 통해 확실히 암기해 두어야 문제를 풀 때 헷갈리지 않고 빠르게 풀어낼 수 있습니다.
독해 영역	7번 문제와 같은 문단 요약 유형의 경우 먼저 주어진 요약문을 읽고 지문에서 무엇을 알아내야 하는지를 파악한다면 풀이 시간을 단축할 수 있습니다.

정답

01	④	어휘	06	④	독해
02	④	생활영어	07	①	독해
03	②	문법	08	④	독해
04	③	문법	09	③	독해
05	①	어휘	10	③	독해

취약영역 분석표

영역	맞힌 답의 개수
어휘	/ 2
생활영어	/ 1
문법	/ 2
독해	/ 5
TOTAL	**/ 10**

---

01 어휘 intermittently = irregularly　난이도 중 ●●○

밑줄 친 부분의 의미와 가장 가까운 것은?

> Although most of the region's precipitation is concentrated in the summer, it also rains underlined intermittently throughout the year.

① roughly
② silently
③ frequently
④ irregularly

해석

그 지역의 강수량 대부분은 여름철에 집중되어 있지만, 1년 내내 간헐적으로 비가 내리기도 한다.

① 험하게
② 조용하게
③ 자주
④ 불규칙적으로

정답 ④

어휘

precipitation 강수량　intermittently 간헐적으로
roughly 험하게, 거칠게, 대략　silently 조용하게, 잠자코　frequently 자주
irregularly 불규칙적으로

이것도 알면 합격!

intermittently(간헐적으로)와 유사한 의미의 표현
= on and off, at intervals, by fits and starts

---

02 생활영어 hit out of the park　난이도 상 ●●●

밑줄 친 부분에 들어갈 말로 가장 적절한 것은?

> A: What's it like being a chef?
> B: It involves hard work and long hours, but it's rewarding. In fact, I created my very first dish recently, and I think I ＿＿＿＿＿＿＿＿＿＿＿.
> A: How can you tell?
> B: The wait staff told me that the customers are raving about it.
> A: I want to try it, too.

① covered my tracks very well
② bit off more than I can chew
③ had an ace up my sleeve
④ hit it out of the park

해석

> A: 요리사로 일하는 건 어때?
> B: 힘든 일과 긴 근무 시간을 요하지만, 보람 있어. 사실, 최근에 내 첫 요리를 만들었는데, 내가 큰 성공을 거둔 것 같아.
> A: 어떻게 아는 거야?
> B: 손님들이 그것에 대해 극찬하고 있다고 종업원이 말해 줬어.
> A: 나도 먹어 보고 싶은걸.

① 나의 의도를 아주 잘 숨겼어
② 분에 넘치는 일을 하려고 했어
③ 나만의 비장의 무기가 있었어
④ 큰 성공을 거두었어

포인트 해설

최근 요리사로서 첫 요리를 만들었다는 말에 이어서 덧붙인 B의 말에 대해 빈칸 뒤에서 A가 어떻게 알 수 있는지 묻고, 이에 대해 B가 The wait staff told me that the customers are raving about it(손님들이 그것에 대해 극찬하고 있다고 종업원이 말해 줬어)이라고 대답하고 있으므로, '큰 성공을 거둔' 것 같다는 의미의 ④ 'hit it out of the park'가 정답이다.

정답 ④

어휘

rewarding 보람 있는   wait staff 종업원   rave 극찬하다
cover one's tracks 의도를 숨기다, 행방을 감추다
bite off more than one can chew 분에 넘치는 일을 하려고 하다
an ace up one's sleeve 비장의 무기, 비책
hit out of the park 큰 성공을 거두다

이것도 알면 합격!

동사 'hit'을 포함하는 다양한 표현들을 알아 두자.

• hit the roof 격노하다
• hit the hay 잠자리에 들다
• hit below the belt 비겁한 행동을 하다, 반칙하다
• hit the nail on the head 정확히 맞는 말을 하다

---

03 | 문법 동명사 | to 부정사 | 동사의 종류 | 분사   난이도 중 ●●○

우리말을 영어로 잘못 옮긴 것은?

① 오래된 온수기가 마침내 지난 겨울 작동을 멈춰서, 나는 새로운 것을 사기로 결정했다.
→ My old water heater finally gave out last winter, so I decided to purchase a brand new one.

② 우리는 한국에서 오랫동안 살 계획이 없었지만 결국 5년을 더 머무르게 되었다.
→ We hadn't planned to live in Korea for long but we ended up to stay another five years.

③ 친구가 어려운 시기를 이겨내도록 돕는 가장 좋은 방법은 지지와 위로를 전하는 것이다.
→ The best way to help a friend get through a difficult time is to offer support and comfort.

④ 그 박물관은 토착 부족들의 유물들을 특징으로 하는 특별 전시회의 개막을 발표했다.
→ The museum announced the opening of a special exhibit, featuring artifacts from native tribes.

포인트 해설

② 동명사 관련 표현 '결국 5년을 더 머무르게 되었다'는 동명사구 관용 표현 'end up + -ing'(결국 -하다)의 형태로 나타낼 수 있으므로 ended up to stay를 ended up staying으로 고쳐야 한다.

[오답 분석]

① to 부정사를 취하는 동사 동사 decide는 to 부정사를 목적어로 취하므로 decided 뒤에 to 부정사 to purchase가 올바르게 쓰였다.

③ to 부정사 관련 표현 | 원형 부정사를 목적격 보어로 취하는 동사 명사 way는 뒤에 to 부정사를 취하므로 The best way to help가 올바르게 쓰였다. 또한, 준 사역동사 help는 원형 부정사와 to 부정사를 목적격 보어로 취할 수 있으므로 원형 부정사 get through가 올바르게 쓰였다.

④ 현재분사 vs. 과거분사 수식받는 명사(a special exhibit)와 분사가 '특별전시회가 특징으로 하다'라는 의미의 능동 관계이므로 현재분사 featuring이 올바르게 쓰였다.

정답 ②

어휘

give out 작동하던 것이 멈추다, 바닥이 나다   get through ~을 이겨내다
comfort 위로, 위안, 편안   announce 발표하다, 알리다
exhibit 전시회: 전시하다   artifact 유물, 공예품

이것도 알면 합격!

한편, 아래의 to 부정사 관용 표현들도 함께 알아 두자.

• too ~ to 너무 ~해서 -할 수 없다
• be supposed to ~하기로 되어 있다
• enough to ~하기에 충분히 -하다
• be projected to ~하기로 되어 있다
• be inclined to ~하는 경향이 있다

---

04 | 문법 수 일치 | 시제 | 동사의 종류 | 부사   난이도 중 ●●○

밑줄 친 부분 중 어법상 옳지 않은 것은?

The United Kingdom ① is experiencing a democratic crisis as it continues to see participation in politics steadily ② decline among the youth. In fact, the number of young adults voting in elections, both local and national, ③ have been dropping over the past 3 decades. Officials are ④ currently mulling over ways to reverse that statistic.

해석

영국은 젊은이들 사이에서 정치 참여가 꾸준히 감소하는 것을 계속해서 지켜보며 민주주의의 위기를 겪고 있다. 실제로, 선거에서 투표하는 청년의 수는 지방 선거와 총선거 모두에서 지난 30년 동안 감소해 왔다. 공무원들은 그 통계를 뒤바꾸기 위한 방법들을 현재 숙고하고 있다.

포인트 해설

③ 수량 표현의 수 일치 주어 자리에 단수 취급하는 수량 표현 'the number of + 명사(young adults)'가 왔으므로 복수 동사 have been dropping을 단수 동사 has been dropping으로 고쳐야 한다.

[오답 분석]

① 현재진행 시제 '민주주의의 위기를 겪고 있다'라는 현재 진행되고 있는 일을 표현하고 있으므로 현재진행 시제 is experiencing이 올바르게 쓰였다.

② 원형 부정사를 목적격 보어로 취하는 동사   지각동사 see는 원형 부정사를 목적격 보어로 취할 수 있으므로 원형 부정사 decline이 올바르게 쓰였다. 참고로, 지각동사는 목적격 보어로 현재분사를 취할 수 있고, 그 경우 동작의 진행을 강조한다.

④ 부사 자리   진행형 동사(are mulling over)를 수식할 때, 부사는 'be 동사 + -ing' 사이나 그 뒤에 오므로, are와 mulling over 사이에 부사 currently가 올바르게 쓰였다.

정답 ③

어휘

democratic 민주주의의   steadily 꾸준히, 끊임없이
drop 감소하다, 하락하다   official 공무원; 공식적인
mull over ~을 숙고하다   reverse 뒤바꾸다, 반전시키다   statistic 통계

이것도 알면 합격!

복수 취급하는 수량 표현 many가 'many a/an + 단수 명사'의 형태로 쓰이면 뒤에 단수 동사가 와야 한다는 것도 함께 알아 두자.
· Many a traveler (was, ~~were~~) captivated by the beauty of the destination.
  많은 여행객들이 그 행선지의 아름다움에 마음을 사로잡혔다.

05 어휘 make heads or tails of = grasp   난이도 중 ●●○

밑줄 친 부분의 의미와 가장 가까운 것은?

When the company changed its computer system to a completely different one, the workers were slow to catch on. They could not make heads or tails of it.

① grasp
② simplify
③ visualize
④ modify

해석

그 회사가 컴퓨터 시스템을 완전히 다른 것으로 교체했을 때, 직원들은 좀처럼 이해할 수 없었다. 그들은 그것의 갈피를 잡을 수가 없었다.

① 파악하다
② 단순화하다
③ 상상하다
④ 변경하다

정답 ①

어휘

slow 좀처럼 ~ 않는, 느린   catch on 이해하다
make heads or tails of ~의 갈피를 잡다, 이해하다
grasp 파악하다, 꽉 잡다   simplify 단순화하다, 간소화하다
visualize 상상하다, 구체화하다   modify 변경하다, 수정하다

이것도 알면 합격!

make heads or tails of(~의 갈피를 잡다)의 유의어
= understand, comprehend, seize

06 독해 문단 순서 배열   난이도 중 ●●○

주어진 글 다음에 이어질 글의 순서로 가장 적절한 것은?

The Heinz dilemma is a thought experiment used in many philosophical debates. It explores the various ways people react when confronted with a problem that challenges established ethical norms.

(A) That night, Mr. Heinz breaks into the pharmacy and steals the expensive pills. The experiment then asks if he was justified in doing that or not.

(B) The worried husband does not have enough money to pay for the drug, so he offers to pay for it in installments. The pharmacist, however, tells him that he must pay the full price before he can receive the life-saving medicine.

(C) It is named after the protagonist Mr. Heinz, a hypothetical man who discovers that his wife is seriously ill and that there is only one drug that can save her life. The medicine is manufactured nearby by a pharmacist who is charging much more for it than it is worth.

① (A) – (C) – (B)
② (B) – (A) – (C)
③ (C) – (A) – (B)
④ (C) – (B) – (A)

해석

하인츠 딜레마는 많은 철학 논쟁에서 사용되는 사고 실험이다. 이것은 기존의 윤리 규범에 이의를 제기하는 문제에 직면했을 때 사람들이 반응하는 다양한 방식을 탐구한다.

(A) 그날 밤, 하인츠 씨는 약국에 침입해서 그 비싼 약을 훔친다. 그 후 그 실험은 그가 그렇게 행동한 것이 정당화될 수 있는지 없는지를 묻는다.

(B) 걱정스러운 남편은 약값을 지불할 충분한 돈이 없어서, 할부로 지불하는 것을 제안한다. 하지만 그 약사는 그가 목숨을 구할 약을 받으려면 먼저 약값을 전액 지불해야 한다고 말한다.

(C) 그것은 아내가 몹시 아프며 그녀의 목숨을 구할 수 있는 약은 단 하나뿐이라는 것을 알게 된 가상의 남자 주인공 하인츠 씨의 이름을 따온 것이다. 그 약은 그것의 가치보다 훨씬 더 많은 비용을 청구하는 이웃 약사에 의해 가까운 곳에서 제조된다.

포인트 해설

주어진 글에서 하인츠 딜레마는 기존의 윤리 규범에 이의를 제기하는 문제에 직면했을 때 사람들이 반응하는 방식을 탐구한다고 한 후, (C)에서 그것(It)은 아픈 아내의 유일한 치료 약이 매우 비싼 상황에 놓인 가상의 인물 하인츠 씨의 이름을 따온 것이라고 설명하고 있다. 이어서 (B)에서 걱정스러운 남편(The worried husband)은 약사에게 할부 지불을 제안하지만 거절당했다고 하고, (A)에서 그날 밤(That night) 결국 약을 훔친 하인츠 씨의 행동이 정당화될 수 있는지를 묻는 것이 하인츠 딜레마라고 설명하고 있다. 따라서 ④ (C) – (B) – (A)가 정답이다.

정답 ④

어휘

philosophical 철학의 explore 탐구하다, 분석하다
confront 직면하다, 맞서다 ethical 윤리적인, 도덕의 norm 규범, 기준, 표준
justify 정당화하다 installment 할부 pharmacist 약사
protagonist 주인공 hypothetical 가상의
manufacture 제조하다, 생산하다

---

07 독해 **문단 요약** 난이도 중 ●●○

다음 글의 내용을 한 문장으로 요약하고자 한다. 빈칸 (A), (B)에 들어갈 말로 가장 적절한 것은?

The current rules regarding asylum applications in the European Union dictate that the responsibility to protect refugees falls on the country where the asylum seeker first enters. Unsurprisingly, emigrants usually gain entry to the European state closest to where they are fleeing from. They may try to leave for another nation at some point following this, only to be transferred back to where their request was first processed. Evacuees expect to be provided with food, first aid, and the right to seek a living in their adoptive country. But with so many displaced people to help following recent wars in Afghanistan, Syria, and Africa, ensuring support is putting disproportionate pressure on border nations. As a result, the EU's outermost countries are shouldering most of the burden and demanding that the rest of Europe pitch in to lighten the load.

The member countries along the EU's borders _____(A)_____ most of the responsibility for _____(B)_____ asylum seekers due to present laws.

	(A)	(B)
①	assume	accommodating
②	bear	expelling
③	undertake	dispersing
④	lessen	supporting

해석

유럽 연합 내 망명 신청에 대한 현행 규정은 망명자들을 보호할 책임이 망명하고자 하는 사람들이 처음 입국하는 국가에 있다고 규정한다. 당연하게도 이주자들은 보통 그들이 달아난 곳에서 가장 가까운 유럽 국가로 입국한다. 그 이후 어느 시점에 그들이 다른 국가로 떠나려고 한다 해도, 그들의 요청이 처음 처리되었던 곳으로 되돌려 보내질 뿐이다. 피난민들은 그들의 수용 국가에서 식량, 응급 처치, 그리고 생계를 찾을 권리를 제공받을 것으로 기대한다. 하지만 아프가니스탄, 시리아, 아프리카에서의 최근 전쟁 이후 원조해야 할 수많은 난민들로 인해, 지원을 보장하는 것이 국경에 있는 국가들에게 불균형한 압박을 가하고 있다. 결과적으로, 유럽 연합의 가장 바깥쪽의 국가들이 대부분의 부담을 떠맡고 있으며, 나머지 유럽 국가가 그 짐을 덜어 주기 위해 협력할 것을 요구하고 있다.

유럽 연합의 국경을 따라 놓인 회원국들은 현행법으로 인해 망명 신청자들을 (B) 수용하는 것에 대한 대부분의 책임을 (A) 지게 된다.

	(A)	(B)
①	지게 된다	수용하는 것
②	참는다	추방하는 것
③	착수한다	해산시키는 것
④	줄인다	지원하는 것

포인트 해설

지문 처음에서 유럽 연합의 망명 신청에 대한 현행 규정에 따르면 망명자들을 보호할 책임은 망명 신청자들이 처음 입국하는 국가에 있다고 하고, 지문 뒷부분에서 피난민들에게 지원을 보장하는 부담 대부분이 유럽 연합의 가장 바깥쪽의 국가들에게 맡겨지고 있다고 했으므로, (A)와 (B)에 유럽 연합의 국경을 따라 놓인 회원국들은 현행법으로 인해 망명 신청자들을 수용하는 것(accommodating)에 대한 대부분의 책임을 지게 된다(assume)는 내용이 와야 적절하다. 따라서 ① (A) assume – (B) accommodating이 정답이다.

정답 ①

어휘

asylum 망명 refugee 망명자, 난민 fall on ~에 있다, ~의 책임이다
flee from ~에서 달아나다 evacuee 피난민 displaced 난민의
disproportionate 불균형한 border 국경 shoulder 떠맡다, 받아들이다
pitch in 협력하다 assume (책임·권력을) 지다, 맡다
accommodate 수용하다 bear 참다 expel 추방시키다, 퇴학시키다
undertake 착수하다 disperse 해산시키다 lessen 줄이다

구문 분석

They may try to leave for another nation / at some point following this, / only to be transferred back / to where their request was first processed.
: 이처럼 to 부정사 앞에 부사 only를 써서 의도되지 않은 결과를 나타내는 경우 '(결국) ~했을 뿐이다'라고 해석한다.

08 독해 빈칸 완성 - 구 　　난이도 상 ●●●

밑줄 친 부분에 들어갈 말로 가장 적절한 것은?

Ludwig Wittgenstein was a 20th-century Austrian thinker who had a profound effect on the philosophy of language. In particular, Wittgenstein claimed that when we discuss language we tend to think of the meaning of words as being fixed. Yet the usefulness of language does not suffer at all from a more fluid and vague parameter. Wittgenstein gives as an example the word "game." He points out that there is no rigid interpretation of the word that rules in everything we consider a game while precluding everything that is not one. Nonetheless, people have no trouble applying the word correctly or grasping it in its everyday use. _____, Wittgenstein argues, is therefore not only wholly unwarranted but also completely unnecessary.

① The practical application
② The theoretical purpose
③ A superficial understanding
④ An established definition

해석

Ludwig Wittgenstein은 언어 철학에 엄청난 영향을 끼친 20세기 오스트리아의 사상가였다. 특히, Wittgenstein은 우리가 언어에 대해 논할 때 우리는 단어의 의미를 고정된 것으로 생각하는 경향이 있다고 주장했다. 그러나 언어가 지니는 유용성은 보다 가변적이고 모호한 요소로부터 전혀 훼손되지 않는다. Wittgenstein은 '게임'이라는 단어를 예로 든다. 그는 게임이라고 여기지 않는 모든 것을 배제하는 동시에 우리가 게임이라고 여기는 모든 것을 용인하는 그 단어에 대해 고정된 해석이란 없다고 지적한다. 그럼에도 불구하고, 사람들은 그 단어를 정확히 쓰거나 일상적인 사용에서 그것을 이해하는 데 어려움을 겪지 않는다. 그러므로 Wittgenstein은 확정된 정의는 전적으로 보증되지 않을 뿐만 아니라 완전히 불필요하다고 주장한다.

① 실제적인 적용
② 이론적인 용도
③ 피상적인 이해
④ 확정된 정의

포인트 해설

지문 중간에 Wittgenstein은 언어가 지니는 유용함이 가변적이고 모호한 요소로부터 전혀 훼손되지 않는다고 주장했다는 내용이 있고, 빈칸 앞부분에서 사람들이 고정된 해석이 없는 '게임'이라는 단어를 정확히 쓰고 이해함에 있어서 어려움을 겪지 않음을 예로 들어 설명하고 있으므로, '확정된 정의'는 전적으로 보증되지 않을 뿐만 아니라 완전히 불필요하다고 한 ④번이 정답이다.

정답 ④

어휘

profound 엄청난, 깊은　vague 모호한, 희미한
parameter 요소, 제한 범위, 한도　rule in ~을 용인하다　preclude 배제하다
unwarranted 보증되지 않은, 부당한　theoretical 이론적인
superficial 피상적인　established 확정된, 인정받는

09 독해 요지 파악 　　난이도 상 ●●●

다음 글의 요지로 가장 적절한 것은?

We hear about courageous deeds as much as we do about acts of cowardice. When faced with imminent danger, what is it inside ourselves that causes us to choose one path over another? Why will some risk their own lives for a stranger, while others do not hesitate to save only themselves, leaving loved ones behind? Within Aristotelian ethics, it is simply a matter of practicality. Traits of virtue—kindness, goodness, bravery—are not mere theory but practiced responses. To become good, one must cultivate good habits. Doing so over and over will lead to living an ethical life automatically. Since we rarely think things over carefully before we act, only a concentrated effort to be moral day after day will build a character of excellence. Aristotle remarked that unexpected and uncontrollable events happen in life all the time. However, how we react to them is entirely up to us.

① Reactions to dangerous situations often reveal the good habits of people.
② Only the individual can decide if they are living an ethical life.
③ The ability to respond virtuously to life events becomes automatic through consistent practice.
④ Aristotle believed that committing cowardly acts precedes a character of excellence.

해석

우리는 비겁한 행위에 대해 듣는 만큼 용감한 행동에 대해서도 많이 듣는다. 금방이라도 닥칠 듯한 위험에 직면했을 때, 우리의 내면에서 우리가 둘 중 한 가지의 길을 선택하게 하는 것은 무엇인가? 다른 이들은 가장 사랑하는 사람들을 뒤로한 채 자신들만을 구하는 것을 망설이지 않는 반면, 왜 어떤 이들은 낯선 사람을 위해 그들의 목숨을 거는 것인가? 아리스토텔레스 윤리학에 따르면, 이것은 단순히 실현 가능성의 문제이다. 미덕의 특성인 친절, 선량함, 용감은 단순한 생각이 아니라 연습으로 얻은 반응들이다. 선해지려면, 개인은 좋은 습관을 길러 내야 한다. 그렇게 반복해서 하는 것은 반사적으로 윤리적인 삶을 사는 것으로 이어질 것이다. 우리는 좀처럼 행동하기 전에 상황들을 주의 깊게 생각하지 않으므로, 나날이 도덕적이기 위한 결연한 노력만이 탁월한 품성을 형성할 것이다. 아리스토텔레스는 예상하지 못하고 통제할 수 없는 사건들이 삶에서 항상 발생한다고 말했다. 하지만, 우리가 그것들에 어떻게 반응하느냐는 전적으로 우리에게 달려 있다.

① 위험한 상황에 대한 반응은 종종 사람들의 좋은 습관을 드러낸다.
② 윤리적인 삶을 살고 있는지는 오직 개인만이 결정할 수 있다.
③ 일상사에 용감하게 대응하는 능력은 꾸준한 연습을 통해 습관화된다.
④ 아리스토텔레스는 비겁한 행동을 하는 것이 탁월한 품성보다 앞선다고 여겼다.

포인트 해설
지문 중간에서 아리스토텔레스의 윤리학에 따르면 용감한 행동은 실현 가능성의 문제인데, 미덕의 특성들은 연습으로 얻어지므로 선해지려면 좋은 습관을 길러 내야 하고, 이것을 반복함으로써 윤리적인 삶을 살 수 있다고 주장하고 있다. 따라서 ③ '일상사에 용감하게 대응하는 능력은 꾸준한 연습을 통해 습관화된다'가 이 글의 요지이다.

정답 ③

어휘

courageous 용감한　cowardice (비)겁
imminent 금방이라도 닥칠 듯한, 임박한　risk one's life 목숨을 걸다
leave behind 뒤로하다, 남겨 두다　practicality 실현 가능성, 현실성, 실용성
virtue 미덕　cultivate 기르다, 함양하다　remark 말하다, 언급하다
entirely 전적으로, 완전히　reveal 드러내다, 폭로하다
virtuously 용감하게, 도덕적으로　automatic 습관적인, 반사적인, 자동의
consistent 꾸준한, 일관된　cowardly 비겁한
precede 앞서다, 먼저 일어나다

② 매일 밤 더 길게 수면하는 방법
③ 매트리스: 수면의 이점을 극대화하기
④ 새 매트리스를 사는 데 지불하는 적당한 금액

포인트 해설
지문 전반에 걸쳐 규칙적으로 충분한 양의 수면을 취하는 것은 우리 삶에 도움이 되는데, 이를 위해서는 우리가 눕는 곳이 가장 결정적인 요소이며, 때문에 자신의 필요에 맞는 매트리스를 구매하는 데 시간과 돈을 투자하는 것이 매우 중요하다고 주장하고 있다. 따라서 ③ '매트리스: 수면의 이점을 극대화하기'가 이 글의 제목이다.

정답 ③

어휘

adequate 충분한, 적당한　imperative 필수적인, 긴급한
play a part ~에 영향을 미치다, 역할을 하다　crucial 결정적인, 중대한
stiff 뻣뻣한　sore 아픈　rotate 순환시키다, 교대하다　maximize 극대화하다

10　독해 제목 파악　난이도 하 ●○○

다음 글의 제목으로 가장 적절한 것은?

Getting an adequate amount of sleep on a regular basis can help with everything from relieving stress to losing weight and living longer. Therefore, it's imperative to create the perfect environment for a good night's rest. Lights, temperature, and sound all play a part, but of course what you lie on is the most crucial factor of all. That's why it's essential to invest time and money in buying a mattress that suits your particular needs. Do your research and test out different styles before you decide to bring one home. Otherwise, you are only asking to be uncomfortable or to wake up every morning with a stiff neck and a sore back. You spend a third of your day on it, so why leave it to chance?

① Why You Should Rotate Your Mattress Yearly
② Ways to Sleep Longer Every Night
③ Mattresses: Maximizing the Benefits of Sleep
④ The Proper Price to Pay for a New Mattress

해석
규칙적으로 충분한 양의 수면을 취하는 것은 스트레스를 해소하는 것에서 체중을 감량하고 오래 사는 것에 이르기까지 모든 것에 도움이 될 수 있다. 따라서, 밤에 잘 쉬기 위한 완벽한 환경을 조성하는 것은 필수적이다. 빛, 온도, 소리가 전부 영향을 미치지만, 그중 당신이 눕는 곳이 당연히 가장 결정적인 요소이다. 이것이 바로 당신만의 필요에 맞는 매트리스를 구매하는 데 시간과 돈을 투자하는 것이 매우 중요한 이유이다. 집에 하나를 가져오기로 결정하기 전에 여러 형태를 조사하고 시험해 보아라. 그렇게 하지 않으면, 당신은 그저 불편하거나 매일 아침 목이 뻣뻣하고 등이 아픈 채로 일어나는 것을 바라고 있는 것일 뿐이다. 당신은 이곳에서 하루의 삼 분의 일을 쓰는데, 왜 이것을 운에 맡기는가?

① 당신이 매트리스를 매년 순환시켜야 하는 이유

해커스 공무원시험연구소 총평

난이도	독해 영역은 비교적 수월하게 출제된 반면 어휘와 문법 영역이 전반적으로 난도 높게 출제된 회차였습니다.
어휘·생활영어 영역	1번 문제의 immeasurable, insignificant와 같이 어휘에 특정 접두사(im-, in-)가 포함된 경우 해당 접두사의 의미를 바탕으로 어휘의 뜻을 유추해 볼 수 있으므로, 어휘 문제를 풀 때는 접사까지도 유의하여 보도록 합니다.
문법 영역	5번 문제와 같이 대부분의 보기에 두 개 이상의 문법 포인트가 포함된 경우, 문장을 꼼꼼히 파악하지 않으면 정·오답 여부를 가려내기 어려울 수 있습니다. 평소 문법 문제를 풀고 나서 각각의 보기에 대한 모든 포인트가 파악되었는지 확인하는 시간을 갖는다면 도움이 될 것입니다.
독해 영역	지문 및 보기의 내용을 정확하게 파악해야 하는 내용 일치/불일치 파악 유형은 보기 순서가 지문에 단서가 등장하는 순서와 동일한 경우가 많음을 알아 둡니다.

정답

01	①	어휘	06	③	독해
02	④	어휘	07	③	독해
03	①	생활영어	08	③	독해
04	①	문법	09	③	독해
05	③	문법	10	①	독해

취약영역 분석표

영역	맞힌 답의 개수
어휘	/ 2
생활영어	/ 1
문법	/ 2
독해	/ 5
TOTAL	**/ 10**

---

01 어휘 perpetual = permanent 난이도 중 ●●○

밑줄 친 부분의 의미와 가장 가까운 것은?

Despite all attempts to create a sense of clarity and organization, the office seemed to be in a state of <u>perpetual</u> chaos, with projects always being cancelled and reassigned at the last minute.

① permanent
② immeasurable
③ discernible
④ insignificant

해석

명료한 느낌과 조직적인 느낌을 주기 위한 모든 시도들에도 불구하고, 사무실은 언제나 막판에 프로젝트가 취소되고 재배정됨으로 인해, 끊임없는 혼돈의 상태에 놓여 있는 것으로 보였다.

① 영구적인
② 헤아릴 수 없는
③ 식별할 수 있는
④ 사소한

정답 ①

어휘

clarity 명료함 organization 조직(화), 구조, 구성
perpetual 끊임없는, 빈번한 chaos 혼돈
reassign 재배정하다, 다시 양도하다 permanent 영구적인, 영속적인
immeasurable 헤아릴 수 없는, 무한한, 거대한 discernible 식별할 수 있는
insignificant 사소한, 무의미한

📝 이것도 알면 합격!

perpetual(끊임없는)의 유의어
= interminable, everlasting, constant, eternal

---

02 어휘 typical 난이도 하 ●○○

밑줄 친 부분에 들어갈 말로 가장 적절한 것은?

The main character of the novel was seen as a representation of the _____ hero, a form that has been portrayed similarly for countless generations.

① rare
② innovative
③ outstanding
④ typical

해석

그 소설의 주인공은 <u>전형적인</u> 영웅에 대한 묘사로 여겨졌는데, 이는 수많은 세대에 걸쳐 유사하게 그려진 형태였다.

① 드문
② 혁신적인
③ 뛰어난
④ 전형적인

정답 ④

어휘

representation 묘사, 초상, 대표 portray 그리다, 나타내다
rare 드문, 희귀한 innovative 혁신적인, 획기적인
outstanding 뛰어난, 미불인 typical 전형적인, 일반적인

🎯 이것도 알면 합격!

typical(전형적인)의 유의어
= ideal, classic, exemplary, quintessential, archetypal

🎯 이것도 알면 합격!

건강 상태를 말할 때 쓸 수 있는 다양한 표현들을 알아 두자.
• You're as healthy as a horse. 당신은 굉장히 건강하네요.
• I feel a bit sore. 약간 아파요.
• I'm back to normal. 정상으로 돌아왔어요.
• I've been under the weather lately. 요즘 몸이 좀 안 좋아요.

---

03 생활영어 I came down with something. 난이도 중 ●●○

밑줄 친 부분에 들어갈 말로 가장 적절한 것은?

A: Did you enjoy your trip last weekend?
B: No. I just stayed home.
A: I thought you were going camping with your friends.
B: I was supposed to, but _____.
A: That's disappointing. Are you feeling any better?
B: Yes, I am. Thank you for asking. I took some medicine
  that helped.
A: Good to hear.

① I came down with something
② I was a fish out of water
③ I've had all I can take
④ I added insult to injury

해석

A: 지난주 여행 재미있었어?
B: 아니. 나는 그냥 집에 있었어.
A: 나는 네가 친구들이랑 캠핑에 간 줄 알았는데.
B: 그러기로 했었는데, 몸이 좀 아팠어.
A: 유감이네. 몸은 좀 괜찮아졌고?
B: 응, 나아졌어. 물어봐 줘서 고마워. 도움이 되는 약을 좀 먹었거든.
A: 다행이다.

① 몸이 좀 아팠어
② 물 밖에 나온 고기였어
③ 내가 할 수 있는 최선을 다했어
④ 일이 더 꼬이게 만들었어

포인트 해설

B가 친구들과 캠핑에 간 줄 알았다는 A의 말에 대해 B가 대답한 후, 빈칸 뒤에서 다시 A가 That's disappointing. Are you feeling any better? (유감이네. 몸은 좀 괜찮아졌고?)라고 묻고 있으므로, '몸이 좀 아팠어'라는 의미의 ① 'I came down with something'이 정답이다.

정답 ①

어휘

medicine 약, 의료 come down with something 몸이 아프다, 병에 걸리다
a fish out of water 물 밖에 나온 고기(낯선 환경에서 불편해하는 사람)
add insult to injury 일이 더 꼬이게 만들다, 한술 더 뜨다

---

04 문법 가정법 | 보어 | to 부정사 | 관계절 난이도 중 ●●○

어법상 옳은 것은?

① If you had advised me to wait, I could get a much better bargain now.
② The doctor assured the patient that the process would be quickly.
③ Audiences for classical music are expected wait for silence before applauding.
④ Machinery is being used to fill in the pit, which a public park will be built.

해석

① 만약 네가 나에게 기다리라고 조언했었더라면, 나는 지금 훨씬 더 싼 물건을 살 수 있을 텐데.
② 그 의사는 환자에게 경과가 빠를 것이라고 장담했다.
③ 클래식 음악의 관객들은 박수를 치기 전에 정적을 기다릴 것이 요구된다.
④ 기계가 구덩이를 메우기 위해 사용되고 있는데, 그곳에는 공원이 지어질 것이다.

포인트 해설

① 혼합 가정법 if절에 과거 상황을 반대로 가정하는 가정법 과거완료 had advised가 왔지만, 주절에서 '현재'임을 나타내는 now가 있으므로 혼합 가정법 'If + 주어 + had p.p., 주어 + could + 동사원형' 형태가 와야 한다. 따라서 If you had advised ~, I could get a much better bargain now가 올바르게 쓰였다.

[오답 분석]
② 보어 자리 be 동사(be)의 주격 보어 자리에는 명사나 형용사 역할을 하는 것이 올 수 있으므로, 부사 quickly를 형용사 quick으로 고쳐야 한다.
③ 5형식 동사의 수동태 to 부정사를 목적격 보어로 취하는 5형식 동사(expect)가 수동태가 되면, to 부정사는 수동태 뒤에 그대로 남아야 하므로 wait를 to 부정사 to wait로 고쳐야 한다.
④ 관계부사와 관계대명사 비교 선행사(the pit)가 장소를 나타내고, 관계사 뒤에 완전한 절(a public park will be built)이 왔으므로 관계대명사 which를 장소를 나타내는 선행사와 함께 쓰이는 관계부사 where 또는 '전치사 + 관계대명사' 형태인 in which로 고쳐야 한다.

정답 ①

어휘

bargain 싼 물건, 거래 assure 장담하다, 확신하다 applaud 박수를 치다
pit 구덩이, 패인 곳

정답 ③

이것도 알면 합격!

It's (high/about) time 가정법도 함께 알아 두자.

It's (high/about) time + 주어 + 과거 동사/should + 동사원형	~해야 할 때이다

ex) **It's high time** they **upgraded** their outdated technology.
그들이 구식 기술을 개선해야 할 때이다.

어휘

forensics 범죄 과학 수사   **resemble** 닮다, 유사하다

이것도 알면 합격!

than 대신 to를 쓰는 비교 표현들도 함께 알아 두자.

- **superior to** ~보다 뛰어난
- **inferior to** ~보다 열등한
- **senior to** ~보다 더 나이 든
- **junior to** ~보다 더 어린
- **prior to** ~보다 이전에
- **prefer A to B** B보다 A를 선호하다

---

05 문법 대명사 | 주어 | to 부정사 | 병치 구문 | 조동사 | 부사절   난이도 상 ●●●

우리말을 영어로 잘못 옮긴 것은?

① 이것은 범죄 과학 수사팀에 의해 발견된 마지막 증거였다.
→ This was the last piece of evidence to be discovered by the forensics team.

② 그는 일과 성과 모두를 혼자 독차지하기보다 차라리 그것들을 나누고 싶어 한다.
→ He would much rather split the work and the profits than have them all to himself.

③ 그의 외모는 그 배우의 외모와 매우 닮아서 그를 그 인기 배우로 오해하기 쉽다.
→ His looks so closely resemble the actor's that he is easy to mistake them for the star.

④ 비록 주변은 바뀌어 왔지만, 그곳은 여전히 살기에 안전한 곳이다.
→ Even though the neighborhood has changed, it is still a safe place to live in.

포인트 해설

③ **지시대명사 | 가짜 주어 구문** '그를 그 인기 배우로 오해하기 쉽다'는 'mistake A for B'(A를 B라고 오해하다)를 사용하여 나타낼 수 있는데, 대명사는 가리키는 대상과 수 일치해야 하므로 복수 대명사 them을 단수 명사 he를 대신하는 단수 대명사 him으로 고쳐야 한다. 또한, to 부정사구(to mistake ~ star)와 같이 긴 주어가 오면 진주어인 to 부정사구를 문장 맨 뒤로 보내고 가주어 it이 주어 자리에 대신해서 쓰이므로 that절의 주어 he를 가주어 it으로 고쳐야 한다.

[오답 분석]

① **to 부정사의 형태** to 부정사가 수식하는 명사(the last piece of evidence)와 to 부정사가 '마지막 증거가 발견되다'라는 의미의 수동 관계이므로 to 부정사의 수동형 to be discovered가 올바르게 쓰였다.

② **병치 구문 | 조동사 관련 표현** '일과 성과 모두를 혼자 독차지하기보다는 차라리 그것들을 나누고 싶어 한다'는 비교 구문 would rather A than B(B보다 차라리 A하고 싶다)로 나타낼 수 있다. 이때 비교 대상은 같은 품사끼리 연결되어야 하는데 조동사 관련 표현 would rather 뒤에는 동사원형이 와야 하므로, would much rather split ~ than have가 올바르게 쓰였다.

④ **부사절 접속사 | to 부정사의 역할** '비록 주변은 바뀌어 왔지만'을 나타내기 위해 양보를 나타내는 부사절 접속사 Even though(비록 ~이지만)가 올바르게 쓰였다. 또한, '살기에 안전한 곳'이라는 의미를 표현하기 위해 명사(a safe place)를 수식할 수 있는 to 부정사 to live in이 올바르게 쓰였다.

---

06 독해 빈칸 완성 - 연결어   난이도 중 ●●○

밑줄 친 (A), (B)에 들어갈 말로 가장 적절한 것은?

Energy consumption is higher than ever, and with fossil fuels being finite, it is imperative to make alternative energy a viable reality. Solar power seems to be our best bet thus far, but the problem associated with it is scale. _____(A)_____, it would take an area of nearly 300,000 square kilometers covered in solar panels to provide sufficient power for the planet. So one high school senior came up with an innovative compromise. Justin Lewis-Weber suggested sending a self-replicating robot to the moon. It would first mine the raw materials there to build a solar panel. _____(B)_____, it would generate a copy of itself that could in turn make another panel. The next generation would also create a solar panel and then self-replicate, and so on and so forth. All of the panels would then be launched from the lunar surface to orbit Earth, where they can take in 24 hours of sunshine continuously and beam it back to us.

	(A)	(B)
①	By all means	In effect
②	In contrast	Thus
③	Specifically	Afterward
④	Nonetheless	Consequently

해석

에너지 소비가 그 어느 때보다도 높고, 화석 연료는 한정적이기 때문에 대체 에너지를 반드시 실현 가능한 현실로 만들어야 한다. 태양열 발전은 지금까지 가장 안전하고 확실한 수단인 것처럼 보이지만, 이것과 관련된 문제는 규모이다. (A) 구체적으로 말하면, 지구에 충분한 전력을 공급하기 위해서는 태양 전지판으로 덮여 있는 약 300,000제곱킬로미터의 면적이 필요하다. 그래서 한 고등학교 졸업반 학생이 혁신적인 절충안을 내놓았다. Justin Lewis-Weber는 달에 자가 복제 로봇을 보내는 것을 제안했다. 그것은 태양 전지판을 만들기 위해 먼저 그곳에서 원료를 채굴할 것이다.

(B) 그 후에, 그것은 또 다른 전지판을 교대로 만들 수 있는 자신의 복제본을 만들어낼 것이다. 그다음 세대 또한 태양 전지판을 만들고 이어서 자가복제도 할 것이며 계속해서 그렇게 이어나갈 것이다. 그 모든 전지판은 달의 표면에서 지구 궤도로 발사될 것인데, 이곳에서 그것들은 끊임없이 24시간 동안 햇빛을 흡수할 수 있고 그것을 우리에게 다시 보내 줄 수 있다.

	(A)	(B)
①	어쨌든	사실상
②	그에 반해	따라서
③	구체적으로 말하면	그 후에
④	그럼에도 불구하고	결과적으로

포인트 해설

(A) 빈칸 앞 문장은 태양열 발전이 지금까지 가장 안전하고 확실한 수단인 것처럼 보이지만 규모의 문제가 있다는 내용이고, 빈칸 뒤 문장은 지구에 충분한 전력을 공급하기 위해서는 태양 전지판으로 덮인 300,000제곱킬로미터의 면적이 필요하다는 내용으로 앞 문장에 대한 부연 설명이므로, 빈칸에는 부연을 나타내는 연결어인 Specifically(구체적으로 말하면)가 들어가야 한다.

(B) 빈칸 앞 문장은 자가 복제 로봇이 태양열 전지판을 만들기 위해 달에서 원료를 채굴할 것이라는 내용이고, 빈칸 뒤 문장은 그것이 또 다른 전지판을 교대로 만들 수 있는 자신의 복제본을 만들어낼 것이라는 시간의 흐름에 따른 내용이므로, 빈칸에는 시간의 경과를 나타내는 연결어인 Afterward(그 후에)가 들어가야 한다.

정답 ③

어휘

energy consumption 에너지 소비   alternative energy 대체 에너지
viable 실현 가능한, 실행 가능한   best bet 가장 안전하고 확실한 수단
solar panel 태양 전지판   come up with ~을 내놓다, 제시하다
compromise 절충안, 타협안; 타협하다   self-replicating 자가 복제의
mine 채굴하다   raw material 원료   in turn 교대로
launch 발사하다, 시작하다, 출시하다   orbit earth 지구 궤도
take in ~을 흡수하다   beam 보내다, 비추다

---

07 독해 제목 파악 난이도 중 ●●○

다음 글의 제목으로 가장 적절한 것은?

The Unified Communist Party of Nepal led a violent rebellion against the nation's monarchy during the 1990s, which did not officially end until 2005 when the king agreed to gradually transition to a democracy. Although a House of Representatives was established in 2007 and an interim constitution was adopted, little else could be done to secure more permanent legislation. This is because there were many parties vying for leadership, and no one representative had been able to win a majority until Sushil Koirala, who was head of the Nepali Congress and then served as prime minister from 2014 to 2015. He wasted no time in outlining a constitution, which set the foundation for a more stable government structure in Nepal.

① Koirala's Actions Amidst Hostility from Opposition Parties
② Reformations Implemented by Prime Minister Koirala
③ Stability Through the Drafting of Overdue Constitution
④ Nepal's Past Turmoil due to Arguments over Constitution

해석

네팔 공산당 연합은 1990년대에 국가의 군주제에 대항하는 폭력적인 반란을 일으켰고, 이것은 왕이 점진적으로 민주주의로 이행하는 것에 동의한 2005년이 되어서야 비로소 공식적으로 끝났다. 2007년에 하원이 수립되고 임시 헌법이 채택되기는 했지만, 보다 영구적인 법령을 확보하기 위해서 더 이상 행해질 수 있는 것이 거의 없었다. 이는 주도권 다툼을 벌이는 많은 정당이 있고, 네팔 의회당의 대표이자 그에 따라 2014년부터 2015년까지 수상을 역임했던 Sushil Koirala 전까지는 어떠한 국회의원도 과반수를 얻을 수 없었기 때문이다. 그는 헌법의 윤곽을 그리는 데 시간을 낭비하지 않았고, 이는 네팔에서의 보다 안정적인 정부 구조의 기반을 마련했다.

① 야당의 강한 반대 속 Koirala의 조치
② Koirala 수상에 의해 실행된 개혁
③ 지체되어 온 헌법의 초안 작성을 통한 안정
④ 헌법을 둘러싼 논쟁으로 인한 네팔의 과거 혼란

포인트 해설

지문 중간에서 네팔은 치열한 당쟁으로 인해 임시 헌법 외에 영구적인 법령이 확보될 수 없었는데, 네팔 의회당의 대표였던 Koirala가 수상을 지내면서 헌법의 윤곽을 그려 네팔에서의 보다 안정적인 정부 구조의 기반을 마련했다고 설명하고 있다. 따라서 ③ '지체되어 온 헌법의 초안 작성을 통한 안정'이 이 글의 제목이다.

정답 ③

어휘

monarchy 군주제   transition 이행하다   interim 임시의, 중간의
constitution 헌법   permanent 영구적인   vie for 다투다, 경쟁하다
representative 국회의원, 대표자   prime minister 수상
outline 윤곽을 그리다   foundation 기반   hostility 강한 반대, 적대(감)
opposition party 야당   reformation 개혁   implement 실행하다
draft 초안을 작성하다, 입안하다, 선발하다   overdue 지체된, 오랫동안 기다려 온
turmoil 혼란

08 독해 빈칸 완성 – 단어 　난이도 중 ●●○

밑줄 친 부분에 들어갈 말로 가장 적절한 것은?

The concept of superiority is a multifaceted and nuanced one, often contingent on the context in which it is examined. Superiority can manifest in various degrees, ranging from subtle distinctions to profound disparities. In intellectual pursuits, individuals may exhibit varying degrees of superiority, with some showcasing exceptional talent and expertise, while others possess more modest advantages. Similarly, in the realm of competitive sports, athletes may display degrees of superiority, with some achieving unparalleled dominance in their disciplines, while others maintain a narrower edge over their rivals. Even in matters of moral character, individuals can demonstrate degrees of superiority as some consistently exemplify unwavering integrity and compassion, while others may exhibit occasional acts of kindness. The assessment of superiority, therefore, necessitates a _____ evaluation of the specific attributes or qualities under consideration.

① documented
② preliminary
③ comprehensive
④ philosophical

해석

우월성의 개념은 다면적이고 미묘한 차이가 있는 것이며, 종종 그것이 검토되는 맥락에 따라 다르다. 우월성은 미묘한 차이에서부터 극심한 차이에 이르기까지 다양한 정도로 나타날 수 있다. 지적인 추구에 있어서, 개인들은 다양한 정도의 우월성을 보일 수 있는데, 일부는 특별한 재능과 전문성을 보여 주는 반면, 다른 이들은 보다 평범한 장점들을 가진다. 비슷하게, 경쟁 스포츠의 영역에서, 운동선수들은 우월성의 정도를 보여 주는데, 어떤 이들은 자신들의 분야에서 비할 데 없는 우위를 차지하는 반면, 다른 이들은 그들의 경쟁자들에 비해 근소한 우위를 유지한다. 도덕성의 문제에 있어서도, 어떤 이들은 시종일관 변함없는 고결함과 연민의 모범이 되는 반면, 다른 이들은 간간이 친절한 행동을 보이기 때문에, 개인들은 우월성의 정도를 보여 줄 수 있다. 따라서, 우월성의 평가는 고려되는 특정한 속성이나 자질에 대한 포괄적인 분석을 필요로 한다.

① 문서로 기록된
② 예비의
③ 포괄적인
④ 철학적인

포인트 해설

지문 처음에 우월성은 다면적이고 미묘한 차이가 있는 것이며 검토되는 맥락에 따라 다르다는 내용이 있고, 빈칸 앞부분에 운동선수들은 개인들의 운동 분야에서 서로 다른 우월성의 정도를 보이고 도덕성의 문제에서도 개개인에 따라 보이는 우월성의 정도가 다를 수 있다고 설명하고 있으므로, 우월성의 평가는 고려되는 특정한 속성이나 자질에 대한 '포괄적인' 분석을 필요로 한다고 한 ③번이 정답이다.

정답 ③

어휘

superiority 우월성, 우위　multifaceted 다면적인, 다재다능의
nuanced 미묘한 차이가 있는　contingent on ~에 따라 다른, ~에 달려 있는
manifest 나타나다; 분명한　subtle 미묘한, 포착하기 어려운
distinction 차이, 대조　profound 극심한, 심오한　disparity 차이
exceptional 특별한, 예외적인　expertise 전문성　modest 평범한, 겸손한
realm 영역, 왕국　competitive 경쟁의, 경쟁적인
achieve dominance 우위를 차지하다　unparalleled 비할 데 없는
discipline 분야, 훈련, 징계　edge 우위, 가장자리, 경계　moral 도덕적인
demonstrate 보여 주다, 증명하다　consistently 시종일관, 한결같이
exemplify 모범이 되다, 예를 들다　unwavering 변함없는
integrity 진실성, 도덕성　compassion 연민, 동정심
occasional 간간이 있는, 가끔의　assessment 평가　evaluation 분석, 평가
attribute 속성; ~의 결과로 여기다　documented 문서로 기록된
preliminary 예비의, 임시의　comprehensive 포괄적인
philosophical 철학적인

09 독해 문장 삽입 　난이도 중 ●●○

주어진 문장이 들어갈 위치로 가장 적절한 곳은?

Meanwhile, the flattest and least complex languages occurred most often in dry, sparse areas, like deserts.

Linguists have embarked on a study to ascertain whether climate can influence language. (①) Of the 3,700 dialects examined, 629 were deemed to be the most complex, with three or more tones typically used when speaking. (②) These languages were spoken in tropical regions, like some parts of Africa, Southeast Asia, the Amazon, and Papua New Guinea—all more humid areas of the world. (③) One explanation for why this might be is that consistently inhaling dry air can dehydrate the larynx and decrease the elasticity of the vocal cords. (④) This would make it more difficult to produce varied tones. Although the findings are not conclusive, the evidence certainly suggests that climate does play a role.

※ larynx: 후두

해석

반면, 가장 단조롭고 가장 덜 복잡한 언어는 대개 사막과 같이 건조하고 인구가 희박한 지역에서 발견되었다.

언어학자들은 기후가 언어에 영향을 미칠 수 있는지를 확인하기 위해 연구에 착수했다. ① 조사된 3,700개의 방언 중에서, 629개가 가장 복잡한 언어들로 간주되며, 말할 때 보통 세 개 또는 그 이상의 억양이 사용된다. ② 이러한 언어는 아프리카 일부 지역, 동남아시아, 아마존, 그리고 파푸아뉴기니와 같은 열대 지역에서 사용되었는데, 이는 모두 세계에서 보다 습한 지역이다. ③ 왜 이런 것인지에 대한 한 가지 설명은 건조한 공기를 지속적으로 들이마시는 것이 후두를 건조시키고 성대의 탄력성을 감소시킬 수 있다는 것이다. ④ 이것은 다양한 억양을 만드는 것을 더 어렵게 만들 것이다. 비록 그 연구 결과가 확실한 것은 아니지만, 증거는 기후가 영향을 미친다는 것을 확실히 나타낸다.

포인트 해설

③번 앞 문장에 가장 복잡하다고 간주되는 언어들이 습한 열대 지역에서 사용된다는 내용이 있고, ③번 뒤 문장에 왜 이런 것인지(why this might be)에 대한 한 가지 설명은 건조한 공기를 들이마시는 것이 후두를 건조하게 하고 성대의 탄력성을 감소시킬 수 있기 때문이라는 내용이 있으므로, ③번 자리에 반면(Meanwhile) 단조롭고 덜 복잡한 언어가 건조한 지역에서 발견되었다는 내용, 즉 습한 열대 지역과 대조적으로 건조한 공기를 들이마시게 되는 지역에서 사용되는 언어에 대해 언급하는 주어진 문장이 나와야 지문이 자연스럽게 연결된다.

정답 ③

어휘

flat 단조로운, 평평한, 납작한 **sparse** (인구가) 희박한, 드문
embark on ~에 착수하다 **ascertain** 확인하다, 알아내다 **dialect** 방언
deem 간주하다, 여기다 **humid** 습한 **inhale** 들이마시다
dehydrate 건조시키다 **elasticity** 탄력성 **conclusive** 확실한, 결정적인

구문 분석

This would make it more difficult / to produce varied tones.
: 이처럼 긴 진짜 목적어를 대신해 가짜 목적어 it이 목적어 자리에 온 경우, 가짜 목적어 it은 해석하지 않고 뒤에 있는 진짜 목적어인 to 부정사구(to produce varied tones)를 가짜 목적어 it의 자리에 넣어 '~하는 것을'이라고 해석한다.

10　독해 내용 불일치 파악　　난이도 중 ●●○

다음 글의 내용과 일치하지 않는 것은?

> Nearly 150 years ago, Easter was the most important holiday for Russian Orthodox Christians. So in 1885, Tsar Alexander III commissioned something special for his wife in order to commemorate the occasion. It was a jeweled ornament in the shape of an egg, crafted by the master jeweler Peter Carl Fabergé. Fashioned from gold, the trinket opened up to reveal a small hen inside, which in turn contained within it a miniature diamond replica of the royal crown. The extravagant decoration, named the Hen Egg, became the first in a series of the critically renowned Fabergé eggs. From then until the Russian Revolution in 1917, an egg was constructed annually for the Imperial family. Each took up to a year or more to make, and every one contained an elegant and charming "surprise" inside, like their predecessor.

① The Easter of 1885 was the most important one for Russian Orthodox Christians.
② The ornament requested by Tsar Alexander was meant to be a gift for his spouse.
③ The first egg that Fabergé created included two small ornaments in its interior.
④ Russia's royal family received a Fabergé egg yearly for more than three decades.

해석

대략 150년 전 러시아 정교회 신자들에게 부활절은 가장 중요한 축일이었다. 그래서 1885년에 Alexander 3세 황제는 그 행사를 기념하기 위하여 그의 아내를 위한 특별한 무언가를 주문했다. 그것은 보석 장인 Peter Carl Fabergé에 의해 정교하게 만들어진 달걀 모양의 보석 장식품이었다. 금으로 만들어진, 그 작은 장신구가 열리면 안쪽에 있던 작은 암탉이 드러났고, 다음으로 그 안에 축소형의 황실 왕관 다이아몬드 모형이 담겨 있었다. Hen Egg라는 이름의 사치스러운 그 장식은 매우 유명한 Fabergé eggs 시리즈의 첫 번째 작품이 되었다. 그때부터 1917년 러시아 혁명까지, 황실을 위하여 매년 달걀이 만들어졌다. 각각을 만드는 데 일 년이나 그 이상이 걸렸고, 하나하나가 이전 것과 같이 고상하고 매력적인 '뜻밖의 선물'을 그 안에 담고 있었다.

① 러시아 정교회 신자들에게 1885년 부활절은 가장 중요한 부활절이었다.
② Alexander 황제가 의뢰한 장식품은 그의 아내를 위한 선물이었다.
③ Fabergé가 만든 첫 번째 달걀은 그것의 내부에 두 개의 작은 장식품들을 포함했다.
④ 러시아 황실은 30년이 넘는 세월 동안 매년 Fabergé의 달걀을 받았다.

포인트 해설

①번의 키워드인 of 1885(1885년)를 바꾸어 표현한 지문의 in 1885(1885년에) 주변의 내용에서 러시아 정교회 신자들에게 부활절은 가장 중요한 휴일이었다고는 했지만, ① '러시아 정교회 신자들에게 1885년 부활절이 가장 중요한 부활절이었'는지는 알 수 없다.

정답 ①

어휘

Easter 부활절 **tsar** 황제 **commission** 주문하다, 의뢰하다; 위원회
commemorate 기념하다 **ornament** 장식품 **craft** 정교하게 만들다
fashion 만들다; 유행 **trinket** 작은 장신구 **replica** 모형, 복제품
extravagant 사치스러운, 화려한 **renowned** 유명한
predecessor 이전 것, 전임자 **spouse** 배우자

해커스 공무원시험연구소 총평

난이도	어휘 영역에 관용 표현이 출제되고, 독해 영역에 추론이 필요한 문제들이 다수 등장하여 체감 난이도가 높았을 수 있습니다.
어휘·생활영어 영역	1, 2번 문제에 모두 까다로운 관용 표현이 출제되었습니다. 관용 표현이 보기 또는 밑줄로 주어질 경우 문맥 추론만으로는 정답을 찾기 어려우므로, 평소 다양한 표현들을 암기해 둘 필요가 있습니다.
문법 영역	대명사 포인트는 국가직·지방직 9급 시험의 최근 출제 경향이므로 5번 문제를 통해 점검한 후, 대명사의 다양한 종류와 용법을 익혀 둡니다.
독해 영역	빈칸 완성 유형이 두 문제 출제되어 문제 풀이에 시간이 다소 소요되었을 수 있습니다. 기본적으로 독해 영역을 풀 때는 배경지식이나 상식을 배제하고, 지문 내용에 근거하여 정답을 골라야 함을 명심합니다.

정답

01	①	어휘	06	②	독해
02	②	어휘	07	④	독해
03	③	생활영어	08	④	독해
04	②	문법	09	②	독해
05	④	문법	10	②	독해

취약영역 분석표

영역	맞힌 답의 개수
어휘	/ 2
생활영어	/ 1
문법	/ 2
독해	/ 5
TOTAL	/ 10

---

01 어휘 learn the ropes 난이도 상 ●●●

밑줄 친 부분에 들어갈 말로 가장 적절한 것은?

A seasoned financier who has been in the game for decades gets more opportunities than someone who might be creative but is still _____.

① learning the ropes
② worth his salt
③ turning up trumps
④ down to earth

해석

수십 년 동안 사업을 해 온 경험 많은 자본가는 창의적일지는 모르지만 여전히 요령을 익히고 있는 사람보다 더 많은 기회를 얻는다.

① 요령을 익히고 있는
② 제 몫을 하는
③ 행운이 따르는
④ 현실적인

정답 ①

어휘

seasoned 경험 많은, 노련한   game 사업, 경기
learn the ropes 요령을 익히다   worth one's salt 제 몫을 하는, 유능한
turn up trumps 행운이 따르다   down to earth 현실적인

✍️ 이것도 알면 합격!

learn the ropes(요령을 익히다)와 유사한 의미의 표현
= acquaint oneself with, get the hang of

---

02 어휘 get out of hand = become difficult to control
난이도 중 ●●○

밑줄 친 부분의 의미와 가장 가까운 것은?

The argument between the neighbors over the property line dispute got out of hand, requiring the intervention of an intermediary to handle the situation.

① failed to grab attention
② became difficult to control
③ helped to make a difference
④ was simple to solve

해석

토지 경계선 분쟁을 둘러싼 이웃 간 말다툼이 감당할 수 없게 되면서, 상황을 수습하기 위해 중재자의 개입을 필요로 했다.

① 관심을 끄는 데 실패했다
② 통제하기가 어려워졌다
③ 변화를 만드는 데 도움이 되었다
④ 해결하기에 간단했다

정답 ②

어휘

argument 말다툼, 논쟁 property 토지, 재산, 소유권
dispute 분쟁; 논의하다 get out of hand 감당할 수 없게 되다, 과도해지다
intervention 개입, 간섭 intermediary 중재자, 중개인; 중간의
grab attention 관심을 끌다

이것도 알면 합격!

get out of hand(감당할 수 없게 되다)와 유사한 의미의 표현
= become unmanageable, spiral out of control

이것도 알면 합격!

길을 찾을 때 쓸 수 있는 다양한 표현들을 알아 두자.

· Could you point me in the right direction?
올바른 길을 알려 주시겠어요?
· What's the fastest way there?
그곳까지 가는 가장 빠른 길이 무엇인가요?
· How long does it take to get to the market?
시장까지 가는 데 얼마나 걸리나요?
· Will I have to take a detour? 우회해서 가야 할까요?

---

03 생활영어 you can also walk from there 난이도 하 ●○○

밑줄 친 부분에 들어갈 말로 가장 적절한 것은?

A: What stop should I get off at to get to the art museum?
B: That'll be Browning Street.
A: Thank you. Does this bus go to City Hall from the museum as well?
B: Yes. But, _____.
A: Oh, I didn't know that. How long does it take?
B: About 10 minutes on foot.

① that is the last stop on the route
② it's faster to take the subway
③ you can also walk from there
④ the bus comes every 15 minutes

해석

A: 미술관에 가려면 어느 정거장에서 내려야 하나요?
B: 브라우닝가일 거예요.
A: 고맙습니다. 이 버스가 미술관에서 시청으로도 가나요?
B: 네. 하지만, 거기서 걸어서도 갈 수 있어요.
A: 아, 그건 몰랐네요. 얼마나 걸리나요?
B: 걸어서 약 10분이요.

① 그건 그 노선의 마지막 정거장이에요
② 지하철을 타는 것이 더 빨라요
③ 거기서 걸어서도 갈 수 있어요
④ 버스는 15분마다 와요

포인트 해설

버스가 미술관에서 시청으로 가는지를 묻는 A의 질문에 대해 B가 대답한 후, 빈칸 뒤에서 다시 얼마나 걸리는지 묻는 A의 물음에 B가 About 10 minutes on foot(걸어서 약 10분이요)이라고 대답하고 있으므로, '거기서 걸어서도 갈 수 있어요'라는 의미의 ③ 'you can also walk from there'가 정답이다.

정답 ③

어휘

get off at ~에서 내리다

---

04 문법 시제 | 전치사 | 명사절 난이도 중 ●●○

우리말을 영어로 잘못 옮긴 것은?

① 은퇴 계획이 나에게 편안한 미래를 제공할 것이다.
→ My retirement plan will provide me with a comfortable future.
② 그는 도착하고 나서야 축구 연습이 취소되었던 것을 기억했다.
→ He remembered that the football practice was canceled only after he arrived.
③ 도서부는 다음에 읽을 책을 누가 골라야 할지에 대해 토론했다.
→ The book club has discussed who should choose the next book to read.
④ 만약 회사가 그에게 승진을 제의한다면 그는 매우 행복할 것이다.
→ He will be very happy if the company offers him a promotion.

포인트 해설

② **과거완료 시제** '축구 연습이 취소되었던' 시점이 '그가 도착한' 특정 과거 시점보다 이전에 일어난 일이므로 과거 시제 was canceled를 과거완료 시제 had been canceled로 고쳐야 한다.

[오답 분석]
① **기타 전치사** '나에게 편안한 미래를 제공할 것이다'는 전치사 숙어 표현 provide A with B(A에게 B를 제공하다)의 형태로 나타낼 수 있으므로 provide me with a comfortable future가 올바르게 쓰였다.
② **명사절 접속사** 동사 has discussed의 목적어 자리에 의문대명사 who가 이끄는 명사절 who should choose ~ read가 올바르게 쓰였다.
④ **현재 시제** 조건을 나타내는 부사절에서는 미래를 나타내기 위해 현재 시제를 사용하므로 현재 시제 offers가 올바르게 쓰였다.

정답 ②

어휘

retirement 은퇴, 퇴직 promotion 승진, 홍보

이것도 알면 합격!

주절에 hardly/scarcely가 오고 종속절에 before/when이 오는 경우, 주절에는 과거완료 시제를, 종속절에는 과거 시제를 사용한다는 것도 알아 두자.
· **Hardly** had I finished my meal **when** the phone rang.
내가 식사를 끝내자마자 전화가 울렸다.
→ 주절에 Hardly가 오고 종속절에 when이 왔으므로, 주절에는 과거완료 시제 (had finished)를 사용하고 종속절에는 과거 시제(rang)를 사용한다.

05 문법 대명사 | 수동태 | 부사절　　　　난이도 하 ●○○

밑줄 친 부분 중 어법상 옳지 않은 것은?

> The shot clock in professional basketball is a timer that counts down as soon as one side or ① the other takes the ball. A team ② is allowed 24 seconds to try and make a basket. ③ If they hold onto the ball too long without making a move, they automatically forfeit ④ them to the opposing team.

해석

프로 농구에서 샷 클락은 한 팀이나 다른 한 팀이 공을 잡는 순간부터 초읽기를 하는 타이머이다. 한 팀에게는 시도하여 득점을 올릴 수 있는 24초가 허용된다. 만약 그들이 움직이지 않고 공을 너무 오래 잡고 있으면, 그들은 자동적으로 상대팀에게 공을 빼앗기게 된다.

포인트 해설

④ 지시대명사　대명사가 지시하는 명사(the ball)가 단수이므로 복수 대명사 them을 단수 대명사 it으로 고쳐야 한다.

[오답 분석]
① 부정대명사　'정해진 것 중 남은 것'을 의미하는 부정대명사가 쓰여야 하므로 부정대명사 the other가 올바르게 쓰였다.
② 능동태·수동태 구별　주어(A team)와 동사가 '한 팀에게는 ~가 허용된다'는 의미의 수동 관계이므로 수동태 is allowed가 올바르게 쓰였다.
③ 부사절 접속사　'만약 그들이 움직이지 않고 공을 너무 오래 잡고 있으면'을 나타내기 위해 조건을 나타내는 부사절 접속사 if(만약 ~라면)가 올바르게 쓰였다.

정답 ④

어휘

make a basket 득점을 올리다　forfeit 빼앗기다, 잃다, 몰수당하다

📖 이것도 알면 합격!

한편, another의 경우 '이미 언급한 것 이외의 또 다른 하나'란 뜻의 대명사 또는 형용사로 쓰인다는 것도 함께 알아 두자.

• If you don't like this shirt, I have **another** in your size.
　만약 이 셔츠가 마음에 안 드신다면, 고객님 사이즈의 또 다른 셔츠도 있습니다.
• We have **another** bottle of wine in the cellar.
　우리는 지하 저장고에 또 다른 와인 한 병이 있다.

06 독해 문장 삽입　　　　난이도 하 ●○○

주어진 문장이 들어갈 위치로 가장 적절한 곳은?

> Once the flaws have been pinpointed, think about the sort of person you'd rather be.

> If you're unhappy and wish you could act like a different person, know that it's possible as long as you make a conscious effort. (①) The first step in reinventing your personality is to identify all of the aspects that you think could be improved. (②) This involves imagining yourself having the qualities, tendencies, and habits you want for your ideal self. (③) Having that image in your mind will give you a more concrete goal to work toward. (④) Then, when you find yourself acting in a way that you'd rather not, consider what the ideal version of you would do and try to adapt your behavior accordingly. With a little practice, you'll one day find that it comes to you naturally.

해석

결점이 정확하게 밝혀지면, 당신이 되고 싶은 사람의 유형을 생각해 보아라.

만약 당신이 행복하지 않고 다른 사람처럼 행동할 수 있기를 바란다면, 당신이 의식적인 노력을 하기만 하면 그것이 가능함을 알아 두어라. ① 당신의 성격을 완전히 고치는 것의 첫 단계는 당신이 개선될 수 있다고 생각하는 모든 면을 확인하는 것이다. ② 이것은 이상적인 자신에게 바라는 자질, 성향, 그리고 습관을 가지고 있는 본인을 상상해 보는 것을 포함한다. ③ 그러한 모습을 생각하는 것은 노력해 나갈 보다 구체적인 목표를 당신에게 제공할 것이다. ④ 그 후, 당신이 하지 않는 게 나을 듯한 방식으로 행동하고 있음을 자각할 때, 이상적인 형태의 당신은 어떻게 할지를 생각한 후 그에 맞게 당신의 행동을 조정하려고 노력하라. 약간만 연습하면, 당신은 언젠가 그것이 자연스레 당신에게 이르게 될 것임을 깨달을 것이다.

포인트 해설

②번 앞 문장에서 성격을 완전히 고치는 것의 첫 단계는 자신이 개선될 수 있다고 생각하는 모든 면을 확인하는 것이라고 하고, ②번 뒤 문장에서 이것(This)은 이상적인 자신에게 바라는 자질, 성향, 습관을 가진 본인의 모습을 상상하는 것을 포함한다고 했으므로, ②번 자리에 결점(the flaws)이 정확하게 밝혀지면 되고 싶은 사람의 유형을 생각해 보라는 내용, 즉 개선될 수 있는 면을 확인한 이후의 단계에 대해 설명하는 주어진 문장이 나와야 지문이 자연스럽게 연결된다.

정답 ②

어휘

flaw 결점　pinpoint 정확하게 밝히다　conscious 의식적인
reinvent 완전히 고치다, 재창조하다　personality 성격, 개성
concrete 구체적인, 명확한　adapt 조정하다, 맞추다, 적응하다
accordingly 그에 맞게, 그에 따라

07 독해 내용 불일치 파악   난이도 중 ●●○

다음 글의 내용과 일치하지 않는 것은?

For centuries, scholars have disagreed about the identity of the poet Homer. Some claim that he was a real historical figure who travelled around Ancient Greece sometime in the 8th century BC, performing his epic tales to live audiences with musical accompaniment. At some point, the poems that he regularly recited were transcribed into written form, which resulted in both *The Iliad* and *The Odyssey*. Other scholars, however, assert that no such writer really existed, and that Homer was a mythical figure created from a composite of various travelling poets. Since very little historical evidence attests to the existence of Homer, it seems that those who believe he was an imaginary persona have a stronger argument in this longstanding debate. Many readers of the two classic poems nonetheless still prefer to believe in the image of the poet, who wanders the Greek countryside.

① The debate over Homer's existence has never been settled despite numerous opinions.

② Two epic poems, *The Iliad* and *The Odyssey*, are ascribed to a poet named Homer.

③ Some people assert that the identity of Homer is made up of more than one person.

④ Those who believe Homer is a historical figure have more supporting evidence.

해석

수 세기 동안, 학자들은 시인 Homer의 정체에 대해 의견을 달리해 왔다. 일부 학자들은 그가 기원전 8세기 때에 고대 그리스를 유랑하며 청중들 바로 앞에서 음악 반주와 함께 서사시적 이야기를 노래했던 역사적인 실존 인물이었다고 주장한다. 어느 순간, 그가 자주 낭송했던 시가 서면으로 기록되었고, 이것은 『일리아드』와 『오디세이』가 되었다는 것이다. 하지만 다른 학자들은 그러한 작가는 실존하지 않았으며, Homer는 여러 방랑 시인들이 혼합되어 만들어진 상상의 인물이었다고 주장한다. Homer의 존재를 증명하는 역사적인 증거가 거의 없기 때문에, 그가 가상의 인물이었다고 생각하는 이들이 이 오랜 논쟁에서 더 강력한 논거를 가지고 있는 것으로 보인다. 그럼에도 불구하고 이 두 고전 시의 많은 독자들은 여전히 그리스의 시골을 유랑한 그 시인의 모습을 믿기를 택한다.

① Homer의 존재에 대한 논쟁은 수많은 견해에도 불구하고 해결된 적이 없다.

② 두 서사시인 『일리아드』와 『오디세이』는 Homer라는 이름의 시인이 쓴 것으로 여겨진다.

③ 어떤 사람들은 Homer의 정체가 두 명 이상의 사람으로 이루어진 것이라고 주장한다.

④ Homer가 역사적인 인물이라고 생각하는 사람들은 뒷받침하는 증거를 더 많이 가지고 있다.

포인트 해설

④번의 키워드인 supporting evidence(뒷받침하는 증거)를 바꾸어 표현한 지문의 historical evidence(역사적인 증거) 주변의 내용에서 Homer의 존재를 증명하는 역사적인 증거가 거의 없기 때문에 Homer가 가상의 인물이었다고 생각하는 이들이 논쟁에서 더 강력한 논거를 가지고 있는 것으로 보인다고 했으므로, ④ 'Homer가 역사적인 인물이라고 생각하는 사람들은 뒷받침하는 증거를 더 많이 가지고 있다'는 지문의 내용과 반대이다.

정답 ④

어휘

disagree 의견을 달리하다   figure 인물, 수치, 도형   epic 서사시적인
accompaniment 반주, 부속물, 딸린 것   recite 낭송하다, 낭독하다
transcribe 기록하다, 문자화하다   attest 증명하다, 증언하다
persona 인물, 모습   argument 논거, 논쟁, 주장
longstanding 오랜, 오래 계속되는   debate 논쟁, 토론; 논의하다
settle 해결하다, 정착하다   ascribe ~가 쓴(만든·발명한) 것으로 여기다

08 독해 빈칸 완성 – 연결어   난이도 중 ●●○

밑줄 친 (A), (B)에 들어갈 말로 가장 적절한 것은?

Many people may have heard the advice not to leave the house with wet hair when it is cold outside. This suggestion is based on the belief that the moisture raises the likelihood of catching an illness. But medical doctors argue that this long-standing assumption is false. Colds and flus are actually the result of viruses. _____(A)_____, even if you were to venture into wintry weather with soaking wet hair, you would not contract an airborne infection. Several studies have failed to find a direct connection between exposing wet hair to cold weather and an increased risk of catching viruses. _____(B)_____, subjecting the body to extremely low temperatures can still be detrimental. Severe cold stress can weaken the immune system and even lead to conditions like hypothermia.

	(A)	(B)
①	Eventually	As a result
②	Nevertheless	Similarly
③	Likewise	Indeed
④	Therefore	However

해석

많은 사람들은 밖이 추울 때 젖은 머리로 집을 나서지 말라는 조언을 들어봤을 것이다. 이러한 의견은 습기가 병에 걸릴 가능성을 높인다는 믿음에 기초한 것이다. 그러나 의사들은 이 오랜 추측이 사실이 아니라고 주장한다. 감기와 독감은 사실 바이러스의 결과이다. (A) 그러므로, 당신이 추운 날씨에 흠뻑 젖은 머리로 나간다고 해도, 당신은 공기 매개 감염병에 걸리지 않을 것이다. 여러 연구들은 젖은 머리카락을 추운 날씨에 노출하는 것과 바이러스에 걸릴 위험 증가 사이의 직접적인 연관성을 발견하지 못했다. (B) 하지만, 극도로 낮은 온도에 몸을 노출시키는 것은 여전히 해로울 수 있다. 심각한 저온 스트레스는 면역 체계를 약화시키고 심지어 저체온증과 같은 상태로 이어지게 할 수 있다.

	(A)	(B)
①	결국	결과적으로
②	그럼에도 불구하고	유사하게
③	마찬가지로	정말로
④	그러므로	하지만

포인트 해설

(A) 빈칸 앞부분은 습기가 병에 걸릴 가능성을 높인다는 추측은 사실이 아닌데, 감기와 독감은 바이러스의 결과이기 때문이라는 내용이고, 빈칸 뒤 문장은 추운 날씨에 흠뻑 젖은 머리로 밖에 나간다고 해도 공기 매개 감염병에 걸리지 않을 것이라는 결과적인 내용이므로, 빈칸에는 결론을 나타내는 연결어인 Therefore(그러므로)가 들어가야 한다.
(B) 빈칸 앞 문장은 여러 연구들이 젖은 머리카락을 추운 날씨에 노출하는 것과 바이러스에 걸릴 위험 증가 사이의 직접적인 연관성을 발견하지 못했다는 내용이고, 빈칸 뒤 문장은 몸을 극도로 낮은 온도에 노출시키는 것은 해로울 수 있다는 대조적인 내용이므로, 빈칸에는 대조를 나타내는 연결어인 However(하지만)가 들어가야 한다.

정답 ④

어휘

assumption 추측, 가설, 가정 wintry 추운, 겨울의 soaking wet 흠뻑 젖은
contract (병에) 걸리다, 계약하다 airborne 공기 매개의, 공기로 운반되는
infection 감염(병), 전염병 expose 노출시키다 detrimental 해로운
severe 심한 immune 면역의, 면제된 hypothermia 저체온증

---

09 독해 빈칸 완성 – 절 난이도 중 ●●○

밑줄 친 부분에 들어갈 말로 가장 적절한 것은?

It is largely assumed that people often act selfishly when it comes to spending and saving their money, and that their financial decisions are always made with regard to their own security and well-being. But thankfully, our behavior contradicts this model on a consistent basis. In fact, people behave altruistically whenever they donate money anonymously or advocate redistributive taxation. In these instances, it is clear that _____. Such individuals likely believe that what serves the interest of others will also benefit them in the end.

① they make decisions which seem irrational in the larger scheme of things

② their actions do not derive solely from a position of self-interest

③ they sometimes gain recognition for their good deeds in the process

④ society considers them to be generous individuals and rewards them accordingly

---

해석

사람들은 자신의 돈을 소비하고 저축하는 것에 있어서 종종 이기적으로 행동하며 그들의 금전상의 결정은 언제나 그들 자신의 안전 및 행복과 관련하여 내려진다고 주로 여겨진다. 그렇지만 다행스럽게도, 우리의 행동은 지속적으로 이러한 방식에 모순된다. 사실, 사람들은 자신이 익명으로 돈을 기부하거나 재분배 목적의 과세를 지지할 때마다 이타적으로 행동한다. 이러한 경우, 그들의 행동은 이기심에서만 비롯된 것이 아님은 명백하다. 그러한 사람들은 아마 다른 사람들의 이익에 도움을 주는 것이 결국에는 자신들에게도 이익을 줄 것이라고 여길 것이다.

① 그들은 더 큰 구조에서 보면 불합리해 보이는 결정을 한다
② 그들의 행동은 이기심에서만 비롯된 것이 아니다
③ 그들은 그 과정에서 이따금 그들의 선행을 인정받는다
④ 사회는 그들을 인정 많은 사람으로 여기고 그에 맞게 보상한다

포인트 해설

빈칸 앞부분에서 사람들은 돈을 소비하고 저축하는 것에 있어서 이기적으로 행동하고 자신의 안전 및 행복과 관련된 금전상의 결정을 내린다고 여겨지지만, 사실 사람들의 행동은 지속적으로 그러한 방식에 모순되기도 하며 익명으로 돈을 기부하거나 재분배 목적의 과세를 지지할 때 이타적으로 행동한다고 했으므로, '그들의 행동은 이기심에서만 비롯된 것이 아니다'라고 한 ②번이 정답이다.

정답 ②

어휘

contradict 모순되다, 반대하다 altruistically 이타적으로
anonymously 익명으로 advocate 지지하다, 옹호하다
redistributive 재분배의 irrational 불합리한, 분별없는 derive 비롯되다

---

10 독해 요지 파악 난이도 중 ●●○

다음 글의 요지로 가장 적절한 것은?

Incarceration typically involves severing contact not only with loved ones and personal comforts but also with the natural environment. Prisoners are typically kept inside concrete cells for the majority of their day. While it can be argued that this is one of the many freedoms that convicts surrender, a number of penitentiaries are starting to rethink the situation. One prison in Ohio found compelling results after a trial test. They let some of their inmates watch nature videos that included views of mountains, oceans, and even space. Compared to the control group, these subjects were less irritable and stressed, and displayed fewer instances of aggression towards each other and the guards. The relatively small concession made prisoners more manageable for staff and kept them better balanced mentally.

① Hostility is controllable if prisoners are allowed to live in a natural environment.

② Access to natural scenery can be beneficial for those in the penal system.

③ Penitentiaries need to take into account human nature to be successful.

④ Having a connection to nature could have an impact on lowering crime levels.

해석

투옥은 일반적으로 사랑하는 사람들 그리고 개인적인 안락함뿐만 아니라 자연환경과의 접촉 또한 단절시키는 것을 수반한다. 수감자들은 일반적으로 그들 일상의 대부분 동안 콘크리트로 된 감방 안에 갇혀 지낸다. 이것이 수감자들이 포기하는 많은 자유 중 하나라고 주장될 수는 있지만, 많은 교도소가 그 상황을 다시 생각하기 시작했다. 오하이오의 한 교도소는 시범 운영 이후에 주목할 만한 결과를 발견했다. 그들은 수감자들 중 일부에게 산, 바다 그리고 심지어는 우주의 모습이 담긴 자연 비디오를 보게 했다. 통제 집단과 비교했을 때, 이 피실험자들은 덜 짜증을 내고 스트레스를 적게 받았으며, 서로를 향한 그리고 교도관들을 향한 더 적은 공격 사례를 보였다. 비교적 작은 이 양해는 직원들이 수감자들을 더 제어하기 쉽게 하고 그들을 정신적으로 더 안정되게 만들었다.

① 수감자들이 자연환경에서 생활하도록 허용되는 경우 적대감은 통제 가능하다.

② 자연 경관에 대한 접근은 형벌 제도 내에 있는 사람들에게 이로울 수 있다.

③ 교도소들은 성공적이기 위해서 인간의 본성을 고려해야 한다.

④ 자연과 접촉하는 것은 범죄율을 낮추는 데 영향을 미칠 수 있다.

포인트 해설

지문 중간에서 많은 교도소가 수감자들이 자연환경과의 접촉이 단절된 상황을 다시 생각하기 시작했는데, 한 교도소에서의 시범 운영 결과 자연 비디오를 시청한 수감자들은 덜 짜증을 내고 스트레스를 적게 받았으며 서로를 향한 그리고 교도관들을 향한 공격 사례가 줄어들었다고 설명하고 있다. 따라서 ② '자연 경관에 대한 접근은 형벌 제도 내에 있는 사람들에게 이로울 수 있다'가 이 글의 요지이다.

정답 ②

어휘

incarceration 투옥, 감금　typically 일반적으로, 전형적으로
sever 단절시키다, 절단하다　cell 감방, 세포　convict 수감자, 재소자
penitentiary 교도소　compelling 주목할 만한, 강제적인
concession 양해, 혜택, 허가　manageable 제어하기 쉬운
hostility 적대감　penal 형벌의

구문 분석

Incarceration typically involves severing contact / not only with loved ones and personal comforts / but also with the natural environment.

: 이처럼 'not only A but (also) B' 구문의 A에는 기본이 되는 내용, B에는 첨가하는 내용이 나오며, 'A뿐만 아니라 B도'라고 해석한다.

해커스 공무원시험연구소 총평

난이도	독해 영역에 특별히 까다로운 지문이 없었으므로, 어휘와 문법 영역에 충분히 시간을 배분하여 고득점을 노릴 수 있는 회차였습니다.
어휘·생활영어 영역	생활영어 영역에 관용 표현이 등장하기는 했지만, 평소 다양한 표현을 꾸준히 학습해 왔다면 수월하게 풀 수 있었을 것입니다.
문법 영역	원형 부정사를 목적격 보어로 취하는 동사를 비롯한 동사의 종류 포인트는 국가직·지방직 9급 시험 모두에 꾸준히 단골 출제되어 왔으므로, 평소에 꾸준히 학습해 두어 틀리지 않도록 합니다.
독해 영역	6번 문제와 같은 요지 파악 유형에서는 지문의 키워드가 포함되었지만 전혀 다른 내용이거나, 지문의 일부 내용만 포함하고 있는 오답을 고르지 않도록 주의합니다.

정답

01	①	어휘	06	④	독해
02	②	어휘	07	④	독해
03	④	문법	08	②	독해
04	①	문법	09	④	독해
05	③	생활영어	10	②	독해

취약영역 분석표

영역	맞힌 답의 개수
어휘	/ 2
생활영어	/ 1
문법	/ 2
독해	/ 5
TOTAL	/ 10

01 어휘 answer for　난이도 중 ●●○

밑줄 친 부분에 들어갈 말로 가장 적절한 것은?

> Any athlete on this team who does not show up on time for practice will have to _____ their lack of commitment.

① answer for ② rule out
③ swear by ④ mess with

해석

연습을 위해 정시에 나타나지 않는 이 팀의 어떤 선수라도 자신의 의무를 다하지 않은 것에 대해 책임져야 할 것이다.

① ~에 대해 책임지다 ② ~을 배제하다
③ ~을 신뢰하다 ④ ~을 방해하다

정답 ①

어휘

athlete 선수　commitment 의무, 헌신　answer for ~에 대해 책임지다
rule out ~을 배제하다　swear by ~을 신뢰하다　mess with ~을 방해하다

이것도 알면 합격!

answer for(~에 대해 책임지다)와 유사한 의미의 표현
= be accountable for, take responsibility for, be liable for

02 어휘 antagonistic = hostile　난이도 중 ●●○

밑줄 친 부분의 의미와 가장 가까운 것은?

> The mayor's office shows the antagonistic relationship with the media by refusing to answer questions and accusing reporters of spreading lies.

① vulnerable ② hostile
③ liable ④ streamlined

해석

그 시장실은 질문에 답변하기를 거절하고 거짓을 유포한 죄로 기자들을 고발함으로써 언론과의 적대적인 관계를 보여 주고 있다.

① 취약한 ② 적대적인
③ 법적 책임이 있는 ④ 능률적인

정답 ②

어휘

antagonistic 적대적인　accuse 고발하다　lie 거짓말; 거짓말하다
vulnerable 취약한　hostile 적대적인　liable 법적 책임이 있는
streamlined 능률적인, 간소화된

이것도 알면 합격!

antagonistic(적대적인)의 유의어
= opposed, belligerent, inimical, unfavorable

03 문법 동사의 종류 | 주어 | 분사 | 명사절 | 부사절
난이도 중 ●●○

우리말을 영어로 잘못 옮긴 것은?

① 의사들에게 알려진 약 200가지의 여러 유형의 두통이 있다.
→ There are approximately 200 different types of headaches known to doctors.

② 그녀가 행복한 표정을 지었음에도 불구하고 모든 사람들이 그녀가 심란하다는 것을 알 수 있었다.
→ Everyone could see she was upset even though she put on a happy face.

③ 공항에 도착하는 데 내가 생각했던 것보다 더 오래 걸렸다.
→ It took much longer than I expected to get to the airport.

④ 카메라의 플래시는 사진 속에서 눈동자를 붉게 보이게 할 수 있다.
→ A camera's flash can make the pupils of the eyes appearing red in photos.

포인트 해설

④ **원형 부정사를 목적격 보어로 취하는 동사** 사역동사 make는 목적격 보어로 원형 부정사를 취하므로 현재분사 appearing을 원형 부정사 appear로 고쳐야 한다.

[오답 분석]

① **가짜 주어 구문 | 현재분사 vs. 과거분사** 가짜 주어 there 구문은 'there + 동사 + 진짜 주어'의 형태로 쓰이는데, 이때 동사는 진짜 주어(approximately 200 different types of headaches)에 수 일치시켜야 하므로 복수 동사 are가 올바르게 쓰였다. 또한, 수식받는 명사(headaches)와 분사가 '두통이 알려지다'라는 의미의 수동 관계이므로 과거분사 known이 올바르게 쓰였다.

② **명사절 접속사 | 부사절 접속사** '말하다, 보고하다, 생각하다, 알다' 등을 의미하는 동사의 목적어로 쓰인 that절의 명사절 접속사 that은 생략될 수 있으므로 see (that) she was upset이 올바르게 쓰였다. 또한, '그녀가 행복한 표정을 지었음에도 불구하고'를 나타내기 위해 양보를 나타내는 부사절 접속사 even though(~에도 불구하고)가 올바르게 쓰였다.

③ **타동사** 동사 take는 '-하는 데 ~만큼의 시간/노력이 들다'라는 의미를 나타낼 때 'it + take + 시간 + to 부정사'의 형태로 쓰이므로 It took much longer ~ to get이 올바르게 쓰였다.

정답 ④

어휘

headache 두통 upset 심란한, 화난 pupil 눈동자

🏅 이것도 알면 합격!

동사 get은 '~하게 만들다'라는 사역의 의미를 가지고 있지만, 목적격 보어로 원형 부정사가 아닌 to 부정사가 와야 한다는 것을 함께 알아 두자.

· He **got** his wife (**to come**, ~~come~~) to the church.
그는 아내가 교회에 나오게 했다.

04 문법 도치 구문 | to 부정사 | 대명사 | 수동태 | 조동사
난이도 중 ●●○

밑줄 친 부분 중 어법상 옳지 않은 것은?

With the beginning of the spring semester ① come the university's annual job fair. Students will have the opportunity ② to make connections with potential employers and ask questions about how to better their chances in the job market. ③ Those who wish to be in attendance at the job fair must register in advance to guarantee a place at the event, as the number of attendees will ④ be limited.

해석

봄학기의 시작과 함께 대학의 연간 취업 설명회가 찾아온다. 학생들은 잠재적인 고용주와 관계를 맺고 취업 시장에서 그들의 가능성을 높이기 위한 방법에 대해 질문할 기회를 얻게 될 것이다. 참석자 수가 제한될 것이기 때문에, 취업 설명회에 참가하고자 하는 사람들은 행사에서의 자리를 확보하려면 미리 등록해야 한다.

포인트 해설

① **도치 구문** 부사구(With the beginning of the spring semester)가 강조되어 문장의 맨 앞에 나오면 주어와 동사가 도치되어 '동사 + 주어'의 어순이 되어야 한다. 이때 도치 구문에서 동사는 주어에 수 일치시켜야 하는데 주어 자리에 단수 명사 the university's annual job fair가 왔으므로 복수 동사 come을 단수 동사 comes로 고쳐야 한다.

[오답 분석]

② **to 부정사 관련 표현** 명사 opportunity는 뒤에 to 부정사를 취하여 '~할 기회'라는 의미를 나타낼 수 있으므로 to 부정사 to make가 올바르게 쓰였다.

③ **지시대명사** '~하는 사람들'이라는 의미로 뒤에서 수식어(who ~ the job fair)의 꾸밈을 받는 지시대명사 Those가 올바르게 쓰였다.

④ **능동태·수동태 구별 | 조동사** 주어(the number of attendees)와 동사가 '참석자 수가 제한되다'라는 의미의 수동 관계이므로 수동태가 쓰여야 한다. 이때 조동사(will) 뒤에는 동사원형이 와야 하므로 수동태 be limited가 올바르게 쓰였다.

정답 ①

어휘

semester 학기 job fair 취업 설명회 register 등록하다 in advance 미리

🏅 이것도 알면 합격!

지시대명사 that/those는 앞에 나온 명사를 대신하며, 이때 뒤에서 수식어 (전치사구, 관계절, 분사)의 꾸밈을 받을 수 있다는 것을 알아 두자.

· Mark's <u>essay</u> was more insightful than **that** <u>of his peers</u>.
　　　　명사　　　　　　　　　　　　　　　　　전치사구
Mark의 에세이는 그의 동료들의 것보다 더 통찰력 있었다.

· We must implement additional <u>safety measures</u> besides **those**
　　　　　　　　　　　　　　　　　　　　명사
<u>that are already in place</u>.
　　관계절
우리는 이미 시행되고 있는 안전 조치 이외에 추가적인 안전 조치를 시행해야 한다.

05 생활영어 You must have been bored to death.
난이도 하 ●○○

밑줄 친 부분에 들어갈 말로 가장 적절한 것은?

A: Welcome home! How was your flight?
B: I don't want to talk about it. I'm just glad to finally be here.
A: Yeah, you look so tired. How long were you traveling?
B: It was nearly 20 hours including transit and layover.
A: _____.
B: The time was not a problem. I had a good book with me.

① I'm sick and tired of it
② You read my mind
③ You must have been bored to death
④ Don't give me a hard time

해석

A: 집에 온 걸 환영해! 비행은 어땠어?
B: 그것에 대해 이야기하고 싶지 않아. 난 그저 마침내 이곳에 오게 되어 기뻐.
A: 그래, 너 정말 피곤해 보인다. 몇 시간이나 걸렸어?
B: 환승과 경유를 포함해서 거의 20시간이었어.
A: 너는 지루해서 죽을 지경이었겠다.
B: 시간은 문제가 아니었어. 나한테 좋은 책이 있었거든.

① 나는 그것에 진절머리가 나거든
② 너 내 마음을 읽었구나
③ 너는 지루해서 죽을 지경이었겠다
④ 나를 힘들게 하지 마

포인트 해설

비행이 몇 시간 걸렸는지 묻는 A의 질문에 대해 B가 거의 20시간이 걸렸다고 대답하고, 빈칸 뒤에서 다시 B가 The time was not a problem. I had a good book with me(시간은 문제가 아니었어. 나한테 좋은 책이 있었거든)라고 덧붙이고 있으므로, '너는 지루해서 죽을 지경이었겠다'라는 의미의 ③ 'You must have been bored to death'가 정답이다.

정답 ③

어휘

transit 환승, 통과 layover 경유, 도중하차
be sick and tired of ~에 진절머리가 나다
bored to death 지루해서 죽을 지경인 give a hard time ~를 힘들게 하다

이것도 알면 합격!

지루함을 나타낼 때 쓸 수 있는 다양한 표현들을 알아 두자.

• fed up 지긋지긋한
• (as) dull as dishwater 아주 재미없는
• bored stiff 지루해 죽을 지경인
• bored out of one's skull 심심해서 미칠 지경인

06 독해 요지 파악
난이도 하 ●○○

다음 글의 요지로 가장 적절한 것은?

Let's say you are approached by a magical genie who promises you whatever car you desire. The only condition is that you will own this car and no other until you die. How would you react? You would likely read the car's manual thoroughly, maintain it carefully, and keep it in the best shape possible because it needs to last. Now consider how this applies to your physical body. In your entire lifetime, you get only one. Look after it and make it the best it can be since it will be impossible to reverse serious damage or negligence later.

① People should try to extend their cars' usefulness.
② Drivers should be limited to possessing one automobile at a time.
③ Some car maintenance methods can be applied to human health.
④ Preventative healthcare is the key to staying healthy longer.

해석

당신이 원하는 차가 무엇이든 그것을 주겠다고 약속하는 마법의 요정이 당신에게 다가왔다고 가정해 보자. 유일한 조건은 당신이 오직 이 차만을 소유할 것이고 죽을 때까지 다른 차를 소유할 수 없다는 것이다. 당신은 어떻게 반응할 것인가? 이 차는 오래 사용되어야 하기 때문에, 아마도 당신은 이 차의 설명서를 철저히 읽어 보고, 조심스럽게 간수하며, 가능한 최상의 상태로 유지할 것이다. 이제 이것이 당신의 신체에 어떻게 적용되는지 생각해 보자. 평생 동안, 당신에게는 몸이 단 하나만 있다. 후에 심각한 피해나 과실을 되돌리는 것은 불가능할 것이므로, 이것을 돌보고 가능한 한 최상의 상태로 만들어라.

① 사람들은 그들의 차의 유용성을 넓히기 위해 노력해야 한다.
② 운전자들은 차량을 한 대씩 소유하도록 제한되어야 한다.
③ 몇몇 차량 유지 방법들은 인간 건강에 적용될 수 있다.
④ 예방적 건강 관리가 건강을 더 오래 유지하는 비결이다.

포인트 해설

지문 전반에 걸쳐 우리가 평생 단 한 대의 차만 소유할 수 있다면 이것을 조심스럽게 간수하고 최상의 상태로 유지하려고 하듯이, 우리에게는 평생 몸이 단 하나만 있으므로 이것을 사전에 돌보고 가능한 한 최상의 상태로 만들어야 한다는 것을 비유적으로 설명하고 있다. 따라서 ④ '예방적 건강 관리가 건강을 더 오래 유지하는 비결이다'가 이 글의 요지이다.

정답 ④

어휘

genie 요정 manual 설명서; 손으로 하는 thoroughly 철저히, 충분히
reverse 되돌리다, 뒤바꾸다, 역전시키다 negligence 과실, 부주의

07 독해 빈칸 완성 - 단어 난이도 중 ●●○

밑줄 친 부분에 들어갈 말로 가장 적절한 것은?

Anchoring is a much-studied phenomenon in the field of finance. It is a cognitive bias whereby people use information that is not applicable to a situation to assess another event. A simple example is a friend asking how much you pay in rent. He then asks you how much the rent is for a slightly larger apartment unit in the same building. You add a little more to what you pay to give him an estimated cost, even though your rent has no bearing on the price. In this case, you would be anchoring your answer on knowledge that is _____.

① mundane   ② versatile
③ classified   ④ unrelated

해석

닻 내리기는 금융 분야에서 많이 연구되는 현상이다. 이는 사람들이 별개의 사건을 평가하기 위해 특정 상황에 적용할 수 없는 정보를 사용하는 인지 편향이다. 당신이 임대료를 얼마 지불하는지 묻는 친구가 하나의 간단한 예시이다. 그리고 그는 당신에게 같은 건물 내의 조금 더 넓은 아파트 한 가구의 임대료는 얼마인지 묻는다. 당신은 당신의 임대료가 그 가격과 전혀 관련이 없음에도 불구하고, 그에게 예상 비용을 알려 주기 위해 당신이 지불하는 것에 값을 조금 더 더한다. 이 경우, 당신은 <u>관련이 없는</u> 지식에 당신의 대답을 닻 내리기하고 있는 것이다.

① 일상적인   ② 다재다능한
③ 기밀의   ④ 관련이 없는

포인트 해설

지문 앞부분에 적용할 수 없는 정보를 별개의 사건 평가에 사용하는 인지 편향이 닻 내리기라는 내용이 있고, 빈칸 앞부분에서 당신의 임대료가 전혀 관련이 없음에도 불구하고 당신의 것보다 조금 더 넓은 아파트의 임대료를 묻는 친구에게 예상 비용을 알려 주기 위해 당신이 지불하는 것에 값을 더한다고 했으므로, 당신은 '관련이 없는' 지식에 당신의 대답을 닻 내리기하고 있다고 한 ④번이 정답이다.

정답 ④

어휘

anchor 닻을 내리다, 고정시키다   phenomenon 현상
cognitive bias 인지 편향   applicable 적용할 수 있는   rent 임대료
estimated 예상되는, 견적의   have no bearing on ~과 전혀 관련이 없다
mundane 일상적인, 속세의
versatile 다재다능한   classified 기밀의, 분류된

08 독해 내용 불일치 파악 난이도 중 ●●○

다음 글의 내용과 일치하지 않는 것은?

What if you woke up every morning and didn't recognize your own family? As odd as it sounds, this is a very real condition called prosopagnosia. Prosopagnosia, more commonly known as face blindness, is a disorder which causes an individual to be unable to distinguish one person from another. While sufferers of prosopagnosia can see the features of a person—that is, they can perceive the eyes, ears, and mouth—the particular differences that make each face unique are lost on someone with this disorder. Bizarrely, this means that some of those with a severe case of prosopagnosia cannot even recognize their own faces. Most people with prosopagnosia are able to cope with their disability, but many find it hard to do things that we take for granted. For example, being unable to recognize faces makes it difficult to understand the plot of a movie. Sufferers may also have difficulties in career advancement, especially if the job consists of meeting clients or dealing with the public.

① Some people with prosopagnosia don't recognize themselves.
② Sufferers of prosopagnosia cannot see features on a face.
③ Following a movie can be challenging for someone with prosopagnosia.
④ Those with prosopagnosia are unable to identify family.

해석

만약 당신이 매일 아침 일어나서 당신의 가족을 알아보지 못한다면 어떨까? 이상하게 들리겠지만, 이것은 안면실인증이라고 하는 정말 실재하는 질환이다. 흔히 안면인식장애라고 알려진 안면실인증은 한 사람을 다른 사람과 구별하지 못하는 장애이다. 안면실인증 환자들은 사람의 이목구비, 다시 말해 눈, 귀, 입은 인지할 수 있지만, 이 장애를 가지고 있는 사람들은 각 얼굴을 고유하게 만드는 특별한 차이점들은 파악할 수 없다. 기이하지만, 이는 안면실인증이 심한 사람 중 몇몇은 심지어 그들 자신의 얼굴도 알아보지 못한다는 것을 의미한다. 안면실인증을 가진 대부분의 사람들은 그들의 장애에 대처할 수 있지만, 많은 이들은 우리가 당연하게 여기는 것들을 수행하는 것에 어려움을 느낀다. 예를 들면, 얼굴을 알아보지 못하는 것은 영화의 줄거리를 이해하는 것을 어렵게 한다. 특히 고객을 만나거나 대중을 대하는 직업을 가진 환자들의 경우에는, 승진에서도 어려움을 겪을 수 있다.

① 안면실인증을 가진 몇몇 사람들은 스스로를 알아보지 못한다.
② 안면실인증 환자들은 얼굴의 이목구비를 인식하지 못한다.
③ 안면실인증을 가진 사람에게는 영화를 이해하는 것이 어려울 수 있다.
④ 안면실인증을 가진 사람들은 가족을 알아보지 못한다.

포인트 해설

②번의 키워드인 features(이목구비)가 그대로 언급된 지문 주변의 내용에서 안면실인증 환자들은 사람의 이목구비는 인지할 수 있지만 각 얼굴을 고유하게 만드는 차이점들은 파악할 수 없다고 했으므로, ② '안면실인증 환자들은 얼굴의 이목구비를 인식하지 못한다'는 지문의 내용과 반대이다.

정답 ②

빈칸이 있는 문장에서 아이들의 면역 체계가 비교적 더 약하고 폐가 더 작다고 했으므로, 아이들이 '흡연의 악영향에 더 취약하다'고 한 ④번이 정답이다.

정답 ④

어휘

recognize 알아보다 odd 이상한 condition 질환, 상태, 조건
prosopagnosia 안면실인증 disorder 장애, 엉망
distinguish 구별하다 feature 이목구비, 특징
perceive 인지하다 bizarrely 기이하게, 특이하게
cope with ~에 대처하다 disability 장애
take for granted 당연하게 여기다

어휘

in the company of ~와 함께 offender 위반자 legislation 법령, 입법
enact 제정하다 defend 지키다 immune 면역의 secondhand 간접의
concentrate 농축하다, 집중시키다 take up ~을 시작하다
prohibit 금지하다 vulnerable 취약한 ill effect 악영향, 부작용

구문 분석

As odd as it sounds, / this is a very real condition called prosopagnosia.

: 이처럼 양보를 나타내는 부사절 접속사 as/though가 '(As +) 보어(명사·형용사·분사)/부사 + as[though] + 주어 + 동사'의 형태로 쓰이는 경우, '(비록) 주어가 동사하지만'이라고 해석한다.

---

10 독해 문단 순서 배열 난이도 중 ●●○

주어진 글 다음에 이어질 글의 순서로 가장 적절한 것은?

> Depending on the severity of the crime, juvenile offenders may be tried as adults by the U.S. criminal justice system and sentenced to life imprisonment. The idea of treating delinquents between the ages of 14 and 16 like grown-ups is generally supported by the lay public.

(A) They believe that these individuals, being physically similar to full-grown adults, are a menace and must be appropriately locked up and punished. But this practice has been hotly contested as of late.

(B) This makes them distinct from adults. Hence, those who spend their critical teenage years in a regular prison, where they are often mistreated, may have a slimmer chance of developing normally and becoming useful members of society.

(C) According to opponents, all younger perpetrators should instead have their own unique set of legal rights, regardless of their crimes. They support this with the basic argument that adolescents are not yet mature psychologically.

① (A) – (B) – (C) ② (A) – (C) – (B)
③ (B) – (C) – (A) ④ (C) – (A) – (B)

---

09 독해 빈칸 완성 – 구 난이도 중 ●●○

밑줄 친 부분에 들어갈 말로 가장 적절한 것은?

> As of October 2015, it became illegal for citizens of England to smoke in private vehicles when they are in the company of anyone under the age of 18, with offenders receiving a £50 fine. The legislation was enacted in recognition of the fact that some parents smoke in the car in the presence of their children who are often unable to defend their own best interests. Furthermore, given that their immune systems are comparatively weaker and their lungs smaller, they _____.
> Research has revealed that 80 percent of secondhand smoke contains cancer-causing chemicals, which can become highly concentrated within the enclosed space of a private vehicle.

① will likely take up the habit when they become adults
② are usually unaware that smoking in cars is prohibited
③ may be concerned about the health of their parents
④ are more vulnerable to the ill effects of cigarette smoke

해석

2015년 10월부로, 영국 시민들이 18세 이하의 사람과 함께 있을 때 자가용에서 흡연하는 것은 불법이 되었는데, 위반자는 50파운드의 벌금형을 받게 된다. 그 법령은 몇몇 부모들이 종종 자신들을 위한 최선의 이익을 지킬 수 없는 아이들이 있는 차에서 흡연한다는 사실을 인지하여 제정되었다. 게다가, 그들의 면역 체계가 비교적 더 약하고 폐가 더 작다는 것을 고려하면, 그들은 흡연의 악영향에 더 취약하다. 연구는 간접흡연의 80퍼센트가 발암성 화학 물질을 함유하고 있다고 밝혔는데, 이것은 자가용의 밀폐된 공간 내에서 매우 농축될 수 있다.

① 그들이 성인이 되어서 그 습관을 시작할 가능성이 있다
② 대개 차 안에서의 흡연이 금지되었음을 알지 못한다
③ 그들 부모의 건강에 대해 걱정할 수도 있다
④ 흡연의 악영향에 더 취약하다

해석

범죄의 심각성에 따라, 청소년 범죄자들은 미국 형사 사법 제도에 의해 성인처럼 재판을 받고 종신형을 선고받을 수도 있다. 14세에서 16세 사이의 비행 청소년들을 성인처럼 대하자는 방안은 대개 일반 대중에 의해 옹호된다.

(A) 그들은 완전히 자란 성인들과 신체적으로 비슷한 그러한 이들이 위협적인 존재이며 마땅히 감금되고 처벌을 받아야 한다고 생각한다. 그러나 이것의 시행은 최근에 치열하게 논쟁되고 있다.

(B) 이 점이 성인들과 그들을 구별되게 만든다. 따라서 중요한 십 대의 시기를 보통 혹사당하게 되는 일반 교도소에서 보내는 이들은 정상적으로 성장하여 유용한 사회 구성원이 될 가능성이 더 희박할 수도 있다.

(C) 반대자들에 의하면, 나이 어린 모든 가해자들은 그보다는 오히려 그
들의 범죄에 관계없이 그들만의 특별한 일련의 법적 권리를 가져야 한
다. 그들은 청소년들이 정신적으로 아직 성숙하지 않다는 기본적인 논
거로 이를 뒷받침한다.

포인트 해설

주어진 글에서 미국에서 특정 나이대의 비행 청소년들을 성인처럼 대하자
는 방안이 일반 대중에 의해 옹호된다고 언급한 후, (A)에서 그들(They)
은 성인들과 신체적으로 비슷한 그러한 이들(these individuals)이 마땅
히 처벌을 받아야 한다고 여김을 알려 주고 있다. 이어서 (C)에서 반대자
들(opponents)은 청소년들이 정신적으로 미성숙함을 근거로 그들만의 특
별한 법적 권리를 가져야 한다고 주장함을 설명하고, (B)에서 이 점(This)
이 그들을 성인과 구별되게 만들며, 따라서 중요한 십 대의 시기를 교도
소에서 보내는 것은 정상적인 성장을 어렵게 한다고 말하고 있다. 따라서
② (A) – (C) – (B)가 정답이다.

정답 ②

어휘

juvenile 청소년의 try 재판하다, 노력하다
criminal justice system 형사 사법 제도 sentence 형을 선고하다
life imprisonment 종신형 delinquent 비행 청소년 lay public 일반 대중
menace 위협적인 존재, 협박 contest 논쟁하다, 경쟁하다
mistreat 혹사시키다, 학대하다 perpetrator 가해자, 범인
adolescent 청소년 psychologically 정신적으로

해커스 공무원시험연구소 총평

난이도	7번 문제를 제외하고는 모든 문제가 무난하게 출제되어 시간에 쫓기지 않고 풀 수 있는 회차였습니다.
어휘·생활영어 영역	1번 문제처럼 사람의 성격이나 태도와 관련된 어휘는 언제든 출제될 수 있으므로, 유의어까지 폭넓게 학습해 두도록 합니다.
문법 영역	상관접속사 관련 내용은 기본 이론이 단순한 데 반해 다른 문법 포인트들과 연관되어 출제될 수 있으므로, 짝이 맞는 것끼리 쓰였는지, 주어와 동사의 수 일치가 올바른지 등 꼼꼼히 확인합니다.
독해 영역	공무원 시험에서는 7번 문제와 같이 추상적인 소재를 다루는 문제들이 종종 출제됩니다. 철학 관련 소재가 이해하기 어렵게 느껴질 수 있지만, 문제 유형에 맞는 풀이 전략을 적용함으로써 정답에 가까워질 수 있습니다.

정답

01	①	어휘	06	②	독해
02	②	어휘	07	④	독해
03	③	문법	08	③	독해
04	④	문법	09	④	독해
05	③	생활영어	10	②	독해

취약영역 분석표

영역	맞힌 답의 개수
어휘	/ 2
생활영어	/ 1
문법	/ 2
독해	/ 5
TOTAL	/ 10

---

01 어휘 cautious 난이도 하 ●○○

밑줄 친 부분에 들어갈 말로 가장 적절한 것은?

> A(n) _____ approach is essential when dealing with delicate situations to ensure every aspect of them is fully considered.

① cautious
② shameless
③ personal
④ instant

해석

까다로운 상황에 대처할 때는 그것의 모든 측면이 충분히 고려되는 것을 확실히 하기 위해 신중한 접근이 극히 중요하다.

① 신중한
② 뻔뻔한
③ 개인적인
④ 즉각적인

정답 ①

어휘

essential 극히 중요한, 필수적인 deal with ~에 대처하다, ~을 다루다
delicate 까다로운, 섬세한 aspect 측면, 양상, 국면 cautious 신중한
shameless 뻔뻔한, 창피한 줄 모르는 instant 즉각적인

🖋️ **이것도 알면 합격!**

cautious(신중한)의 유의어
= circumspect, discreet, wary, prudent

---

02 어휘 paradoxical = contradictory 난이도 중 ●●○

밑줄 친 부분의 의미와 가장 가까운 것은?

> The lecturer pointed out that a paradoxical relationship exists between being tough on crime and protecting human rights.

① steadfast
② contradictory
③ reciprocal
④ definitive

해석

강연자는 범죄에 강경하게 대응하는 것과 인권을 보호하는 것 사이에는 역설적인 관계가 있다고 말했다.

① 고정된
② 모순적인
③ 상호 간의
④ 결정적인

정답 ②

어휘

lecturer 강연자, 강사 point out 말하다, 주목하다, 가리키다
paradoxical 역설적인 steadfast 고정된, 불변의, 확고한
contradictory 모순적인 reciprocal 상호 간의
definitive 결정적인, 한정적인

🖋️ **이것도 알면 합격!**

paradoxical(역설적인)의 유의어
= conflicting, absurd, inconsistent, ironic

---

03 문법 동사의 종류 | 비교 구문 | 대명사 | 분사 난이도 중 ●●○

어법상 옳은 것은?

① It is harder to lead a group as to follow a leader.

② The center invited John as speaker though they admitted knowing little of he.

③ My doctor had me take some pills to help lower my blood pressure.

④ Having been seen the movie before, I knew how it ended.

해석

① 지도자를 따르는 것보다 팀을 이끄는 것이 더 어렵다.

② 그 센터는 그들이 John에 대해서 거의 알지 못함을 인정했음에도 불구하고 그를 연사로 초청했다.

③ 주치의는 내 혈압을 낮추는 것을 돕기 위해 내가 약을 먹게 했다.

④ 이전에 그 영화를 본 적이 있기 때문에, 나는 그것이 어떻게 끝났는지 알았다.

포인트 해설

③ 원형 부정사를 목적격 보어로 취하는 동사 사역동사 have는 원형 부정사를 목적격 보어로 취하므로 원형 부정사 take가 올바르게 쓰였다. 또한, 준 사역동사 help의 목적어로 원형 부정사가 올 수 있으므로 원형 부정사 lower가 올바르게 쓰였다. 참고로 to 부정사는 동사의 성질을 가지고 있어 목적어나 보어를 가질 수 있다.

[오답 분석]

① 비교급 '지도자를 따르는 것보다 팀을 이끄는 것이 더 어렵다'는 비교급 표현 '형용사의 비교급(harder) + than'의 형태로 나타낼 수 있으므로 as를 than으로 고쳐야 한다.

② 인칭대명사 전치사(of)의 목적어 자리에는 목적격 대명사가 와야 하므로 주격 대명사 he를 목적격 대명사 him으로 고쳐야 한다.

④ 분사구문의 형태 주절의 주어(I)와 분사구문이 '내가 본 적이 있다'라는 의미의 능동 관계이므로 과거분사 Having been seen을 현재분사 Having seen으로 고쳐야 한다. 참고로, 문맥상 '이전에 그 영화를 본' 시점이 '내가 그것이 어떻게 끝났는지 안' 시점보다 이전에 일어난 일이므로 분사구문의 완료형이 쓰였다.

정답 ③

어휘

pill 약 blood pressure 혈압

이것도 알면 **합격!**

한편, next, last, this, that, one, every, each, some, any, all 등을 포함한 시간 표현 앞에는 전치사가 오지 않는다는 것을 알아 두자.

• We're planning to have a picnic in the park (next, ~~on next~~) Friday.
우리는 다음 주 금요일에 공원에서 소풍하는 것을 계획하고 있어.

---

04 문법 병치 구문 | 수 일치 | 전치사 | 형용사 | 수동태
난이도 중 ●●○

밑줄 친 부분 중 어법상 옳지 않은 것은?

Shorthand writing ① is different from standard writing in ② several ways. It includes removing grammatical parts of sentences that can ③ be inferred from the context, such as verbs, adjectives, and articles. Sometimes words themselves are shortened by either ④ is keeping only the first few letters or removing vowels in between consonants.

해석

속기로 글을 쓰는 것은 일반적인 글쓰기와는 여러 방면에서 다르다. 이것은 동사, 형용사, 그리고 관사와 같이 문맥에서 추론될 수 있는 문장의 문법적인 부분을 없애는 것을 포함한다. 때때로 처음 두서너 글자만을 남겨두거나 자음 사이의 모음을 제거하는 것을 통해 단어 자체가 줄여진다.

포인트 해설

④ 병치 구문 상관접속사 either A or B로 연결된 병치 구문에서는 같은 품사나 구조끼리 연결되어야 하는데, or 뒤에 동명사구(removing ~ consonants)가 왔으므로 or 앞에도 동명사구가 와야 한다. 따라서 is keeping을 동명사 keeping으로 고쳐야 한다.

[오답 분석]

① 주어와 동사의 수 일치 | 기타 전치사 주어 자리에 단수 명사 Shorthand writing이 왔고, 형용사 different는 전치사 from과 함께 different from(~와 다른)의 형태로 쓰이므로 is different from이 올바르게 쓰였다.

② 수량 표현 복수 취급하는 수량 표현 several은 복수 명사(ways)와 함께 쓰이므로 several ways가 올바르게 쓰였다.

③ 능동태·수동태 구별 관계절의 선행사(grammatical parts of sentences)와 동사가 '문장의 문법적인 부분들이 추론되다'라는 의미의 수동 관계이므로 수동태 be inferred from이 올바르게 쓰였다.

정답 ④

어휘

shorthand 속기 infer 추론하다, 암시하다 article 관사, (신문) 기사
vowel 모음 consonant 자음

이것도 알면 **합격!**

수량 표현 가운데 'of the + 명사'와 함께 쓰이는 형태들을 알아 두자.

one / two 하나 / 둘	
each 각각	
some / any / several 몇몇	
all 전부	
many / much 다수	
most 대부분	+ of the + 명사
both 둘 다	
none 하나도 ~않다	
(a) few 거의 없는 (약간)	
(a) little 거의 없는 (약간)	
(a / the) half 절반	

05 생활영어 out of one's hands · 난이도 중 ●●○

밑줄 친 부분에 들어갈 말로 가장 적절한 것은?

A: If the budget cut passes, we won't be able to continue the after-school program.
B: Oh no! The kids are going to be so disappointed.
A: I know, however, I'm afraid there's not much we can do.
B: Is there any way to keep it going?
A: Like I said, we'll just have to wait and see how the council votes.
B: That's awful. But, _____.

① they're doing us a good turn
② they're going to make a killing
③ I guess it's out of our hands
④ I think we're really on a roll now

해석

A: 예산 삭감이 통과한다면, 우리는 방과 후 프로그램을 계속할 수 없을 겁니다.
B: 그럴 수가! 아이들이 정말 실망할 거예요.
A: 알아요, 하지만 우리가 할 수 있는 일이 많지 않네요.
B: 그것을 유지할 방안이 없을까요?
A: 제가 말씀드렸듯이, 우리는 그저 의회가 어떻게 투표하는지 두고 보는 수밖에 없을 듯합니다.
B: 말도 안 돼요. 그렇지만, 우리가 손쓸 방법이 없네요.

① 그들은 우리에게 호의를 베풀고 있어요
② 그들은 돈을 많이 벌 거예요
③ 우리가 손쓸 방법이 없네요
④ 우리는 지금 정말 순조로운 것 같아요

포인트 해설

방과 후 프로그램을 유지할 방안이 없는지 묻는 B의 질문에 대해 빈칸 앞에서 A가 we'll just have to wait and see how the council votes(우리는 그저 의회가 어떻게 투표하는지 두고 보는 수밖에 없을 듯합니다)라고 말하고 있으므로, '우리가 손쓸 방법이 없네요'라는 의미의 ③ 'I guess it's out of our hands'가 정답이다.

정답 ③

어휘

budget cut 예산 삭감 council 의회 do a good turn 호의를 베풀다
make a killing 돈을 많이 벌다 out of one's hands ~가 손쓸 수 없는
on a roll 순조로운, 승승장구하는

🏅 이것도 알면 합격!

③번의 'out of one's hands'와 같이, 특정 신체 부위를 포함하는 다양한 표현들을 알아 두자.
• get off one's chest ~을 털어놓다
• put one's back into ~에 힘쓰다
• have one's heart in the right place 악의가 없다, 본심은 착하다
• cost an arm and a leg 큰돈이 들다

06 독해 제목 파악 · 난이도 중 ●●○

다음 글의 제목으로 가장 적절한 것은?

There has been a rise in the number of bogus academic sites appearing online. Unfortunately, there is little to distinguish them from genuine websites; for all intents and purposes, they look exactly like their counterparts. They claim to provide peer-reviewed articles from experts in every field. The reality, however, is far from the assertion. A pair of scientists even tested this. They submitted a 10-page "article" that consisted of the same seven words repeated over and over. They added diagrams and graphs and made the layout look like a real scientific study. After sending it in, they received an automated response from the journal praising their work and informing them they could get it published for only 150 dollars. Curious to see if it would actually be printed, the scientists sent in the money and, sure enough, their false article appeared the following month.

① The Difference Between Real and False Articles
② Academic Internet Sites: Beware of Imposters
③ Uncovering the Truth behind Scientific Studies
④ Fake Academic Websites Fool Real Scientists

해석

온라인에 나타나는 가짜 학술 사이트의 수에서의 증가가 있었다. 유감스럽게도, 진짜 웹사이트들로부터 그것들을 구별지어 주는 것은 거의 없기에, 모든 점에서, 그것들은 정확히 그것들과 대응하는 사이트들처럼 보인다. 그들은 동료 평가를 마친 모든 분야 전문가들의 논문들을 제공한다고 주장한다. 하지만, 현실은 그 주장과 전혀 다르다. 두 과학자들이 이것을 극단적으로 실험하기도 했다. 그들은 동일한 일곱 개의 단어가 계속 반복되는 10페이지 분량의 '논문'을 제출했다. 그들은 도표, 그래프들을 추가했고, 배열이 진짜 연구 논문처럼 보이게 만들었다. 그것을 보낸 후에, 그들은 그 저널로부터 그들의 저작물을 칭찬하면서 150달러만으로 그것을 출판할 수 있다고 알려 주는 자동 응답을 받았다. 그것이 실제로 인쇄되는지 궁금하여, 그 과학자들은 돈을 보냈고, 아니나 다를까 그들의 거짓 논문이 다음 달에 나왔다.

① 진짜 논문과 가짜 논문의 차이점
② 인터넷 학술 사이트: 사기꾼을 조심하라
③ 과학 연구 이면의 진실 밝히기
④ 가짜 학술 웹사이트가 진짜 과학자들을 속이다

포인트 해설

지문 전반에 걸쳐 온라인에서 증가하는 수의 가짜 학술 사이트는 동료 평가를 마친 전문가들의 논문들을 제공한다고 주장하지만, 실험 결과 그러한 학술 사이트가 동일한 단어들이 반복되는 거짓 논문을 칭찬하고 인쇄 출판까지 행하고 있음을 전하고 있으므로, ② '인터넷 학술 사이트: 사기꾼을 조심하라'가 이 글의 제목이다.

정답 ②

어휘

bogus 가짜의 academic 학술의, 학문의 genuine 진짜의, 진실한
for all intents and purposes 모든 점에서 claim 주장하다; 주장
peer-reviewed 동료 평가를 마친, 상호 검토된 assertion 주장
article 논문, (신문) 기사 beware 조심하다, 주의하다 imposter 사기꾼
uncover 밝히다, 폭로하다

구문 분석

They added diagrams and graphs / and made the layout look like a real scientific study.
: 이처럼 원형 부정사(look)가 목적격 보어 자리에 와서 목적어의 의미를 보충해 주는 경우, '목적어가 ~하게' 또는 '목적어가 ~하도록'이라고 해석한다.

---

07 독해 빈칸 완성 – 연결어 난이도 상 ●●●

밑줄 친 (A), (B)에 들어갈 말로 가장 적절한 것은?

Ancient philosophers often emphasized the importance of balancing contrasting elements in life. ____(A)____, existentialist philosophers explored the concept of embracing both the absurdity and meaninglessness of existence alongside the pursuit of personal significance and purpose. They encouraged individuals to confront the inherent absurdity of life, acknowledging that existence lacks inherent meaning, which ironically empowers one to create their own meaning and take charge of their life. ____(B)____, Eastern philosophical traditions, such as Taoism and Zen Buddhism, emphasized the harmonious balance between opposing forces. They encouraged individuals to find equilibrium between the dualities of life, such as yin and yang, and to embrace the flow of existence without excessive attachment or resistance.

	(A)	(B)
①	However	Furthermore
②	For example	Therefore
③	Subsequently	On the other hand
④	For instance	Meanwhile

해석

고대 철학자들은 종종 삶에서 상반되는 요소들의 균형을 유지하는 것의 중요성을 강조했다. (A) 예를 들어, 실존주의 철학자들은 개인의 의의 및 목적 추구와 함께 존재의 부조리함과 무의미함을 모두 포용하는 개념을 탐구했다. 그들은 존재에는 내재된 의의가 없음을 인정하면서, 개인이 삶의 내재적 부조리에 맞설 것을 권장했는데, 이것은 반어적으로 자신만의 의의를 창조하고 자신의 삶을 책임지도록 힘을 부여하는 것이다. (B) 한편, 도교와 선불교 같은 동양의 철학 전통은 대립하는 힘들 간의 조화로운 균형을 강조했다. 그들은 개인이 음과 양 같은 삶의 이중성 사이에서 균형을 찾고 과도한 믿음이나 저항 없이 존재의 흐름을 포용할 것을 권장했다.

	(A)	(B)
①	하지만	뿐만 아니라
②	예를 들어	그러므로
③	그 뒤에	반면에
④	예를 들어	한편

포인트 해설

(A) 빈칸 앞 문장은 고대 철학자들이 삶에서 상반되는 요소들의 균형을 유지하는 것의 중요성을 강조했다는 내용이고, 빈칸 뒤 문장은 실존주의 철학자들이 개인의 의의 및 목적 추구와 함께 존재의 부조리함과 무의미함을 포용하는 개념을 탐구했다는 예를 드는 내용이므로, 빈칸에는 예시를 나타내는 연결어인 For instance(예를 들어)가 들어가야 한다.
(B) 빈칸 앞 문장은 실존주의 철학자들이 개인이 삶의 내재적 부조리에 맞설 것을 권장했다는 내용이고, 빈칸 뒤 문장은 동양의 철학 전통은 대립하는 힘들 간의 조화로운 균형을 강조했다는 전환되는 내용이므로, 빈칸에는 전환을 나타내는 연결어인 Meanwhile(한편)이 들어가야 한다.

정답 ④

어휘

emphasize 강조하다 contrasting 상반되는, 대조적인
element 요소 existentialist 실존주의의; 실존주의자
embrace 포용하다, 껴안다 absurdity 부조리(함), 불합리
significance 의의, 의미, 중요성 confront 맞서다, 직면하다
inherent 내재된, 내재적인 acknowledge 인정하다
empower 힘을 부여하다, 권한을 주다 take charge of ~을 책임지다
Taoism 도교 equilibrium 균형 duality 이중성 attachment 믿음, 애착
resistance 저항

---

08 독해 문단 순서 배열 난이도 중 ●●○

주어진 글 다음에 이어질 글의 순서로 가장 적절한 것은?

Fracking is a procedure in which a mixture of water, sand, and chemicals is injected into the ground to fracture underground rocks so that natural gas is released. The process is controversial because it is environmentally harmful in several ways.

(A) Fracking fluid, which comprises water and hundreds of poisonous chemicals such as lead and mercury, seeps into the ground surrounding the site and cannot be retrieved, ultimately making its way into the supply of drinking water.

(B) One is in the sheer amount of natural resources that fracking requires. Up to eight million gallons of water are needed for a single fracking job. Such a huge demand for this resource is wasteful and diverts water from other potential uses.

(C) This demand for water also leaves an environmental footprint in terms of gasoline consumption as it takes several hundred tanker trucks to transport it to the fracking sites. Then there is the matter of its toxicity.

① (A) – (B) – (C)　　② (B) – (A) – (C)
③ (B) – (C) – (A)　　④ (C) – (A) – (B)

해석

수압 파쇄법은 천연가스가 방출되도록 지하 암반을 부수기 위해 땅속으로 물, 모래, 그리고 화학물질의 혼합물이 주입되는 과정이다. 그 과정은 여러 방면에서 환경적으로 해롭기 때문에 논란이 많다.

(A) 물, 그리고 납과 수은 같은 수백 가지의 유독한 화학물질을 포함하는 수압 파쇄법 유체는 그 장소 주변의 땅으로 스며들고 회수될 수는 없기에, 결국 이는 식수 공급원에까지 흘러들게 된다.

(B) 하나는 수압 파쇄법에 필요한 천연자원의 절대적인 양에 있다. 단 한 번의 수압 파쇄법 작업을 위해서는 최대 800만 갤런의 물이 필요하다. 이 자원에 대한 그러한 엄청난 수요는 낭비적이며 물을 그 밖의 다른 잠재적인 이용으로부터 다른 곳으로 돌려 써 버린다.

(C) 물에 대한 그러한 수요는 또한 휘발유 소비의 측면에서도 환경 발자국을 남기는데 그것(물)을 수압 파쇄 장소로 수송하는 데 수백 대의 대형 트럭이 필요하기 때문이다. 그다음으로는 유독성의 문제가 있다.

포인트 해설

주어진 글에서 수압 파쇄법은 여러 방면에서 환경적으로 해롭다고 언급한 후, (B)에서 하나(One)는 수압 파쇄법에 최대 800만 갤런의 엄청난 양의 물이 필요한 것이라고 설명하고 있다. 이어서 (C)에서 물에 대한 그러한 수요(This demand for water)는 물을 수송하기 위해 수백 대의 대형 트럭을 필요로 하기 때문에 휘발유 소비 측면에서도 환경적으로 해로우며, 그다음(Then)으로 유독성의 문제가 있다고 하고, (A)에서 유독한 화학물질을 포함하는 수압 파쇄법 유체가 땅으로 스며들어 식수 공급원에까지 흘러들게 된다고 설명하고 있다. 따라서 ③ (B) – (C) – (A)가 정답이다.

정답 ③

어휘

fracking 수압 파쇄법 procedure 과정 inject 주입하다
fracture 부수다 release 방출하다, 풀어 주다, 발표하다
controversial 논란이 많은 comprise 포함하다 lead 납
mercury 수은 seep 스며들다 retrieve 회수하다, 수습하다, 회복하다
sheer 절대적인, 순전한, 완전한
divert 다른 곳으로 돌려 쓰다, 방향을 바꾸게 하다 footprint 발자국, 족적
consumption 소비, 섭취 transport 수송하다, 운송하다
toxicity 유독성

---

09 독해 내용 불일치 파악 　난이도 중 ●●○

다음 글의 내용과 일치하지 않는 것은?

Sergei Prokofiev was a composer, pianist, and conductor who was born in 1891 in Sontsivka, a village that was then a part of the Russian Empire. When he was 13 years old, he was admitted to the prestigious St. Petersburg Conservatory, where he was several years younger than most of his classmates. After graduating in 1914, Prokofiev began traveling across Europe and the United States, establishing himself as a leading composer and pianist whose ballets and operas featured a blend of modernist and traditional elements. During the 1930s, he returned to his homeland, which was, at this point, the Soviet Union. Despite the challenges he faced, it was here that he composed the ballet *Romeo and Juliet* and the iconic symphonic fairy tale *Peter and the Wolf*. Prokofiev died of a brain hemorrhage at the age of 61 after being chronically ill for eight years. Today, he is considered one of the most prominent composers of the 20th century.

※ brain hemorrhage: 뇌출혈

① Most students at the St. Petersburg Conservatory were older than Prokofiev.
② Prokofiev's style of composing incorporated both old and new aspects.
③ The ballet *Romeo and Juliet* was written in the Soviet Union.
④ Prokofiev was chronically ill for eight years after having a brain hemorrhage.

해석

Sergei Prokofiev는 그 당시 러시아 제국의 일부였던 손초프카 마을에서 1891년에 태어난 작곡가이자 피아니스트이자 지휘자였다. 그가 13세였을 때, 그는 명망 높은 상트페테르부르크 음악원에 입학했는데, 이곳에서 그는 그의 동기 대부분보다 몇 살 어렸다. 1914년에 졸업한 후, Prokofiev는 유럽과 미국을 돌아다니기 시작하면서, 선도적인 작곡가이자 피아니스트로서 자리매김했는데, 그의 발레와 오페라는 현대적인 요소들과 전통적인 요소들의 조합을 특징으로 했다. 1930년대에, 그는 그 시점에서는 소련인 그의 고국으로 돌아갔다. 그가 마주했던 어려움들에도 불구하고, 그가 발레 「로미오와 줄리엣」, 그리고 상징적인 교향곡 형식의 동화인 「피터와 늑대」를 작곡했던 곳이 바로 이곳이었다. 8년 동안 만성 질환을 앓은 후, Prokofiev는 61세의 나이에 뇌출혈로 사망했다. 오늘날, 그는 20세기의 가장 두드러진 작곡가들 중 한 명으로 여겨진다.

① 상트페테르부르크 음악원의 학생들은 대부분 Prokofiev보다 나이가 많았다.
② Prokofiev의 작곡 스타일은 신구의 측면을 모두 포함했다.
③ 발레 「로미오와 줄리엣」은 소련에서 쓰여졌다.
④ Prokofiev는 뇌출혈이 생긴 이후 8년간 만성 질환을 앓았다.

포인트 해설

④번의 키워드인 chronically ill(만성 질환을 앓는)이 그대로 언급된 지문 주변의 내용에서 Prokofiev가 8년 동안 만성 질환을 앓은 후 61세의 나이에 뇌출혈로 사망했다고 했으므로, ④ 'Prokofiev는 뇌출혈이 생긴 이후 8년

간 만성 질환을 앓았다'는 지문의 내용과 다르다.

정답 ④

어휘

composer 작곡가 conductor 지휘자 prestigious 명망 높은, 유명한
establish oneself ~으로서 자리매김하다 symphonic 교향곡 형식의
chronically ill 만성 질환을 앓는 prominent 두드러진, 중요한, 유명한

어휘

significant 주목할 만한, 상당한 usher ~의 도래를 알리다, 안내하다
unprecedented 전례 없는
at one's disposal 원하는 대로 쓸 수 있는, 마음대로 furnishing 가구
reasonable 합리적인, 타당한 credit 대출, 신용 거래
prohibitively 엄두를 못 낼 만큼 illustrate 실례를 들다, 예를 들어 설명하다
affordability 감당할 수 있는 비용

---

10 독해 문장 삽입   난이도 중 ●●○

주어진 문장이 들어갈 위치로 가장 적절한 곳은?

> The most significant of these consumer goods was the personal car.

> The 1920s ushered in a new and unprecedented era of consumer spending in the United States. (①) A lot of Americans had greater amounts of cash at their disposal, and they tended to put their money into consumer goods such as clothing and home furnishings. (②) Reasonable prices and easy access to credit made the once prohibitively expensive vehicles highly accessible. (③) To illustrate, the Ford Model T sold for less than three hundred dollars in 1924, putting it well within the financial reach of a large portion of the American public. (④) This affordability transformed automobiles from luxuries to necessities and by the end of the decade one in five Americans owned one.

해석

> 그러한 소비재 중에서 가장 주목할 만한 것은 자가용이었다.

미국에서 1920년대는 새롭고 전례 없던 소비자 지출 시대의 도래를 알렸다. ① 많은 미국인들이 원하는 대로 쓸 수 있는 많은 양의 현금을 가지고 있었고, 그들은 옷이나 가정용 가구와 같은 소비재에 돈을 쓰는 경향이 있었다. ② 합리적인 가격과 용이한 대출 접근성은 한때 엄두를 못 낼 만큼 비쌌던 차량을 매우 얻기 쉽게 만들었다. ③ 실례를 들자면, 포드사의 T 모델은 1924년에 300달러도 안 되는 가격에 판매되었고, 이것은 대다수 미국 국민들의 재정 범위 내에 있었다. ④ 이러한 감당할 수 있는 비용은 자동차를 사치품에서 필수품으로 바꾸었고, 20년대 말경에는 미국인 5명 중 1명이 자동차를 소유했다.

포인트 해설

②번 앞 문장에 1920년대 미국인들은 소비재에 돈을 쓰는 경향이 있었다는 내용이 있고, ②번 뒤 문장에 합리적인 가격과 용이한 대출 접근성이 한때는 비쌌던 차량을 얻기 쉽게 만들었다는 내용이 있으므로, ②번 자리에 그러한 소비재(these consumer goods) 중 가장 주목할 만한 것은 자가용이었다는 내용, 즉 자가용이 1920년대 미국인들이 돈을 썼던 소비재 중 하나임을 언급하는 주어진 문장이 나와야 지문이 자연스럽게 연결된다.

정답 ②

◉ 해커스 공무원시험연구소 총평

난이도	어휘와 생활영어 영역이 고난도로 출제되었을 뿐만 아니라 독해 영역에서도 까다로운 문제가 등장함에 따라, 전체 풀이 시간을 효율적으로 분배해야 하는 회차였습니다.
어휘·생활영어 영역	5번 문제와 같이 빈칸에 들어갈 추상명사를 묻는 문제는 국가직·지방직 9급의 최신 출제 경향입니다. 추상명사는 동사나 형용사에서 파생되는 경우가 많으므로, 동사나 형용사를 외울 때 파생되는 명사까지 함께 외워 두는 것이 좋습니다.
문법 영역	4번 문제의 ③번 보기에 나온 원형 부정사를 목적격 보어로 취하는 동사 포인트는 모든 보기가 해당 포인트로만 구성된 문제가 시험에 출제된 적이 있을 정도로 중요한 포인트입니다. 5형식 동사의 기본적인 형태 이외에 목적어와 목적격 보어의 관계에 대한 심화 개념까지 정확히 알아 두어야 고득점을 노려 볼 수 있습니다.
독해 영역	무관한 문장 삭제 유형은 지문의 흐름과 가장 어울리지 않는 보기를 선택한 후, 해당 보기 문장을 삭제한 앞뒤 문장이 매끄럽게 이어지는지 확인해 봄으로써 정답/오답 여부를 명확히 가려낼 수 있습니다.

◉ 정답

01	②	어휘	06	③	독해
02	④	생활영어	07	①	독해
03	④	문법	08	③	독해
04	④	문법	09	②	독해
05	②	어휘	10	③	독해

◉ 취약영역 분석표

영역	맞힌 답의 개수
어휘	/ 2
생활영어	/ 1
문법	/ 2
독해	/ 5
TOTAL	/ 10

---

01   어휘   vague = imprecise   난이도 중 ●●○

밑줄 친 부분의 의미와 가장 가까운 것은?

> Medical professionals tend to distrust the <u>vague</u> claims made by the manufacturers of health supplements sold on the Internet.

① decisive
② imprecise
③ definite
④ practical

해석

대부분의 의학 전문가들은 인터넷에서 판매되는 건강 보조제 제조업자들에 의해 제기된 <u>모호한</u> 주장들을 불신하는 경향이 있다.

① 결정적인
② 불명확한
③ 확실한
④ 현실적인

정답 ②

어휘

distrust 불신하다; 불신   vague 모호한, 희미한   claim 주장; 주장하다
manufacturer 제조업자, 제작자   decisive 결정적인, 단호한
imprecise 불명확한, 애매한, 부정확한   definite 확실한   practical 현실적인

🖋 이것도 알면 합격!

vague(모호한)의 유의어
= dubious, nebulous, obscure, ambiguous

---

02   생활영어   drive up the wall   난이도 상 ●●●

밑줄 친 부분에 들어갈 말로 가장 적절한 것은?

> A: Have you seen Andrew this afternoon?
> B: No, I haven't. I think he may have gone home early.
> A: Early? What for? He still has a ton of things to get done before the weekend.
> B: I'm not sure. Maybe he's feeling ill.
> A: I doubt he's sick. Andrew is always looking for an excuse to skip out on work.
> B: Well, _____. Let's just focus on our own work.

① that's the icing on the cake
② just count your blessings
③ read between the lines
④ don't let it drive you up the wall

해석

A: 오늘 오후에 Andrew 본 적 있어?

B: 아니, 못 봤어. 내 생각에 그가 일찍 집에 간 것 같아.

A: 일찍? 왜? 주말 전에 끝내야 할 일이 아직 산더미인데.

B: 나도 잘 모르겠어. 어쩌면 그는 아픈 걸지도 몰라.

A: 아픈 것 같지는 않은데. Andrew는 언제나 일에서 몰래 빠져나갈 구실을 찾고 있잖아.

B: 글쎄, 그것 때문에 화내지 마. 그냥 우리 일에나 집중하자.

① 그건 금상첨화야

② 좋은 일들을 떠올려 봐

③ 속뜻을 읽어야 해

④ 그것 때문에 화내지 마

포인트 해설

Andrew가 언제나 일에서 몰래 빠져나갈 구실을 찾고 있다는 A의 불만에 대해 빈칸 뒤에서 B가 Let's just focus on our own work(그냥 우리 일에나 집중하자)라고 말하고 있으므로, '그것 때문에 화내지 마'라는 의미의 ④ 'don't let it drive you up the wall'이 정답이다.

정답 ④

어휘

excuse 구실, 변명 skip out 몰래 빠져나가다
the icing on the cake 금상첨화
count one's blessings 좋은 일들을 떠올리다, 가진 것에 감사하다
read between the lines 속뜻을 읽다 drive up the wall ~를 화나게 하다

이것도 알면 합격!

화가 날 때 쓸 수 있는 다양한 표현들을 알아 두자.

• That was the last straw. 더 이상은 못 참아.

• You get on my nerves. 너는 내 신경을 건드리고 있어.

• How dare you say such a thing to me! 감히 나에게 그런 말을 하다니!

• I'm tired of the noise from upstairs. 위층의 소음에 넌더리가 나요.

---

03 문법 전치사 | 비교 구문 | 동사의 종류 | 등위접속사

난이도 중 ●●○

우리말을 영어로 잘못 옮긴 것은?

① 다리 건너의 고층 건물은 이 나라에서 가장 부유한 사람들 중 한 명의 소유이다.

→ The skyscraper across the bridge is owned by one of the richest people in this country.

② 그 상을 수상한 후 그녀가 받았던 주목은 그녀의 경쟁자를 당황스럽게 만들었다.

→ The attention she received after winning the award made her rival embarrassed.

③ 나의 할아버지께서는 뒷마당을 가꾸는 것, 책을 읽는 것, 그리고 강아지와 함께 노는 것을 즐기신다.

→ My grandfather enjoys gardening the backyard, reading books, and playing with his dog.

④ 건설 인부들은 예정된 완공일까지 프로젝트를 완료해야 한다.

→ The construction crew needs to finish the project until the scheduled completion date.

포인트 해설

④ 전치사 '예정된 완공일까지 프로젝트를 완료해야 한다'라는 정해진 시점(예정된 완공일)까지 완료되는 상황을 나타내고 있으므로, '특정 시점까지 어떤 행동이나 상황이 계속되는 것'을 의미하는 전치사 until을 '정해진 시점까지 어떤 행동이나 상황이 완료되는 것'을 의미하는 전치사 by(~까지)로 고쳐야 한다.

[오답 분석]

① 최상급 관련 표현 '가장 부유한 사람들 중 한 명'은 최상급 관련 표현 'one of the + 최상급'(가장 ~한 - 중 하나)의 형태를 사용하여 나타낼 수 있으므로 one of the richest people이 올바르게 쓰였다.

② 5형식 동사 동사 make는 목적어(her rival)와 목적격 보어가 수동 관계일 때 목적격 보어로 과거분사를 취하는데, 목적어와 목적격 보어가 '그녀가 당황스럽게 되다'라는 의미의 수동 관계이므로 과거분사 embarrassed가 올바르게 쓰였다.

③ 등위접속사 3개의 구가 등위접속사로 연결될 경우 'A, B, + 등위접속사(and) + C'의 형태가 되어야 하는데, and 앞 A와 B자리에 각각 동명사구(gardening the backyard, reading books)가 왔으므로 C 자리에도 동명사구 playing with his dog가 올바르게 쓰였다.

정답 ④

어휘

skyscraper 고층 건물 win 받다, 얻다, 이기다 garden (정원을) 가꾸다; 정원
construction 건설, 건축물

이것도 알면 합격!

①번의 'one of the + 최상급'(가장 ~한 - 중 하나)과 같은, 다양한 최상급 관련 표현들을 알아 두자.

• at (the) least 적어도

• at (the) best 잘해야, 기껏해야

• at (the) most 많아야, 기껏해야

• the world's + 최상급 세계에서 가장 ~한

04 문법 수 일치 | to 부정사 | 병치 구문 | 동사의 종류

난이도 중 ●●○

밑줄 친 부분 중 어법상 옳지 않은 것은?

There are many things a college student can do before graduating ① to make himself or herself more appealing to potential employers. First and foremost, it is expected that students perform well in their fields of study, mind the managing of their time responsibly, and ② receive exemplary grades. Having employment experience is a notable asset, particularly that from the same field in which the student intends to work. Internships are even more favorable, as they are a form of employment designed to help young people ③ learn skills they will need to work in that field. Also, proof of volunteer work and other types of pro bono activities are looked at positively, as they show that students are willing to invest themselves in labor for no benefit other than the satisfaction that ④ come from doing the work.

해석

자신을 잠재적 고용자에게 더 매력적이게끔 만들기 위해 대학생이 졸업 전에 할 수 있는 많은 것들이 있다. 무엇보다도, 학생들은 자신의 학문 분야에서 훌륭히 해내고, 책임감 있게 시간 관리에 신경 쓰며, 훌륭한 성적을 받을 것을 요구받는다. 직장 경력이 있는 것은 눈에 띄는 강점인데, 특히 학생이 일하고자 하는 분야와 동일한 경우에 그러하다. 인턴사원 근무는 젊은이들이 그 분야에서 일하기 위해 필요할 기량을 배우는 데 도움이 되도록 만들어진 고용 형태이기 때문에, 훨씬 더 유리하다. 또한 봉사 활동 증명서와 그 밖의 다른 형태의 무상으로 행한 활동들이 긍정적으로 검토되는데, 이것은 학생들이 그 일을 하는 것으로부터 얻는 만족감을 제외한 다른 이익을 바라지 않고도 노동에 기꺼이 헌신한다는 것을 보여 주기 때문이다.

포인트 해설

④ **주격 관계절의 수 일치** 주격 관계절(that ~ work)의 동사는 선행사(satisfaction)에 수 일치시켜야 하므로 복수 동사 come을 단수 동사 comes로 고쳐야 한다.

[오답 분석]

① **to 부정사의 역할** '만들기 위해'라는 의미를 표현하기 위해 부사처럼 목적을 나타낼 수 있는 to 부정사 to make가 올바르게 쓰였다.

② **병치 구문** 접속사(and) 앞에 동사원형(perform, mind)이 왔으므로 and 뒤에도 동사원형 receive가 올바르게 쓰였다.

③ **원형 부정사를 목적격 보어로 취하는 동사** 동사 help는 to 부정사나 원형 부정사를 모두 목적격 보어로 취할 수 있는 준 사역동사이므로 원형 부정사 learn이 올바르게 쓰였다.

정답 ④

어휘

appealing 매력적인, 호소하는 asset 강점, 이점, 자산
favorable 유리한, 호의적인 proof 증명서, 증거 pro bono 무상으로 행하는

이것도 알면 합격!

한편, 'be 동사 + to 부정사'는 예정, 가능, 의무, 운명, 의도의 의미를 나타낸다는 것을 알아 두자.

예정	~할 예정이다 (= will, be going to)
가능	~할 수 있다 (= can)
의무	~해야 한다 (= must, have to)
운명	~할 운명이다 (= be destined to)
의도	~하려고 하다 (= intend to)

05 어휘 solicitude

난이도 상 ●●●

밑줄 친 부분에 들어갈 말로 가장 적절한 것은?

The investors' worries were understandable, considering the seemingly endless setbacks the fledgling social media company faced before its launch. Fortunately, there was no need for their _____, as the opening was a huge hit.

① appraisal ② solicitude
③ indignity ④ competence

해석

신생 소셜 미디어 회사가 개업 전에 직면한, 겉보기에 끝없던 좌절을 고려하면, 투자자들의 걱정은 이해할 수 있었다. 다행스럽게도, 그들은 근심할 필요가 없었는데, 개업이 엄청난 성공이었기 때문이다.

① 평가 ② 근심
③ 경멸 ④ 능력

정답 ②

어휘

setback 좌절, 방해 fledgling 신생의, 풋내기의 appraisal 평가, 감정
solicitude 근심, 걱정 indignity 경멸, 모욕 competence 능력, 역량

이것도 알면 합격!

solicitude(근심)의 유의어
= concern, care, apprehension

06 독해 무관한 문장 삭제   난이도 상 ●●●

다음 글의 흐름상 어색한 문장은?

After an exhaustive study, researchers have determined that many of the world's languages tend to contain more positive than negative words in their lexicons. ① To reach this conclusion, they pored through thousands of books, song lyrics, and social media webpages across a spectrum of ten major world languages, isolating which words were used most frequently. ② They then asked native speakers of those languages to rate on a numbered scale how they reacted upon hearing these words. ③ This more recent survey could further reinforce a hypothesis first proposed in the 1960's by a group of psychologists who used word association tests. ④ Speakers of Spanish responded the most cheerfully to what they heard, followed by those who spoke Portuguese and English, while Chinese speakers reacted the least positively.

해석

철저한 연구에 뒤이어, 연구원들은 세계의 언어 중 대다수가 어휘 목록에 부정적인 단어보다 긍정적인 단어를 더 많이 포함하는 경향이 있다는 것을 알아냈다. ① 이러한 결과에 이르기 위해, 그들은 세계 10대 주요 언어를 범위로 하여 수천 가지의 책, 노래 가사, 소셜 미디어 웹페이지 전반을 열심히 연구했고, 어느 단어가 가장 빈번하게 사용되었는지를 구분했다. ② 그다음 그들은 그러한 언어들을 모국어로 하는 사람들에게 이와 같은 단어들을 들을 때 그들이 어떻게 반응하는지를 수치화된 등급으로 평가해 달라고 요청했다. ③ 이러한 비교적 최근의 조사는 언어 연상 검사를 활용한 심리학자 집단에 의해 1960년대에 처음으로 제시되었던 가설을 더 보강할 수 있었다. ④ 스페인어 사용자가 자신들이 들은 단어에 가장 기분 좋게 반응했고, 포르투갈어와 영어를 사용하는 이들이 그 뒤를 이은 반면, 중국어 사용자가 가장 덜 긍정적으로 반응했다.

포인트 해설

첫 문장에서 '어휘 목록에 긍정적인 단어를 더 많이 포함하는 세계 대다수의 언어'에 대해 언급한 후, ①, ②, ④번에서 '세계 대다수의 언어가 긍정적인 단어를 더 많이 포함함을 증명하기 위해 수행한, 세계 10대 주요 언어들 중 가장 빈번하게 사용되는 단어들에 대한 원어민들의 긍정 반응 수준 조사 연구와 그 결과'에 대해 설명하고 있다. 그러나 ③번은 '언어 연상 검사를 활용한 심리학자 집단이 1960년대에 제시한 가설을 보강하는 최근의 조사'에 대한 내용으로, 첫 문장의 내용과 관련이 없다.

정답 ③

어휘

exhaustive 철저한, 소모적인 determine 알아내다, 결정하다
lexicon 어휘 목록 pore 열심히 연구하다 spectrum 범위, 영역
isolate 구분하다, 분리하다, 격리시키다 scale 등급, 척도, 눈금
reinforce 보강하다 hypothesis 가설
word association test 단어 연상 검사(언어 연상에 의한 성격·정신 상태 검사)

07 독해 내용 불일치 파악   난이도 중 ●●○

다음 글의 내용과 일치하지 않는 것은?

Sleep apnea is a medical condition in which a person stops breathing for small periods of time while they are asleep. The brief pauses can last anywhere from a few seconds to several minutes in severe cases. The phenomenon is most often caused by throat muscles relaxing, allowing soft tissue to block the airway. When sleep apnea occurs, the body automatically responds by waking very briefly in order to correct the problem—for instance, by changing position—though sleepers fail to recall rising most of the time. Therefore, secondary signs are sometimes more useful to watch out for to diagnose the condition. Sleep apnea often causes sufferers to experience excessive sleepiness during the day and impaired alertness. Patients report feeling fatigue, vision problems, and trouble paying attention. A shift in mood may also be noticeable. Many tend to become moody and irritable due to a lack of sufficient rest. If left untreated, the symptoms can become severe, leading to anxiety and depression.

① Relaxing the muscles in the neck is a good way of preventing sleep apnea.

② Those who wake up during an occurrence of sleep apnea usually forget it.

③ It is possible to identify sleep apnea by keeping an eye on indirect symptoms.

④ Emotional issues may progress in sleep apnea patients who are not treated.

해석

수면성 무호흡은 사람이 수면 중에 짧은 시간 동안 호흡하는 것을 멈추는 질병이다. 그 잠시 동안의 멈춤은 몇 초에서부터 심한 경우에는 몇 분까지도 지속될 수 있다. 그 현상은 목 근육 이완으로 인해 가장 흔히 야기되며, 이는 연조직이 기도를 막게 한다. 수면성 무호흡이 발생하면, 신체는 그 문제를 바로잡기 위해 아주 잠시 깨어나면서 자동적으로 반응하는데, 예를 들어 자세를 바꾸기도 하지만, 자는 사람은 대개 일어나 있던 것을 기억해 내지 못한다. 그러므로, 부수적인 징후들이 때로는 그 질환을 진단하도록 주의를 주는 데 보다 도움이 된다. 수면성 무호흡은 종종 환자들이 낮 동안 과도한 졸음과 약화된 기민함을 겪게 한다. 환자들은 피로감, 시력 문제, 그리고 집중하는 데 어려움을 느낀다고 말한다. 기분의 변화 또한 눈에 띈다. 많은 환자들이 충분한 휴식의 부족으로 인해 침울해지고 화를 잘 내게 되는 경향이 있다. 치료를 받지 않은 채로 놔두면, 증상들이 심해질 수 있는데, 이는 불안과 우울증으로 이어질 것이다.

① 목의 근육을 이완시키는 것이 수면성 무호흡을 예방하는 좋은 방법이다.

② 수면성 무호흡이 발생한 동안에 깨어났던 사람들은 주로 그것을 기억하지 못한다.

③ 부차적인 징후들에 유의함으로써 수면성 무호흡을 확인하는 것이 가능하다.

④ 치료받지 않은 수면성 무호흡 환자들에게 정서적 문제가 심화될 수도 있다.

포인트 해설

①번의 키워드인 Relaxing the muscles in the neck(목의 근육을 이완시키는 것)을 바꾸어 표현한 지문의 throat muscles relaxing(목 근육 이완) 주변의 내용에서 수면성 무호흡은 목 근육 이완으로 가장 흔히 야기된다고 했으므로, ① '목의 근육을 이완시키는 것이 수면성 무호흡을 예방하는 좋은 방법이다'는 지문의 내용과 반대이다.

정답 ①

어휘

sleep apnea 수면성 무호흡 pause 멈춤 severe 심한 throat 목
airway 기도 briefly 잠시, 간단히 recall 기억해 내다, 회상하다
diagnose 진단하다 excessive 과도한, 지나친 impaired 약화된, 손상된
alertness 기민, 경계 moody 침울한, 기분이 언짢은 irritable 화를 잘 내는
sufficient 충분한 untreated 치료를 받지 않은 anxiety 불안, 염려
depression 우울증, 불경기

---

08 독해 문단 순서 배열   난이도 하 ●○○

주어진 글 다음에 이어질 글의 순서로 가장 적절한 것은?

Lasagna can be a complicated Italian dish to make. However, it can prove to be a very satisfying meal if the recipe is followed properly.

(A) Now that your basic ingredients are ready, here comes the delicate part. For traditional lasagna, you need to layer the pasta, meat, and cheese on top of each other. Once you top it off with the last noodle layer, sprinkle some more Parmesan over it.

(B) The Bolognese sauce is the ingredient that takes the longest to cook, so it should be prepared in the beginning stages. It is made with beef, tomato, onion, and garlic. For more flavor, throw in some spices and let everything simmer for an hour.

(C) While the sauce is being heated, you want to put the lasagna noodles in boiling water. After these pasta sheets have cooked, put them aside and prepare your cheese mixture. You can use a combination of cheeses like Parmesan and mozzarella.

① (A) – (C) – (B)　　　② (B) – (A) – (C)
③ (B) – (C) – (A)　　　④ (C) – (A) – (B)

해석

라자냐는 만들기 복잡한 이탈리아 음식일 수 있다. 하지만 조리법이 제대로 지켜진다면, 이것은 매우 만족스러운 식사가 될 수 있다.

(A) 이제 기본 재료들이 준비되었을 테니, 까다로운 부분이 나온다. 전통 라자냐를 만들기 위해, 파스타, 고기, 그리고 치즈를 겹겹이 쌓아야 한다. 마지막 면 층으로 그것을 마무리 지었다면, 이 위에 파마산 치즈를 조금 더 뿌려라.

(B) 볼로냐 소스는 요리하는 데 가장 오래 걸리는 재료이므로, 첫 단계에서 준비되어야 한다. 이것은 소고기, 토마토, 양파, 그리고 마늘로 만

들어진다. 더 깊은 풍미를 위해서는, 몇 가지 양념을 넣고 모든 것이 한 시간 동안 끓게 두어라.

(C) 소스가 데워지는 동안, 끓는 물에 라자냐 면을 넣어야 한다. 이 파스타가 익고 난 후에는, 이것을 옆으로 치워 두고 치즈 혼합물을 준비하라. 파마산과 모짜렐라 같은 치즈의 조합을 사용할 수 있다.

포인트 해설

주어진 글에서 라자냐는 조리법이 제대로 지켜진다면 만족스러운 식사가 될 수 있다고 언급한 뒤, (B)에서 가장 오래 걸리는 볼로냐 소스를 제일 처음 준비해야 함을 알려 주고 있다. 이어서 (C)에서 그 소스(the sauce)가 데워지는 동안 면을 삶고 치즈를 준비하라고 하고, (A)에서 기본 재료들이 준비되고 나서 여러 가지 재료들이 겹겹이 쌓이는 단계를 설명하고 있다. 따라서 ③ (B) – (C) – (A)가 정답이다.

정답 ③

어휘

complicated 복잡한 satisfying 만족스러운 delicate 까다로운, 섬세한
layer 겹겹이 쌓다 top off ~을 마무리 짓다 sprinkle 뿌리다
ingredient 재료, 성분 flavor 풍미, 향미 spice 양념 simmer 끓다
boil 끓다 combination 조합, 결합

---

09 독해 문장 삽입   난이도 중 ●●○

주어진 문장이 들어갈 위치로 가장 적절한 곳은?

Besides the positive economic changes it brings, it also improves the overall quality of life.

Proponents of immigration argue that it has many beneficial effects on society. (①) Not only does it help strengthen the labor force, but it also increases consumer demand. (②) As an example of this, rural areas have shown a reduction in poverty levels. (③) In cities, some communities in which immigrants have comfortably settled now experience less crime because the newcomers brought with them strong family dynamics and a desire for stability. Again and again, once-neglected neighborhoods are becoming thriving spaces to live and work. (④) All of these positive changes cannot be solely attributed to the arrival of immigrants, but these points should nonetheless give pause to those who call for stricter borders.

해석

이것이 가져다주는 긍정적인 경제적 변화 이외에도, 이것은 전반적인 삶의 질 또한 향상시킨다.

이민을 지지하는 사람들은 그것이 사회에 많은 유익한 영향을 미친다고 주장한다. ① 그것은 노동력을 강화하는 데 도움이 될 뿐만 아니라, 소비자 수요 또한 증가시킨다. ② 이것의 한 예로, 시골 지역은 빈곤 수준에 있어서 감소를 보여 왔다. ③ 도시에서는, 이민자들이 수월하게 정착해 온 몇몇 지역 사회는 새로 온 사람들이 자신들과 함께 강력한 가족 역동성과 안

정에 대한 욕구를 가져왔기 때문에 이제 더 적은 범죄를 겪는다. 계속해서, 한때 방치되었던 인근 지역은 번화하는 생업 장소가 되고 있다. ④ 이러한 모든 긍정적인 변화가 오로지 이민자들의 등장 덕분이라고 볼 수는 없지만, 그럼에도 불구하고 이러한 주장은 더 엄격한 국경을 요구하는 이들을 망설이게 할 것이다.

포인트 해설

②번 뒤 문장에서 이것의 한 예로(As an example of this) 시골 지역은 빈곤 수준에 있어서 감소(a reduction in poverty levels)를 보여 왔다고 했고 이어지는 내용에서 도시 지역에서의 삶의 질 개선을 언급하고 있으므로, ②번 자리에 이민이 긍정적인 경제적 변화 이외에 전반적인 삶의 질 또한 향상시킨다는 내용, 즉 빈곤 수준 개선, 범죄율 감소를 근거로 할 수 있는 삶의 질 향상의 측면에 대해 설명하는 주어진 문장이 나와야 지문이 자연스럽게 연결된다.

정답 ②

어휘

overall 전반적인 **proponent** 지지자 **immigration** 이민
rural 시골의, 지방의 **community** 지역 사회, 공동체
settle 정착하다, 해결하다 **family dynamics** 가족 역동성 **stability** 안정
neglect 방치하다, 소홀히 하다 **thriving** 번화한
solely 오로지, 단독으로 **attribute** 덕분으로 보다, 결과로 보다
give pause 망설이게 하다

---

10 독해 제목 파악 | 난이도 중 ●●○

다음 글의 제목으로 가장 적절한 것은?

Now that the internet has become an integral part of modern communication and social interaction, the occurrence of abusive behavior over the Internet is becoming more noticeable. Unfortunately, cyberbullying is difficult to monitor for it often occurs within very insulated online communities, rather than in public spaces where adults are on hand to supervise the proceedings. In addition, cyberbullying incidents are hard to control because they can happen at any time and have the potential to spread rapidly to a large audience. Since many schools often lack the capacity, not to mention the authority, to discipline cyberbullies, it is important for parents and guardians to clearly explain the consequences of bullying to children. If such behavior is suspected, adults should speak with their kids—whether they are the aggressor or the victim—and also make a more concerted effort to monitor their computer habits.

① The Prevalence of Bullying in Public Schools
② Influences of Adults Monitoring Children's Online Activity
③ The Growing Menace of Online Bullying
④ Adverse Effects of Cyberbullying on Youth

해석

인터넷이 현대의 의사소통과 사회적 상호작용의 필수적인 부분이 되어 왔으므로, 인터넷 상에서의 폭력적인 행동의 발생은 더욱 이목을 끌고 있다. 안타깝게도, 사이버 폭력은 어른들이 일련의 행위들을 감독하기 위해 참여할 수 있는 공개된 공간이 아닌 매우 분리된 온라인 커뮤니티 내에서 흔히 발생하기 때문에 감독하기가 어렵다. 게다가, 사이버 폭력 사건은 언제라도 일어날 수 있고 많은 사람에게 빠르게 퍼질 가능성이 있으므로 통제하기 어렵다. 많은 학교들이 보통 사이버 폭력배들을 징계할 권한은 물론이고 능력도 부족하기 때문에, 부모와 보호자들이 아이들에게 괴롭힘의 결과를 분명하게 설명하는 것이 중요하다. 만약 이러한 행동이 의심된다면, 어른들은 가해자이든 피해자이든 간에 아이들과 이야기를 나눠야 하고 그들의 컴퓨터 습관을 감독하기 위해 보다 합심한 노력을 해야 한다.

① 공립 학교에서 학교 폭력의 만연함
② 아이들의 온라인 활동을 감독하는 어른의 영향력
③ 점점 늘어나는 온라인 폭력의 위험
④ 사이버 폭력이 청소년에게 미치는 악영향

포인트 해설

지문 전반에 걸쳐 사이버 폭력은 고립된 온라인 커뮤니티 내에서 흔히 발생하기 때문에 어른들이 감독하기 어렵고, 언제든 발생 가능하며, 많은 이들에게 빠르게 퍼질 가능성이 있기 때문에 통제하기 어려우나, 많은 학교들이 그것을 징계할 권한과 능력이 부족하다고 설명하고 있다. 따라서 ③ '점점 늘어나는 온라인 폭력의 위험'이 이 글의 제목이다.

정답 ③

어휘

integral 필수적인 **occurrence** 발생 **abusive** 폭력적인
noticeable 이목을 끄는, 현저한 **insulate** 분리하다, 격리하다
supervise 감독하다 **proceedings** 일련의 행위들 **authority** 권한
discipline 징계하다, 훈육하다 **guardian** 보호자, 후견인
aggressor 가해자, 공격자 **concerted** 합심한, 결연한
prevalence 만연함, 유행 **menace** 위험, 위협

구문 분석

(생략), adults should speak with their kids / —whether they are the aggressor or the victim— / and also make a more concerted effort / to monitor their computer habits.
: 이처럼 whether A or B 구문이 쓰인 경우, 'A이든 B이든 간에'라고 해석한다.

해커스 공무원시험연구소 총평

난이도	문법 영역에서 지엽적인 포인트를 묻는 문제가 출제되기는 했지만, 독해 영역에 Michael Jackson, 자율 주행 자동차 등 비교적 친숙한 소재가 등장하면서 적절한 시간 배분이 가능했을 것입니다.
어휘·생활영어 영역	1번 문제의 경우 정답 보기가 다소 생소했을지라도 문맥을 먼저 파악한 후 오답 보기를 소거함으로써 정답에 근접할 수 있었습니다. 어휘 영역에서 헷갈리는 어휘·표현이 출제될 때를 대비하여 문맥에 맞지 않는 보기를 소거해 가며 정답을 찾는 훈련도 필요합니다.
문법 영역	3번 문제의 ④번 보기에서 묻는 비교급 관련 표현 'no sooner ~ than -'은 최근 지방직 9급 시험에도 출제된 적 있으므로, 도치 구문·병치 구문 등 관련 있는 문법 내용까지 확실히 익혀 둡니다.
독해 영역	대체로 전체적인 흐름을 파악하기 쉬운 지문들이 출제되었습니다. 단, 익숙한 소재에 대한 내용이 전개될 때에는 지문의 내용이 아닌 배경 지식만으로 답을 넘겨짚지 않도록 반드시 주의해야 합니다.

정답

01	②	어휘	06	④	독해
02	④	어휘	07	③	독해
03	④	문법	08	③	독해
04	②	문법	09	①	독해
05	③	생활영어	10	③	독해

취약영역 분석표

영역	맞힌 답의 개수
어휘	/ 2
생활영어	/ 1
문법	/ 2
독해	/ 5
TOTAL	/ 10

---

01 어휘 gauge = size up 난이도 중 ●●○

밑줄 친 부분의 의미와 가장 가까운 것은?

> The psychiatrist met with the perpetrator to gauge his state of mind during the crime.

① fill in
② size up
③ spur on
④ hold down

해석

정신과 의사는 범행 중의 그의 정신 상태를 판단하기 위해 범인과 만났다.

① ~을 작성하다
② ~을 판단하다
③ ~에 박차를 가하다
④ ~을 억제하다

정답 ②

어휘

psychiatrist 정신과 의사 perpetrator 범인, 가해자 gauge 판단하다
state 상태, 국가, 지위 fill in ~을 작성하다
size up ~을 판단하다, (어떤 기준에) 이르다
spur on ~에 박차를 가하다, ~을 채찍질하다
hold down ~을 억제하다, 유지하다

이것도 알면 합격!

gauge(판단하다)의 유의어
= judge, evaluate, assess, estimate

---

02 어휘 pull the plug = bring to an end 난이도 중 ●●○

밑줄 친 부분의 의미와 가장 가까운 것은?

> Our company's negotiators have tried unsuccessfully for months to negotiate the deal. It would be better to pull the plug at this point and look for other opportunities.

① have a rest
② give it more time
③ put in the effort
④ bring it to an end

해석

우리 회사의 협상자들은 몇 달 동안 거래를 성사시키기 위해 노력했으나 실패해 왔다. 이 시점에서 중단하고 다른 기회를 찾는 것이 더 나을 것이다.

① 휴식을 취하다
② 좀 더 시간을 갖다
③ 노력을 하다
④ 그것을 끝내다

정답 ④

어휘

negotiate 성사시키다 pull the plug 중단하다, 손을 떼다
have a rest 휴식을 취하다 bring to an end ~을 끝내다

이것도 알면 합격!

pull the plug(중단하다)와 유사한 의미의 표현
= put an end to, leave off, cease, override

03 문법 비교 구문 | 전치사 | 부사절 | 보어 | 관계절
난이도 상 ●●●

우리말을 영어로 잘못 옮긴 것은?

① 나는 프로젝트의 마감 기한이 다가올수록 많은 압박감을 느꼈다.
→ I was under a lot of pressure as the deadline for the project drew nearer.

② 경찰관들은 무슨 일이 있든지 계속 침착하도록 훈련받는다.
→ Police officers are trained to remain calm no matter what happens.

③ 학급 반장으로 당선된 학생은 연설을 해야 한다.
→ The student who wins the election for class president must give a speech.

④ 노래가 끝나자마자 관중들은 박수를 치기 시작했다.
→ No later did the song end than the audience began to clap.

포인트 해설

④ **비교급 관련 표현** '노래가 끝나자마자 관중들은 박수를 치기 시작했다'는 비교급 관련 표현 'no sooner ~ than -'(~하자마자 -하다)의 형태로 나타낼 수 있으므로 No later를 No sooner로 고쳐야 한다. 참고로, 부정을 나타내는 부사가 강조되어 문장 맨 앞에 오면 주어와 조동사가 도치되어 '조동사(did) + 주어(the song) + 동사(end)'의 어순이 되어야 한다.

[오답 분석]

① **전치사 | 부사절 접속사** '많은 압박감을 느꼈다'는 '압박감을 느끼는'이라는 의미의 전치사 관용 표현 under pressure를 사용하여 나타낼 수 있으므로 under a lot of pressure가 올바르게 쓰였다. 또한 '마감 기한이 다가올수록'을 나타내기 위해 '~할수록'이라는 의미의 부사절 접속사 as가 올바르게 쓰였다.

② **보어 자리 | 복합관계부사** 주격 보어를 취하는 동사 remain의 보어 자리에는 명사나 형용사 역할을 하는 것이 올 수 있으므로 형용사 calm이 올바르게 쓰였다. 또한 '무슨 일이 있든지'는 복합관계부사 whatever를 사용하여 나타낼 수 있는데, whatever는 no matter what으로 바꾸어 쓸 수 있으므로 no matter what happens가 올바르게 쓰였다.

③ **관계대명사** 선행사(The student)가 사람이고, 관계절 내에서 동사 wins의 주어 역할을 하고 있으므로 사람을 가리키는 주격 관계대명사 who가 올바르게 쓰였다.

정답 ④

어휘

draw near 다가오다, 접근하다 win the election 당선되다
clap 박수를 치다

🖋️ 이것도 알면 합격!

한편, 복합관계대명사 whatever, who(m)ever, whichever는 문장 내에서 주어, 목적어, 보어 역할을 하는 명사절도 이끌 수 있다는 것을 함께 알아 두자.

• **Whatever he suggests** continually leads to success.
그가 제안하는 것은 무엇이든 잇따라 성공으로 이어진다.
→ 복합관계대명사 Whatever가 문장에서 주어 역할을 하는 명사절(Whatever ~ suggests)을 이끌고 있다.

04 문법 수 일치 | 명사절 | to 부정사 | 관계절
난이도 중 ●●○

어법상 옳지 않은 것은?

① The doctor ordered several tests to determine what was causing the dreadful pain.

② Neither my uncle nor his wife know that their children are planning to surprise them with a vacation.

③ The firefighter told everyone to escape the building in a calm and orderly manner.

④ The scientist is credited with identifying the source from which the deadly virus originates.

해석

① 그 의사는 무엇이 그 끔찍한 고통을 유발하고 있는지 밝혀내기 위해 몇몇 검사를 지시했다.

② 나의 삼촌과 그의 부인 모두 그들의 아이들이 휴가로 그들을 깜짝 놀라게 하기 위해 계획 중이라는 것을 알지 못한다.

③ 그 소방관은 모두에게 차분하고 질서 정연하게 건물을 빠져나가라고 말했다.

④ 과학자는 그 치명적인 바이러스가 비롯되는 근원을 밝혀낸 것으로 공을 인정받는다.

포인트 해설

② **접속사로 연결된 주어의 수 일치** 상관접속사 'Neither A not B'(A와 B 모두 아닌)로 연결된 주어는 B에 동사를 수 일치시키는데, B 자리에 단수 명사 his wife가 왔으므로 복수 동사 know를 단수 동사 knows로 고쳐야 한다.

[오답 분석]

① **명사절 접속사** 주어가 없는 불완전한 절(was causing ~ pain)을 이끌며 to 부정사(to determine)의 목적어 자리에 올 수 있는 명사절 접속사 what이 올바르게 쓰였다.

③ **to 부정사를 목적격 보어로 취하는 동사** 동사 tell은 '~에게 -하라고 말하다'라는 의미를 나타낼 때 to 부정사를 목적격 보어로 취하므로 to 부정사 to escape가 올바르게 쓰였다.

④ **전치사 + 관계대명사** '전치사 + 관계대명사'에서 전치사는 선행사 또는 관계절의 동사에 따라 결정되는데, 관계절의 동사 originate는 전치사 from과 짝을 이루어 '~에서 비롯되다'라는 의미로 사용되므로 from which가 올바르게 쓰였다.

정답 ②

어휘

determine 밝혀내다, 결정하다 orderly 질서 정연한
credit ~에게 ~의 공을 돌리다 deadly 치명적인
originate 비롯하다, 시작하다

🖋️ 이것도 알면 합격!

②번의 'Neither A nor B'(A와 B 모두 아닌) 이외의 다양한 상관접속사들을 알아 두자.

• both A and B A와 B 둘 다
• not A but B A가 아니라 B
• not only A but (also) B A뿐만 아니라 B도
• A as well as B B뿐만 아니라 A도
• either A or B A 또는 B 중 하나

05 생활영어 drag one's feet　　난이도 중 ●●○

밑줄 친 부분에 들어갈 말로 가장 적절한 것은?

> A: When are you going to finish painting the room?
> B: I'm not sure. Whenever I have the time, I suppose.
> A: You've been saying that for over six weeks now.
> B: Yeah, what's your point?
> A: Well, _____. Just finish it today.
> B: Alright, I'll make it a priority.

① haste makes waste
② that's a hard act to follow
③ stop dragging your feet
④ get it off your chest

해석

> A: 방에 페인트칠하는 것은 언제 끝낼 거야?
> B: 잘 모르겠어. 언제든 시간이 날 때 끝내겠지.
> A: 너는 지금 그 말을 6주가 넘도록 하고 있어.
> B: 그래, 무슨 말이 하고 싶은 거야?
> A: 음, 꾸물거리지 마. 그냥 오늘 끝내.
> B: 알았어, 그걸 우선순위로 삼을게.

① 급히 서두르면 일을 망쳐
② 그건 흉내를 낼 수 없는 일이야
③ 꾸물거리지 마
④ 터놓고 얘기해 봐

포인트 해설

B가 시간 날 때 방에 페인트칠하는 것을 끝내겠다고 말한 것이 6주가 넘었다는 A의 타박에 대해 B가 무슨 말이 하고 싶은지 묻고, 빈칸 뒤에서 다시 A가 Just finish it today(그냥 오늘 끝내)라고 말하고 있으므로, '꾸물거리지 마'라는 의미의 ③ 'stop dragging your feet'가 정답이다.

정답 ③

어휘

haste makes waste 급히 서두르면 일을 망친다
hard act to follow 흉내를 낼 수 없는 일　drag one's feet 꾸물거리다
get off one's chest 터놓고 이야기하다, 마음의 짐을 덜다

🔊 이것도 알면 **합격!**

동사 'drag'를 포함하는 다양한 표현들을 알아 두자.
• drag out ~을 오래 끌다
• drag down ~를 맥 빠지게 만들다
• drag in (상관없는 일에) ~을 끌어들이다
• drag through the mud ~의 이름을 더럽히다

06 독해 문단 순서 배열　　난이도 중 ●●○

주어진 문장 다음에 이어질 글의 순서로 가장 적절한 것은?

> More than three decades ago, Michael Jackson impressed the music industry with the debut of the music video for his song, "Thriller."

> (A) Jackson begged to be granted two more weeks to fine-tune it. The executives relented, and in those two weeks, the whole album was re-recorded and re-edited. The final product wowed the record label and convinced them that the project was worth supporting.
> (B) Upon hearing the first playback of the song Jackson and his team had been working on for eight weeks, executives at the record label reacted very definitively. They felt it was anything but a success and had no intention of financing a video to promote it.
> (C) Yet it might never have had the chance to amaze anyone at all because the project came very close to not happening. This was because the album failed to make an initial impact with Jackson's record label.

① (B) – (A) – (C)　　② (B) – (C) – (A)
③ (C) – (A) – (B)　　④ (C) – (B) – (A)

해석

> 30년도 더 전에, Michael Jackson은 그의 노래 'Thriller'의 뮤직 비디오 데뷔로 음악 산업에 감명을 주었다.

(A) Jackson은 그것을 손볼 수 있도록 2주의 시간을 더 달라고 간청했다. 경영진들은 동의했고, 그 2주 동안 앨범 전체가 다시 녹음되고 재편집되었다. 최종 결과물은 음반 회사를 열광시켰고 그들에게 그 계획이 지원할 가치가 있다는 것을 확신시켰다.

(B) 그 음반 회사의 경영진들은 Jackson과 그의 팀이 8주 동안 작업한 그 곡의 첫 재생을 듣자마자 매우 명확하게 반응했다. 그들은 그 앨범이 결코 성공할 수 없다고 느꼈고 그것을 홍보하기 위한 비디오에 자금을 댈 의사가 없었다.

(C) 하지만 그 계획은 거의 일어나지 않을 뻔했기 때문에 누군가를 놀라게 할 기회를 전혀 가지지 못했을 수도 있었다. 이것은 그 앨범이 Jackson의 음반 회사에 강력한 첫인상을 주는 데 실패했기 때문이었다.

포인트 해설

주어진 문장에서 Michael Jackson은 'Thriller'의 뮤직비디오로 음악 산업에 감명을 주었다고 언급한 뒤, (C)에서 하지만(Yet) 음반 회사에 강력한 첫인상을 주지 못했기 때문에 그 계획(the project)은 일어나지 않을 뻔했다고 설명하고 있다. 이어서 (B)에서 그 음반 회사의 경영진들은 처음에는 그 앨범을 홍보하기 위한 비디오에 자금을 댈 의사가 없었다고 하고, (A)에서 Jackson이 앨범을 손볼 2주의 시간을 간청하여 경영진들의 동의를 얻어 재녹음 및 재편집한 결과 최종 앨범이 음반 회사를 열광시켰다고 설명하고 있다. 따라서 ④ (C) – (B) – (A)가 정답이다.

정답 ④

어휘

beg 간청하다 fine-tune 손보다, 조정하다 executive 경영진
relent 동의하다, 마음이 누그러지다 wow 열광시키다 record label 음반 회사
playback 재생 definitely 명확하게 anything but ~이 결코 아닌
finance 자금을 대다 promote 홍보하다, 승진하다
come close to 거의 ~할 뻔하다

---

07 독해 문장 삽입   난이도 중 ●●○

주어진 문장이 들어갈 위치로 가장 적절한 곳은?

> Additionally, these vehicles have the capacity to make transportation more efficient and eco-friendly by optimizing routes and minimizing fuel consumption.

> Driverless cars, also known as autonomous vehicles, represent a transformative technological advancement in the automotive industry. (①) These vehicles have the potential to revolutionize transportation by relying on a combination of cutting-edge technologies, including artificial intelligence, sensors, and connectivity, to navigate and operate without human intervention. (②) Proponents of driverless cars highlight their potential to improve road safety, reduce traffic congestion, and provide increased mobility options for individuals with physical limitations. (③) However, as driverless cars continue to evolve, important questions remain about their legal and ethical implications, cybersecurity concerns, and the impact on traditional driving-related industries. (④)

해석

게다가, 그러한 차량들은 경로를 최적화하고 연료 소모를 최소화함으로써 운송을 보다 효율적이고 친환경적으로 만들 수 있는 능력을 가지고 있다.

자율 주행 자동차라고도 알려진 무인 자동차는 자동차 산업에서의 혁신적인 기술 발전을 나타낸다. ① 그러한 차량들은 인간의 개입 없이 길을 찾고 운용되기 위해 인공 지능, 감지 장치, 연결성을 포함한 첨단 기술의 조합에 기대어 교통수단에 혁명을 일으킬 가능성을 가지고 있다. ② 무인 자동차를 지지하는 사람들은 도로 안전을 향상시키고, 교통 혼잡을 줄이며, 신체적인 제약이 있는 사람에게 확대된 이동 선택권을 제공할 수 있는 그것의 가능성을 강조한다. ③ 하지만, 무인 자동차가 계속해서 발전함에 따라, 법적·윤리적 영향, 사이버 보안 우려, 전통적인 운전 관련 산업에 미치는 영향에 관련한 중요한 문제들이 여전히 남아 있다. ④

포인트 해설

③번 앞 문장에 무인 자동차를 지지하는 사람들은 무인 자동차의 도로 안전 향상, 교통 혼잡 감소, 확대된 이동 선택권 제공 등의 가능성을 강조한다는 내용이 있고, ③번 뒤 문장에 하지만(However) 무인 자동차가 미칠 영향에 관련한 중요한 문제들이 여전히 남아 있다는 내용이 있으므로, ③번 자리에 게다가(Additionally) 그러한 차량들은 경로 최적화 및 연료 최

소화를 통해 효율적이고 친환경적인 운송이 가능하다는 내용, 즉 무인 자동차가 여전히 극복해야 할 과제들에 대한 언급에 앞서 무인 자동차를 지지하는 사람들의 추가적인 근거를 설명하는 주어진 문장이 나와야 지문이 자연스럽게 연결된다.

정답 ③

어휘

capacity 능력, 용량 transportation 운송 efficient 효율적인
optimize 최적화하다 minimize 최소화하다 consumption 소모, 섭취
transformative 혁신적인, 변화시키는
automotive 자동차의 revolutionize 혁명을 일으키다 artificial 인공의
intelligence 지능 navigate 길을 찾다, 항해하다 intervention 개입
proponent 지지하는 사람 congestion 혼잡 mobility 이동성, 유동성
evolve 발전하다, 진화하다 ethical 윤리적인 implication 영향, 함축, 암시

---

08 독해 빈칸 완성 – 구   난이도 중 ●●○

밑줄 친 부분에 들어갈 말로 가장 적절한 것은?

> Probably no other ballet piece had more of a momentous premiere than Igor Stravinsky's *The Rite of Spring*. Before its debut in Paris in 1913, audiences were used to peaceful music and elegant dance movements, but on that night they _____.
> Instead of a typically benign performance, they heard inharmonic sounds and watched as dancers violently tossed their bodies onstage. The audience began rioting, and the police had to be called in to restore order to the unruly crowd. The orchestra members and performers had to be escorted to safety. From that point onward, however, a new age of ballet began in which both composers and choreographers were more willing to experiment.

① set fire to the theatre and stormed the streets
② refused to leave their seats until Stravinsky returned
③ witnessed a radically different creation
④ demanded a more civilized performance

해석

Igor Stravinsky의 『봄의 제전』보다 더 심상치 않은 첫 공연을 한 발레 작품은 아마 없을 것이다. 1913년 파리에서 그것의 첫 무대 전에, 관객들은 평화로운 음악과 우아한 무용 동작에 익숙해 있었지만, 그날 밤 그들은 철저하게 다른 창작물을 목격했다. 전형적으로 온화한 공연 대신, 그들은 불협화음을 들었고 무용수들이 무대에 그들의 몸을 거칠게 뒤흔드는 것을 보았다. 관객들은 야단법석을 떨기 시작했고, 무질서한 관중들에게 질서를 되찾아 주기 위해 경찰이 소환되어야 했다. 관현악단 단원들과 무용수들은 안전한 곳으로 인도되어야 했다. 하지만 바로 그 시점부터, 작곡가와 안무가 모두가 더욱 시도하고자 했던 발레의 새로운 시대가 시작되었다.

① 극장에 불을 지르고 길거리를 습격했다
② Stravinsky가 돌아올 때까지 자리를 떠나기를 거부했다
③ 철저하게 다른 창작물을 목격했다
④ 더 교양 있는 공연을 요구했다

빈칸 뒤 문장에 온화한 공연 대신 관객들은 불협화음을 들었고 무용수들이 거칠게 몸을 뒤흔드는 것을 보았다는 내용이 있고, 지문 마지막에서 그 시점부터 작곡가와 안무가 모두가 더욱 시도하고자 했던 발레의 새로운 시대가 시작되었다고 했으므로, Igor Stravinsky의 「봄의 제전」 첫 무대가 공연된 날 밤 관객들은 '철저하게 다른 창작물을 목격했다'라고 한 ③번이 정답이다.

정답 ③

어휘

piece 작품, 한 부분 momentous 심상치 않은, 중대한
premiere 첫 공연, 초연 elegant 우아한 benign 온화한, 상냥한
toss 뒤흔들다, 내던지다 riot 야단법석을 떨다, 폭동을 일으키다; 폭동
unruly 무질서한, 제어하기 어려운 escort 인도하다, 호위하다
choreographer 안무가 storm 습격하다; 폭풍 radically 철저히
creation 창작(품) civilized 교양 있는, 문명화된

밑줄 친 (A), (B)에 들어갈 말로 가장 적절한 것은?

According to the definition set by the International Astronomical Union, a "planet" is a celestial body in the Solar System that satisfies a number of criteria. It is required to be in orbit around our sun and must possess adequate mass to allow it to take on an almost round shape. ____(A)____, it must have "cleared the neighborhood" of its orbital zone. This means that there can be no other objects of similar size nearby, besides its satellites and those that are drawn in by its gravitational pull. Bodies that do not fulfill the last condition are classified as "dwarf planets." From 1930 to 2006, there were a total of nine planets in our Solar System. ____(B)____, Pluto was eventually demoted to "dwarf" status after astronomers realized that it is part of a group of similarly sized objects.

(A)	(B)
① Furthermore	However
② On the other hand	Moreover
③ Consequently	For example
④ In contrast	Nevertheless

해석

국제 천문 연맹에 의해 정해진 정의에 따르면 '행성'은 몇 가지 기준을 충족시키는 태양계에 있는 천체이다. 그것은 우리 태양 주위의 궤도 안에 있어야 하며 거의 둥근 형태를 띠도록 충분한 질량을 가져야 한다. (A) 뿐만 아니라, 그것은 그 궤도 구역의 '이웃을 청소하는 힘'을 가지고 있어야 한다. 이는 인근에 그것의 위성과 그것의 중력에 의해 끌려들어 온 것들 외에는 다른 어떠한 비슷한 크기의 물체가 있을 수 없다는 것을 의미한다. 마지막 조건을 충족하지 못한 천체는 '왜소 행성'으로 분류된다. 1930년에서 2006년까지 우리의 태양계에는 총 9개의 행성이 있었다. (B) 하지만, 명

왕성은 천문학자들이 이것이 비슷한 크기를 가진 물체들 무리 중 일부라는 것을 알아차린 뒤에 결국 '왜소' 등급으로 강등당했다.

(A)	(B)
① 뿐만 아니라	하지만
② 반면에	게다가
③ 결과적으로	예를 들어
④ 대조적으로	그럼에도 불구하고

포인트 해설

(A) 빈칸 앞부분은 '행성'이 충족해야 하는 몇 가지 기준 중 두 가지에 대한 내용이고, 빈칸이 있는 문장은 행성이 그 궤도 구역의 '이웃을 청소하는 힘'을 가지고 있어야 한다는 앞서 나온 기준들에 첨가하는 내용이므로, 빈칸에는 첨가를 나타내는 연결어인 Furthermore(뿐만 아니라)가 들어가야 한다.
(B) 빈칸 앞부분은 1930년부터 2006년까지 우리 태양계에는 총 9개의 행성이 있었다는 내용이고, 빈칸 뒷부분은 명왕성이 천문학자들에 의해 '왜소' 등급으로 강등당했다는 대조적인 내용이므로, 빈칸에는 대조를 나타내는 연결어인 However(하지만)가 들어가야 한다.

정답 ①

어휘

astronomical 천문학의, 천문학적인 celestial body 천체 orbit 궤도
take on (특정한 특질·모습 등을) 띠다, (일 등을) 맡다 satellite 위성
gravitational pull 중력 fulfill 충족하다, 달성하다 classify 분류하다
dwarf 왜소한 demote 강등시키다, 좌천시키다

다음 글의 내용과 일치하지 않는 것은?

So many of the words that our ancestors used to describe our natural surroundings are in the process of being forgotten. As more people retreat from rural areas and take up residence in cities, a vast repository of words for specific features of the environment has fallen out of usage. When place-specific terms become more generic and bland, we may risk losing our ability to appreciate the uniqueness of the natural spaces around us and thereby be less concerned if more endangered regions are threatened by increased urbanization. In an effort to curb this disturbing trend, many linguists and activists across the world are making a concerted effort to preserve these site-specific words by compiling lexicons and founding organizations that promote them.

① Many of the words employed to describe natural features are in danger of being forgotten.
② Increased urbanization is one cause of this tendency to forget site-specific words.
③ Forgetting site-specific words also poses a risk to our urban regions.
④ People are attempting to counteract this widespread forgetfulness by recording endangered words.

해석

우리의 선조들이 자연환경을 묘사하는 데 사용했던 아주 많은 어휘들이 잊혀지고 있다. 더 많은 사람들이 시골 지역에서 빠져나가 도시에 정착할수록, 환경이 갖는 특정 형세에 대한 막대한 어휘의 보고가 사용되지 않게 되었다. 특정 장소와 관련된 용어가 더욱 포괄적이게 되고 단조로워질 때, 우리는 우리 주변에 있는 자연 공간이 갖는 특별함을 인식하는 능력을 잃게 될 위험에 처하게 될지도 모르고 그에 따라 우리는 심화되는 도시화에 의해 더 많은 위기에 처한 지역들이 위협을 받아도 신경을 덜 쓰게 될지도 모른다. 이 불온한 추세를 억제하기 위한 노력으로, 세계의 많은 언어학자와 활동가들은 어휘 목록을 편집하고 이것을 장려하는 조직을 설립하는 것을 통해 그러한 특정 장소와 관련된 어휘들을 보존하기 위한 혼신의 노력을 하고 있다.

① 자연 형세를 묘사하기 위해 사용되는 어휘의 상당수가 잊혀질 위기에 처해 있다.
② 심화되는 도시화는 특정 장소와 관련된 어휘들을 잊어버리는 추세의 한 원인이다.
③ 특정 장소와 관련된 어휘들을 잊는 것은 우리의 도시 지역에도 위험 요소가 된다.
④ 사람들은 소멸 위기에 처한 어휘를 기록하는 것을 통해 그러한 만연해진 망각에 대응하려 노력하고 있다.

포인트 해설

③번의 키워드인 poses a risk(위험 요소가 된다)를 바꾸어 표현한 지문의 are threatened by(위협을 받다) 주변의 내용에서 특정 장소와 관련된 용어가 포괄적이게 되고 단조로워지면 우리는 자연 공간이 갖는 특별함을 인식하지 못하게 되고 따라서 위기에 처한 지역이 위협을 받더라도 신경을 덜 쓰게 될 것이라고는 했지만, ③ '특정 장소와 관련된 어휘들을 잊는 것이 우리의 도시 지역에도 위험 요소가 되'는지는 알 수 없다.

정답 ③

어휘

retreat 빠져나가다, 후퇴하다   repository 보고, 저장소
feature 형세, 특징: 특징으로 삼다   generic 포괄적인, 일반적인
bland 단조로운, 개성 없는, 부드러운   appreciate 인식하다, 인정하다
endangered (사라질) 위기에 처한   urbanization 도시화   curb 억제하다
disturbing 불온한, 충격적인   concerted effort 혼신의 노력, 협력
compile 편집하다   lexicon 어휘 목록, 사전   found 설립하다
counteract 대응하다, 거스르다, 상쇄하다

구문 분석

When place-specific terms become more generic and bland, / we may risk losing our ability / to appreciate the uniqueness of the natural spaces around us (생략).

: 이처럼 접속사가 이끄는 절(접속사 + 주어 + 동사 ~)이 문장을 꾸며 주는 경우, 접속사의 의미에 따라 '~할 때(when)', '~하는 동안(while)', '~하긴 하지만(although)' 등으로 해석한다.

MEMO

MEMO

해커스공무원 **단기 합격생**이 말하는
공무원 합격의 비밀!

해커스공무원과 함께라면
다음 합격의 주인공은 바로 여러분입니다.

대학교 재학 중,
7개월 만에 국가직 합격!

김*석 합격생

영어 단어 암기를 하프모의고사로!

하프모의고사의 도움을 많이 얻었습니다. **모의고사의 5일 치 단어를 일주일에 한 번씩 외웠고**, 영어 단어 **100개씩은 하루에** 외우려고 노력했습니다.

가산점 없이
6개월 만에 지방직 합격!

김*영 합격생

국어 고득점 비법은 기출과 오답노트!

이론 강의를 두 달간 들으면서 **이론을 제대로 잡고 바로 기출문제로** 들어갔습니다. 문제를 풀어보고 기출강의를 들으며 **틀렸던 부분을 필기하며 머리에 새겼습니다.**

직렬 관련학과 전공,
6개월 만에 서울시 합격!

최*숙 합격생

한국사 공부법은 기출문제 통한 복습!

한국사는 휘발성이 큰 과목이기 때문에 **반복 복습이 중요하다고 생각**했습니다. 선생님의 강의를 듣고 나서 바로 내용에 해당되는 기출문제를 풀면서 복습했습니다.

2024 최신개정판

해커스공무원
매일
하프모의고사
영어 5

개정 3판 1쇄 발행 2024년 5월 3일

지은이	해커스 공무원시험연구소
펴낸곳	해커스패스
펴낸이	해커스공무원 출판팀

주소	서울특별시 강남구 강남대로 428 해커스공무원
고객센터	1588-4055
교재 관련 문의	gosi@hackerspass.com
	해커스공무원 사이트(gosi.Hackers.com) 교재 Q&A 게시판
	카카오톡 플러스 친구 [해커스공무원 노량진캠퍼스]
학원 강의 및 동영상강의	gosi.Hackers.com

ISBN	979-11-6999-887-1 (13740)
Serial Number	03-01-01

공무원 교육 1위,
해커스공무원 gosi.Hackers.com

해커스공무원

· **해커스공무원 학원 및 인강**(교재 내 인강 할인쿠폰 수록)
· 공무원 영어 기출 어휘를 언제 어디서나 외우는 **공무원 보카 어플**
· 공무원 시험에 출제될 핵심 어휘를 엄선하여 정리한 **출제예상 핵심 어휘리스트**
· '회독'의 방법과 공부 습관을 제시하는 **해커스 회독증강 콘텐츠**(교재 내 할인쿠폰 수록)
· 정확한 성적 분석으로 약점 극복이 가능한 **합격예측 온라인 모의고사**(교재 내 응시권 및 해설강의 수강권 수록)

한경비즈니스 선정 2020 한국소비자만족지수 교육(공무원) 부문 1위